Laura Markham

Gelassene Eltern – zufriedene Kinder

LAURA MARKHAM

Gelassene Eltern – zufriedene Kinder

DAS ÜBUNGSBUCH

Aus dem amerikanischen Englisch übersetzt von Annette Seifert

Arbor Verlag
Freiburg im Breisgau

Die Originalausgabe erschien 2018 unter dem Titel: *Peaceful Parent, HAPPY KIDS Workbook* bei PESI Publishing & Media; PESI, Inc., 3839 White Ave; Eau Claire, WI 54703, USA.

Deutsche Erstausgabe
1. Auflage 2020

Lektorat: Georg Grässlin
Titelfoto: ©ASIFE / photocase.de
Umschlaggestaltung und Satz: mediengenossen.de
Druck und Bindung: Kösel, Krugzell

Dieses Buch wurde auf 100% Altpapier gedruckt und ist alterungsbeständig. Weitere Informationen über unser Umweltengagement finden Sie unter www.arbor-verlag.de/umwelt

www.arbor-verlag.de

ISBN 978-3-86781-229-0

Es gibt keine Einzelanstrengung mit radikalerem Potenzial für die Rettung der Welt, als eine Transformation der Art und Weise, wie wir unsere Kinder aufziehen.

MARIANNE WILLIAMSON
Bestsellerautorin

INHALT

Wichtiger Hinweis

Die Ratschläge und Übungen in diesem Buch sind von der Autorin sowie dem Verlag sorgfältig geprüft worden. Dennoch kann eine Garantie nicht übernommen werden. Bei Beschwerden sollten Sie auf jeden Fall eine Ärztin, einen Psychotherapeuten, eine Psychologin oder einen Heilpraktiker Ihres Vertrauens zu Rate ziehen. Eine Haftung der Autorin oder des Verlages für Personen-, Sach- und Vermögensschäden ist ausgeschlossen.

Im Bemühen um einen Beitrag zu achtsamer Gendergerechtigkeit wechseln generisches Femininum und generisches Maskulinum im folgenden Text stets ab, stets beginnend mit dem generischen Femininum. Ist dies sprachlich nicht möglich, wird ein Femininum, eine Dopplung oder ein Binnen-I verwendet. Ist nicht inhaltlich explizit auf eine Geschlechtsidentität hingewiesen, stehen beide Formen stets für Personen beliebiger Geschlechtsidentität.

EINFÜHRUNG

Was bedeutet »gelassene Elternschaft?«

Kinder ins Leben zu begleiten, wird eine Ihrer segensreichsten Aufgaben sein. Und zugleich ist es zum Verzweifeln stressig und strapaziös. So fordernd die Elternschaft und so kindlich das Benehmen der Kinder ist, wie soll man das bitte schön »gelassen« angehen?

Gelassene Elternschaft heißt nicht, dass Sie sich ständig glückselig fühlen oder über die chaotische Realität des Lebens mit Kindern erhaben sind. Gelassene Elternschaft bedeutet einfach, die eigenen Emotionen zu regulieren, damit Sie sie nicht an Ihren Kindern auslassen. Genauso wie Ärztinnen nach dem hippokratischen Eid geloben, »erstens, dem Kranken nicht zu schaden«, verpflichten sich gelassene Eltern dazu, die Verantwortung für die eigenen Emotionen zu übernehmen, damit sie ihren Kindern keinen Schaden zufügen.

Natürlich bekommen die meisten Patientinnen oder Patienten keinen Tobsuchtsanfall oder provozieren anderweitig ihre Ärztinnen. Eltern dagegen können sich darauf verlassen, dass die Kinder jeden ihrer neuralgischen Punkte treffen werden. Aber wenn wir unabhängig vom Verhalten des Kindes mit unseren eigenen Emotionen fertigwerden, befreit uns das dazu, auf seine Bedürfnisse einzugehen und ihm die liebevolle Führung angedeihen zu lassen, die jedem Kind jederzeit hilft. Kinder, die liebevoll begleitet werden, lernen nun ihrerseits zu lieben und sich selbst zu regulieren. So entwickeln sie einen inneren Kompass, der sie schützt und dabei unterstützt, Entscheidungen im Einklang mit den eigenen inneren Überzeugungen zu treffen. Sie lernen Kommunikationsfähigkeiten, wie sie Konflikte mit anderen beilegen und entwickeln die für lebenslanges Gedeihen nötigen Werkzeuge.

Jedes Kind ist anders, aber in der Forschung ist man sich grundsätzlich darüber einig, was Kinder benötigen, um gesund, glücklich und verantwortungsbewusst zu werden und sich zu ebensolchen Erwachsenen zu entwickeln. Und perfekte Eltern brauchen sie dazu nicht. Vielmehr kommt es auf die liebevolle Beziehung zwischen Eltern und Kindern an. Die Eltern sollen sich an ihnen freuen und ihnen vorleben, wie man bei Schwierigkeiten Beziehungen repariert. Kinder brauchen Eltern, die das Kind in seiner Individualität schätzen, es mit emotionaler Großzügigkeit anleiten und hin zu seinem oder ihrem besten Selbst coachen.

Damit Sie Eltern werden, die Kinder auf diese Weise ins Leben begleiten, unterstütze ich Sie hier Schritt für Schritt. Unser Leitrahmen besteht aus drei Hauptprinzipien. Bedeutende Gedanken, aber einfach und umsetzbar – für alle Eltern.

1. PRINZIP

Unsere erste Pflicht als Eltern ist die Selbstregulation

Niemand ist immerzu gelassen. Spannungen gehören zu jeder menschlichen Beziehung und Eltern ärgern sich eben manchmal über ihre Kinder. Aber sobald wir zulassen, dass Ärger und Furcht unseren Denkapparat in Beschlag nehmen, geraten wir in den »Kampf-Flucht-Starre-Modus« und unser Kind ähnelt immer mehr dem Feind. In jenen Augenblicken können wir nicht mit den Augen unseres Kindes sehen. Dann wollen wir unsere Kinder nicht länger einfühlsam begleiten und in ihrer gesunden Entwicklung fördern, sondern nur noch die Schlacht gewinnen. Wir fallen mit Drohungen und Strafen über sie her.

Wenn wir uns hingegen in gelassener Elternschaft üben:

- übernehmen wir die Verantwortung dafür, die eigenen Emotionen wahrzunehmen und zu regulieren. Das heißt, wir registrieren, akzeptieren und erlauben uns, den Ärger zu fühlen sowie auch alle anderen Emotionen – widerstehen aber den von ihnen ausgehenden Handlungsimpulsen. Anders ausgedrückt: Wir lassen unsere Verstimmung nicht an unserem Kind aus.
- übernehmen wir die Verantwortung dafür, unser Kind auf heilsame Weise zu begleiten. Das heißt, wo nötig, setzen wir Grenzen, um das Verhalten unseres Kindes zu lenken, bleiben dabei aber mit ihm verbunden – wir bieten dem Kind im Umgang mit den Emotionen und Bedürfnissen, die sein Verhalten steuern, Verständnis und Hilfe an.
- akzeptieren wir die »großen« Emotionen unseres Kindes genauso mitfühlend wie unsere eigenen. Somit ermöglichen wir auch den Kindern ihre Emotionen zu akzeptieren, der erste Schritt hin zur Selbstregulation.
- übernehmen wir die Verantwortung für unsere Selbstfürsorge. Somit können wir unserem Kind die emotionale Großzügigkeit und Liebe schenken, die es braucht.

Wenn Sie gelassene Elternschaft leben, handeln Sie als Vorbild für Ihr Kind, indem Sie ihm zeigen, wie man Emotionen reguliert und Konflikte mit gegenseitigem Respekt austrägt. So können Sie auf jegliches das Benehmen Ihres Kindes antreibende Bedürfnis eingehen – und als Folge verändert sich sein Verhalten.

PRINZIP

Am dringendsten brauchen Kinder Verbindung zu den Eltern

Mit Kindern zu wachsen besteht nicht aus einer Reihe von Strategien. Vielmehr geht es hier um Beziehung. Wenn Sie Ihr Kind über alles lieben und sich an ihm freuen, erlebt sich Ihr Kind für sein Sosein wertgeschätzt. Diese Verbundenheit erlaubt Ihnen, die Perspektive Ihres Kindes einzunehmen, damit Sie feinfühlig auf es eingehen können: einer der wichtigsten Faktoren für die emotionale Gesundheit eines kleinen Kindes.[1]

Kinder gedeihen, wenn sie sich verbunden fühlen. Dann vertrauen sie darauf, verstanden, geliebt und beschützt zu werden. Erleben sich Kinder als von uns getrennt, dann fühlen sie sich nicht sicher. Das heißt, sie können nicht gut denken und ebenso wenig ihre Emotionen regulieren.[2]

Wenn Kinder sich nicht sicher fühlen, tun sie etwas, von dem sie glauben, dass sie sich danach besser fühlen. Manchmal ist das etwas Positives, beispielsweise, wenn sie sich von uns eine Umarmung holen. Aber oft tun Kinder etwas, das ihnen nicht so zuträglich ist. Sie piesacken etwa ihre Geschwister oder schlagen wütend um sich, weil sie sich dann stark vorkommen. Oder sie betteln weinerlich um Süßigkeiten oder Medienzeit vor Fernseher oder Computer, in der Hoffnung, damit ihren Schmerz zu betäuben. Eventuell brechen sie bewusst eine Regel und schauen uns dabei in die Augen, weil sie so zumindest unserer negativen Aufmerksamkeit sicher sind. Natürlich fühlt sich unser Kind letztlich meist erst recht von uns getrennt, wenn es in jenen schwierigen Momenten unsere negative Aufmerksamkeit zu spüren bekommt.

Im Gegensatz dazu öffnen sich die Kinder für unseren Einfluss, sobald sie sich mit uns verbunden fühlen, und kooperieren dann viel eher. Aber egal wie sehr wir uns als Eltern bemühen, in Verbindung zu bleiben, das Leben kommt uns dazwischen und manchmal fühlen sich Kinder einfach von uns abgeschnitten. Vielleicht ist das Kind hochsensibel, weswegen es durch starke Emotionen leicht überwältigt wird, was wiederum dazu führt, dass es sich von uns abkoppelt. Oder unser Kind geht zur Schule oder in die Kindertagesstätte und verbringt somit den Großteil des Tages ohne Kontakt zu uns. Vielleicht bleibt es zwar zu Hause, aber der Alltag ist enorm kompliziert: Wir sind mit dem Baby beschäftigt, telefonieren mit der Ärztin, sind von Computer und sozialen Medien gefangen genommen, ringen mit eigener Krankheit, Erschöpfung oder den Finanzen. Vielleicht bleiben wir sogar meistens geduldig, aber weil wir eben nicht perfekt sind, reagieren wir dann doch manchmal lauter. Unverbundenheit gehört zum Leben dazu; mögen wir noch so achtsam sein. Um also unsere Kinder kompetent ins Leben zu begleiten, müssen wir die Verbindung zu ihnen ständig erneuern.[3]

Wenn es für Sie neu ist, Verbundenheit an die erste Stelle zu setzen, denken Sie wahrscheinlich, dass es gleichbedeutend damit ist, die Bedürfnisse Ihres Kindes zu erfüllen, damit es glücklicher und kooperativer wird. Und damit haben Sie natürlich recht – deshalb ist Verbundenheit neben der Selbstregulation das wichtigste Elternwerkzeug überhaupt. Aber bald werden Sie merken, dass diese gemeinsam mit Ihrem Kind geschaffene, liebevollere stärkere Beziehung, auch Ihnen selbst zugutekommt. Es sind sogar genau diese wunderbaren, Ihr Herz zum Schmelzen bringenden Momente, die all die Opfer wettmachen, die Sie als Eltern beim Wachsen mit Kindern bringen.

GEDANKE

Emotions-Coaching ist die wirksamste Strategie für gute Disziplin

Welche Methode der Disziplin eignet sich dazu, wunderbare Kinder zu haben? Wenn wir »Disziplin« hören, denken wir normalerweise an Strafe, aber die ursprüngliche Bedeutung des Wortes »Disziplin« bedeutete »zu lernen« oder »angeleitet zu werden«. Also formulieren wir die Frage neu: Welche Art des Anleitens bringt wunderbare Kinder hervor?

Forschungsergebnisse[4] zeigen, dass achtsame Kommunikation Kindern dabei hilft, emotionale Intelligenz zu entwickeln, sodass sie ihre Emotionen und somit auch ihr Verhalten regulieren lernen.[5] Bei achtsamer Kommunikation wird dem Verhalten der Kinder wenn nötig eine klare Grenze gesetzt, die Hand in Hand mit Verständnis für das Kind einhergeht. So entwickeln sich Kinder, die sich mit ihrem Sosein selbst wohlfühlen und offener für Einsichten sind. Es entsteht ein positiver Kreislauf. Mit der Zeit verinnerlicht das Kind die Grenze und entwickelt so Selbstdisziplin. (Im dritten Teil erfahren Sie mehr über die Entwicklung von Selbstdisziplin bei Kindern.). Diese Art der Kommunikation ist dann am wirksamsten, wenn sie von jemandem ausgeht, den das Kind liebt und dem es vertraut, jemand, von dem das Kind weiß, dass sie oder er im besten Interesse des Kindes handelt, jemand, dem das Kind gerne »folgt«. Dabei sollte klar sein, dass Strafen tabu sind, denn sonst würde sich das Kind verraten fühlen und das Vertrauen in den Erwachsenen verlieren. Stattdessen hilft die wirksamste Begleitung dabei, die Ursachen für das Fehlverhalten des Kindes zu heilen und coacht das Kind, damit es neue Fähigkeiten zur Kommunikation und Selbstregulation entwickelt, um sein bestes Selbst zu werden.

Hätten Sie lieber eine Chefin, die Sie durch Strafen anleitet oder mithilfe von Empathie? Angesichts der offensichtlichen Antwort und der Untersuchungen, die diesen Erziehungsstil[6] stützen, fragen Sie sich wahrscheinlich, weshalb die meisten Ratschläge an Eltern lauten, man solle Kinder mithilfe von Belohnungen oder Strafen motivieren, damit sie den Anweisungen der Eltern folgen. Diese vertrauten Vorstellungen prägen seit Generationen unsere Meinung über Kinder und die meisten Eltern wenden automatisch dieselben Strategien an, mit denen auch sie aufgewachsen sind. Zwar sind wir nicht mehr so straffreudig wie früher, aber den Stand der Forschung haben wir noch längst nicht eingeholt. Tausende von Studien über Erziehung laufen auf Folgendes hinaus: das

Coachen von Kindern zur Förderung der Entwicklung emotionaler Intelligenz und Selbstdisziplin ist die beste Wahl, um glücklichere und verantwortungsbewusstere Erwachsene hervorzubringen. Strafe führt nur zu weiterem Fehlverhalten[7] (falls Sie diesen Gedanken noch nicht kennen, lesen Sie unbedingt Alfie Kohns Buch *Liebe und Eigenständigkeit*, eine hervorragende Einführung in die Forschung über die Auswirkungen von Bestrafung und Belohnung).

Was nun, wenn Sie als Eltern Fehler gemacht haben?

Sobald Sie mit der Lektüre dieses Buches beginnen, werden Sie mit Ihrem Kind vermutlich geduldiger und empathischer umgehen, was vermutlich sein besseres Benehmen fördert und Ihnen wiederum neues Selbstvertrauen für die Elternrolle schenkt. Aber vielleicht werden Sie auch selbstkritischer. Am Ende fühlen Sie sogar Scham und sind wegen Ihres früheren Erziehungsstils oder sogar wegen Ihres nur wenige Minuten zurückliegenden Handelns beunruhigt. Erkennen Sie jene Gefühle einfach an, danken Sie ihnen für den Hinweis darauf, dass Sie nun bessere Arbeit leisten wollen und lassen Sie sie los, denn ihre Botschaft ist bei Ihnen angekommen. Wenn Sie mehr wissen, werden Sie auch dazu inspiriert, sich an die schwierige Veränderungsarbeit zu machen. Sich dagegen nur selbst zu beschimpfen, hilft gar nicht.

Denn egal, was Sie als Eltern getan haben, es war Ihr Bestmögliches. Das meine ich ernst. Sie sind von den Ihnen verfügbaren Informationen ausgegangen. Dabei wurden Sie von Ihren früheren Erfahrungen beeinflusst und haben auf Ihr damaliges Umfeld reagiert. Eine objektive Beobachterin, die sehen könnte, wie sehr Sie sich angesichts aller Herausforderungen bemüht haben, könnte sogar der Ansicht sein, dass Sie sich heldenhaft geschlagen haben.

Das gilt sogar dann, wenn Sie etwas getan haben, das Sie heute schrecklich finden. Wenn Ihnen klar ist, dass Sie hart daran arbeiten wollen, sich zukünftig anders zu verhalten, dann genügt das. Es fällt uns allen leicht, auf jemanden herabzuschauen, der anders handelt als wir. Aber ich glaube wirklich, wäre ich in Ihrer Haut auf die Welt gekommen, mit Ihren Erbanlagen und Ihrem Familienhintergrund, hätte Ihre Kindheit verlebt und Ihre Erfahrungen gemacht, dann hätte ich ebenso wie Sie gehandelt. Wirklich. Sie haben Ihr Bestmögliches getan. Es wird Zeit, dass Sie sich deswegen nicht länger an den Pranger stellen.

Mit der Aussage, dass keine von uns perfekt ist, entschuldige ich keine Eltern, die ihrem Kind Leid zugefügt haben. Vielmehr weise ich darauf hin, dass man sich nicht wegen des eigenen Tuns schlecht fühlen und gleichzeitig eine positive Motivation für zukünftig besseres Handeln aufbauen kann. (Genauso wie es einem Kind nicht hilft, etwas besser zu machen, wenn man dafür sorgt, dass es sich schlechter fühlt.) Wir alle machen Fehler. Aber wenn Sie Ihre früheren Fehler dafür nützen, sich auf einen zukünftig besseren Weg führen zu lassen, dann ist das eine Lerngelegenheit, kein Fehler.

Das verschont Sie nicht davor, Beziehungen wieder in Ordnung zu bringen, in denen Sie jemanden verletzt haben. Und es bedeutet auch nicht, dass Sie der eigenen inneren Veränderung ausweichen können. Betrachten Sie die Vergangenheit als Motivation dafür, die besten Eltern zu sein, die Sie heute sein können. Zum Glück sind Kinder wunderbar resiliente Wesen! Vielleicht ist es nötig, dass Ihr Kind über die Situationen weint, in denen es sich angesichts Ihres Ärgers verlassen gefühlt hat. Aber egal was zwischen Ihnen und Ihrem Kind vorgefallen ist, welche Fehler Sie gemacht haben, wie mies sich Ihr Kind benimmt, wie mies Sie gehandelt haben – es ist nie zu spät. Sie können jederzeit die Beziehung zu Ihrem Kind in eine glücklichere engere Verbindung umwandeln.

Sie selbst verdienen Ihr ganzes Mitgefühl. Komme, was da wolle. Leisten Sie Wiedergutmachung für die Vergangenheit, indem Sie die Gefühle Ihres Kindes akzeptieren und ihm somit bei ihrer Heilung helfen. Dann haben Sie genug bezahlt; für Selbstquälerei gibt es keine Extrapunkte. Je mehr Sie lernen, umso schneller machen Sie Fortschritte. Deshalb lesen Sie ja dieses Buch.

Wie Sie das Beste aus diesem Buch herausholen

Mit Begeisterung verspreche ich Ihnen Folgendes: Wenn Sie diese Ideen und Übungen ernsthaft ausprobieren, dann werden Sie nach dem Durcharbeiten des Buches ein glücklicheres Familienleben mit weniger Drama und viel mehr Liebe erleben.

Kennen Sie schon *Gelassene Eltern – zufriedene Kinder: Wie Sie liebevoll bleiben, statt zu schreien, zu schimpfen oder zu drohen?*[8] Das Arbeitsbuch in Ihren Händen ist als Ergänzung jenes Titels konzipiert, kann aber auch eigenständig gelesen werden. Es bietet eine Zusammenfassung der in *Gelassene Eltern – zufriedene Kinder* dargelegten Grundgedanken, schlägt Ihnen jedoch zusätzliche praktische Werkzeuge vor, damit Sie diese Prinzipien in Ihren Familienalltag integrieren können. Zusätzlich gibt es in diesem Buch ausführlichere Informationen darüber, wie Emotionen funktionieren und weshalb Achtsamkeit so wichtig ist. Denn in den fünf Jahren seit Verfassen von *Gelassene Eltern – zufriedene Kinder* habe ich gelernt, dass diese Kenntnisse Eltern als nützliches Handwerkszeug dienen, den Familienalltag zu verändern. Zur Vertiefung des Gedankenguts hinter der Idee gelassener Elternschaft, einschließlich einer Darstellung, wie man diese jeweils für Kinder unterschiedlichen Alters umsetzen kann, empfehle ich *Gelassene Eltern – zufriedene Kinder*. Falls Sie es bereits gelesen haben, wird dieses Arbeitsbuch teilweise zusammenfassende Wiederholung sein, aber Sie werden auch feststellen, dass mit dem Praktizieren der Übungen und Praxisanwendungen, die Prinzipien Selbstregulation, Verbundenheit und Coaching in Ihrer Familie richtig zum Leben erwachen.

Zwar werden Sie in diesem Arbeitsbuch dabei unterstützt, mit Ihrer Familie einen neuen Kurs einzuschlagen, aber nur Sie allein können mit Ihrem Kind die entscheidenden Veränderungsschritte gehen. Je intensiver Sie das Buch bearbeiten, umso mehr werden Sie davon profitieren. Am besten, Sie reservieren jeden Tag etwas Zeit dafür. Selbst wenn Sie nur eine Seite lesen, bleibt so das Gedankengut in Ihnen präsent, während Sie sich mit Ihrem Kind beschäftigen. Das bedeutet harte Arbeit und braucht Zeit. Es geschieht nicht durch Zauberei, aber wenn Sie sich ernsthaft darauf einlassen, werden Sie bei Ihrem Kind und sich selbst garantiert Veränderungen bemerken.

Wie Sie sehen werden, wird auf einigen Seiten empfohlen, diese in der Woche der Bearbeitung an Ihren Kühlschrank zu heften, um Sie durch die jeweiligen Übungen zu führen. Im Anschluss können Sie die Blätter in eine für dieses Buch angelegte Mappe oder ein Notizheft stecken. Sie bekommen auch viele Anregungen zum Tagebuchschreiben, die Sie vielleicht dazu inspirieren, mehr zu schreiben, als in die vorgegebenen Zeilen passt, noch ein Grund, zusätzlich ein Notizbuch anzulegen, vielleicht mit Innentasche für lose Blätter, das Ihnen für die Arbeit mit dem Arbeitsbuch eine wertvolle Begleitung sein kann. *Wenn Sie mehrere Kinder haben*, fällt Ihre Antwort vielleicht für jedes Kind anders aus. In diesem Fall fotokopieren Sie zunächst die entsprechenden Seiten, bevor Sie mit den Eintragungen beginnen, und legen sich zusätzliches Schreibpapier bereit.

Es ist in Ordnung, gezielt diejenigen Kapitel des Buches zu lesen, von denen Sie unmittelbar angesprochen werden, aber Sie sollten wissen, dass alle Ideen ineinandergreifen. Beispielsweise springen viele Eltern sofort zu **Teil 3: »Coaching statt Kontrolle«**, in der Hoffnung, dort ein Wundermittel zu finden, das ihre Kinder dazu bringt, sich freiwillig gut zu benehmen. Aber nur in Verbundenheit mit Ihnen wird das Kind zu »freiwilliger« Kooperation angeregt. Wenn Sie also **Teil 2: »Verbundenheit ist das Geheimnis glücklicher Elternschaft«** auslassen, dann fehlt Ihnen am Ende die nützlichste »Disziplinarmaßnahme« überhaupt. Auch wenn Sie direkt zu **Teil 3, Kapitel »Helfen Sie Ihrem Kind im Umgang mit Emotionen«** übergehen, um es bei diesem Thema zu unterstützen, werden Sie einige wertvolle Hinweise finden. Aber Ihr Kind wird erst lernen, seine Emotionen zu regulieren, wenn es erlebt, wie Sie dasselbe mit Ihren Emotionen tun, was Thema des ersten Teils ist: Selbstregulation. Daher empfehle ich Ihnen, das gesamte Buch querzulesen, damit Sie die Grundprinzipien kennenlernen, egal worin Ihr endgültiges Ziel besteht.

Sie werden merken, dass es zu dem Buch geführte Meditationen gibt, die Ihnen im Online-Center des Arbor-Verlags kostenlos zur Verfügung stehen. Gehen Sie einfach zu *www.arbor-online-center.de/zw2xxe* und wählen Sie die verschiedenen Materialien per Klick aus. Weitere Ressourcen, die Sie beim Wachsen mit Ihren Kindern unterstützen, finden Sie auf der Seite der **Zeitschrift *Mit Kindern wachsen*** auf *www.mit-kindern-wachsen.de.*

Bitte setzen Sie die Übungen und Anregungen zum Tagebuchschreiben wirklich um. Das erfordert natürlich mehr Arbeit als reines Lesen. Aber die Rückmeldungen von Eltern wie Ihnen, die Probeversionen dieses Buches getestet haben, bestätigten immer wieder, dass die wahre Veränderung erst im Praktizieren der Übungen geschieht. Diese ermöglichen uns durch die Anwendung im eigenen Alltag die Auseinandersetzung mit den Grundideen, sodass wir das Gedankengut in unseren eigenen Familien umsetzen und seinen Nutzen erkennen können.

Was Sie von sich erwarten sollten

Während Sie sich nun auf Ihre eigenen Emotionen einstellen und sich selbst mehr umsorgen, bemerken Sie vielleicht, wie in Ihnen einige alte, verwickelte Emotionen aufsteigen, die geheilt werden »wollen«, da Sie jetzt immer mehr Selbst-Akzeptanz entwickeln. Vielleicht neigen Sie rasch zum Weinen. Keine Sorge, Sie werden damit fertig. Es bedeutet einfach, dass Sie sich an manchen Tagen vielleicht ein wenig dünnhäutig fühlen und dann besonders liebevollen Umgang mit sich selbst benötigen. Indem Sie sich das Fühlen jener Emotionen zugestehen, beginnen diese zu heilen und Sie werden sich häufiger zufriedener fühlen. Wahrscheinlich werden Sie sogar feststellen, dass Sie sich ohne Grund glücklich fühlen. Das signalisiert, dass sich Ihr Wohlbefinden auf eine neue, höhere Basis zubewegt. Freuen Sie sich daran!

Triggerwarnung! Dieses Buch wird Sie zu eingehender Selbsterforschung einladen, angefangen von Ihren Kindheitserlebnissen bis zu Ihrem gegenwärtigen Seelenleben. Das bedeutet vielleicht anstrengende Arbeit, aber es ist der einzige Weg, um die Beziehung zu Ihrem Kind tief gehend zu verändern.

Falls Sie spüren, dass es Sie zu sehr aufwühlt, sich eingehender mit Ihrer Kindheit zu befassen, falls Sie ein Trauma erlitten haben oder das Lesen des Buches Sie sehr aufregt, dann legen Sie es bitte beiseite und suchen vertrauenswürdige psychologische Beratung auf. Eine erfahrene Beraterin wird Sie dabei unterstützen, sich beim Durcharbeiten des Buches verankert und sicher zu fühlen.

Was Sie von Ihrem Kind erwarten können

> *Als ich gerade mit dem Einüben gelassener Elternschaft anfing, begann meine Tochter wütend zu werden und verlor dann wegen Nichtigkeiten die Fassung und weinte. Zum Glück war ich vorgewarnt, dass allerlei Entladung von Altlasten zu erwarten war. Nach dem Weinen war sie zärtlich und versuchte viel öfter als vorher wirklich hilfsbereit zu sein. Bald hörten die Ausraster auf und sie verhielt sich sehr viel kooperativer und zärtlicher als früher!*
>
> ERIKA,
> Mutter einer Dreijährigen

Wenn Eltern mit ihren Kindern geduldiger und verständnisvoller umgehen, blühen diese auf. Aber manchmal müssen sie zuvor noch einige alte Unglückstränen und Ängste loswerden. Sie tun das, weil diese Gefühle bislang unterdrückt waren, aber indem Sie Ihren Kindern immer mehr Annahme entgegenbringen, fühlen sie sich sicher genug, um Ihnen ihre

Verletzungen aus der Vergangenheit zu zeigen. Diese Verletzungen werden durch Ihr Mitgefühl geheilt. Wenn Sie also mit der Umsetzung dieser Prinzipien beginnen, seien Sie bitte darauf gefasst, dass sich Ihr Kind vielleicht für eine kleine Weile ein wenig schlechter benimmt, bevor es sich in einem viel glücklicheren, kooperativeren Grundzustand einrichtet. Natürlich lesen Sie dieses Buch nicht, damit sich Ihr Kind schlechter benimmt. Doch ich versichere Ihnen, dass dies vorübergeht. Es braucht einfach die Gelegenheit, Ihnen jene alten Verletzungen zu zeigen, damit es heilen und sie hinter sich lassen kann.

Sie können diese Phase abkürzen, indem Sie vor allem für eine gute Verbindung zu Ihrem Kind sorgen und die Situation aus seinem Blickwinkel betrachten.

Setzen Sie weiterhin Grenzen: *»Hauen ist nicht okay, egal wie wütend du bist.«* Aber erkennen Sie gleichzeitig alle Emotionen an, selbst die unliebsamen und ärgerlichen: *»Ich sehe, wie wütend du bist, Madison: Mir tut leid, dass es so schwer ist, … ich bin für dich da.«*

Sie werden merken, dass Ihr Kind seinen Ärger umso schneller hinter sich lässt und Ihnen die darunterliegenden Verletzungen zeigt, je mehr es sich aufrichtig gehört und verstanden fühlt. Und sobald es diese Verletzungen offenbart, beginnen diese zu heilen und Sie können die Verwandlung Ihres Kindes vor Ihren Augen beobachten.

Die gute Nachricht ist, dass es für Heilung zwischen Ihnen und Ihrem Kind nie zu spät ist. Zwar wird es umso schwieriger, je älter es ist, denn Kinder entwickeln mit der Zeit einen Gefühlspanzer und gehen zum körperlichen Angriff über, damit Sie ihnen nicht zu nahetreten. Also wird ein Dreijähriger auf diesen neuen Ansatz sehr viel schneller ansprechen als eine Achtjährige. Aber so lange Sie bereitwillig präsent und liebevoll bleiben, wird Ihnen Ihr Kind seine Verletzungen zeigen. Damit beginnt die Wiederherstellung emotionaler Gesundheit.

Die Freude an Ihrem Kind ist vielleicht der wichtigste Faktor für den Grad seiner Zufriedenheit und Kooperation. Wie wäre es also damit, möglichst viele Gelegenheiten zu finden, sich über Ihr Kind zu freuen, am besten noch heute?

Womit Sie bei Ihrer Partnerin, Ihrem Partner rechnen können

Mein Mann verhängte rasch Strafen oder wurde laut, wenn unsere Kleine aus der Reihe tanzte, aber wir sind miteinander im Gespräch über gelassene Elternschaft und er richtet sich nach meinen Hinweisen zu liebevollem Anleiten und Coachen anstatt autoritärem Herumkommandieren – der einzige Erziehungsstil, der ihm vertraut war! Wir lieben die daraus entstehende Verbundenheit innerhalb der Familie und das Gefühl, dass wir jetzt besser miteinander zurechtkommen.

GRACE,
Mutter einer Dreijährigen

Was tun, wenn der Partner nicht mitzieht? Ich versuche viele der Ideen umzusetzen, aber mein Mann ist nicht wirklich bereit, sich mit alternativen Erziehungsstilen auseinanderzusetzen.

CAMILA,
Mutter von einem sechsjährigen und einem achtjährigen Kind

Dieses Buch wird in Ihnen viele Gedanken über das Leben mit Kindern anregen und Ihnen bei der Entwicklung eigener Ideen und Vorgehensweisen helfen. Wenn Sie in einer Partnerschaft leben oder eine Ex-Partnerin oder Ex-Partner haben, mit dem Sie sich das Sorgerecht teilen, werden Sie sich darüber Gedanken machen, wie Sie die Partnerin oder den Partner in diesen Prozess einbinden können.

Die meisten Eltern berichten, dass dieses Arbeitsbuch sowohl die Beziehung zu ihrer Partnerin als auch zu ihrem Kind verbessert. Das liegt an der Allgemeingültigkeit der Prinzipien. Jede will sich verstanden und geachtet fühlen. Allerdings kommt es häufig vor, dass Eltern mit der Anwendung der Prinzipien für gelassene Elternschaft beginnen, um festzustellen, dass ihr Partner mit den neuen Ideen nicht einverstanden ist. Schließlich führen sie ja innerhalb der Familie einen neuen Beziehungsstil ein.

Wie Sie mit Ihrer Partnerin in Erziehungsfragen zusammenarbeiten, sprengt den Rahmen dieses Buches, aber hier folgen meine fünf besten Tipps für Ihre gemeinsamen Diskussionen:

1. **Denken Sie daran, dass Sie und Ihr Partner beide das Beste für Ihr Kind wollen.** Vielleicht klaffen Ihre Vorstellungen über das »wie« auseinander, aber letztlich wollen Sie dasselbe.
2. **Je stärker sich Ihre Partnerin an der Arbeit mit dem Übungsbuch beteiligt, umso besser.** Somit können Sie beide die Prinzipien des Buches auch dann miteinander diskutieren, wenn Sie unterschiedlicher Meinung sind. (Wenn sich Ihr Partner nicht mit Ihnen durch dieses Buch arbeiten möchte, überlegen Sie, ihm die geführten Übungen auf *www.arbor-online-center.de/zw2xxe* herunterzuladen. Viele Eltern – vor allem Väter – sagen mir, dass sie nicht gerne lesen, aber sehr gerne die Übungen unterwegs im Auto hören.)
3. **Mit Ihrer Partnerin ebenfalls emotional großzügig umzugehen, ist für Ihre Beziehung unerlässlich,** auch können Sie sonst überhaupt keinen Einfluss auf sie nehmen.

4. **Gehen Sie davon aus, dass es im Laufe der Erforschung jener Prinzipien viele Diskussionen geben wird.** Schaffen Sie dafür einen sicheren Raum, indem Sie nichtwertend zuhören und eher Ihre Ansichten, Bedürfnisse und Ängste ausdrücken, als auf den auseinanderklaffenden Erziehungsstilen oder Perspektiven zu beharren. Anstatt Ihrem Partner oder Ihrer Partnerin einen Vortrag zu halten, fühlen Sie sich in das ein, was er oder sie ausdrückt. Wiederholen Sie das Gesagte und haken nach, ob Sie es richtig verstanden haben.
5. **Leben Sie das elterliche Vorbild, von dem Sie wollen, dass Sie beide es umsetzen.** Vielleicht geschieht es nicht sofort, aber mit der Zeit wird Ihr Partner erkennen, wie unterschiedlich Ihr Kind auf die verschiedenen Erziehungsstile reagiert.

Zur weiteren Unterstützung beim verbindenden Durcharbeiten der Konflikte mit Ihrer Partnerin können Sie gerne auch die (englischsprachige) Seite *Happily Ever After: Conscious Co-Parenting* auf Ahaparenting.com besuchen.[9]

Funktioniert gelassene Elternschaft auch mit einem schwierigen Kind oder wenn es besondere Bedürfnisse hat?

> *Mein Gefühl sagte mir, dass er keine Strafe brauchte, und ich bin mehr als dankbar für die Werkzeuge, die Sie mir gaben, um ihn im Umgang mit seiner Welt zu unterstützen, die offenbar sehr schwierig und anders aussieht, als die, in der Sie und ich leben … Ich wollte mich wirklich anderen mitteilen, denn vielleicht gibt es noch mehr Eltern, die sich fragen: »Aber mein Kind hat ___________*
>
> *____*
>
> *[füllen Sie hier selbst aus] wird das dann auch funktionieren?«*

Für uns heißt das ein überwältigendes: Ja! Weil Empathie für ihn schwierig ist, er sich schwertut, mit uns Verbindung aufzunehmen, weil ihn der Umgang mit Menschen quält, glaube ich, dass es umso wichtiger ist, ihm liebevolle Grenzen zu setzen, ihm etwas über Emotionen zu vermitteln und ihm zu zeigen, wie man sich verbindet und Liebe ausdrückt.

ANDREA,
Mutter eines fünfjährigen Jungen und eines zweijährigen Mädchens

Der Ansatz für gelassene Elternschaft funktioniert nicht nur ebenfalls bei herausfordernden Kindern und Kindern mit speziellen Bedürfnissen, vielmehr ist er für sie **sogar besonders** wichtig. Wenn Sie die drei Grundelemente des Ansatzes betrachten, erkennen Sie, weshalb das so ist:

1. **Regulieren Sie Ihre eigenen Emotionen.** Mit einem Kind, das besondere Bedürfnisse hat, kann das noch schwieriger, aber besonders wichtig sein, da dieses oft noch sensibler und reaktiver ist als andere Kinder.
2. **Verbinden Sie sich miteinander.** Bei Kindern mit autistischen Zügen und Kindern, die von Verbundenheit leicht überwältigt werden, kann der Aufbau einer stabilen Bindung herausfordernder sein. Das heißt aber nicht, dass sie weniger wichtig ist. Hätte denn das Kind ohne diese Beziehung zu Ihnen überhaupt einen Grund, Ihrem Beispiel zu folgen?
3. **Coaching statt Bestrafung.** Viele »Experten« geben gerade bei Kindern mit besonderen Bedürfnissen Ratschläge, die sich um Belohnungen und Bestrafungen drehen. Aber alle Menschen verdienen die Achtung, dass man sie zu ihrem besten Selbst coacht, anstatt sie zu bestrafen, wenn sie sich nicht nach unseren Vorstellungen benehmen.

Kinder mit besonderen Bedürfnissen erleben die Welt anders als wir und oft muss sie ihnen große Angst einjagen. Es gibt viele Kinder mit überaktivem Alarmsystem, denen bereits einfache Grenzen lebensbedrohlich erscheinen und bei ihnen extreme Flucht- oder Kampfreaktionen auslösen. Wenn Kinder aus Furcht handeln, verdienen sie Liebe und keine Strafe. Natürlich müssen wir ihnen Grenzen setzen, aber wir können dies liebevoll tun. Auf diese Weise erreichen wir Kooperation auch viel wirkungsvoller, denn **alle** Menschen rebellieren gegen Kontrolle und fühlen sich nur dann sicher, wenn sie jenen folgen, von denen sie glauben, dass sie ihr Bestes im Sinn haben.

ERSTE SCHRITTE

Sind Sie für ein liebevolleres und friedlicheres Familienleben bereit? Packen wir's an!

Bitte rechnen Sie sich jeden kleinen Fortschritt in die richtige Richtung an. Denn das Leben besteht eben aus einer allmählichen Ansammlung von Augenblicken und jeder Moment ist eine neue Gelegenheit zur Änderung der Wegrichtung. Selbst wenn Sie heute nur ein paar Mal anders reagieren als sonst, werden Sie merken, dass Sie einen neuen Weg eingeschlagen haben. Ehe Sie es sich versehen, sind Sie auf ganz neuem Territorium unterwegs.

Bestandsaufnahme

Ein Hinweis zu den Übungsabschnitten: Ihre Antworten müssen nicht perfekt oder gar vollständig sein. Das ist kein Test – niemand wird Sie benoten. Wichtig sind Ihre Antworten dennoch, da Sie Ihnen selbst helfen herauszufinden, was Sie wollen und wie Sie sich fühlen. Also selbst, wenn Ihnen keine genaue Antwort einfällt, notieren Sie sich zu jeder Frage mindestens einen Stichpunkt, denn das wird Ihnen beim Einprägen der Prinzipien helfen.

Was hat Sie dazu motiviert, das Arbeitsbuch zur gelassenen Elternschaft zu lesen? Was würden Sie daraus gern mitnehmen?

Welche Fragen zur Erziehung Ihres Kindes beschäftigen Sie momentan? Behalten Sie diese beim Durcharbeiten des Buches im Hinterkopf.

Was sind Ihre größten Stärken als Vater oder Mutter? Versuchen Sie nicht bescheiden zu sein. Seien Sie einfach ehrlich. Was würde eine neutrale Beobachterin anerkennen, wenn sie bei Ihren besten Augenblicken mit Ihrem Kind/Ihren Kindern dabei wäre? Wir werden auf diesen Stärken aufbauen, damit Sie sich noch öfter so verhalten können.

Ihre hervorragendsten Momente in der Elternrolle

Dieser Teil macht Spaß. Denken Sie an Zeiten, in denen Sie über sich als Mutter oder Vater am stolzesten und glücklichsten waren. Wir werden darauf aufbauen. Zählen Sie hier einige dieser Situationen auf. Überlegen Sie, was Sie getan haben, damit dieser jeweilige Augenblick zustande kam. Wie können Sie noch öfters so handeln, damit Sie solche Sternstunden mit Ihrem Kind häufiger erleben?

(1) Da gab es die Situation in der ich:

____

____

____

Was habe ich gemacht, dass dieser Moment zustande kam, und wie kann ich das in Zukunft öfters hervorbringen?

____

____

____

(2) Da gab es die Situation in der ich:

____

____

____

Was habe ich gemacht, dass dieser Moment zustande kam, und wie kann ich das in Zukunft öfters hervorbringen?

---

(3) Da gab es die Situation in der ich:

Was habe ich gemacht, dass dieser Moment zustande kam, und wie kann ich das in Zukunft öfters hervorbringen?

---

(4) Da gab es die Situation in der ich:

Was habe ich gemacht, dass dieser Moment zustande kam, und wie kann ich das in Zukunft öfters hervorbringen?

____

____

____

(5) Da gab es die Situation in der ich:

____

____

____

Was habe ich gemacht, dass dieser Moment zustande kam, und wie kann ich das in Zukunft öfters hervorbringen?

____

____

____

Wie werden Sie von Ihrem Kind gesehen?

Was würde Ihr Kind sagen, wenn es Sie und Ihre Beziehung zu ihm in drei Worten beschreiben sollte? Welches Beispiel, warum es Sie so sieht, würde Ihrem Kind für jedes Wort einfallen? (Diese Worte können »positiv« oder »negativ« sein. Seien Sie ehrlich. Dies ist Ihre Ausgangsbasis. Solange wir uns nicht darüber im Klaren sind, was los ist, können wir nichts daran ändern.)

1. ______________________________

2. ______________________________

3. ______________________________

Zu **1.** Was ist ein Beispiel dafür, weshalb Ihr Kind Sie so sieht?

____

____

____

Zu **2.** Was ist ein Beispiel dafür, weshalb Ihr Kind Sie so sieht?

____

____

____

Zu **3.** Was ist ein Beispiel dafür, weshalb Ihr Kind Sie so sieht?

____

____

____

Wovon wollen Sie mehr in Ihrer Beziehung zu Ihrem Kind/Ihren Kindern?

Was würden Sie bereitwillig tun oder ändern, um mehr davon hervorzubringen?

Die Vergangenheit heilen

Während Sie lernen, welche Auswirkungen unser Erziehungsstil auf unsere Kinder hat, wünschen Sie sich vielleicht, an so manchem Tag anders gehandelt zu haben. Auch mir geht das so! Leider kann man die Vergangenheit nicht umschreiben. Aber wir alle können heute damit beginnen, eine neue Zukunft zu schreiben. Und Sie können sich von Ihrer Vergangenheit zur Neugestaltung dieser Zukunft motivieren lassen.

Doch bevor wir Altes hinter uns lassen können, müssen wir jene Zeiten anerkennen, die uns immer noch zusammenzucken lassen und darüber trauern. Sollten wir uns entschuldigen? Natürlich, und wir werden das in Teil 2: Verbundenheit ist das Geheimnis glücklicher Elternschaft, behandeln. Aber unsere Kinder benötigen die Veränderung unseres Verhaltens weitaus mehr als unsere Entschuldigung.

Jetzt lade ich Sie dazu ein, sich alles an Traurigkeit über die Vergangenheit einzugestehen. Fühlen Sie diese Trauer ganz und gar. Sprechen Sie aus, was Sie sich gewünscht hätten.

Zum Beispiel: *»Ich wünschte, ich wäre weniger abgelenkt gewesen … ich wünschte, ich hätte meinem Kind nicht wehgetan, …*

ich wünschte, ich hätte damals schon gewusst, was ich heute weiß.«

Ich wünschte:

____

____

____

Weinen Sie, wenn Ihnen danach ist. Vielleicht stellen Sie fest, dass Sie gähnen. Auch so setzt der Körper jene alten Gefühle frei und heilt sich. Atmen Sie einfach tief durch und lassen Sie sie los.

Ein Brief an Ihr Kind

Jetzt schreiben Sie auf einem gesonderten Blatt Papier einen Brief an Ihr Kind – nicht für Ihr Kind, sondern für sich selbst. Gestehen Sie sich ein, was Ihr Kind verdient hätte und was Sie sich für die Situation gewünscht hätten. Versprechen Sie, es besser zu machen.

Seien Sie ehrlich. Ihr Kind wird diesen Brief nie sehen. Aber irgendwo im tiefsten Inneren wird Ihr Sohn oder Ihre Tochter ihn fühlen. Und das Aufschreiben wird Sie verändern und Ihnen dabei helfen, der Vater oder die Mutter zu sein, die Sie sich für Ihr Kind wünschen. Verstauen Sie den Brief an einem sicheren Ort, damit Sie noch einmal darauf zurückkommen können, wenn Sie Inspiration benötigen, um am Ball zu bleiben.

Später, wenn Sie mit Ihrem Kind zusammen sind, spüren Sie vielleicht ein Bedürfnis, Ihre Reue mit ihm zu teilen. Da Sie niemals möchten, dass Ihr Kind das Gefühl hat, es müsse für Sie sorgen, schlage ich vor, dass Sie diese Gefühle so weit wie möglich für sich allein verarbeiten, bevor Sie mit Ihrem Kind reden. Danach beginnen Sie einfach damit, dass Sie anerkennen, dass Ihr Kind sich vielleicht in der Vergangenheit von Ihnen nicht verstanden gefühlt hat. Entschuldigen Sie sich dafür. Versichern Sie Ihrem Kind, dass Sie es lieben, egal was geschieht, und dass Sie niemanden mehr lieben könnten. Ihre jetzige emotionale Großzügigkeit wird Ihrem Kind signalisieren, dass Sie ihm nun auf ganz neue Weise Zufluchtsort sein können. Achten Sie darauf, wie Ihr Kind Sie mit neuer Hoffnung anblickt. Spüren Sie, wie offen sich Ihr Herz anfühlt.

Verpflichten Sie sich dazu, sich die Unterstützung zu geben, die Sie benötigen, um jeden Tag Liebe zu wählen.

Legen Sie Ihre Absicht fest

Jetzt ist es soweit, Ihre Absicht für unsere gemeinsame Arbeit zu erklären. Beschreiben Sie unten die anspruchsvollste und beste Vision, die Sie von sich als Vater oder Mutter haben. Schließen Sie dabei drei Wörter mit ein, die beschreiben, wie Sie als Mutter oder Vater sein wollen. (Wozu eine Absichtserklärung? Wenn Sie nicht wissen, wohin Sie gehen wollen, werden Sie anderswo landen!)

____

____

____

Um diese anspruchsvollste und beste Vision als Vater oder Mutter umzusetzen, werden Sie sich ändern müssen. Jedoch müssen Sie nicht sofort alle Probleme angehen. Wie lautet die eine Veränderung, zu der Sie sich jetzt verpflichten können?

Ich, ... , verpflichte mich zu dieser Veränderung:

____

____

____

Diese Verpflichtung sollte sich machbar aber schwierig anfühlen. Jetzt schreiben Sie jede konkrete Unterstützung auf, die Ihnen dabei helfen wird, diese Veränderung herbeizuführen. Was wird Ihnen helfen, am Ball zu bleiben? Brauchen Sie etwas Zeit für sich allein? Mehr Schlaf? Benötigen Sie bestimmte Informationen? Sie müssen nicht alles auf einmal herausfinden und beim Hinzulernen werden sich auch Ihre Ideen entwickeln. Arbeiten Sie nur die ersten konkreten Schritte dafür aus, wie Sie sich unterstützen werden.

____

____

____

Ein Brief an Sie selbst

Veränderung bedeutet harte Arbeit und anscheinend beinhaltet es immer zwei Schritte vorwärts und einen Schritt zurück. Rechnen Sie damit, dass Sie phasenweise das Gefühl haben werden, Ihre Ziele als Vater oder Mutter nicht erreichen zu können. Im Wissen, dass Sie an irgendeinem Punkt am liebsten aufgeben werden wollen, welche Worte werden Ihnen dann guttun? Wie würden Sie andere Eltern ermutigen, die am Kämpfen sind? Schreiben Sie sich den Zuspruch auf, der Sie aufbauen wird, wenn Sie sich frustriert und festgefahren fühlen. Verwenden Sie dafür ein gesondertes Blatt Papier, das Sie wegstecken können.

TEIL 1

Wie Sie sich selbst regulieren

Ich bin zu der erschreckenden Erkenntnis gelangt, dass ich das entscheidende Element im Klassenzimmer bin: Meine Vorgangsweise schafft das Klima, meine tägliche Stimmung bestimmt das Wetter. Als Lehrer verfüge ich über die erschütternde Macht, das Leben der Kinder elend zu machen oder freudvoll. Ich kann ein Werkzeug der Qual sein oder eines der Begeisterung. Ich kann demütigen oder aufbauen, verletzen oder helfen. In allen Situationen ist es meine Verhaltensweise, die darüber entscheidet, ob sich eine Krise ausweitet oder ob sie verschwindet, ob ein Kind humaner wird oder a-humaner.

HAIM GINOTT,
ehemaliger Lehrer und Pionier der gelassenen Elternschaft[10]

Gelassene Elternschaft bedeutet nicht, dass Sie die ganze Zeit friedlich sind. Die ganze Bandbreite des menschlichen Lebens ruft ständig Emotionen hervor, von denen einige das Gegenteil von friedlich sind. Gelassene Elternschaft bedeutet einfach, dass Sie sich dazu verpflichten, Ihre Emotionen selbst in den Griff zu bekommen, damit sie diese nicht an Ihrem Kind auslassen. Sie beobachten Ihr geistiges und emotionales Befinden und sorgen für sich selbst, sodass Sie Ihr Wohlbefinden die meiste Zeit über aufrechterhalten können. Wenn Sie von etwas getriggert werden, registrieren Sie das und ergreifen selbst die Initiative, um sich zu beruhigen, damit Sie überlegt auf die Situation antworten können. Psychologinnen nennen das »emotionale Intelligenz«. Aber Sie können es auch einfach als Vorbildfunktion dafür betrachten, wie man sich als verantwortungsbewusster Erwachsener verhält und das selbst dann, wenn sich Ihr Kind wie ein Kind benimmt.

Kinder verhalten sich nun mal kindlich, also müssen wir lernen, ihr Verhalten nicht persönlich zu nehmen. Sie machen uns nicht absichtlich Probleme; ihr Handeln wird lediglich durch eigene unerfüllte Bedürfnisse und Gefühlsverwirrungen motiviert. Eigentlich signalisiert ihr schlechtes Benehmen, dass **sie selbst ein Problem haben** und unsere Hilfe benötigen.

Das Bestreben, gelassener zu werden, bedeutet nicht, dass Sie sich niemals ärgern. Es heißt einfach, dass Sie die Verantwortung dafür übernehmen, sich durch Ihren Ärger hindurchzuarbeiten, anstatt ihn an Ihrem Kind auszulassen. Sie werden immer noch eingreifen müssen, um Ihr Kind angemessen anzuleiten, aber diese Unterweisung wird im besten Interesse Ihres Kindes sein, anstatt Ihnen als Ventil zum Dampf-Ablassen zu dienen.

Viele Eltern sagen, dass sie einfach vom Ärger überfallen werden und ehe sie es sich versehen, selbst einen Tobsuchtsanfall bekommen. Aber jedes Mal, wenn es Ihnen gelingt, die eigene Schimpfkanonade zu unterbrechen, zu merken, dass Sie ärgerlich werden – dann aber dem Handlungsimpuls widerstehen – werden neue neuronale Bahnen aufgebaut. Bald wird der präfrontale Kortex (der rationale Teil des Gehirns) automatisch folgende beruhigende Botschaft an die Amygdala (das Alarmsystem des Gehirns) senden: *»Wenn dieses Kind aufmüpfig wird, sieht das zwar wie ein Notfall aus, ist aber keiner.«* Mit der Zeit werden Sie merken, wie Sie ruhiger werden, nicht mehr so vorschnell reagieren.

Ich möchte betonen, dass dies auf keinen Fall heißt, dass Sie Ihre ärgerlichen Gefühle ignorieren sollten. Wenn Sie sich einreden: *»Ich sollte mich nicht ärgerlich fühlen«* und Ihre Wut nur aus dem Gewahrsein schieben, dann versuchen Sie Ihren Ärger zu unterdrücken. Unterdrückte Gefühle verschwinden nicht einfach. Zwar werden Sie aus unserem bewussten

Gewahrsein gedrängt, bleiben aber trotzdem im Körper. Wir schleppen sie weiter mit uns herum und sie melden sich immer wieder an der Pforte unseres Bewusstseins: *»Hey, beachte mich!«* Früher oder später brechen jene ärgerlichen Gefühle ohne bewusste Verstandeskontrolle hervor und wir explodieren. Und was, wenn wir Meister darin sind, jene ärgerlichen Gefühle weiterhin zu vergraben? Das ist noch schlimmer, denn unterdrückter Ärger bleibt einfach im Körper und macht Sie depressiv oder körperlich krank.

DAS KLEINE EINMALEINS DER EMOTIONSREGULATION

Was ist Emotionsregulation:

- Das Wahrnehmen der Gefühle und Empfindungen im Körper, das heißt, Sie werden sich Ihrer Emotionen bewusst. Das ermöglicht es dem Gehirn, die Botschaft zu integrieren und eine weise Reaktionsentscheidung zu treffen, anstatt zuzulassen, dass Ihre Handlungen durch unbewusste Emotionen regiert werden.
- Die Verantwortung dafür zu übernehmen, sich selbst zu beruhigen, damit Sie in der entsprechenden Situation wie ein verantwortungsbewusster, freundlicher Erwachsener handeln können, anstatt Ihrem eigenen Tobsuchtsanfall nachzugeben.
- Die eigene Stimmung zu beobachten und sich selbst jede nötige Unterstützung zu geben, um Ihr allgemeines Wohlbefinden aufrechtzuerhalten, was beinhaltet, dass Sie intensive Emotionen bereits beim Entstehen oder möglichst kurz danach durcharbeiten.

Was Emotionsregulation nicht ist:

- Selbstbetäubung oder Unterdrückung Ihrer Emotionen. Das schlägt deswegen fehl, weil unterdrückte Emotionen nicht länger unter bewusster Kontrolle stehen und Sie entweder krank machen oder ungesteuert herausplatzen.
- Dem Kind die Schuld für Ihre Emotionen zuschieben.
- Gefühle vortäuschen, die Sie nicht haben, oder vorhandene Gefühle verleugnen. Kinder werden immer spüren, wie Sie sich wirklich fühlen. Entscheidend ist, dass Sie Ihre Gefühle anerkennen und die Verantwortung dafür übernehmen.

Wozu ich Sie ermutige, ist wirklich viel schwerer, als Ihre Gefühle wegzupacken. Nehmen Sie Ihren Ärger und andere Emotionen bewusst wahr, geben jedoch nicht dem daraus entstehenden Handlungsimpuls nach. Das bewusste Wahrnehmen Ihrer Erfahrung, ohne sofort unmittelbar zu reagieren, nennt man »Achtsamkeit«.

Achtsamkeit hilft Ihnen dabei, Ihre Tobsuchtsanfälle bereits vor dem Entstehen zu entschärfen. Vielleicht werden Sie sich sagen hören: *»Wenn mein Kind aufmüpfig ist und sagt: ›Ich hasse dich, Mami!‹, dann macht mich das verrückt – das bringt mich auf die Palme.«* Wenn Sie das einfach nur beobachten können, dann haben Sie bereits die Fähigkeit, sich **nicht** zu vorschnellen Reaktionen hinreißen zu lassen, da Sie sich jetzt im Beobachtermodus befinden. Dieser verhilft Ihnen dazu, eine bewusste Reaktion zu wählen.

Ärger ist immer eine Botschaft, dass etwas nicht stimmt, dass etwas verändert werden muss – entweder außerhalb oder (öfter als wir es uns eingestehen) in uns selbst. Also müssen wir auf unseren Ärger hören, statt ihn einfach zu ignorieren. Doch wenn wir ärgerlich sind, interpretieren wir die Bedeutung des Ärgers oft so, als sollten wir dessen Überbringerin angreifen. Überdenken wir die Botschaft dagegen, nachdem wir uns beruhigt haben, merken wir normalerweise, dass unsere Wut auf Erschöpfung, Angst, oder einem Gefühl der Machtlosigkeit beruht. Da **gibt** es wohl etwas, das wir in unserem Leben ändern müssen, aber vielleicht nicht unser Kind. Und selbst wenn doch, können wir kein menschliches Wesen kontrollieren, also können wir auch unser Kind nicht unmittelbar verändern. Wenn wir hart mit Strafen durchgreifen, wird sich unser Kind zwar ändern – aber auf eine Weise, die sich ganz sicher als Bumerang erweist. Stattdessen überlegen gelassene Eltern, von welchen Bedürfnissen und Emotionen das Verhalten ihres Kindes gesteuert wird und wie sie diese angehen können, um eine Verhaltensänderung zu bewirken. Etwas in der Umgebung oder in uns selbst zu verändern, wird immer auch unser Kind verändern.

Wir alle verlieren die Beherrschung, wenn man uns bis zum Äußersten reizt, egal wie sehr wir uns um Friedfertigkeit bemühen. Das Streben nach gelassener Elternschaft wird aus Ihnen keine perfekten Eltern machen. Es wird Ihnen nur helfen, sich daran zu erinnern, dass es immer in Ihrer Verantwortung als Erwachsenem liegt, sich nicht bis zum Äußersten reizen zu lassen.

Wo liegt die Ausgangsbasis Ihrer emotionalen Reaktivität?

Auf einer Skala von 1 bis 10, wie erfolgreich haben Sie kürzlich Ihre Emotionen reguliert?

1 2 3 4 5 6 7 8 9 10

Seien Sie ehrlich. Nach dem Durcharbeiten des Übungsbuches werden Sie Ihre emotionale Regulationsfähigkeit erneut einschätzen, also ist die Zahl, die Sie hier aufzeichnen, Ihre Ausgangsbasis. Sie können eigentlich nur besser werden!

ÜBUNG

Erfolge bei der Selbstregulation

Wir alle haben Situationen erlebt, in denen wir wütend reagierten und Dinge sagten, die wir später bereuten. Aber ich wette, es gibt auch solche Momente, in denen Sie ruhig bleiben konnten, obwohl Sie von allem und jedem um Sie herum bis zum Äußersten gereizt wurden, Ihr Kind eingeschlossen. Denken Sie über die Situationen nach, in denen Ihnen die Selbstregulation gelang. Wir werden darauf aufbauen. Zählen Sie im Folgenden einige Situationen auf. Überlegen Sie bei jedem Beispiel, was Sie Hilfreiches getan haben, um ruhig zu bleiben.

1. Da war die Situation als ich:

____

____

____

Was habe ich getan, dass dieser Augenblick zustande kam und wie kann ich das in Zukunft öfter tun:

____

____

____

(2) Da war die Situation als ich:

____

____

____

Was habe ich getan, dass dieser Augenblick zustande kam und wie kann ich das in Zukunft öfter tun:

____

____

____

(3) Da war die Situation als ich:

____

____

____

Was habe ich getan, dass dieser Augenblick zustande kam und wie kann ich das in Zukunft öfter tun:

____

____

____

ÜBUNG

Ihre Pausentaste: Stopp-lass-los-atme

Ich beobachtete bedeutende Veränderungen, als ich mit »Stopp-lass-los-atme« anfing. Die Pausentaste bewahrt mich davor, Dinge zu sagen, die ich bereuen werde und lässt mich in einer Weise reden, bei der mir meine Kinder eher zuhören. Ich glaube, es hilft auch meinen Kindern Atem zu schöpfen und sich dann für besseres Benehmen zu entscheiden.

DANIEL,
Vater eines vierjährigen und eines achtjährigen Kindes

Irgendwann in dieser Woche werden Sie sich als Reaktion auf das Verhalten Ihres Kindes belästigt, gereizt, feindselig, ärgerlich oder sogar zornig fühlen. Sobald Sie bemerken, dass Sie wütend werden, wenden Sie Ihre Pausentaste an: **Stopp-lass-los-atme.** Im Folgenden werden die einzelnen Schritte erläutert. Heften Sie dies an Ihren Kühlschrank, damit Sie es schnell parat haben. (Hinweis: Sie werden das dringende Bedürfnis verspüren, Ihr Kind zur Räson zu bringen. Solange niemand in körperlicher Gefahr schwebt, ignorieren Sie es – es ist ein Hinweis darauf, dass Sie sich im »Kampf«-Modus befinden. Sie werden mit Ihrer Intervention erfolgreicher sein, wenn Sie sich zuvor beruhigen.)

Schritt 1: Stopp-lass-los-atme

Stopp. Einfach Stopp. Hören Sie mit allem auf, was Sie gerade tun. Schließen Sie den Mund.

Lassen Sie Ihre Agenda **los,** nur für diesen Moment. Verlassen Sie die Kampfarena.

Atme. Nehmen Sie drei tiefe Atemzüge, um sich zu beruhigen, atmen Sie durch die Nase ein und durch den Mund wieder aus.[11] Wenn Sie noch mehr Atemzüge benötigen, nehmen Sie zehn. Wenn Sie sich Ihr Atmen bewusst machen, hält das die Talfahrt in Richtung Kontrollverlust an und erlaubt Ihnen, Ihre Antwort bewusst auszuwählen.

Schritt 2: Wählen Sie Liebe.

Der schwierigste Teil des Ruhigwerdens besteht darin, sich dafür zu entscheiden. Wenn uns der Ärger am Wickel hat, wollen wir uns abreagieren und nicht ruhig werden. Treffen Sie die bewusste Entscheidung, den Ärger loszulassen.

Schritt 3: Ändern Sie Ihren Geist.

Wählen Sie bewusst ein Gegenmittel – ein Bild oder einen Gedanken (manche sagen Mantra dazu) – das Sie beruhigt und emotional großzügiger werden lässt. Kein Mantra-Typ? Ich meine damit nicht, dass Sie im Straßenverkehr »ohmm« tönen sollen. Suchen Sie sich einfach einen Gedanken, der die Angstschleife unterbricht, indem er Ihren sorgenvollen Geist beruhigt.

Schritt 4: Beruhigen Sie Ihren Körper

Nehmen Sie Ihre Körperempfindungen wahr. Verändern Sie Ihre Emotionen, indem Sie sich selbst umarmen oder bewegen – die Hände ausschütteln, Wasser ins Gesicht spritzen.

Sobald Sie sich beruhigt haben, gehen Sie wieder zu Ihrem Kind. Setzen Sie nötige Grenzen oder sprechen Sie über das Geschehene.

REFLEXION NACH DER ÜBUNG

Was haben Sie über die Selbstberuhigung gelernt?

Als Sie Stopp-lass-los-atme ausprobiert haben, wie hat es geklappt? Ist es Ihnen gelungen, sich selbst zu beruhigen?

Was haben Sie dabei gedacht und gefühlt?

Was haben Sie gemacht?

Wie hat Ihr Kind reagiert?

Was war am schwierigsten?

Wie können Sie sich in Zukunft unterstützen, damit es wahrscheinlicher wird, dass Sie die Pausentaste aktivieren und sich selbst regulieren?

ÜBUNG

Ressourcen zur Selbstregulation

Welche Selbstberuhigungsstrategien klappen bei Ihnen am besten?

Wie können Sie sich daran erinnern, diese Strategien auszuprobieren, wenn Sie sich das nächste Mal aufregen?

Gibt es jemanden, der Sie darin unterstützt, sich selbst besser zu regulieren und der oder die Ihnen helfen könnte, für die Regulation Ihrer Emotionen verantwortlich zu bleiben?

____

____

____

Emotionen verstehen

Was sind Emotionen? Während sich die Fachwelt auf keine genaue Definition einigen kann, begreifen die meisten von uns Emotionen als intensive Gefühlszustände, inklusive physiologischer Körperreaktionen.

Emotionen sind dafür da, uns am Leben zu erhalten. Sie signalisieren uns, was wir brauchen und motivieren uns zum Handeln. Furcht motiviert uns zur Flucht. Ärger motiviert uns, uns selbst zu beschützen. Liebevolle Gefühle motivieren uns zu Verbindung und Fürsorge.

Emotionen spielen auch bei der Motivation zum Wachsen eine unentbehrliche Rolle. Zu jeder bewussten Entscheidung nutzen wir das Gehirn und dabei entstehen neuronale Strukturen. Da wir von Emotionen motiviert werden, fällen wir ständig Entscheidungen als Antwort auf unsere Emotionen. Das heißt, die Erfahrung von Emotionen baut unsere inneren Ressourcen auf – sowohl emotionale Tiefe und Stärke als auch Mitgefühl für andere.

Lektionen, die mit Emotionen verknüpft sind, lernen wir leichter. Das heißt beispielsweise, dass das automatische Schaudern beim Anblick einer Schlange die Wahrscheinlichkeit erhöht, dass wir uns von Schlangen fernhalten und somit eher überleben werden. Aber auch positive Emotionen helfen uns beim Lernen, wenn Papa also sein Kind in den Himmel hinauf hebt, dann lernt es das aufregende Wort »hinauf«!

Emotionen entstehen aus unseren Wahrnehmungen, weswegen wir auf eine Schlange sehr anders reagieren als auf einen Stock. Sie sind eine automatische physiologische Antwort auf eine Wahrnehmung oder ein Bedürfnis. Unsere Wahrnehmungen werden durch unsere Gedanken geprägt, die wiederum von unseren Glaubenssätzen und der Bedeutung geprägt werden, die wir unseren Erfahrungen oder dem, was ich unsere »Erzählfäden« (*story-lines*) nenne, zuschreiben.

Da unsere Gedanken die Art und Weise prägen, wie wir etwas wahrnehmen, sind sie normalerweise der Auslöser für unsere Emotionen. Aber Emotionen können bewusstes Denken auch umgehen. Sehen wir unterwegs einen Stock, der einer Schlange ähnelt, überfällt uns vielleicht blitzartige Furcht, noch bevor unser Geist den bewussten Gedanken geformt hat, dass wir in Gefahr sind.

Hier kommt das große Geheimnis über Emotionen, das Ihr Leben verändern kann: bereit? Sobald wir uns erlauben, eine Emotion zu fühlen, löst sie sich auf.

Das geschieht, weil Emotionen Nachrichten sind, und sobald die Nachricht überbracht ist, ist auch die Emotion »verarbeitet«. Daraufhin können wir bewusst wählen, wie wir auf die empfangene Information reagieren wollen. Die vielleicht beste Antwort auf das Gefühl von Verletzung ist der Rückzug aus einer Situation, in der wir uns emotional nicht sicher fühlen. Vielleicht besteht die beste Antwort auch darin, uns dem geliebten Menschen zuzuwenden, von dem wir uns verletzt fühlen, um ihn oder sie um Verbindung und Bereinigung der Beziehung zu bitten. Wie wir auf eine emotionale Information reagieren, wird im präfrontalen Kortex entschieden, der sich auf die Glaubenssätze stützt, die wir aufgrund früherer Erfahrungen geschaffen haben, und Information aus der rechten Hemisphäre (eher emotional) und der linken Hemisphäre (eher rational/logisch) des Gehirns integriert.

Die neuronale Basis der Emotionen

Viele unserer Reaktionen auf Wahrnehmungen sind automatisiert. So wie wir beim Autofahren vor einer roten Ampel automatisch auf die Bremse treten, ziehen wir uns bei Verletzung automatisch zurück. Einige dieser Reaktionen sind allgemeingültig und in uns quasi fest verdrahtet, die meisten Menschen würden also ebenso reagieren – zum Beispiel reagieren wir alle mit Schreck, wenn man uns von hinten berührt. Aber viele unsere Reaktionen sind sehr individuell, stammen oft aus Kindheitserfahrungen. Zum Beispiel reagieren wir je nach früheren Assoziationen auf den Geruch von Zigarettenrauch vielleicht mit Aufregung, Freude, Erleichterung, Furcht oder Ekel.

Diese automatischen neuronalen Assoziationen sind einfach Gewohnheitsreaktionen, die rasches Handeln ermöglichen, ohne dass jeder einzelne Schritt durchdacht werden muss. Das kann so simpel sein wie das neuronale Muster, das Ihnen das Schuhebinden erleichtert, oder so kompliziert wie das neuronale Muster, welches es Ihnen ermöglicht, eine Klaviersonate zu spielen. Automatisierte Assoziationen werden von Neuronen gebildet, die alle miteinander in einem gelerntem Muster aktiviert sind. Laut Neurologinnen sind Neuronen, die gemeinsam aktiv sind, auch miteinander verknüpft (*Neurons that fire together wire together*), was einfach bedeutet, je öfter die Erfahrung wiederholt wird, umso stärker werden auch die neuronalen Assoziationen (oder Leitungsbahnen zwischen den Nervenzellen).

Um effektiv arbeiten zu können, verknüpft sich das Nervensystem so, dass es für jede wiederkehrende Erfahrung eine vorhersehbare Kettenreaktion an schnellen körperlichen und emotionalen Reaktionen bahnt.

Einige dieser automatischen emotionalen Verknüpfungen leisten uns gute Dienste. Wenn wir uns zum Beispiel ängstlich fühlen, atmen wir vielleicht tiefer ein und aus, wodurch das Nervensystem beruhigt wird und die Nachricht erhält, dass es sich um keinen Notfall handelt. Andere Verknüpfungen leisten uns nicht so gute Dienste. Zum Beispiel haben wir vielleicht in der Kindheit gelernt, dass Essen hilft, unsere Angst zu betäuben. Abgesehen davon, dass jene Reaktionsweise unser Verhältnis zum Essen verkompliziert, lenkt sie uns auch noch von unserer Angst ab, anstatt uns dabei zu helfen, sie zu bemerken und anzugehen.

Darüber hinaus sind uns einige neuronale Verknüpfungen, die irgendwann einmal sinnvoll waren, mittlerweile nicht mehr dienlich. Als Kind wäre es vermutlich keine gute Idee gewesen, gegenüber einem tobenden, alkoholisierten Elternteil verletzte Gefühle anzusprechen. Vielleicht war damals das Verstecken sinnvoll. Aber wenn Sie sich heute zurückziehen und verstecken, sobald Sie sich von Ihrem Partner verletzt fühlen, wird Ihnen diese Reaktion vermutlich keine guten Dienste leisten; vielmehr wird es die Kluft zwischen Ihnen vertiefen und zukünftige Verletzungen wahrscheinlicher machen. Vermutlich wäre es sinnvoller, sich wieder mit Ihrer Partnerin zu verbinden, Ihre Bedürfnisse auszudrücken, Trost anzunehmen und die Beziehung zu stärken.

Ihre Emotionen erkennen

Während ich die Begriffe »Gefühle« und »Emotionen« beinahe synonym verwende, gibt es doch einen technischen Unterschied. Gefühle sind Körperempfindungen. Emotionen sind unsere Interpretationen jener Gefühle. Anders ausgedrückt, sind Emotionen das Konstrukt, das wir um diese Körperempfindungen herum bauen, wenn wir Wahrnehmungen, Gedanken und Glaubenssätze hinzufügen, um jene Empfindungen zu verstehen, zurückzuhalten, zu rechtfertigen oder uns sogar dagegen zu verteidigen.

Die Emotionsforschung zeigt, dass Menschen über viele Kulturen hinweg ähnliche emotionale Zustände kennen: Ärger, Traurigkeit, Furcht, Angst und Depression. Aber sogar innerhalb einer Kultur unterscheiden sich die Menschen sehr darin, wie sie diese Emotionen identifizieren. Tatsächlich können viele nicht zwischen depressiven und ängstlichen Gefühlen unterscheiden – sie fühlen beides gleichzeitig.[12] Dies geht teilweise darauf zurück, dass sich viele von uns in der Kindheit angewöhnt haben, die Emotionen zu unterdrücken, sodass wir ihre körperlichen Begleithinweise nicht länger erkennen. Aber auch in den körperlichen Reaktionen einzelner Menschen auf bestimmte Emotionen besteht eine große Bandbreite.[13] In jeder Situation interpretiert unser Geist die Körperempfindungen mithilfe von Wahrnehmungen der bewussten Situation. Starkes Herzklopfen könnte also bedeuten, dass Sie fürchterlich erschrocken, von schlechten Nachrichten schockiert, wütend oder aufgeregt sind, oder sogar, dass Sie eben ein Fitnesstraining absolviert haben. Auch unser Verhalten beim Fühlen einer bestimmten Emotion variiert. Je nach Ihren früheren Erfahrungen und Ihrem Temperament reagieren Sie bei Ärger, indem Sie um sich schlagen, weinen, wegrennen oder gefühllos werden.

Wenn es eine Herausforderung für Sie bedeutet, Ihre Emotionen zu bestimmen, dann stehen Sie damit nicht alleine da. Uns allen schadet es wahrscheinlich nicht, unsere Gefühle noch genauer zu bestimmen. Es gibt nicht den einen Weg, um Emotionen und wie sie miteinander in Beziehung stehen zu »kartieren«, aber das **Gefühlsrad** *(Feelings Wheel)* von Gloria Wilcox illustriert den Reichtum der Vielfalt an Emotionen. Wie Sie sehen, enthält das mittlere Rad genauere Definitionen der Emotionen im Zentrum. Das äußere Rad enthält gängige Reaktionsweisen auf jene Gefühle. Wenn Sie zum Beispiel aufgeregt sind, riskieren Sie vielleicht mehr, und wenn Sie sich verletzt fühlen, reagieren Sie vielleicht distanziert. Es lohnt sich die farbige Version des Gefühlsrades auszudrucken und aufzuhängen. Sie finden es unter *www.arbor-online-center.de/zw2xxe*.

Aber keine Sorge, wenn Sie von der Vorstellung so vieler Emotionen überwältigt sind, denken Sie einfach an die vier Grundemotionen:

- **Zufriedenheit/Glück**, einschließlich **Liebe, Freude und Frieden.** Das ist unser natürlicher Zustand, wenn alles im Fluss ist.
- **Angst,** die eine Reaktion auf Bedrohung ist, einschließlich Panik und Angst (Furcht vor einer nicht spezifischen Bedrohung), Befürchtung (Furcht vor spezifischer Bedrohung) sowie das Gefühl macht- oder

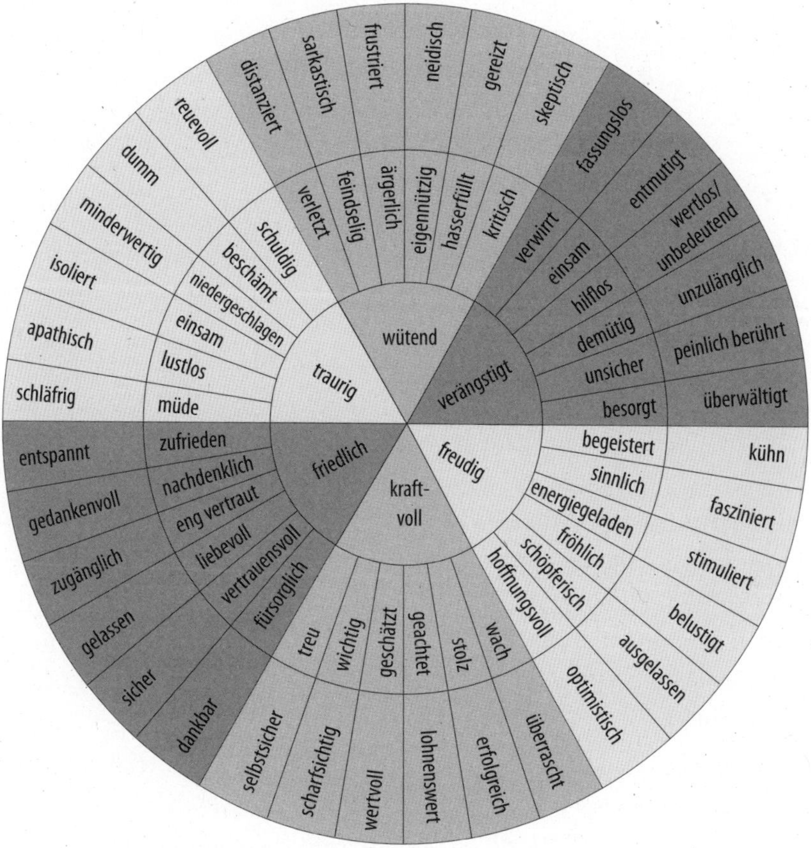

wehrlos zu sein. Beachten Sie, dass Säugetiere, die Angst fühlen, als Verteidigung oft in die Wut wechseln.

- **Traurigkeit,** die eine Reaktion auf Verlust und Enttäuschung darstellt und Trauer, Depression und Einsamkeit einschließt. Beachten Sie, dass sich viele Menschen gegen Enttäuschung und Traurigkeit wehren, indem sie ärgerlich reagieren.

- **Ärger,** der eine Reaktion auf eine Bedrohung von innen oder außen ist und Gereiztheit, Frustration und Wut miteinschließt. Beachten Sie, dass sich ungehörter Ärger im Inneren des Menschen als Depression oder Betäubung niederschlägt.

Wir reagieren vielleicht auf Angst/Furcht, mit dem Versuch davonzulaufen (Flucht) oder zu kämpfen. Wenn wir uns für keine dieser Alternativen fit fühlen, erstarren wir vielleicht, fühlen uns benommen, oder brechen gar emotional oder körperlich zusammen.

Ärger entsteht vielleicht aus der Wahrnehmung einer unmittelbaren Bedrohung, die in uns den Kampfmodus aktiviert, oder aus einer eher subtileren Bedrohung, wie dem Verlust von Selbstwert, Macht oder der Fähigkeit, unsere Bedürfnisse zu erfüllen. Doch Ärger ist immer eine Botschaft, dass etwas für uns nicht funktioniert und wir etwas verändern müssen. Die meisten von uns setzen voraus, dass die Person oder Umstände, die uns ärgerlich machen, das Problem sind und sich ändern sollten. Aber niemals können wir jemand anderen kontrollieren und oftmals auch nichts an den äußeren Umständen ändern. Nur uns selbst können wir steuern. Also wird die wirksamste Antwort auf Ärger immer darin bestehen, zuerst unsere physiologische Reaktion zu beruhigen, um daraufhin zu überlegen, was wir ändern können. (Beachten Sie, dass friedlich sein, nicht bedeutet, Ihren Ärger zu leugnen, sondern den Ärger zu bemerken und dafür zu nutzen, Ihr Leben zu verbessern.)

In der folgenden Tabelle sehen Sie typische Körperreaktionen als Hilfestellung zur Bestimmung der häufigsten Emotionen sowie deren Botschaft.

Emotion	häufige körperliche Hinweise	Häufige Reaktionen:	Botschaft
Liebe und Zufriedenheit (Glück)	Lockerheit, Leichtigkeit, Wohlbefinden, Wohlwollen gegenüber anderen	Verbundenheit, Freude	Teilen Sie das Glück (die Zufriedenheit) mit anderen. Fühlen Sie Dankbarkeit, um das Tor zu noch mehr Wohlbefinden zu öffnen
Furcht und Angst	kalte Hände, ansteigender Puls, flache Atmung, Schmetterlinge im Bauch oder Magenschmerzen	Flucht, Erstarrung (Betäubung), Kollaps, Selbstmedikation, defensiver Ärger	Suchen Sie Sicherheit, Hilfe und Beruhigung
Trauer und Traurigkeit	Ermüdung, Schmerzen in der Brust, Schmerzen, Schwäche	Aufgeben, Betäubung, Selbstmedikation	Verbinden Sie sich mit jemandem, der Sie tröstet
Ärger und Frustration	schwitzende Handflächen, angespannter Körper, Zittern	Auf andere losgehen, Groll	Verändern Sie etwas bei sich selbst oder an der Situation
Schuld	Schlafstörungen, Muskelverspannungen, Magenschmerzen	Selbstmedikation, Selbstsabotage, Überreaktion auf Kritik	Tun Sie etwas, um wieder in Einklang mit Ihren Werten zu leben

Emotion	häufige körperliche Hinweise	Häufige Reaktionen:	Botschaft
Scham	niedergeschlagene Augen, Magen dreht sich um, Schweregefühl	Selbstmedikation, Selbstbeschämung, zur Verteidigung auf andere losgehen	Auf Grundlage der Meinung anderer beurteilen Sie sich als der Liebe unwürdig; Sie benötigen Selbstliebe und Selbstakzeptanz
Neid	erhöhte Pulsfrequenz, erhöhter Blutdruck, Magenverstimmung	Klammern, Besessenheit, Wut, Misstrauen	Aufgrund des Vergleichs mit anderen fühlen Sie einen Verlust an Selbstwert; Sie benötigen Selbstliebe und Selbstakzeptanz, und bauen Sie in Ihr Leben ein, was Sie darin vermissen

Beachten Sie, dass es sich bei Schuld, Scham und Neid um defensive Reaktionen handelt, manchmal auch sekundäre Emotionen genannt. Wir fühlen sie als Reaktion auf den Verlust von Wertschätzung. Zwar fühlen sich Scham und Neid schrecklich an, aber besser als das Eingeständnis, dass wir vielleicht nicht liebenswert sind, weil wir einfach nicht gut genug sind. Schuld fühlt sich schrecklich an, aber besser, als uns als schlechten Menschen zu betrachten.

Wenn wir in der Lage sind, unsere Gefühle schon im Entstehen anzunehmen, dann merken wir, dass im Lauf unseres Lebens ständig leichte

Angst und Traurigkeit aufkommen. Wir können jenen Emotionen zuhören und entscheiden, wie wir damit produktiv umgehen. Sobald die Emotion ihre Botschaft überbracht hat, löst sie sich allmählich auf und wir fühlen uns voller Energie, um das Problem in Angriff zu nehmen, was unsere inneren Ressourcen aufbaut und unser Leben verbessert. Aber wenn uns unsere Gefühle ängstigen, betäuben wir sie (mithilfe von Essen, Alkohol, oder »kleinen« Süchten wie Einkaufsbummel) oder wir drängen sie in unseren emotionalen Rucksack zurück, was uns krank und müde macht. Anstatt zur Lösung des Problems fähig zu sein, stecken wir in einem Kreislauf von Sekundäremotionen fest – Ärger, Scham, Schuld oder Neid – und machen dabei anderen oder uns selbst Vorwürfe.

ÜBUNG

Bestimmen Sie Ihre Emotionen

Der erste Schritt hin zur Regulation der Emotionen ist, sie sich zu Freundinnen zu machen. Und jede Freundschaft beginnt damit, dass Sie Ihre Freundin erkennen. Da jedermanns Emotionen ein wenig anders sind, müssen wir unsere eigenen Hinweisreize erkennen. Denken Sie über jede Ihrer Emotionen nach: über die Körperempfindungen, die Ihnen beim Erkennen helfen, die Gedanken, die Sie bei der Interpretation unterstützen und (vielleicht das Allerwichtigste), das, was Sie normalerweise gern tun, um die Emotion auszudrücken oder loszuwerden. Anhand dieser Hinweisreize erkennen Sie, was Sie fühlen. Ich habe Ihnen für die häufigsten Emotionen Platz gelassen, aber bitte machen Sie diese Übung für alle Ihre häufig auftretenden Emotionen.

Furcht/Angst

Wenn ich Angst habe, spüre ich diese Körperempfindungen:

___

___

___

Ich bemerke Gedanken wie:

___

___

___

Ich will:

___

___

___

Wenn ich Furcht/Angst fühle, wäre es hilfreich, ich könnte:

Traurigkeit

Wenn ich mich traurig fühle, spüre ich diese Körperempfindungen:

Ich bemerke Gedanken wie:

Ich will:

Wenn ich mich traurig fühle, wäre es hilfreich, ich könnte:

___

___

___

Ärger

Wenn ich mich ärgerlich fühle, spüre ich diese Körperempfindungen:

___

___

___

Ich bemerke Gedanken wie:

___

___

___

Ich will:

___

___

___

Wenn ich mich ärgerlich fühle, wäre es hilfreich, ich könnte:

____

____

____

ÜBUNG:

Sie sind nicht Ihre Emotionen: Wechseln Sie von »Ich bin« zu »Ich fühle«.

Normalerweise drücken wir Emotionen aus, indem wir sagen: *»ich bin«*, wie bei: *»Ich bin traurig«, »ich bin ärgerlich«*, oder: *»ich bin enttäuscht«*. Diese Gewohnheit übermittelt, wie überwältigt wir uns oft von unseren Emotionen fühlen, aber sie führt auch zu einer Identifikation mit der Emotion. Wir sehen uns so, als **seien** wir diese Emotion. In einem solchen Moment ist es schwer, sich vorzustellen, etwas anderes zu sein. Aber Gefühle kommen und gehen. Wir sind nicht wirklich der Ärger. Wir fühlen uns bloß in diesem Moment ärgerlich.

Etwas Befreiendes geschieht, wenn wir uns daran gewöhnen, Emotionen so auszudrücken, indem wir sagen: *»Ich fühle …«* Zum Beispiel: *»Ich fühle mich traurig.« »Ich fühle mich ärgerlich.« »Ich fühle mich enttäuscht.«* So lösen wir uns aus dem Griff der Emotion. Anstatt von der Emotion hinweggerissen zu werden, wird sie uns bewusster und wir betrachten sie als einen vorübergehenden Zustand. Wenn Sie sich das angewöhnen, fordern Sie Ihre Glaubenssätze über Emotionen heraus; so können Sie sich in jenen schwierigen Augenblicken besser regulieren.

Probieren Sie es am besten gleich aus:

- Sagen Sie laut: *»Ich bin traurig.«* Beobachten Sie, wie sich das anfühlt.
- Sagen Sie jetzt: *»Ich fühle mich traurig.«* Beobachten Sie, wie sich das anfühlt. Gibt es einen Unterschied?

Versuchen Sie jetzt das gleiche Experiment mit »ärgerlich«. Was fällt Ihnen auf? Wie können Sie sich diese neue Art Emotionen auszudrücken zur Gewohnheit machen?

____

____

____

Der emotionale Rucksack

Erinnern Sie sich an die Diskussion des letzten Abschnitts über Emotionen? Wenn wir uns das Fühlen der Emotionen zugestehen, verlieren Sie ihre Macht. Wir können sie hinter uns lassen. Im Gegensatz dazu gewinnen Emotionen an Macht, wenn wir sie aus unserem Bewusstsein verbannen, weil wir sie dann nicht mehr bewusst steuern können. Also können Sie sich vorstellen, dass wir alle einen »emotionalen Rucksack« herumschleppen, der mit Gefühlen vollgestopft ist, bei denen es uns nicht sicher genug erschien, diese beim ersten Spüren zu verarbeiten.

Einige der verdrängten Gefühle stammen vielleicht von heute oder dieser Woche. Aber die meisten von uns schleppen auch alte verwickelte Ängste oder Schmerzen aus vergangenen Monaten oder sogar Jahren. Tatsächlich bleiben Gefühle aus nicht angemessen verarbeiteten traumatischen Ereignissen so lange in Ihrem emotionalen Rucksack, bis Sie sie verarbeitet haben. Je emotional »reaktiver« Sie sind oder je schneller

Sie »getriggert« werden, desto mehr alte Emotionen schleppen Sie in Ihrem Rucksack mit sich herum, die Ihnen signalisieren, dass sie noch zu verarbeiten sind.

Wird der Rucksack zu voll, fühlt sich das bedrohlich an, sodass wir uns angespannt und ängstlich fühlen. Und wenn etwas geschieht, das uns aufregt, dann triggert die gegenwärtige Situation oft alte Gefühle, die dann einfach herausplatzen. Häufig geschieht es, dass jene alten Gefühle mit dem verwechselt werden, was sich gerade in der Gegenwart abspielt.

Deshalb ertappt sich eine Autofahrerin im Straßenverkehr vielleicht dabei, dass sie aus ihrem Wagen heraus einen völlig Fremden anschreit, weil dieser sie geschnitten hat. Natürlich hat sie Grund für ihren Ärger. Aber kaum einer von uns würde so reagieren. Die Überreaktion der Fahrerin rührt fast sicher von Gefühlen aus der Vergangenheit her, als sie sich so schwerwiegend missachtet erlebte, dass es sich wie eine Bedrohung ihrer Integrität angefühlt hatte – ihrer persönlichen Ganzheit – oder gar ihrer Existenz. Das sind Altlasten, keine gegenwärtigen Bedrohungen. Aber in diesem Moment ist die Fahrerin davon überzeugt, dass der Fremde im anderen Auto die Ursache all ihrer ärgerlichen Gefühle ist und eine akute Gefahr darstellt.

Wir nennen das »getriggert werden«, weil die aktuelle Situation die alten Gefühle »triggert« (von englisch *trigger* – »Abzug einer Schusswaffe«), sodass sie aus dem emotionalen Rucksack herausplatzen. Wenn uns nicht bewusst ist, was da gerade abläuft, reagieren wir so, als bestünde echte und aktuelle Gefahr. Der Körper aktiviert sein Selbstschutzprogramm, wir stellen uns auf einen Notfall ein. Dann lassen wir uns zu Handlungen hinreißen, die wir bei klarem Denken niemals tun würden. Sie sehen, wie schlechtes Benehmen Ihres Kindes eine ähnliche Wirkung haben könnte und Sie aufgrund Ihrer alten Trigger zu Überreaktionen veranlasst.

Im Falle einer Bedrohung stehen Säugetieren nur begrenzte Verteidigungsmaßnahmen zur Verfügung: Flucht, Kampf oder Erstarrung. Also laufen wir manchmal davon (Flucht) oder, wenn nicht möglich, »erstarren« wir und werden innerlich taub. Vielleicht kollabieren wir sogar, was uns davor bewahrt, uns selbst beschützen zu müssen. Oder wir stürzen uns in Ärger, mobilisieren den Körper zum »Kampf«. Ärger ist also die »Kampf«-Reaktion des Körpers, unsere Verteidigung gegen Bedrohung. Der Ärger weiß nicht, ob die Bedrohung aus einer aktuellen Gefahr stammt oder aus alten, sich gefährlich anfühlenden Emotionen. Der Ärger weiß nur, dass man ihn zur Verteidigung gerufen hat, und ist bereit, den Feind zu bezwingen. Deshalb können Sie Wut auf Ihr Kleinkind haben, wenn es vom Hochstuhl aus ständig Essen hinunterwirft. Das ist keine vernünftige Reaktion, aber es sind alte Emotionen aus der Vergangenheit, die Ihre aktuelle Wut schüren.

Indessen der emotionale Rucksack eine nützliche Metapher ist, gibt es natürlich keinen wirklichen Rucksack. Tatsächlich tragen wir jene alten unverarbeiteten Emotionen in unserem Körper, in dem, wie Ihnen jede Physiotherapeutin bestätigen kann, viele unbewusste Erinnerungen gespeichert werden. Leider bleiben jene alten Gefühle selbst dann nicht einfach an Ort und Stelle, wenn Sie gerade nicht getriggert werden. Daher erlebt sie der Körper als ungesunde Spannung oder Kontraktion. Aber zum Glück verfügt der Körper über Selbstheilungsmechanismen. Genauso wie eine Infektion an die Oberfläche steigt, damit sie geheilt wird, steigen aus demselben Grund verdrängte Emotionen auf.

Manchmal genügt ein Gähnen, um festgehaltene Spannung, die zunächst als Furcht, Angst oder Sorge begann, zu entladen. Oder vielleicht ertappen wir uns dabei, wie wir über etwas herzhaft lachen, wodurch der Körper ebenfalls Stress abbaut. Manchmal bringt uns auch etwas zum Weinen, ohne dass wir dazu einen Bezug haben. Das baut selbst dann Stress ab, wenn wir nicht den ursprünglichen Grund für die Traurigkeit wissen. Oder wir provozieren regelmäßig einen Streit mit unserer Partnerin, damit uns das dabei hilft, die Verstimmung durchzuarbeiten, die wir mit uns herumschleppen, weil wir in der Kindheit gelernt haben, dass Streit mit geliebten Menschen schließlich zu befreienden Tränen führt. (Wäre es nicht ein grandioser Fortschritt für unsere Beziehungen, wenn wir lernen könnten, den Streit auszulassen und dafür sofort die Tränen zu vergießen?)

Wie läuft das nun bei Ihrem Kind ab? Ihr Sohn kann sich in der Schule den ganzen Tag tadellos benehmen, aber dann zu Hause völlig ausflippen. Das geschieht, weil er über den Tag seinen emotionalen Rucksack mit Gefühlen gefüttert hat, als ihn ein anderes Kind geschubst hat, er es fast nicht mehr rechtzeitig auf die Toilette geschafft hat oder ihn der Lehrer ausgeschimpft hat. Kommt Ihr Sohn dann nach Hause und fühlt sich sicher, setzt oft der Heilungsprozess ein und all jene tagsüber aufgestauten Gefühle steigen an die Oberfläche, damit sie geheilt werden.

Aber diese Gefühlsüberschwemmung fühlt sich nun gar nicht gut an. Schließlich wurden die Gefühle ja in den emotionalen Rucksack gestopft, weil sie zum sofortigen Verarbeiten zu aufwühlend waren. Sie sind furchterregend. Nun, da sie an die Oberfläche steigen, sucht das Kind eine Verteidigungsstrategie. Angriff ist die beste Verteidigung. Also provoziert Ihr Sohn einen Streit mit Ihnen, um sich von den aufsteigenden schmerzhaften Gefühlen abzulenken. Er schaut Sie geradewegs an und bricht eine Familienregel oder brüllt Ihnen ins Gesicht. Verständlicherweise brüllen Sie zurück, da Sie angegriffen wurden. Als Antwort rüstet sich sein Körper zum Kampf. Da dies nun für die Verarbeitung aufgestauter Gefühle kein guter Zeitpunkt mehr ist, verschwinden diese wieder im emotionalen Rucksack, um ein anderes Mal geheilt zu werden. Krise gebannt – Ihr Kind muss jene schrecklichen Emotionen aus dem Rucksack nicht fühlen. Allerdings stecken Sie jetzt natürlich mit Ihrem Kind in einem völlig überflüssigen lautstarken Streit, was Ihnen beiden den

Tag verderben kann. Außerdem ist der Rucksack Ihres Sohnes jetzt sogar noch voller und wird zu einem späteren Zeitpunkt erneut getriggert werden.

Jegliche Emotion, die wir für die sofortige Verarbeitung zu verletzlich fanden, kann in unserem emotionalen Rucksack verschwinden. Angst in ihren verschiedenen Facetten, einschließlich sich gefangen, abgetrennt oder machtlos fühlen, erscheint uns so bedrohlich, dass sie sehr oft in den Rucksack zurückgedrängt wird. Dasselbe geschieht mit Trauer und Einsamkeit.

Ärger befindet sich dagegen *nicht* im Rucksack. Er ist die Kampfreaktion des Körpers, also ist er eine Antwort auf Bedrohung, soll Sie mobilisieren und beschützen. Daher ist Ärger, obwohl er sich instinkthaft und absolut unmittelbar anfühlt, meist eine Sekundäremotion als Reaktion auf die Gefahr, dass verletzlichere Emotionen des emotionalen Rucksacks getriggert werden könnten. Natürlich können wir als Antwort auf echte aktuelle Bedrohungen, wie zum Beispiel einen Taschendieb, ärgerlich reagieren. Aber in unserem Alltag treffen wir relativ selten auf solche extremen Ereignisse. Je mehr wir unseren emotionalen Rucksack ausleeren, umso mehr erkennen wir, dass die meisten Alltags-Bedrohungen bestenfalls Gereiztheit rechtfertigen. Meistens triggert uns der emotionale Rucksack in den »Kampfmodus« zur Schlacht ums Überleben.

Beachten Sie, dass der Streit mit Ihnen den emotionalen Rucksack Ihres Kindes nicht leert, genauso wenig, wie es den Ihren leeren würde, wenn Sie Ihr Kind anbrüllen. Die Kampfreaktion soll Sie vor Gefahr schützen, damit Sie sich zum Angriff rüsten können. Sie unterstützt Sie jedoch nicht darin, jene empfindlichen, verstörenden Emotionen unter dem Ärger zu fühlen. Doch nur so lässt sich der emotionale Rucksack entladen.

Es wäre um so vieles leichter, wenn Ihr Kind einfach nach Hause kommen, um eine Umarmung bitten und sich darin ausweinen könnte, anstatt einen Streit zu provozieren, der schließlich in Tränen mündet.

Dieses Buch wird Ihnen zeigen, wie so etwas wahrscheinlicher wird. Doch sogar Erwachsene verhalten sich oft ähnlich schwierig. Wenn Angst oder Schmerz in unserem emotionalen Rucksack getriggert werden, brechen wir genauso in Wut aus, wie unser Kind uns einfach angreift, anstatt zu weinen oder uns zu erzählen, dass es sich vor etwas fürchtet. Leider haben viele von uns (einschließlich unsere Kinder) gelernt, dass man sich mit Ärger wirksam gegen das Fühlen all jener starken Emotionen verteidigen kann, die wir vermeiden; also stürzen wir uns auf Ärger, sobald wir eigentlich Angst oder Trauer spüren. Das ist ein Grund dafür, dass Eltern so schlecht vom Schreien loskommen.

Aber was ist, wenn ...?

Wir haben uns bisher auf Sie und Ihre Fähigkeit zur Selbstregulation konzentriert, ohne uns dem Verhalten Ihres Kindes zuzuwenden. Wenn Sie – wie so viele Eltern – das Verhalten Ihres Kindes gewohnheitsmäßig über Ihren Ärger regeln, haben Sie vielleicht viele Fragen, die mit *»aber was ist, wenn ...?«* beginnen. Wir wollen jene Fragen beantworten.

»Aber was ist, wenn mein Kind meinen Ärger ›verdient‹?« Erinnern Sie sich daran, dass es kein Mensch je verdient, angeschrien zu werden, egal was Ihr Kind angestellt hat. Natürlich haben Sie Anspruch auf Ihren Ärger, aber es bleibt immer **Ihr** Ärger, und kein anderer ist dafür verantwortlich. Niemand sonst kann uns »ärgerlich« machen.

»Aber was ist, wenn das Benehmen meines Kindes Disziplin erfordert?« Das Kind mag wohl Grenzen benötigen (und wir werden in Teil 3: »Coaching statt Kontrolle«, erörtern, wie man Kinder wirkungsvoll unterweist), aber jede Entscheidung, die wir im Ärger treffen, ist von Angst motiviert und nicht von Liebe. Sie werden viel effektiver eingreifen und Ihr Kind anleiten können, sobald Sie sich beruhigt haben. Ich garantiere

Ihnen sogar, dass Sie dann den Fehltritt Ihres Kindes nicht annähernd so schrecklich finden wie zuvor, egal worum es sich handelt.

Unsere Rolle als Eltern besteht eben darin, unseren Kindern im konstruktiven Umgang mit Emotionen Vorbild zu sein. Das heißt, dass wir auf unseren Ärger niemals aus dem »Flucht-Kampf-Starre-Modus« heraus reagieren, der unser Kind wie den Feind erscheinen lässt und sich so anfühlt, als müssten wir »gewinnen« und unser Kind »verlieren«. Vergessen Sie es, Ihrem Kind etwas beizubringen, bevor Sie sich als emotional großzügig erleben und Sie liebevoll vermitteln können. Lehrreiche Augenblicke ereignen sich nur, wenn alle Beteiligten zugänglich und positiv gestimmt sind. Ärger und Strafe gründen niemals auf Liebe, denn Ihr Kind nimmt Ihnen die Liebe nicht ab, wenn Sie ärgerlich sind. Es kann dann gar nicht anders, als in den Kampf-Flucht-Starre-Modus zu wechseln, was bedeutet, dass die am Lernen beteiligten Hirnregionen dicht machen.

»Aber ist es denn nicht gesund, meinen Ärger auszudrücken?« Ihren Ärger an jemand anderem auszulassen ist nie gesund; das verstärkt bloß Ihre Wut.[14] Gesund ist es dagegen, **sich selbst** einzugestehen, wie Sie sich fühlen und dann mutig genug zu sein, um innezuhalten und das zu spüren, was sich unter Ihrem Ärger verbirgt – Verletzung, Angst, Traurigkeit, Enttäuschung. Wenn Sie sich erlauben, diese Empfindungen in Ihrem Körper zu fühlen, dann lösen sie sich allmählich auf. Sobald Sie sich beruhigt haben, werden Sie sich besser um Ihre eigenen Verletzungen kümmern und bei Ihrem Kind so eingreifen können, dass es sein Benehmen besser in den Griff bekommt.

»Aber hat mein Kind nicht eine Lektion zu lernen?« Natürlich, aber Wut oder sogar Kritik sind nicht die Lektionen, die Sie Ihrem Kind beibringen wollen. Wenn Sie Ihre lehrreichen Augenblicke in lernbare Momente verwandeln, indem Sie warten, bis Ihr Kind dafür empfänglich ist, dann wird es Ihre Unterweisung aufnehmen. Außerdem wird Ihr Kind etwas viel Besseres mitnehmen als eine Lektion über gutes Benehmen: nämlich eine Lektion in Selbstregulation. Und es wird die ebenso wichtige, unerschütterliche Überzeugung entwickeln, dass es mitsamt allen chaotischen und leidenschaftlichen Emotionen, die unser Verhalten antreiben und unser Menschsein ausmachen, ganz und bedingungslos geliebt wird.

»Aber soll mein Kind nicht lernen, dass alle Menschen ärgerlich werden, dass das zum Leben dazugehört; es ist doch normal und nicht furchterregend?« Erst, was die Eltern mit ihrem Ärger anstellen, erschafft die Überzeugung, dass Ärger furchterregend ist. Wenn Sie explodieren, lernt Ihr Kind, dass Ärger furchterregend ist. Wenn Ihr Kind dagegen sieht, dass Sie ärgerlich werden – und das lässt sich im Alltag einfach nicht vermeiden – und dann beobachtet, wie Sie innehalten, ein paar tiefe Atemzüge nehmen und dann Ihre Bedürfnisse ohne Angriff oder Tobsuchtsanfall äußern, dann haben Sie Ihrem Kind beigebracht, dass Ärger normal und eben nicht furchterregend ist. Außerdem haben Sie Ihr Kind gelehrt, wie man mit Ärger verantwortungsvoll umgeht und ihn sich auch noch zunutze macht, um eine Situation zu verbessern.

»Aber ich will nicht, dass mein Kind glaubt, Emotionen seien nicht erlaubt.« Gutes Argument! Hoffentlich fühlen wir uns mit unseren Gefühlen wohl genug, um sie zu achten, wenn sie in uns aufsteigen. Den ganzen Tag wechseln wir also von einer Emotion in die nächste. Glück/Zufriedenheit, Traurigkeit, Enttäuschung, Frustration, Freude – Emotionen kommen und gehen. Tränen fallen und Lächeln entsteht. Wenn wir all diese Emotionen akzeptieren und durch uns hindurchziehen lassen, ist es wahrscheinlicher, dass sie sich auflösen anstatt uns zu triggern. Wenn wir mit unseren Kindern darüber reden, wie man auf jene Emotionen konstruktiv reagiert, während man sie spürt, dann unterweisen wir sie in emotionaler Ganzheit (dem Integrieren von positiven und negativen Emotionen in ein Ganzes) und Selbstdisziplin. Also sagen Sie hoffentlich den Tag über immer wieder etwas von der Art:

- *»Mir tut die warme Sonne am Rücken so wohl!«*
- *»Oh, nein! Der Boden ist mit Farbe bekleckst! Das bringen wir jetzt schnell in Ordnung.«*
- *»Ich vermisse meine Schwester. Es macht mich traurig, dass sie so weit weg wohnt.«*
- *»In fünf Minuten müssen wir aus dem Haus und ich mache mir Sorgen, wie wir das schaffen sollen. Was braucht jede noch, um startklar zu sein?«*
- *»Ich bin so frustriert, dass ich das nicht aufbekomme.«*
- *»Mich nerven all die Spielsachen auf dem Fußboden! Wir müssen beim Aufräumen zusammenarbeiten, damit wir es schaffen.«*

Falls das Zulassen unserer Emotionen beinhaltet, manchmal weinend auf dem Fußboden zu sitzen, dann glaube ich, dass es Kindern guttut, das zu sehen. Wir können ja einfach erklären, dass wir gerade traurig sind und deshalb weinen, aber dass alles wieder gut wird. Und wenn unsere Kinder darüber bestürzt sind? Dann nehmen wir sie in die Arme und versichern ihnen, dass sie an unseren Tränen nicht schuld sind, dass jeder manchmal weinen muss und wir damit klarkommen. Das ist für ein Kind eine großartige Lernerfahrung, insbesondere wenn wir es dabei anlächeln und kurz danach darüber reden können. Auf diese Weise Vorbild zu sein, vermittelt den Kindern die Sicherheit, sich zu erlauben die ganze Bandbreite ihrer Emotionen zu fühlen. (Wenn Sie natürlich täglich weinen müssen, dann brauchen Sie Unterstützung, um heilen zu können, ohne Ihr Kind in diesen tiefgehenden emotionalen Heilungsprozess einzubeziehen.)

»Wenn ich aber meinem Kind gegenüber echt sein will?« Um authentisch zu sein, wird von Ihnen nie verlangt, Ihre Erfahrung auf jemand anderen ungefiltert »abzuwälzen«. Wie schon der Dalai Lama sagt: *»Wenn möglich, sei freundlich. Es ist immer möglich.«*[15]

Abgesehen davon, beinhaltet Ärger an sich nicht die ganze Wahrheit. Er ist die Verteidigungsreaktion des Körpers auf Angst, Machtlosigkeit, Trauer oder eine sonstige zutiefst verstörende Emotion. Wenn wir also wirklich beabsichtigen, unseren Kindern gegenüber authentisch zu sein, dann würden wir sie nicht anschreien, wenn sie keine Hausaufgaben machen wollen. Wir würden die tiefere Wahrheit zugeben: *»Ich mache mir schreckliche Sorgen, dass du eine Lernstörung haben könntest, wenn du so handelst, … ich fühle mich machtlos, dich dazu zu bringen, deine Aufgaben zu erledigen, und ich habe Angst, du versagst in der Schule und ruinierst dein Leben.«*

Aber natürlich wäre es ebenso schädlich im Namen der Authentizität dem Kind gegenüber unsere Urängste zu äußern. Auch jene Ängste sind nicht die Wahrheit. Angst ist selten die Wahrheit und schon gar nicht die ganze.

Die Lösung besteht darin, unsere Bedürfnisse auszudrücken, Grenzen zu setzen und das Problem mit unserem Kind partnerschaftlich anzugehen. Schließlich entstehen jene Emotionen aus Bedürfnissen. In diesem Beispiel ist Ihr Bedürfnis, dass Ihr Kind seine Hausaufgaben erledigt. Also würden Sie genau das tun, worum wir immer unsere Kinder bitten – das Bedürfnis ausdrücken, ohne dabei den anderen anzugreifen: *»Ich möchte, dass du deine Hausaufgaben machst, weil das von der Schule verlangt wird. Mich frustriert es, wenn du die Aufgaben anscheinend nicht bereitwillig erledigst und ich sehe, dass sie dir wirklich keinen Spaß machen. Aber du kommst nicht darum herum, also lass uns herausfinden, wie du es schaffen kannst.«*

»Aber was ist, wenn mein Kind auf die Straße rennt? Da muss es doch wissen, dass mich das wütend macht?!« Viel eher glaube ich, dass Ihr Kind erfahren soll, dass Sie darüber fürchterlich erschrocken waren. Jedes Kind übernimmt Sicherheitshinweise von seinen Eltern; nur so hat die Menschheit bis jetzt überlebt. Ihr Kind wird viel wahrscheinlicher Ihren Schrecken ernst nehmen als Ihren Ärger. Kinder spüren bei unserem Ärger sogar oft das Bedürfnis, uns auszutesten. Ihrem Kind gelegentlich zu sagen, wie sehr Sie sich über einen größeren Verstoß ärgern, ist wahrscheinlich unvermeidlich und wird ihm nicht schaden, aber es ist nicht der beste Weg, ihm etwas beizubringen oder seine Kooperation zu erreichen.

ÜBUNG

Geben Sie Ihren Bedenken Raum

Jedes Mal, wenn wir uns für Veränderung entscheiden, ist ein Teil von uns motiviert, den neuen Weg einzuschlagen. Aber ein anderer Teil hängt noch loyal am Vorherigen. Solange wir diese Anteile in uns nicht anerkennen und auf ihre Bedenken eingehen, entsteht in uns keine Einheit für das neue Ziel. Wir blockieren selbst unsere Veränderung.

Denken Sie über die Ideen nach, die Sie über Selbstregulation gelernt haben. Spüren Sie irgendwelche Ängste oder Vorbehalte dagegen, diesen Ansatz auszuprobieren? Zählen Sie im Folgenden alles auf. Dann gehen Sie, so gut Sie können, mit dem bisher Gelerntem auf jeden Vorbehalt ein und schreiben die Antwort daneben. Falls Ihnen noch nichts einfällt, markieren Sie diese Seite mit einem Klebezettel und beantworten diese Bedenken, sobald Sie während der Arbeit an diesem Buch eine Antwort gefunden haben.

1 ______________________________

____

____

2

3

4

5

Ihre emotionalen Trigger

Von einem Schüler Folgendes gefragt: »Meister, wie gelingt es Dir, ununterbrochen zentriert zu bleiben?«, antwortete dieser: »Ich halte die Zentrierung nicht ununterbrochen aufrecht, ich gewinne sie nur schneller zurück.«

MORIHEI UESHIBA,
Gründer der Kampfkunst Aikido[16]

Getriggert zu werden bedeutet, dass durch unsere aktuelle Erfahrung alte Gefühle in unserem emotionalen Rucksack stimuliert werden, die das Alarmsystem des Gehirns auslösen und uns so in einen Zustand von »Kampf, Flucht oder Starre« versetzen. Anders ausgedrückt, nehmen die Emotionen dem präfrontalen Kortex das Heft aus der Hand und wir verlieren den Zugang zum logischen Denken. In diesem Augenblick halten wir unsere Reaktion oft für angemessen, weil wir die Bedrohung überbewerten. Erst im Nachhinein erkennen wir unsere Überreaktion.

Wir werden oft von unserem Kind getriggert, aber unser Kind hat den Trigger nicht in uns eingebaut. Wir tragen ihn schon lange in uns. Vielmehr verhilft uns unser Kind zu einer Gelegenheit, den Trigger zu bemerken und zu heilen. Tun wir das nicht, werden wir diese Altlasten wahrscheinlich auf unser Kind abwälzen.

Nahezu jeder von uns trägt Trigger in sich, es sei denn, wir haben bereits viel an uns gearbeitet. Egal wie liebevoll und zugänglich Ihre Eltern waren, gab es fast sicher Situationen, in denen Sie etwas Überwältigendes erlebt haben. Und weil es so überwältigend für Sie war, konnte das Gehirn diese Erfahrung nicht wie gewohnt verarbeiten – die Erinnerung wurde also nicht in ein neuronales Netzwerk eingegliedert, das zusammengehörige Erinnerungen speichert. Bei der im Schlaf erfolgenden Verarbeitung unserer Erinnerungen werden normalerweise die mit den Gedächtnisinhalten verknüpften Emotionen entfernt. Deswegen ist eine Situation, über die man einige Nächte geschlafen hat, meist nicht mehr so aufwühlend.

Aber jedes Mal, wenn die Erinnerung so aufregend war, dass das Gehirn sie nicht wie gewöhnlich verarbeiten konnte, wurde sie mitsamt all jenen Empfindungen, die Sie währenddessen gespürt haben, unverarbeitet gespeichert. Daher werden Sie während einer ähnlichen Erfahrung – die vielleicht einen anderen Inhalt hat, aber identische Gefühle auslöst – mit Körperempfindungen überflutet, die eine Überreaktion sind. Diese Gefühle stammen nicht aus der aktuellen Erfahrung. Sie waren zusammen mit der früheren unverarbeiteten Erinnerung gespeichert.

Das geschieht nicht ohne Grund. Falls Sie in der Kindheit einmal fast ertrunken wären, bleiben Sie später eher am Leben, wenn Sie diese Erfahrung mit der damit verknüpften Furcht erinnern. Vielleicht hat es also Zeiten gegeben, in denen eine leichte Ausprägung von PTBS (posttraumatische Belastungsstörung) für das menschliche Überleben vorteilhaft war.

Das gilt allerdings vielleicht nicht für die Erfahrung, durch einen Lehrer gedemütigt zu werden, die Sie heute noch immer jedes Mal zittern lässt, wenn Sie bei einer Mitarbeiterinnenbesprechung Ihre Meinung sagen müssen. Und sie wird zu einem echten Hindernis, falls die Erfahrung darin bestand, dass Sie von einem Elternteil in Angst versetzt, angebrüllt oder geschlagen wurden. Werden jene Erinnerungen unverarbeitet gespeichert, dann triggert Ihr Kind, sobald es Sie anbrüllt oder nach Ihnen schlägt, all jene Gefühle der Angst und Ohnmacht, die Sie selbst als Kind fühlten. Dann können Sie nicht klar denken. Sie erstarren oder stürzen sich entweder verbal oder körperlich auf Ihr Kind.

Also haben die meisten von uns einige unverarbeitete Emotionen aus der Kindheit, was nichts anderes bedeutet, als dass wir jene alten Gefühle und Erinnerungen im emotionalen Rucksack mit uns herumschleppen. Dieses unbewusste »Gepäck« wird unvermeidlich im Lauf unseres Lebens getriggert werden. Es katapultiert uns geradewegs in unser Unterbewusstsein, was heißt, dass wir dann Dinge tun und sagen, vor denen wir im voll bewussten, aufmerksamen Zustand zurückschrecken würden. Vielleicht finden Sie sich in der folgenden Tabelle mit den häufigsten Reaktionen auf Trigger wieder.

Kampf	Flucht	Erstarren
Ungeduld	Fantasieren	Betäubung
Verärgerung	Geistig wegtreten	sich distanzieren
Schuldzuweisung	Mediennutzung	einschlafen
Sich als Opfer erleben	wiederkehrende Gedanken	essen
Emotionale und körperliche Ausbrüche	Magenverstimmung, Kopfschmerzen, körperliche Anspannung	Alkohol, Drogen
Selbstrechtfertigung	Einkaufstour	rauchen

Glücklicherweise zeigen Studien[17], dass Sie die emotionalen Trigger einfach heilen können, indem Sie dem Körper erlauben, sie zu fühlen, ohne sich jedoch dadurch zum Handeln aktivieren zu lassen. Ich wiederhole: Für die Heilung Ihrer Trigger ist entscheidend, dass Sie *die Körperempfindungen wahrnehmen*, aber *dem daraus entstehenden Handlungsimpuls widerstehen.*

Natürlich müssen Sie zuvor bemerkt haben, dass Sie getriggert wurden, was nicht immer leicht ist. Aber sobald Sie sagen können: *»Oh, hier triggert mich gerade etwas!«*, können Sie mit dem Rennen, Betäuben oder Ausrasten aufhören. Sie können den Trigger heilen. Bitte beachten Sie, dass das Wahrnehmen der Gefühle im Körper, die mit einem alten Trigger verknüpft sind, eben **nicht** bedeutet, sich wieder in den alten Erzählfaden verwickeln zu lassen. Beim Nachdenken darüber, was damals alles passiert ist, werden Sie sich nur tiefer verstricken. Also bedeutet die Wahrnehmung der Gefühle, einfach die Körperempfindungen zur Kenntnis zu nehmen.

ÜBUNG

Gefühlstrigger heilen

Hier stelle ich Ihnen einen einfachen dreiteiligen Prozess zur Heilung eines emotionalen Triggers vor. Einfach, aber deswegen nicht unbedingt leicht. Vielmehr kann es ziemlich verstörend sein, mit den im Körper angesammelten Empfindungen einfach dazusitzen. Gehen Sie es behutsam an und kehren Sie zur Zentrierung immer wieder zu Schritt 1 und 2 zurück. Sie schaffen das! Falls Sie sich überfordert fühlen, vereinbaren Sie zur Unterstützung der Erforschung Ihrer Trigger einen Termin mit einer Beraterin.

1. **Zentrieren Sie sich, soweit es Ihnen möglich ist.** Sitzen Sie bequem, atmen Sie tief ein. Nehmen Sie bewusst wahr, wie Sie von dem Stuhl oder Fußboden unter Ihnen getragen werden.
2. **Verstärken Sie Ihr Gefühl des Wohlbefindens und der Sicherheit.** Das können Sie tun, indem Sie sich an etwas erinnern, wofür Sie dankbar sind. Sie können sich mit Liebe und Licht umgeben oder ein tröstliches Mantra oder Bild verwenden.
3. **Denken Sie jetzt an ein kürzliches Ereignis, das Sie getriggert hat.** Sie müssen den ursprünglichen Trigger dafür nicht kennen, denken Sie nur an das kürzliche Ereignis. Beobachten Sie, wie sich dieses Erinnern im Körper anfühlt. Bleiben Sie mit der Aufmerksamkeit beim Körper, anstatt Gedanken über das Ereignis nachzuhängen. Atmen Sie weiter. Nehmen Sie wahr, dass Sie vielleicht wegrennen (Flucht),

etwas essen (Starre) oder jemanden anrufen wollen, um ihm richtig die Meinung zu sagen (Kampf). Widerstehen Sie all dem. Wenn Ihnen danach ist, aufzuspringen und nach Ihrem Telefon zu schauen, tun Sie es nicht. Wenn Sie unbedingt meinen, die Küche putzen zu müssen, lassen Sie es bleiben. Atmen Sie einfach und legen sich selbst die Arme um den Körper und spüren dem nach, wie sich diese Empfindung im Körper anfühlt. Atmen Sie in die Empfindung hinein. Sie schaffen das. Sobald Sie sich überwältigt fühlen, suchen Sie wieder den Ort Ihres Wohlbefindens auf (Schritt 1 und 2).

Das ist alles. Jene Körperempfindungen sind die abgespeicherten Gefühle aus Ihrem emotionalen Rucksack, die Ihre aktuelle Überreaktion triggern. Wenn wir sie von der ruhigen, sicheren Warte unseres erwachsenen Selbst beobachten – was einige Psychologen als das »beobachtende Ego« bezeichnen – verändern sie sich allmählich und lösen sich auf. Wenn Sie in Ihrem Beobachter-Selbst bleiben können, bewahrt Sie das davor, von den Emotionen gekapert zu werden und das Gehirn kann den entsprechenden Schaltkreis neu verdrahten.

Wird dieser alte Trigger dann ein nächstes Mal durch ein neues Ereignis aktiviert, werden Sie merken, dass seine Kraft nachgelassen hat. Jedes Mal, wenn Sie diesen Prozess durchführen, schwächen Sie die emotionale Ladung ab. Schließlich wird es Ihnen sogar gelingen, angesichts eines Ereignisses ruhig zu bleiben, das Sie früher getriggert hätte.

Forscher sind der Meinung, dass Sie tatsächlich die Nervenbahnen der triggernden Erinnerung neu vverknüpfen, indem Sie sich beim Wiederaufsuchen in einem Gefühl von Sicherheit und Wohlbefinden halten.[18] Anscheinend deaktiviert das die emotionale Ladung, worauf das Gehirn die alte Erinnerung vollständig verarbeiten kann. Also erinnern Sie sich vielleicht immer noch an die demütigende Erfahrung mit der Lehrerin, nehmen aber als Kernbotschaft mit, dass die Lehrerin damals einen schlechten Tag, oder vielleicht den falschen Beruf hatte. Sie spüren nun Mitgefühl für das Kind, das Sie waren, anstatt Scham. Als Folge davon werden Sie nicht mehr erschaudern, wenn Sie an die Erinnerung denken, und Sie werden sich wohler fühlen, wenn Sie vor anderen stehen und Ihre Meinung sagen müssen.

Oder Sie werden sich an die Interaktion mit Vater oder Mutter erinnern, diesmal mit Mitgefühl für sich selbst als das Kind und vielleicht sogar einem gewissen Verständnis für den Elternteil. Sie werden sich über die Erinnerung nicht aufregen. Ihr Körper wird sich nicht im Kampf-Flucht-Starre-Modus anspannen. Und aus all dem werden Sie schließlich gelernt haben, unerschütterlich bleiben zu können, wenn Ihr Kind emotional erregt ist.

Ich stelle mir das so vor, als würden wir das Licht des Bewusstseins auf diejenigen Erinnerungen scheinen lassen, die wir in den dunklen Keller unserer Psyche zurückgedrängt haben. Einfach unser liebevolles Gewahrsein auf die Schatten zu richten, lässt sie dahinschwinden. So verarbeiten wir eine Erinnerung nach der anderen, entfernen die emotionale Ladung von den Triggern und lösen sie auf diese Weise auf. Sie tauchen nicht mehr plötzlich auf, um uns auf unserem Lebensweg zum Straucheln zu bringen. Dann fühlen wir uns so viel freier, glücklicher, weniger ängstlich und sind fähig, ruhig zu bleiben.

Stammen alle Trigger aus der Kindheit? Natürlich nicht! Jederzeit kann sich ein Trauma ereignen. Aber die Kindheitstraumata wirken häufig am machtvollsten, weil wir in dieser Lebensphase von Emotionen am stärksten überwältigt werden. Und viele Traumata, die wir im späteren Leben erfahren, sind Neuinszenierungen früherer Traumata.

Vielleicht denken Sie jetzt, dass es ein ganzes Leben dauern wird, bis Ihre Trigger geheilt sind. Und damit haben Sie recht. Das ist eine Lebensaufgabe. Aber machen Sie sich keine Sorgen. Denn die gute Nachricht lautet, dass Sie sich mit jedem Schritt nach vorn besser fühlen. Jedes Mal, wenn Sie jene großen Emotionen zwar fühlen, aber dem Impuls auszurasten widerstehen, verrichten Sie an diesem Trigger Heilungsarbeit und verringern seinen Einfluss. Diese Trigger werden dann im Lauf der Zeit entschärft.

Betrachten wir nun die Situationen, die bei Ihnen am ehesten Ärger oder Verstimmung triggern. Das wird Ihnen nicht nur helfen, mehr Gewahrsein in diese Situationen zu bringen, sondern beim Nachdenken über diese Frage unterstützen Sie auch die Entwicklung Ihres präfrontalen Kortexes, was Sie dazu befähigt, in der nächsten Trigger-Situation eine günstigere Antwort zu wählen.

ÜBUNG

Identifizieren Sie Ihre Trigger

Denken Sie an die letzte Woche, den letzten Monat oder das letzte Jahr. Wann wurden Sie wütend oder sehr aufgebracht, sodass Sie in einer Weise reagiert haben, die Sie später bereuten? Notieren Sie unten fünf Beispiele. Dann schauen Sie sich jede Situation noch einmal genau an. Schreiben Sie sich zu jedem Beispiel einige Ideen dafür auf, wie Sie Ihr Abrutschen hätten verhindern können.

1 ______________________________

____

____

2 ______________________________

____

____

3 ______________________________

____

____

4 ______________________________

____

____

5 ______________________________

____

____

6 ______________________________

____

____

ÜBUNG

Ihre automatische Reaktion unterbrechen.

Wenn wir uns erlauben, eine Emotion zu fühlen und darauf mit der »vorprogrammierten« gewohnten Reaktion antworten, haben die Nervensignale ihre übliche Kettenreaktion abgespult. Aber was ist, wenn wir diese Kettenreaktion durchbrechen wollen? Zum Beispiel reagieren Sie vielleicht normalerweise auf Ihre miteinander streitenden Kinder, indem Sie sie anschreien. Aber jetzt haben Sie beschlossen, dass Sie stattdessen gern emotional reguliert bleiben wollen, damit Sie den Sturm stillen können, anstatt ihn noch mehr anzufachen.

Was können Sie also tun, wenn Ihre Kinder das nächste Mal streiten? Eigentlich ist es ziemlich einfach. Das bedeutet nicht, dass es leicht ist – es ist eine der schwierigsten Dinge, die Sie lernen können – aber jedes Mal, wenn Sie es versuchen, verändern Sie Ihr Gehirn, sodass es Ihnen beim nächsten Mal leichter fällt.

1. **Achten Sie auf die Botschaft, die Ihnen Ihr Körper zu übermitteln sucht,** indem Sie die Emotionen wahrnehmen. Für gewöhnlich treffen Sie wahrscheinlich auf eine komplizierte Mischung aus:

   - Ärger *(»Das sollten sie wirklich im Griff haben!«)*
   - Angst *(»Werden sie sich ihr Leben lang hassen?«)*
   - Scham *(»Alles ist mein Fehler, weil ich meine Emotionen nicht besser in Griff kriege und ihnen ein schreckliches Vorbild bin!«)*
   - Machtlosigkeit, die eine Variante der Angst ist *(»Ich weiß einfach nicht, was ich tun soll, um sie vom Streiten abzubringen!«)*
   - Manchmal Dumpfheit, oder gar keine Gefühle, ein Zeichen dafür, dass Sie sich im »Starremodus« befinden (der sie zum Rückzug drängt, anstatt zum Brüllen).

2. **Nehmen Sie wahr, dass Sie von den Emotionen zu einer automatischen Reaktion gedrängt werden** – in diesem Beispiel, Ihre Kinder anzubrüllen.
3. **Widerstehen Sie diesem Automatismus.** Aktivieren Sie Ihre Pausentaste, indem Sie einmal tief durchatmen. Nehmen Sie wahr, aber reagieren Sie nicht. Entschleunigen Sie. Das unterbricht die habituellen Nervenverbindungen. (In diesem Fall legen Sie vielleicht sogar die Hand über den Mund, um sich dabei zu unterstützen, die gewohnte Schreireaktion zu vermeiden.)
4. **Lenken Sie Ihre Impulse in Richtung einer gesünderen Antwort.** Üben Sie sich zum Beispiel darin, einen tiefen Atemzug zu nehmen und diesen langsam wieder auszupusten, anstatt zu brüllen. Es ist bewiesen, dass bewusstes Atmen die Ärgerreaktion beruhigt. Indem Sie diese durch eine andere Reaktion ersetzen, werden die Nervenbahnen allmählich neu verbunden.

Was passiert, wenn Sie dem »vorprogrammierten« Handlungsimpuls nicht widerstehen können, in diesem Fall dem Brüllen? Schließlich hält der Körper das für einen Notfall und Ihr Unterbewusstsein (diese Nervenverschaltung) meint genau zu wissen, wie man die Situation in den Griff bekommt. Sie sind fürs Handeln präpariert.

Deswegen gibt es den vierten Schritt. Sie können Ihrer gewohnten Reaktion leichter widerstehen, wenn Sie stattdessen Ihre körperliche Energie auf eine andere Aufgabe umlenken. Anstatt Ihr Kind anzubrüllen, wenden Sie sich ab und blasen Ihren Atem kräftig in die Luft, während Sie die Hände ausschütteln.

Viele Eltern berichten, dass sie sich zwar davon abhalten können, ihren Kindern Gemeinheiten an den Kopf zu werfen, aber das Brüllen an sich nicht abstellen können, selbst wenn es einfach nur *»Stopp!«* ist oder ein lautes Geräusch wie *»Arrrgh!«*. Das ist natürlich besser, als etwas

Herabsetzendes zu schreien, also ist es ein guter Schritt in die richtige Richtung. Aber immer noch wird dadurch das Drama aufgeschaukelt. Verwenden Sie ruhig übergangsweise laute Geräusche, aber bleiben Sie nicht dabei stehen. Der nächste Schritt besteht darin, das laute Geräusch in eine weniger bedrohliche Antwort zu verwandeln.

Schließlich werden Sie die entsprechenden Nervenverbindungen trennen, sodass Ihre Reaktion auf streitende Kinder zu einem Ausatmen Ihrer emotionalen Erregung wird, während Sie auf Ihre Kinder zugehen, um die Situation zu beruhigen. Im Abschnitt: »Wenn sich Ihre Kinder während einer Autofahrt streiten«, betrachten wir in einem ausführlichen Beispiel, wie das geht.

Aber zuerst wollen wir einen kurzen Blick darauf werfen, was sich während der Übung in Ihrem Gehirn abgespielt hat.

Wie sich das Gehirn neu verknüpft

Jahrzehntelange Forschung hat zu der Schlussfolgerung geführt, dass das menschliche Gehirn sehr anpassungsfähig ist.[20] Wird eine bestimmte Aufgabe wiederholt ausgeführt, verknüpft sich das Gehirn so, dass es diese Aufgabe immer besser erfüllen kann. Somit wird das Gehirn durch jede neue Gewohnheit frisch verknüpft. Gewohnheiten wie Meditation, Training und das Fühlen von Dankbarkeit verändern Gehirn und Körper tatsächlich, sodass wir unsere Emotionen allmählich besser regulieren können.[21] (Auch helfen uns diese Gewohnheiten dabei, dass das Immun- und Verdauungssystem sowie andere Systeme ebenfalls effektiver funktionieren!)

Das heißt, jedes Mal, wenn wir uns davon abhalten, in einen »elterlichen Tobsuchtsanfall« auszubrechen, bauen wir an den Nervenbahnen, die uns beim Beruhigen unterstützen, damit wir auch dann zentriert bleiben können, wenn das Leben nicht rund läuft.[22] Der einzige Haken? Diese Gewohnheiten müssen so lange trainiert werden, bis das Gehirn neu verknüpft ist und selbst dann müssen sie regelmäßig praktiziert werden, um die Verschaltung aufrechtzuerhalten.

Das ist eine große Verpflichtung. Aber Sie werden merken, wie sehr sich das lohnt. Während Sie immer achtsamer werden, selbst dann, wenn Sie innerlich zu kochen beginnen, werden Sie verhindern können, dass sich die Emotionen Ihrer bemächtigen. Es braucht tägliche Übung, damit wir in jenen schwierigen Augenblicken die Liebe wählen können.

Hier folgt ein kurzer Blick darauf, was im Gehirn vorgeht, wenn Sie sich aufregen. Danach betrachten wir, wie Sie diese Automatismen neu verknüpfen können.

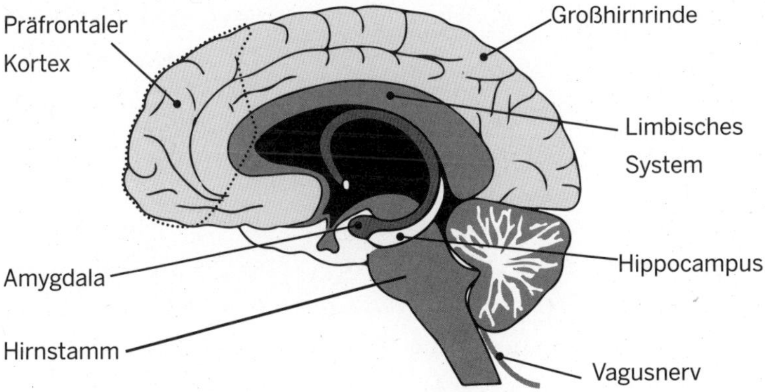

Der **Hirnstamm** ist der Teil des Gehirns, der Ihre Atmung, Verdauung und andere automatischen Körperfunktionen in Gang hält. Vielleicht haben Sie davon unter der Bezeichnung »Reptiliengehirn« oder »Eidechsengehirn« gehört. Es arbeitet hart, um Sie am Leben zu erhalten.

Das **limbische System** besteht aus den Gehirnbereichen, die für Emotionen, Motivation, Verhalten und Gedächtnis zuständig sind. Das limbische System verbindet uns mit anderen, stellt sicher, dass wir aus vergangenen Erfahrungen lernen, und arbeitet hart für unsere Sicherheit. Alle Säugetiere haben ein limbisches System.

Der Teil des limbischen Systems, der Alarm schlägt, wenn uns Gefahr droht, ist die **Amygdala**. Sobald die Amygdala zum Alarm bläst – »*Gefahr, Gefahr, Pass auf!*« – wird das **sympathische Nervensystem** aktiviert und mobilisiert Sie zur Verteidigung durch Kämpfen, Weglaufen (Flucht) oder Verstecken (Starre). Stresshormone und Neurotransmitter überfluten den Körper: dazu bestimmt, Ihr Leben zu retten. Die Amygdala kann die Gefahr nicht einschätzen. Ihre Aufgabe besteht nur darin, beim kleinsten Hinweis auf ein Problem, Alarm zu schlagen. Sobald Sie also einen lauten Krach hören, sind Sie schon halb aus dem Sessel, bevor Sie überhaupt zu denken anfangen.

Die Amygdala tut immer ihr Bestes, damit Sie in Sicherheit sind, aber manchmal kommt es zu Überreaktionen, wenn sie etwas als Bedrohung einordnet, was keine ist. Während es zwar sinnvoll ist, dass die Amygdala ein Signal an den präfrontalen Kortex sendet, um noch einmal bewusst zu überprüfen, ob wirklich Gefahr besteht, ergibt es keinen Sinn, alle Verteidigungsregister zu ziehen, wenn Ihre Dreijährige trotzt. In diesem Fall ist wahrscheinlich eine Portion Humor – eine Spezialität des präfrontalen Kortexes – die beste Verteidigung.

Der **zerebrale Kortex** ist der bewusste oder »denkende« Teil des Gehirns. Er schließt den **präfrontalen Kortex** mit ein, den wir uns als die Exekutivfunktion oder Kommandozentrale des Gehirns vorstellen können. Der präfrontale Kortex kommuniziert mit dem übrigen Gehirn, um alle hereinkommenden Informationen zusammenzustellen, zu beurteilen, ob eine Gefahr real ist, und zu beschließen, wie sie am besten beantwortet werden soll. Beispielsweise mag er entscheiden, dass es sich bei dem lauten Krach um die Fehlzündung eines Autos und keinen Schuss gehandelt hat, also können Sie sich wieder in Ihren Sessel setzen.

In diesem Moment signalisiert der präfrontale Kortex dem **Vagusnerv**, Ihren Körper zu beruhigen. Der Vagusnerv, der dem Hirnstamm entspringt und sich durch den ganzen Körper zieht, ist der Hauptnerv des **parasympathischen Nervensystems** und hat die Aufgabe, die Kampf-Flucht-Reaktion des Körpers zu beruhigen und Herztätigkeit, Atmung und andere physiologische Funktionen wieder in ihren Optimalzustand zu bringen. Ist Ihr vagaler Tonus stark – das heißt, der Vagusnerv reagiert schnell – dann fällt es dem Körper leichter, sich nach Stress wieder zu beruhigen. (Ein starker vagaler Tonus wird ebenfalls mit optimaler körperlicher Gesundheit verbunden, einschließlich verminderter Entzündungsneigung.)

Ihr Werkzeugkasten zur Neuverdrahtung.

Sie kennen bereits das erste Werkzeug für die Neuverdrahtung Ihres Gehirns, das in der Aktivierung der Pausentaste Stopp-lass-los-atme besteht. Wenn Sie neben den weiteren Werkzeugen und Übungen in diesem Buch »Stopp-lass-los-atme« als neue Gewohnheit einführen, wird das die Tendenz der Amygdala zur Überreaktion verringern und den Vagusnerv kräftigen, sodass Sie sich in Zukunft schneller beruhigen können.[23]

Die vorherige Übung »Ihre automatische Reaktion unterbrechen«, verändert und ersetzt Ihre gewohnte Programmierung (beispielsweise schreien oder essen Sie vielleicht normalerweise, wenn Sie verstimmt sind) durch eine neue Alternative (beispielsweise Ihre Sorge mit jemandem teilen und um Hilfe bitten). Jedes Mal, wenn Sie auf diese andere Weise agieren, verknüpft sich das Gehirn neu, damit diese Wahl in Zukunft wahrscheinlicher wird.

Wenn wir über ein vergangenes Ereignis, das uns verstimmt hat, von der Warte des Geliebtseins und des Liebens nachdenken, dann entwickelt sich der präfrontale Kortex weiter, der uns hilft, vergangene Ereignisse zu verarbeiten und zu integrieren.[24] Deshalb bekommen Sie von mir eine Übung, um sich von früher Gelerntem, das Ihnen nicht länger dienlich ist (zum Beispiel die Überzeugung, Sie seien nicht gut genug), zu trennen und es durch eine neugewonnene Erkenntnis zu ersetzen. (Sie sind mehr als gut genug, genauso wie Sie sind.) Zusätzlich habe ich im späteren Abschnitt des 1. Teils »Trauma heilen« eine Tagebuchübung zur Weiterentwicklung des präfrontalen Kortex für Sie.

Eine weitere Praxis, mit der Sie im Teil 2 »Verbundenheit ist das Geheimnis glücklicher Elternschaft« beginnen, ist das Kultivieren von Empathie. Das wird Ihnen nicht nur dabei helfen, eine tiefere Verbundenheit zu Ihrem Kind herzustellen (und wahrscheinlich auch zu Ihrer Partnerin / Ihrem Partner und anderen Menschen), sondern das Kultivieren positiver Emotionen lässt auch das Niveau der Hormone und Neurotransmitter im Körper ansteigen, die Ihnen ein Gefühl von Sicherheit und Wohlbefinden vermitteln.

Schließlich zeigen Tausende von Studienergebnissen, dass Meditation, die Sie sich als eine Art »Gehirntraining« vorstellen können, das Gehirn neu verknüpfen kann, Angst und Depression verringert und die Fähigkeit des Gehirns, zu Gelassenheit zurückzukehren, verbessert. Achtsamkeitsmeditation, einschließlich Körper-Scan und Fokussierung auf den Atem, fördert ebenfalls die Entwicklung des präfrontalen Kortex.[26] Die Liebende-Güte-Meditation fördert das Mitgefühl, verändert, wie wir uns in Beziehungen mit anderen verhalten und erhöht das Wohlbefinden.[27] Bereits acht Wochen engagierte Praxis der Achtsamkeitsmeditation[28] kann die Amygdala beträchtlich zum Schrumpfen bringen. Daher ermutige ich Sie, zumindest mit einer kurzen täglichen Meditation oder Achtsamkeitsübung zu beginnen. Wir widmen uns dem Thema ausführlicher im Abschnitt über Achtsamkeit in Teil 1.

Heute in drei Monaten werden Sie merken, dass Sie in diesen schwierigen Situationen nicht mehr so häufig getriggert werden und sich schneller beruhigen. Auch werden Sie wahrscheinlich feststellen, dass Sie im Allgemeinen ruhiger und weniger gestresst sind. Wenn weniger Stresshormone im System zirkulieren, heißt das, dass Ihr Körper weniger vom Sympathikus und dafür mehr vom Parasympathikus gesteuert wird. Also wird auch Ihr Immunsystem besser arbeiten. Sie werden gesünder und neigen weniger zu Übergewicht.

Was Sie nicht werden sehen können, weil wir keine Bilder von Ihrem Gehirn machen, ist, dass sich Ihre Gehirnstruktur tatsächlich verändert. Der Hippocampus, verknüpft mit Selbstwahrnehmung, Einsicht und Mitgefühl (wie auch mit Lernen und Gedächtnis), nimmt in seiner Substanzdichte zu, was bedeutet, dass tatsächlich neue Nervenverbindungen gebildet werden.[29] Während Sie Ihr Sicherheitsgefühl steigern und sich seltener Sorgen machen, wird die Amygdala viel weniger zu tun haben, was ihr Schrumpfen begünstigt. Der Vagusnerv wird dazu befähigt, Sie rascher zu beruhigen. Schließlich wird der präfrontale Kortex an Aktivität und Größe zunehmen und Ihren Antwortreaktionen mehr geistige Klarheit, Einsicht und Flexibilität verleihen.[30]

Das heißt, wenn Sie sich mit jenen neuen Erfahrungen der Selbstregulation und Verbindung beschenken, wie in diesem Buch dargestellt, wird das die bevorzugte Antwort des Gehirns verändern: anstatt eine Bedrohung wahrzunehmen, die Alarmglocke zu läuten und loszuschlagen, wird es wahrnehmen, dass Sie emotional erregt werden, sich wieder beruhigen und eine gesündere Reaktion wählen. All jene Veränderungen werden zusammenwirken, um Ihr Gehirn neu zu verknüpfen, Sie zufriedener zu machen und Sie dazu zu befähigen, häufiger die Eltern zu sein, die Sie gern sein wollen. (Und in Teil 3 des Buches unterstützen wir Ihr Kind durch Coaching, damit sich auch sein Gehirn gesünder entwickelt.)

Selbstregulation im Augenblick

> *Zwischen Reiz und Reaktion gibt es einen Raum. In diesem Raum haben wir die Freiheit und die Macht, unsere Reaktion zu wählen. In unserer Reaktion liegen unser Wachstum und unsere Freiheit.*
>
> VIKTOR FRANKL[31]

Jetzt gerade fragen Sie sich wahrscheinlich: *»Okay, okay, wie also lautet die magische Formel? Wie also kann ich mich beruhigen, wenn ich mich aufgeregt habe?«*

Die magische Formel besteht im Gebrauch der Pausentaste – Stopp-lass-los-atme – und der **bewussten Entscheidung**, sich zu beruhigen. Die schlechte Nachricht lautet, dass dies wirklich harte Arbeit bedeutet und Sie diese Wahl jedes Mal treffen müssen, sobald Sie ärgerlich werden. Die gute Nachricht lautet, dass dies umso leichter wird, je öfter Sie es tun, weil Sie ja Ihr Gehirn so umbauen, dass Sie schneller aus dem Ärgerzustand herauskommen. Damit vergrößert sich der Raum zwischen dem Reiz Ihres Kindes und Ihrer Reaktion, sodass Sie die Freiheit haben, eine konstruktive Antwort zu wählen.

Möglicherweise ist das die schwierigste Arbeit, die Sie jemals angehen werden, und der schwierigste Teil besteht wiederum darin, wirklich umschalten zu wollen, denn sobald Sie getriggert werden, geht der Körper in den Ausnahmezustand. Sie werden von Kampf-oder-Flucht-Hormonen überflutet und sind kampfbereit. Ihr Kind sieht wie der Feind aus. Irgendwie haben Sie das Gefühl, dass sogar Ihr Überleben von sofortigem Handeln abhängt. Deshalb lautet eben die magische Formel innezuhalten – und einen tiefen Atemzug zu nehmen. Dieser tiefe Atemzug gibt Ihnen die Gelegenheit, sich nicht von den Emotionen vereinnahmen zu lassen.

Aber trotzdem müssen Sie, noch während Sie getriggert werden, bewusst entscheiden, nicht zu handeln. Diese Wahl zu treffen, während Sie vor Wut kochen, ist wirklich schwer. Vielmehr werden Sie sich das nächste Mal, wenn Sie ärgerlich werden, bestimmt bei der Aussage ertappen: »*Aber das ist jetzt eine Ausnahme. Ich muss dieses Kind auf den rechten Weg bringen. Es braucht gerade jetzt Disziplin!*« Aber dieser Augenblick ist keine Ausnahme. Sie spüren diese Dringlichkeit nur, weil Sie sich im Kampf-Flucht-Starre-Modus befinden.

Was wäre, wenn es wirklich eine Ausnahme ist? Wenn unmittelbar Gefahr droht, werden Sie natürlich eingreifen. Darüber werden Sie keine Gedanken verlieren müssen. Aber meistens ist das Wachsen mit Kindern kein Notfall, auch dann nicht, wenn es sich danach anfühlt.

Angenommen, es droht keine unmittelbare Gefahr, dann spielt es keine Rolle, wie frech Ihr Kind gewesen ist; es ist auch egal, dass die Kinder Sie dreimal ignoriert haben, als Sie sie um etwas gebeten haben. Egal, was die Kinder tun, wenn es Sie auf die Palme bringt, dann besteht Ihre erste Priorität darin, sich selbst zu beruhigen, bevor Sie mit Ihrem Kind interagieren. Nur so können Sie als Eltern verantwortungsbewusst handeln.

Erinnern Sie sich an den vierteiligen Prozess, um Ihren emotionalen Zustand zu verändern? (Für alle Einzelheiten siehe Seite 46.)

1. **Betätigen Sie Ihre Pausentaste.** Stopp-lass-los-atme.
2. **Wählen Sie Liebe.** Treffen Sie die bewusste Entscheidung nicht zu handeln, während Sie getriggert werden.
3. **Ändern Sie Ihren Geist.** Richten Sie sich geistig neu aus. Verwenden Sie zur Beruhigung ein Mantra und deuten Sie Ihre Wahrnehmungen um. Entscheiden Sie sich, die Perspektive des/der anderen einzunehmen. Erinnern Sie sich an alles, was Sie an Ihrem Kind wunderbar finden, um den aktuellen »Fehltritt« in rechter Weise einzuordnen.
4. **Beruhigen Sie Ihren Körper.** Wenden Sie eine der Beruhigungsstrategien an, die in diesem Kapitel noch eingehend vorgestellt werden.

BEISPIEL

Wenn sich Ihre Kinder im Auto streiten

Lassen Sie uns an einem Beispiel zeigen, wie Sie vorgehen können. Angenommen Sie steuern das Auto und Ihre Kinder streiten. Sie parken am Straßenrand. Noch immer brüllen sich die Kinder gegenseitig an. Früher hätten Sie vielleicht angefangen zu schreien. Oder vielleicht hätten Sie, wie viele Eltern, die Kinder unsanft aus ihren Sitzen gezerrt und sie dabei ununterbrochen angebrüllt.

Aber diesmal beschließen Sie etwas ganz Neues auszuprobieren. Sie parken das Auto sicher am Straßenrand, schalten den Motor aus und stellen die Warnblinker an. Dann, noch bevor Sie den Mund auftun, drücken Sie erst mal auf Ihre innere Pausentaste. Ihre Aufgabe ist es, zu verhindern, dass Sie getriggert werden, damit Sie wirksam eingreifen können. Sie werden den unbedingten Drang spüren, den Kindern den Kopf zu waschen, aber das ist Kampf-oder-Flucht-Gerede. Beruhigen Sie immer zuerst sich selbst.

Beginnen Sie mit der **Pausentaste: Stopp-lass-los** (Ihre Agenda, die momentan darin besteht, die Kinder vom Streiten abzuhalten, damit Sie weiterfahren können) – und **atmen Sie tief** durch die Nase ein und durch den Mund wieder aus. (Das Einatmen durch die Nase beeinflusst die elektrischen Signale des Gehirns, um Ihnen zu helfen, ruhiger zu werden und klarer zu denken.)[32] Dann nehmen Sie drei weitere langsamere Atemzüge hintereinander und atmen dabei durch die Nase ein und durch den Mund wieder aus.

Jetzt, da Sie die Flut der Stresshormone unterbrochen haben, **wählen Sie Liebe.** In diesem Moment, im Auto, entscheiden Sie sich für die Stillung des Sturms, anstatt sich von Ihrer inneren Alarmglocke verrückt machen zu lassen.

Sie haben beschlossen, sich zu beruhigen. Aber wie soll das tatsächlich gehen? Erinnern Sie sich daran, dass Ihr Körper hier für einen Notfall programmiert ist. Er ist bereit zu fliehen oder einen Angreifer zu bekämpfen. Sie werden erst wieder klar denken können, wenn Sie das Einströmen all jener Stresshormone in Ihren Blutkreislauf anhalten. Also besteht der nächste Schritt darin, Ihren Geist neu auszurichten und den Körper zu beruhigen.

Wir wollen Ihre Wahrnehmungen so umdeuten, dass Ihr Gehirn die Signale für die Adrenalinflut stoppt. Nehmen Sie Ihre Gedanken in diesem Moment wahr. Beobachten Sie, wie sie den Weg zur Gelassenheit blockieren. Zum Beispiel:

Ihre Wahrnehmung der Situation	Wie Sie sich dabei fühlen
Diese Kinder machen mir immer das Leben schwer	Verbittert
Dieses Kind hackt immer auf seiner Schwester herum	Bereit, ihn zu verprügeln
Sie sollten es besser wissen, als während der Autofahrt zu streiten	Bereit, beide zu verprügeln
Ich komm damit nicht klar!	Machtlos, hilflos

Um die Situation umzudeuten, denken Sie an etwas, das ebenso wahr ist wie Ihre ursprüngliche Perspektive und gleichzeitig Ihren Ärger besänftigt.

Ihre Wahrnehmung der Situation	Umgedeutete Sicht	Wie fühlen Sie sich dabei
Diese Kinder machen mir immer das Leben schwer	Diese Kinder haben es gerade schwer. Sie brauchen meine Hilfe	Empathisch
Dieses Kind hackt immer auf seiner Schwester herum	Er muss wirklich unglücklich sein	Mitfühlend
Sie sollten es besser wissen, als während der Autofahrt zu streiten	Kinder sind in Ihrer Gehirnentwicklung noch nicht so weit, dass Sie einen Streit aufschieben können, wenn Sie ärgerlich sind	Bereit, ihnen bei ihrem Problem zu helfen
Ich komme damit nicht klar!	Ich komme damit klar	Stark, kompetent

Beobachten Sie, wie das Umdeuten (Reframing) Sie dazu bringt, Ihren Kindern helfen zu wollen, anstatt sie zu verprügeln.

ÜBUNG

Reframing (Umdeuten)

Betrachten Sie das letzte Mal, als Sie auf Ihr Kind wütend waren. Wie haben Sie die Situation wahrgenommen? Welche Gefühle haben diese Wahrnehmungen in Ihnen ausgelöst?

Ihre Wahrnehmung der Situation	Wie fühlten Sie sich dabei

Wie könnten Sie Ihre Wahrnehmung des Vorfalls umdeuten und an etwas denken, das ebenso wahr ist und Ihren Ärger besänftigt hätte?

Ihre Wahrnehmung der Situation	Umgedeutete Sicht	Wie fühlen Sie sich dabei

Wie könnten Sie sich das nächste Mal, wenn Sie ärgerlich werden, daran erinnern, die Situation in dieser Weise umzudeuten?

ÜBUNG

Ein Mantra anwenden

Ich kann gar nicht genug betonen, wie gut Stopp-lass-los-atme zusammen mit dem Satz: »Das ist kein Notfall« funktionieren. Das befreit mich fast jedes Mal aus dem Autopilot-Modus. Neulich warf meine Einjährige mit Spielzeug um sich, während ich versuchte, die ganze Familie nach draußen zu befördern. Ich spürte, wie ich rot und heiß anlief. Plötzlich stoppte ich, atmete tief ein und sagte laut: »Das hier ist kein Notfall.« Mein Vierjähriger öffnete den Mund: (die hören alles!) »Ja, Mama, das ist kein Notfall, wir sind alle in Sicherheit.« Ich sah ein, dass wir es nicht so eilig hatten und lenkte die Kleine damit ab, dass sie mit Schuhen spielen durfte. Zwar waren wir fünf Minuten später dran als sonst, aber dafür ohne das Gezeter, das uns wahrscheinlich noch mehr Zeit gekostet hätte!

CORALEE,
Mutter eines Vierjährigen und einer Einjährigen

Eine schnelle Methode, um bei Ärger die Perspektive zu wechseln, ist das Vorsagen eines Mantras, einfach als Gegenmittel zu Gedanken, die uns nicht zuträglich sind. Mantras helfen uns bei emotionaler Erregung, wieder auf den Boden zu kommen. Sie können mit Worten oder Bildvorstellungen arbeiten, die unmittelbar das Unterbewusstsein ansprechen.

Sprechen Sie Ihre Mantras laut aus und Ihre Kinder werden sie aufgreifen und selbst benutzen. Wenn ich mir Sorgen mache, weil wir spät dran sind, wendet sich mir meine erwachsene Tochter immer noch mit den Worten zu: »*Mama, das ist kein Notfall.*« Darüber freue ich mich, denn dasselbe sagte ich zu ihr, als sie klein war, und nun setzt sie es selbst ein. (Heute ist sie gelassener als ich, obwohl sie als Baby schwer zu beruhigen war und als Dreijährige Passanten zu folgenden Kommentaren anregte: »*Ich beneide Sie nicht darum, wenn die mal ein Teenager ist!*«)

Welche Worte würden Ihnen guttun, wenn Sie aufgeregt sind? Was würde Sie beruhigen? Unten sind einige Beispiele aufgelistet. Ergänzen Sie die Liste. Dann wählen Sie ein paar zum Ausprobieren. Schreiben Sie sie auf Klebezettel und heften diese an gut sichtbare Stellen – Armaturenbrett, Spiegel oder Kühlschrank.

- Das ist kein Notfall.
- Entscheide dich für Liebe!
- Nimm's nicht persönlich.
- Kinder verhalten sich wie Kinder.
- Ich genüge.
- Sie macht es nicht mir schwer; sie selbst hat es gerade schwer.
- Ich bin eine gute Mutter / ein guter Vater.
- Auch das geht vorbei.
- Heute nur Liebe.

- Früher oder später schlafen sie alle durch.
- Meine Kinder brauchen meine Liebe gerade dann am dringendsten, wenn sie sich von ihrer schlechtesten Seite zeigen.
- Nächste Woche werde ich nicht mal mehr dran denken.
- Ich atme Liebe ein. Ich atme Liebe aus.
- Was würde Jesus (Buddha oder Mohammed) tun?

Ergänzen Sie selbst:

1. ____________________
2. ____________________
3. ____________________
4. ____________________
5. ____________________

ÜBUNG

Das Gegenmittel Wertschätzung

Wenn Sie auf Ihr Kind wütend sind, betrachten Sie einen Aspekt seines Verhaltens und blähen ihn unverhältnismäßig auf. Momentan scheint er das Wichtigste an ihm zu sein. Aber in Wahrheit ist Ihr Kind ein komplexes menschliches Wesen mit vielen wunderbaren Eigenschaften, ebenso wie Sie selbst. Sie würden auch nicht gern an Ihren schlechtesten Seiten gemessen werden, oder? Daher ist es ein gutes Gegenmittel, sich gerade dann an alle Dinge zu erinnern, die Sie an ihm lieben, wenn Sie sich über Ihr Kind ärgern. Beim Durchgehen dieser Liste werden Sie seinen aktuellen »Fehltritt« allmählich ins rechte Licht rücken. Wenn Sie mit ihm anschließend darüber reden, werden Sie das viel vernünftiger tun können, als wenn Sie zum Angriff übergehen. Und Ihr Kind wird Ihre Worte wahrscheinlich akzeptieren können, ohne eine Verteidigungshaltung einzunehmen.

Nehmen Sie sich eine Minute Zeit und zählen hier zehn Dinge auf, die Sie an Ihrem Kind mögen. Hängen Sie die Liste auf. Wenn Sie dann das nächste Mal ärgerlich sind, lesen Sie sie – und nehmen den Inhalt wirklich in sich auf – bevor Sie mit Ihrem Kind reden.

1 ______________________________

2 ______________________________

3 ______________________________

4 ______________________________

5 ______________________________

6 ______________________________

7 ______________________________

8 ______________________________

9 ______________________________

10 ______________________________

ÜBUNG

Besänftigen Sie Ihr Unterbewusstsein.

Ein weiterer Weg, sich rasch zu beruhigen, besteht darin, dem Geist ein besänftigendes Bild zu zeigen. Das funktioniert, weil das Unterbewusstsein in Bildern denkt. Wenn es glaubt, dass ein Notfall eingetreten ist und Sie zeigen ihm ein Bild, wie Sie mit Ihrem Kind am Strand spielen, wird es sich sicher und zufrieden fühlen und sogleich ruhig werden.

Welche bildliche Vorstellung könnten Sie sich selbst zur Beruhigung zeigen, wenn Sie ärgerlich sind? Vielleicht stellen Sie sich vor, wie Sie Ihr Kind liebevoll anstrahlen, als es ein Wickelkind war; taugt das als Gegenmittel zu Ärgergefühlen? Oder wie wäre es mit einem Bild von Ihnen während einer Sternstunde? Beschreiben Sie auf den Leerzeilen detailliert das beruhigende Vorstellungsbild, damit Sie es in schwierigen Augenblicken hervorrufen können.

Wenn Sie das Reframing (das Umdeuten) häufig praktizieren, werden Sie feststellen, dass Sie dafür selbst unter Stress nur wenige Minuten benötigen. Also in weniger als einer Minute haben Sie ein paar Mal tief durchgeatmet (Schritt 1), sich für Liebe entschieden (Schritt 2) und Ihren Geist neu ausgerichtet (Schritt 3). Ist Ihr Körper noch immer angespannt und kampfbereit, dann helfen Sie ihm, den Ärger loszulassen, indem Sie sich mithilfe einer der folgenden Übungen selbst wieder in Ihren Körper bringen (Schritt 4). (Als Erinnerung der vier Schritte, siehe Seite 93)

ÜBUNG

Unterstützen Sie den Körper beim Loslassen des Ärgers.

Sobald der Körper im Kampf-Flucht-Starre-Modus funktioniert, wird er vom Sympathikus gesteuert, der für (rasches) Handeln zuständig ist. Um sich zu beruhigen, wechseln Sie besser zum Parasympathikus. Hier folgen vier einfache Techniken, die Ihrem Körper diesen Wechsel ermöglichen. Probieren Sie aus, was bei Ihnen am besten funktioniert. Sie werden merken, je öfter Sie die Techniken praktizieren, umso schneller wird sich der Körper beruhigen.

- Schütteln Sie die Hände aus, während Sie tiefe Atemzüge nehmen, die Sie durch den Mund ausatmen, und stellen sich dabei vor, dass Sie Angst und Ärger im Körper loslassen.
- Umarmen Sie sich fest, indem Sie die Arme so um sich legen, dass sich eine Hand in Richtung gegenüberliegender Brustkorbseite streckt und die andere in Richtung der gegenüberliegenden Schulter.
- Legen Sie eine Hand auf den Bauch und die andere aufs Herz und atmen langsam, als würden Sie durch die Hände ein- und ausatmen.
- Lassen Sie die Gefühle los und verändern Ihren emotionalen Zustand, indem Sie auf den Akupunkturpunkt an der Handaußenkante klopfen (Karate-Punkt) und währenddessen zu sich selbst sagen: *»Obwohl ich mich ärgerlich fühle, bin ich in Sicherheit. Ich kann mich beruhigen und komme mit der Situation klar.«* Wenn Sie sich beim Gähnen ertappen, heißt das, dass der Körper Stress loslässt und umschaltet.

Es gibt noch viele andere Techniken, um den Körper aus dem Ärgerzustand herauszuholen, die Sie bald kennenlernen werden, wie zum Beispiel, zu Musik zu tanzen oder die Hände unter kaltes oder warmes Wasser zu halten. Aber jetzt, da Sie einige schnelle Strategien zur Beruhigung von Geist und Körper kennen, betrachten wir erneut das Beispiel von den streitenden Kindern im Auto. Sie sprechen Ihr Mantra, haben somit Ihre Wahrnehmung der Situation umgedeutet und haben eine Körperübung zur Stressreduktion gemacht. Vielleicht fühlen Sie sich nicht gerade friedfertig, aber doch schon viel ruhiger als in dem Augenblick des Parkens.

Jetzt können Sie sich endlich zu Ihren Kindern umdrehen, um mit ihnen zu reden. Ich verstehe es, wenn Sie sich sorgen, dass es lange dauern wird, bis Sie sich beruhigt haben und Sie vielleicht eine Viertelstunde am Straßenrand sitzen, bevor Sie gefasst mit Ihren Kindern reden können. Aber je öfter Sie üben, sich in jeder beliebigen Situation mit diesen Strategien zu beruhigen, umso rascher werden Sie das auch in schwierigen Momenten wie der Autosituation beherrschen. Also beginnen Sie mit dem Üben in weniger stressigen Momenten, und ehe Sie es sich versehen, sind Sie schon ein Profi.

Und vergessen Sie nicht, dass die Übungen in diesem Buch Ihren vagalen Tonus und präfrontalen Kortex stärken sollen,[33] während Sie sich also durch das Buch hindurcharbeiten, werden Sie feststellen, dass Sie sich inzwischen bei Aufregung viel leichter beruhigen.

Aber jetzt im Auto haben Ihre Kinder wahrscheinlich mit dem gegenseitigen Anbrüllen aufgehört. Ängstlich schauen sie zu Ihnen herüber, weil sie glauben, dass Sie nun gleich Ihrerseits zu brüllen anfangen. Aber Sie sind inzwischen ruhig genug, dass Sie ohne Angriff auf die Kinder für Ihre Bedürfnisse einstehen können, was Ihre Führungsautorität sogar verstärkt. Sie können mit Ihren Kindern das Problem sogar partnerschaftlich lösen.

Sie sagen also: *»Mir ist es wichtig, sicher zu fahren, damit wir alle heil ankommen. Das ist meine Aufgabe. Und was ist die Aufgabe von allen anderen?«* Wahrscheinlich schauen die Kinder Sie ratlos an. Dann zeigen Sie ihnen, dass auch sie eine Aufgabe haben: *»Die Aufgabe der anderen ist es, dafür zu sorgen, dass die Fahrt für uns alle sicher und lustig wird.«* Anschließend fragen Sie jedes Kind, was es zur Sicherheit und Heiterkeit der Familienfahrt beitragen wird.

Mittlerweile haben Ihre Kinder wahrscheinlich vergessen, weshalb sie sich gestritten hatten, falls jedoch nicht, ist jetzt der richtige Zeitpunkt gekommen, an dem Sie ihnen als Coach helfen können, ihre Schwierigkeiten miteinander zu lösen. In Teil 3 beschäftigen wir uns ausführlich damit. Auch hier gilt, wenn Sie den Kindern nicht bei der Lösung ihres Problems helfen, werden sie nicht davon loskommen können, um mit Ihnen zu kooperieren. Aber merken Sie, dass Sie jetzt wirksam coachen können, weil Sie ruhig sind? Und das hilft auch den Kindern, sich ihrerseits zu beruhigen. Ihre Emotionsregulation hilft den Kindern, sich sicherer zu fühlen, sodass Sie allmählich vernünftiger auf Sie und aufeinander reagieren.

Sie können eine Ärgersituation nicht verwandeln,
indem Sie Ihren eigen Ärger an Ihren Kindern auslassen.
Zuallererst müssen Sie Ihren inneren Zustand verwandeln.

Nun sehen Sie, was Sie allein dadurch fertiggebracht haben, dass Sie sich einen Moment für die Selbstberuhigung genommen haben. Sie haben eine Kehrtwende herbeigeführt und die Kinder arbeiten jetzt mit Ihnen zusammen, damit die Fahrt sicher und lustig verläuft.

Das setzt sogar einen Präzedenzfall für die Zukunft, also wenn Sie das nächste Mal ins Auto steigen, werden Sie zu Ihren Kindern sagen können: *»Okay, was sind eure Aufgaben? Wie arbeiten wir am besten zusammen, damit wir einen sicheren und lustigen Familienausflug erleben?«* Das gilt, egal ob Sie wirklich einen Ausflug machen – eine Autoreise von drei Tagen – oder nur kurz für ein paar Besorgungen unterwegs sind.

Im Gegensatz dazu denken Sie nun darüber nach, was geschehen wäre, wenn Sie sich schreiend zu Ihren Kindern umgedreht hätten. Ja, vielleicht wären sie eine Minute lang still gewesen, aber dabei hätte sich ihre Laune noch weiter verschlechtert. Einen Häuserblock weiter hätten sie sich wieder aufeinander gestürzt und all die schlechte Stimmung aneinander ausgelassen.

Wie der Ärger durch Ihre Gedanken entsteht.

Betrachten Sie das letzte Mal, als Sie auf Ihr Kind ärgerlich waren. Was hatte dazu geführt? Zu wenig Schlaf? Zu viel Druck? Eile? Sorgen? Die Wiederholung einer Situation, die Sie immer wieder geärgert hatte?

Höchstwahrscheinlich hat sich Ihr Ärger aus einer Reihe kleiner Ärgernisse aufgebaut, die Sie in eine Abwärtsspirale gebracht haben. Darin befanden sich einige negative Gedanken: »*Wir kommen nie pünktlich … Ich habe mir schon gedacht, dass das nicht funktioniert … Oh nein, mach jetzt bloß kein Theater! … Er macht das immer – ich habe es so satt! … ich wünschte, sie würden machen, was ich sage, ohne deswegen zu streiten, wenigstens dies eine Mal … Nein heißt nein, was ist daran so schwer zu verstehen? … bei der Nummer mach ich nicht mit!*«

Probieren Sie es doch aus, Ihre Gedanken zu beobachten und somit den Anfang der Abwärtsspirale zu bemerken. Könnten Sie den ersten negativen Gedanken erwischen und umdeuten?

ÜBUNG

Ihre »Gedanken-zu-Emotionen«-Kettenreaktion

Tragen Sie in die Tabelle auf der nächsten Seite die Situationen oder Verhaltensweisen ein, bei denen Sie sich am meisten über Ihr Kind ärgern.

1. Schreiben Sie für jede Situation die sorgenvollen Gedanken auf, die Ihren Ärger entfachen.

2. Nehmen Sie zur Kenntnis, dass Ihre Gedanken nicht unbedingt wahr sind und keines Ausnahmezustands würdig sind.
3. Schreiben Sie für jede Situation ein Beispiel auf, was Sie stattdessen zu sich selbst sagen können, damit Sie die Perspektive Ihres Kindes einnehmen und selbst gestärkt werden.

Beispiel

Ich werde auf mein Kind wütend, wenn:	Weil mir mein Geist diese Katastrophengedanken einredet:	Ich könnte sie stattdessen zu diesen konstruktiveren Gedanken umdeuten:
er sich weigert auf Toilette zu gehen bevor wir das Haus verlassen und dann ein Malheur passiert.	Alle starren herüber. Er ist einfach stur. Er wird nie sauber werden! Ich bin in meiner Elternrolle eine totale Versagerin.	Er ist immer noch sehr klein. Er will selbst über seinen kleinen Körper bestimmen. Jedes Kind wird früher oder später sauber. Ich tue mein Bestes. Es kümmert keinen und sowieso bin ich nur für meinen Sohn verantwortlich und nicht für irgendjemanden, der uns anstarrt.

Jetzt sind Sie dran.

1) Ich werde auf mein Kind wütend, wenn

Weil mir mein Geist diese Katastrophengedanken einredet:

Ich könnte sie zu diesen konstruktiveren Gedanken umdeuten:

2) Ich werde auf mein Kind wütend, wenn

Weil mir mein Geist diese Katastrophengedanken einredet:

____

____

____

Ich könnte sie zu diesen konstruktiveren Gedanken umdeuten:

____

____

____

(3) Ich werde auf mein Kind wütend, wenn

____

____

____

Weil mir mein Kopf diese Katastrophengedanken einredet:

____

____

____

Ich könnte sie zu diesen konstruktiveren Gedanken neu kontextualisieren (*reframe*):

____

____

____

BEISPIEL

Selbstregulation, wenn ein Kind das andere verletzt.

Ich flippe nur dann wirklich aus, wenn mein Vierjähriger immer wieder seiner zweijährigen Schwester wehtut. Ich versuche Ihrem Vorschlag zu folgen und sage: »Schnell, Sammy, holst du für sie einen Eisbeutel?« und mache ihn so zum Helfer. Er kann das gut. Aber es macht mich rasend, wenn sie streiten und ich sage: »Ich komm euch zu Hilfe«, und er wirft sie dann zu Boden und sie schlägt mit dem Kopf auf.

WENDY,
Mutter eines Vierjährigen und einer Zweijährigen

Das kann einen wirklich rasend machen. Die meisten Eltern berichten, dass es ihnen dann am schwersten fällt, sich selbst zu regulieren, wenn sich Kinder untereinander verletzen. In diesem Fall ist es noch schlimmer, weil die Mutter ihr Bestes getan hat, aber den Sohn trotzdem nicht davon abhalten konnte, seine Schwester zu verletzen. Obwohl er wusste, dass die Mutter zu ihm unterwegs war, vertraute er nicht darauf, dass sie rechtzeitig da sein würde, und konnte seine Impulse nicht kontrollieren. Schließlich ist er erst vier Jahre alt. Für einen Vierjährigen ist es schwer, dem Machtimpuls zu widerstehen, vor allem, wenn er davon überzeugt ist, dass er recht hat und seine Schwester unrecht. (Die Überzeugung recht zu haben ist kennzeichnend für dieses Alter. Er wird kaum schon die Sichtweise seiner Schwester nachempfinden können.) Natürlich braucht die Zweijährige Schutz und wir gehen im Teil 3 des Buches näher auf das Setzen von Grenzen ein. (Falls Sie dieses Beispiel deswegen aufgeschlagen haben, weil Sie dringend eine Antwort brauchen, werden Sie für die Prävention solcher Verhaltensweisen bei Ihren Kindern vermutlich mein Buch *Gelassene Eltern – glückliche Geschwister* sehr nützlich finden.[34]

Aber diese Mutter will wissen, wie man sich selbst reguliert, wenn das eigene Kind verletzt wird.

Die Antwort lautet: gar nicht. Wenn jemand Ihren Kindern wehtut, dann werden Sie zur Furie und tun alles, um sie zu beschützen und diejenige zu vernichten, die sie bedroht.

Aber das ist natürlich keine hilfreiche Antwort, wenn der Angreifer ebenfalls eines Ihrer Kinder ist. Sie ist es noch nicht einmal dann, wenn die Angreiferin das Nachbarkind ist und Sie das Mädchen am liebsten in Stücke reißen würden, aber sie ist ja ebenfalls ein Kind. Und genau das ist nämlich der Anhaltspunkt, um mit der Situation umzugehen, wenn Sie so außer sich sind, dass Sie nicht mehr klar denken können. Falls das Nachbarmädchen Ihr Kind zu Boden wirft, sodass es sich den Kopf anschlägt, würden Sie keine Minute damit verschwenden, sie anzuschreien. Sie würden sofort Ihrem Kind zu Hilfe eilen. Die Aggressorin würden Sie ignorieren. Sobald Sie sich beruhigt hätten, würden Sie überlegen, wie Sie Ihr Kind vor einem ähnlichen Vorfall schützen können.

Das zeigt unser Problem auf. Bei Geschwistern ist es ziemlich schwierig, Ihr Kind vor einem solchen Vorfall zu schützen. Sie können keinen Gartenzaun aufstellen, um so Ihr eigenes Kind auszusperren. Es erhöht die Frustration, dass Sie solche Vorfälle nicht verhindern können, obwohl

Sie sich so sehr darum bemühen. Also ist der Grund weshalb Sie »ausflippen« der, dass Sie sich ohnmächtig fühlen, und in der Wut fühlen Sie sich besser. Ich beeile mich, hinzuzufügen, dass das nicht falsch ist. Allen Eltern würde es so gehen. Aber welche Alternativen haben Sie dann? Sie könnten Ihren Sohn verprügeln, aber es ist wissenschaftlich erwiesen, dass ihn das nur noch aggressiver machen würde. Und das wollen Sie ja gerade abstellen.[35] Sie könnten ihn beschämen und bestrafen, aber Studien (und der gesunde Menschenverstand) sagen uns, dass dies die Geschwisterrivalität erhöhen und die Beziehung verschlechtern würde.[36] Sie können solche Vorfälle **nur** durch Prävention verhindern, die beinhaltet, dass Sie Ihren Sohn im Umgang mit seinem Neid und jener Panik unterstützen, wenn Sie zur Hilfe eilen, er aber unsicher ist, ob Sie rechtzeitig eintreffen werden.

Damit wären wir wieder bei dem Augenblick, in dem Sie so fuchsteufelswild sind, dass sich dieses Szenario immer wiederholt und Sie Ihrem Kind gegenüber einfach Ihren authentischen Ärger ausdrücken müssen. Aber was ist hier wirklich authentisch? Der Zorn auf Ihren Sohn ist es nicht. Dieser dient der Verteidigung gegen etwas noch Tieferliegendes. – Ihrer Qual, dass Sie es nicht geschafft haben, eines Ihrer Kind zu beschützen, was zu den grundlegendsten Pflichten des Elternseins gehört. Sie **müssen** doch Ihre Kinder vor Gefahr bewahren. Dieses Bedürfnis treibt Ihren Zorn an. Damit Ihr Sohn wirklich helfen will, muss er Ihre Worte als Ausdruck Ihres Bedürfnisses verstehen, anstatt als Angriff auf ihn: *»Ich brauche es, dass alle meine Kinder in Sicherheit sind. Wenn eines meiner Kinder verletzt wird, macht mich das so aufgeregt und ärgerlich. Und noch ärgerlicher werde ich, wenn eines meiner Kinder seinen Geschwistern wehtut!«*

Merken Sie, dass Sie auf diese Weise Ihren Ärger klar ausdrücken? Ihr Kind hat keinen Zweifel, dass Sie ärgerlich sind. Aber selbst wenn Ihr Tonfall dabei leidenschaftlich war, haben Sie Ihrem Sohn keine Vorwürfe gemacht. Falls Sie ihm dagegen sagen, dass Sie auf ihn wütend sind, weil er seiner Schwester wehgetan hat, fühlt er sich in seiner Befürchtung bestätigt, dass Sie ihn nicht lieben – und zwar wegen der Schwester! Er wird in die Defensive gehen und somit nicht in der Lage sein, sich zu verändern. Wenn Sie stattdessen Ihrem dringenden Bedürfnis Ausdruck verleihen können, dass Sie verhindern wollen, dass sich die Kinder gegenseitig wehtun – worum es ja eigentlich auch geht – wird Ihr Sohn viel eher dazu bereit sein, Ihnen bei der Erfüllung Ihres Bedürfnisses zu helfen.

Hört sich das zu einfach an? Offenbar muss Ihr Kind die Verbindung zu Ihnen spüren, um hier mit Ihnen zusammenarbeiten zu wollen, also sind für Sie die Übungsabschnitte in Teil 2: »Verbundenheit ist das Geheimnis glücklicher Elternschaft« unabdingbar. Außerdem muss Ihr Sohn sich verstanden wissen, also sind die Übungen zum Emotions-Coaching in Teil 3: »Coaching statt Kontrolle« ebenso notwendig. Er könnte schließlich weinen müssen, um all jene schmerzhaften Gefühle durchzuarbeiten, die ihn dazu veranlasst haben, seine Schwester zu verletzen. Und falls er sie offenbar nur dann angreift, wenn sie seine Sachen berührt, dann müssen Sie sich vielleicht vorübergehend etwas einfallen lassen, um die Kleine davon fernzuhalten. Von einem Vierjährigen würden Sie nicht erwarten, dass er allein die Straße überquert, weil er noch nicht genug Impulskontrolle hat, um selbst auf sich aufzupassen. In ähnlicher Weise fehlt ihm noch die Impulskontrolle, sich in Griff zu bekommen, wenn eine Konkurrentin etwas zerstört, woran er wirklich lange gearbeitet hat (denn so erlebt er es, wenn ihm die Schwester zum Beispiel seine Burg kaputt macht).

BEISPIEL

Wenn Sie nicht ruhig bleiben können, dann treffen Sie Vorsorge.

Wie kann ich meinen zunehmenden Frust bremsen, wenn sich meine Kinder gegenseitig anschreien oder mit Gegenständen werfen und ich gerade das Mittagessen koche? Wie kann ich sie coachen und unterweisen, wenn ich zugleich anderes zu tun habe? Ich spüre

Ärger aufsteigen, wenn ich den ganzen Tag über zu nichts anderem komme, als Schiedsrichterin zu spielen, und sie weder dazu bringe, sich zu trennen noch auf mich zu hören.

JEN,
Mutter zweier Jungen

Das ist ein gutes Beispiel für eine Situation, in der Sie eigentlich keine Selbstregulation von sich erwarten können. Sie haben schon den ganzen Tag Schiedsrichterin gespielt, also sind Sie erschöpft. Angenommen, Sie haben erst mit dieser Art des Wachsens mit Kindern begonnen, müssen also noch oft eingreifen, coachen, Vorbild sein und an den schwierigen Tagen Eskalationen und Streitigkeiten verhindern. (Wenn Sie Ihre Elternschaft schon eine ganze Weile so ausüben, wird es leichter, denn die Kinder lernen dann, auch ohne Ihre Hilfe konstruktiv mit Konflikten umzugehen. Aber nehmen wir an, Sie sind noch nicht so weit.) Wenn Sie also schon wissen, dass vor Ihnen eine schwierige Situation liegt, in der es Ihnen schwerfällt ruhig zu bleiben, (zum Beispiel müssen Sie Essen kochen) und Sie nicht bei Ihren Kindern sein und ihnen helfen können, ihren Konflikt zu lösen, dann müssen Sie das Ganze im Keim ersticken. Manchmal wirken vorbeugende Maßnahmen, aber in diesem Fall müssen Sie Ihre Kinder trennen, so lange Sie noch in guter Verfassung sind – tun Sie es ruhig, freundlich, aber bestimmt.

Die meisten Eltern tun das nicht, weil sie glauben, es wäre nicht nötig, die Kinder sollten doch auch so gut miteinander auskommen. Schön wär's! Das ist von so unreifen Menschen, die allen Grund dazu haben, regelmäßig miteinander unzufrieden zu sein, viel verlangt. Wenn also gerade so ein Tag ist, an dem sich Ihr Ärger allmählich aufgebaut hat, weil Sie ständig als Schiedsrichterin fungieren müssen, dann übernehmen Sie als die Erwachsene die Verantwortung, alle aus der Gefahrenzone zu bringen, bevor Sie selbst ausrasten. Geben Sie Ihren Kindern zwar Wahlmöglichkeiten, sorgen aber dafür, dass sie sich an verschiedenen Orten aufhalten. Dann bleiben Sie bei jedem Kind einige Minuten, um sich mit ihm zu verbinden, bevor Sie mit der Essenszubereitung beginnen. Schließlich sorgen Sie noch dafür, dass das Kochen nicht lange dauert. Ihre Kinder brauchen Sie mit guter Laune viel nötiger als eine warme Mahlzeit.

BEISPIEL

Elternsein in der Öffentlichkeit

Wie gelingt mir Stopp-lass-los-atme, wenn ich mit meinen Kindern in der Öffentlichkeit unterwegs bin und es nicht schaffe, sie zu bändigen.

NICK,
Vater von zwei Kindern

In der Öffentlichkeit auf Verhaltensentgleisungen der Kinder zu reagieren, ist für Eltern eine der herausforderndsten Situationen, da wir annehmen, man würde uns dabei beobachten und beurteilen. Da rührt sich unsere eigene Scham und Angst baut sich auf, bis wir nicht mehr klar denken können. Und ehe wir es uns versehen, haben wir die Kinder schon drohend angezischt.

Normalerweise gibt es Warnsignale, bevor unsere Kinder in der Öffentlichkeit außer Rand und Band geraten. Die meisten von uns reagieren dann mit dem Versuch, das Ganze schneller hinter sich zu bringen. Wir sagen: »*Wir sind mit dem Einkauf fast fertig – halte noch ein paar Minuten durch.*« Aber ein junges Kind, kurz vor dem Ausflippen, braucht aufgrund seines Entwicklungsstands erhebliche Unterstützung der Eltern, um wieder ins Gleichgewicht zu kommen.

Also anstatt das Tempo zu erhöhen, werden Sie langsamer und atmen tief durch. Dann nehmen Sie sich einen Moment Zeit, um sich wieder mit Ihrem Kind zu verbinden – umarmen Sie es, nehmen Sie Augenkontakt auf, singen Sie ihm leise etwas zu, oder drehen es vorsichtig im Kreis. Suchen Sie einen Weg, die Impulse Ihres Kindes anzuerkennen oder umzulenken. *»Du willst rennen! Komm, wir gehen ein paar Minuten zum Rennen nach draußen, weil du schon die ganze Zeit im Auto gesessen bist. Danach, wenn wir ins Geschäft zurückkommen, laufen wir so!«* Übertreiben Sie Ihr albernes, langsames Gehen, um Ihr Kind zum Lachen zu bringen. Lachen löst Spannungen und schafft eine positivere Haltung. Sich selbst auf diese Weise zu beruhigen und sich mit dem Kind zu verbinden, reicht vielleicht schon aus, um seine Laune zu verändern und Ihnen genug Zeit zu verschaffen, Ihren Einkauf abzuschließen – Sie beide in guter Laune.

Was, wenn es aber nicht klappt? Wenn sich Ihr Kind in der Öffentlichkeit danebenbenimmt, sind Sie schon auf dem Pannenstreifen und damit sind Ihre Möglichkeiten begrenzt. Versprechen Sie sich, ab morgen besser vorzusorgen. Und denken Sie daran, egal was für wunderbare Eltern Sie sind, manchmal werden Sie auf dem Pannenstreifen landen. So ist der Alltag mit Kindern eben.

Jede, die sieht, wie Sie diese Schritte befolgen, wird Sie bewundern – er oder sie wird Sie für eine Heldin halten und Ihr Kind zum glücklichsten Kind der Welt erklären. Es sei denn, sie oder er glaubt, Kinder sollten kontrolliert und für ihre Gefühle bestraft werden. Aber was sollte es Sie dann kümmern, was solche Menschen von Ihrem Erziehungsstil halten?

Hier ist Ihr Leitplan:

1. Betätigen Sie die Pausentaste: Stopp-lass-los-atme.

- Stopp. Bleiben Sie buchstäblich stehen oder hören auf zu reden.
- Lassen Sie Ihr Vorhaben fallen. Das beinhaltet auch pünktliches Ankommen oder sogar dafür »zu sorgen«, dass sich Ihre Kinder gut benehmen.

- Atmen Sie tief ein und pusten den Atem aus, mindestens dreimal.

2. **Besänftigen Sie Ihre Besorgnis.**
   - Erinnern Sie sich daran, dass Sie für die Menschen um Sie herum nicht verantwortlich sind. Allein für Ihr Kind tragen Sie Verantwortung und für Ihre eigene Integrität als Vater oder Mutter.
   - Sagen Sie sich ein Mantra vor: »Sie (meine Kinder) sind hungrig, ärgerlich, einsam, müde. Ich muss anhalten und mich um sie kümmern«, oder: »Sie haben ein Problem, sie versuchen nicht, mir eines zu machen.«
   - Erinnern Sie sich daran, dass Sie das schaffen werden. (Befürchtungen und Ängste drücken nur die Sorge aus, dass wir mit etwas nicht klarkommen.)
   - Atmen Sie weiter und schütteln Sie die Hände aus.

3. **Verbinden Sie sich mit Ihrem Kind auf der Körperebene** (In Teil 2 des Buches geht es mehr um Verbindung.)
   - Wenden Sie sich Ihrem Kind zu und berühren es sanft.
   - Nehmen Sie Augenkontakt auf.
   - Sprechen Sie in warmem und ruhigem Tonfall.

4. **Nehmen Sie verbal Verbindung auf, indem Sie die Situation so sachlich wie möglich aus der Perspektive Ihres Kindes schildern.** Anders ausgedrückt, verbinden Sie sich mit Ihrem Kind, indem Sie beschreiben, was es will oder sich erhofft.
   - *»Das klingt so, als hättest du heute gern ein Eis gekauft.«*
   - *»Du findest das Flugzeug wohl echt cool und wünschst dir, wir würden es kaufen.«*
   - *»Heute macht dir dein Bruder zu schaffen und du wünschst dir, er soll dich einfach in Ruhe lassen.«*

5. **Gehen Sie sicher, dass sich Ihr Kind verstanden fühlt und Ihnen zustimmt.**
    - *»Bestimmt weißt du genau, welche Eiscremesorte du dir holen würdest, oder?«*
    - *»Stimmt das so?«*
    - *»Manchmal willst du einfach ein wenig Ruhe haben, stimmts?«*

6. **Lenken Sie um, bieten Hilfe an oder setzen die nötigen Grenzen,** sobald das Kind sich mit Ihnen verbunden fühlt und für Ihren Einfluss aufgeschlossen ist. (In Teil 3 gehen wir genauer auf Grenzen ein, aber beachten Sie, dass diese Grenzen aus dem Verstehen der kindlichen Perspektive heraus gesetzt werden.)
    - *»Minz-Schoko-Split, gell? Das klingt lecker. Ich freu ich mich schon drauf, wie du's dir schmecken lässt, wenn wir das nächste Mal Eis kaufen. Und für heute, kein Eis, Zack. Heute Abend auf der Feier gibt es Geburtstagskuchen und das ist genug Süßes für einen Tag. Wir können uns für nächste Woche auf das Minz-Schoko-Split-Eis freuen.«*
    - *»Das ist ein echt cooles Flugzeug. Ich merke, wie sehr du es dir wünschst, obwohl du weißt, dass wir heute ein Geburtstagsgeschenk für deine Cousine kaufen. Komm, wir setzen es auf deinen Wunschzettel. Wenn du's an deinem Geburtstag immer noch willst, hast du vielleicht Glück.«*
    - *»Du kannst das, was du brauchst, auch bekommen, ohne deinen Bruder anzugreifen. Du kannst ihm sagen: ›Bitte lass mir ein wenig Zeit für mich allein. Ich mag gerade nicht reden.‹ Und du kannst mich fragen, ob ich dir helfen kann. Und das kann ich! Denn ich wollte deinen Bruder gerade fragen, was er zum Mittagessen möchte.«*

7. **Organisieren Sie sich neu (Regroup).** In Ratgebern wie diesem sagt das Kind meist so etwas wie: »*Okay Papa, danke Papa!*« Und manchmal geschieht so etwas auch im echten Leben, weil Sie ruhig geblieben sind

und sich Ihr Kind verstanden fühlt. Wenn Ihr Kind aber nun trotz all Ihrer Bemühungen explodiert? Bei unreifen Menschen lässt sich das manchmal nicht vermeiden. Falls Sie dann selbst noch explodieren, wird alles nur noch schlimmer. Wenn Kinder außer Rand und Band geraten, brauchen sie Ihre Hilfe, um sich wieder zu regulieren. (Versprechen Sie sich selbst, ab morgen bessere Vorkehrungen zu treffen, damit Ihr Kind lernt, ein wenig gelassener mit Enttäuschungen umzugehen.) Aber einstweilen können Sie nur sich selbst kontrollieren. Also erinnern Sie sich daran, dass die Zuschauerinnen keine Rolle spielen und vielleicht sogar Ihrer Fähigkeit, ruhig und liebevoll zu bleiben, Beifall spenden. Dann fangen Sie von vorn an. Greifen Sie wieder in Ihren Werkzeugkoffer für die Selbstregulation, atmen tief ein und sprechen bewusst in ruhigem Tonfall. Verbinden Sie sich mit Ihrem Kind, um Sicherheit herzustellen: *»Ich habe nicht gesagt, was du hören wolltest, stimmt's? Du hast wirklich gehofft …«*

8. **Lassen Sie sich etwas für kommentierende Zuschauer einfallen.** Meistens können Sie die anderen ignorieren, während Sie mit Ihrem Kind reden. Aber manchmal wird sich ein Verkäufer oder jemand anders Wohlmeinendes einmischen und versuchen, Ihr Kind abzulenken. Daher ist es am besten, Sie haben dafür eine beruhigende Standardantwort parat, die klarmacht, dass dies, obwohl Ihr Kind heult, kein Notfall ist und dass niemand eingreifen muss. Sagen Sie etwas wie: »Alles wird gut … wir brauchen nur ein wenig Ruhe. »

9. **Bringen Sie Ihr Kind an einen ruhigeren Ort.** Denn wenn Ihr Kind einen Trotzanfall hat, können Sie sich unmöglich gleichzeitig um Ihr Kind kümmern und den Einkauf abschließen. Vielleicht können Sie zum Auto gehen oder zu einem stilleren Ort im Einkaufsmarkt, wo Sie niemanden stören – und wo Sie nicht versucht sind, sich so zu verhalten, wie Zuschauer es für Eltern richtig halten – sondern Ihren eigenen Elterninstinkten folgen können. Es ist nur natürlich, auf Ihr Kind ärgerlich zu sein, weil es Aufsehen erregt. Aber Ihr Kind tut

das nicht mit Absicht. Es ist nur von seinen Emotionen überwältigt und benötigt Ihre Hilfe, um wieder ins Lot zu kommen. Also beruhigen Sie sich und betrachten die Situation aus der Perspektive Ihres Kindes, damit Sie auf seine Erregung empathisch eingehen können: *»Du wolltest in den Gängen herumtoben, aber du musst im Wagen sitzen bleiben. Das ist schwer, aber du musst im Wagen sitzen bleiben, damit du in Sicherheit bist.«* Normalerweise beruhigt es Kinder, wenn sie sich verstanden fühlen. Sobald es mit dem Weinen aufhört, nehmen Sie es tröstend in die Arme. Bestimmen Sie, ob Sie beide für einen weiteren Einkaufsversuch bereit sind, und wenn ja, wie das klappen könnte: *»Vielleicht könntest du für den Rest des Einkaufs neben mir hergehen und mir helfen, die Sachen zu finden und dann erst an der Kasse wieder im Wagen sitzen.«*

10. **Beruhigen Sie sich weiter.** Wenn Sie sich auf Ihr »Publikum« konzentrieren, macht Sie das nur noch besorgter und untergräbt die Fähigkeit, Ihrem Kind zu helfen. Bis Sie Ihrem Kind bei seinem wie auch immer gearteten Problem, das es zum Schreien bringt, geholfen haben, wird es wahrscheinlich weiter brüllen, also ist es besser, alles zu ignorieren, gelassen zu bleiben und sich mit dem Kind zu verbinden. Bei Kindern muss man mit kindlichem Benehmen rechnen. Es ist keine Schande, wenn die Bedürfnisse Ihres Kindes mit dem Bedürfnis kollidieren, für die Familie einzukaufen. Die einzige mögliche Peinlichkeit besteht darin, als Reaktion auf diese Kollision zu Eltern zu werden, die Sie nicht sein wollen. Sobald Sie merken, dass dies passiert, halten Sie inne, atmen tief ein und schalten um. Sagen Sie sich ein Mantra vor, so wie: »Das ist kein Notfall … Sie benimmt sich wie ein Kind, weil sie eben ein Kind ist, … sie muss sich nur ausweinen«. Und denken Sie daran, dass Sie die Fremden im Supermarkt nie mehr wiedersehen werden. Lächeln Sie reumütig in ihre ungefähre Richtung und sagen: *»Jeder hat mal einen schlechten Tag.«* Da kann Ihnen keiner widersprechen.

Klingt das schwierig? Ist es auch. Und der schwierigste Teil besteht natürlich darin, selbst ruhig zu bleiben. Deshalb ist es so wichtig, das Atmen und andere Techniken zur Selbstberuhigung dann zu üben, wenn Sie nicht ärgerlich sind – damit entwickeln Sie Werkzeuge für Zeiten, in denen Sie sie wirklich brauchen. Das ist auch ein Argument dafür, an alter, verborgener Scham zu arbeiten, die Sie in Ihrer eigenen Psyche entdecken. Scham unterstützt Sie nicht darin, Ihr bestes Selbst zu sein und hält sie davon ab, solche Eltern zu sein, wie Sie es sein wollen, insbesondere wenn andere dabei zusehen.

ÜBUNG

Wenden Sie die Pausentaste an.

Wenn Sie mit dem Einsatz der Pausentaste beginnen, führen Sie darüber Buch, um Ihre Methode weiter zu verfeinern. Was können Sie lernen?

1. Ich habe die Pausentaste gedrückt, als:

____

____

____

Was half mir dabei? Was kam mir in die Quere?

____

____

____

Was ich fürs nächste Mal gelernt habe:

2 Ich habe die Pausentaste gedrückt, als:

Was half mir dabei? Was kam mir in die Quere?

Was ich fürs nächste Mal gelernt habe:

(3) Ich habe die Pausentaste gedrückt, als:

____

____

____

Was half mir dabei? Was kam mir in die Quere?

____

____

____

Was ich fürs nächste Mal gelernt habe:

____

____

____

(4) Ich habe die Pausentaste gedrückt, als:

____

____

____

Was half mir dabei? Was kam mir in die Quere?

Was ich fürs nächste Mal gelernt habe:

Tipps dafür, das Gesamtbild zu sehen, selbst wenn Sie wütend sind

> *Mein Rat? Geben Sie nicht auf. Ich musste mindestens ein Dutzend Mal versuchen, friedlich zu bleiben, bevor ich an meiner willensstarken Tochter irgendeine Veränderung bemerkte. Aber jetzt hört sie deutlich öfter zu und reagiert positiver.*
>
> BRIGITTE,
> Mutter einer Vierjährigen

Um Sie dazu zu motivieren in diesen schwierigen Augenblicken aus der unbändigen Wut auszusteigen, helfen Ihnen die folgenden Erinnerungen zur Erweiterung Ihrer Perspektive.

Betrachten Sie es aus der Sicht Ihres Kindes. Erinnern Sie sich daran, dass Ihr Kind auch einen schlechten Tag hat. Vielleicht fühlt es sich von Ihnen getrennt, was es unsicher macht, und deshalb führt es sich so auf. (Im Alltag nützt sich das Band der Verbundenheit ab und muss ständig erneuert werden.) Vielleicht hat Ihr Kind wirklich Angst – vor dem gemeinen Kind in der Schule, oder den Monstern in seinem Schrank oder davor, dass es Ihre Liebe an seine Geschwister verliert und dass es nie gut genug sein wird, um Sie davon abzubringen, es anzuschreien. Selbst wenn Sie nicht verstehen, was dieses bestimmte Verhalten antreibt, nehmen Sie sich ein paar Minuten Zeit, um sich an all die wundervollen Dinge an Ihrem Kind zu erinnern und damit den aktuellen Moment ins rechte Licht zu rücken.

Fragen Sie sich, was unter Ihrem Ärger steckt. Ich weiß, Sie wollen Ihrem Kind in diesem Moment eine knallen und sind auch überzeugt, dass es das verdient. Aber weshalb? Hat es Ihnen zum Beispiel das Gefühl gegeben, missachtet zu sein? Dann stammt der Knopf, den Ihr Kind gedrückt hat, vermutlich von dem Gefühl in Ihrer eigenen Kindheit, missachtet gewesen zu sein. Wissen Sie was? Das ist eine Gelegenheit zur Heilung! Selbst wenn Ihr Kind Sie in diesem Augenblick wirklich missachtet hat, tragen Sie in sich bereits allen Respekt, den Sie für sich brauchen. Entdecken Sie diesen Selbstrespekt und versorgen sich damit. Das heißt nicht, dass Sie andere auf sich herumtrampeln lassen sollen. Vielmehr schlage ich vor, dass Sie selbst die Verantwortung für Ihren Selbstrespekt und Ihre Emotionsregulation übernehmen.

Sorgen Sie gut für sich. Egal welches tiefsitzende Bedürfnis gerade Ihren Ärger triggert, umarmen Sie sich und erfüllen das Bedürfnis. Täte es Ihnen gut, sich einmal richtig auszuweinen? Müssen Sie sich selbst die Erlaubnis geben, nicht alles schaffen zu müssen? Müssen Sie Ihre Erwartungen zurückschrauben und es morgen noch einmal versuchen? Als erwachsener Mensch sind Sie nun selbst dafür verantwortlich, sich mit dem zu versorgen, was Sie brauchen. Tun Sie es einfach. Sonst können Sie nicht die emotional großzügigen Eltern sein, die Sie sein wollen, und dann verlieren alle.

Wenn Sie immer noch Ihren Ärger ausdrücken müssen, dann tun Sie es auf sichere Weise. Schütteln Sie die Hände aus, spritzen Sie sich Wasser ins Gesicht, tanzen Sie zu Musik.

Das ist die grundlegende emotionale Selbstregulation und die wohl wichtigste Kompetenz emotionaler Intelligenz. Den meisten unter uns fällt das nicht leicht. Aber wie Sie schon aus dem Abschnitt »Emotionale Trigger« wissen, werden im Gehirn jedes Mal, wenn Sie dem Handlungsimpuls des Triggers widerstehen, neue Verschaltungen gebahnt. Üben Sie sich einfach weiter darin, den Moment der Freiheit zwischen Reiz (das Benehmen Ihres Kindes) und Ihrer eigenen Reaktion zu entdecken. Diesen zu bemerken ermöglicht uns das nächste Mal eine Wahl.

ÜBUNG

Strategien der Selbstberuhigung

Jede Technik, die Ihnen hilft, sich zu beruhigen, wird Selbstberuhigungsstrategie genannt. Erinnern Sie sich: Im Kampf-Flucht-Starre-Modus halten Sie die Situation für gefährlich. Sie erkennen nicht, was in diesem Moment wirklich los ist und können nicht klar denken.

Beruhigungsstrategien versichern dem Unterbewusstsein, dass keine Gefahr besteht, und helfen Ihnen, in ein bewussteres Gewahrsein des jeweiligen Moments zu wechseln. Einige Beispiele für Selbstberuhigungsstrategien sind tiefes Atmen, die Handgelenke unter fließendes kaltes oder warmes Wasser halten, oder ein Lied abspielen, das Sie zuverlässig beruhigt. Manchmal besteht die beste Beruhigungsstrategie auch darin, jemanden Vertrautes anzurufen, der uns einfach zuhört, damit wir uns verstanden und weniger einsam fühlen.

Zählen Sie einige für Sie hilfreiche Beruhigungsstrategien auf.

1. ______________________________
2. ______________________________
3. ______________________________
4. ______________________________
5. ______________________________

ÜBUNG

Ihr Ort des Friedens

Alle brauchen in sich einen Ort des Friedens, wohin sie sich bei Ärger zurückziehen können, um herunterzufahren und Kraft zu schöpfen. Ihre Vorstellungskraft ist mächtig. Wenn Sie ein Bild in sich erschaffen, das in Ihnen Gefühle des Friedens, der Sicherheit und Liebe hervorruft, wird Ihnen dieser Ort immer verfügbar sein.

Schließen Sie die Augen und atmen mehrmals tief durch. Fühlen Sie beim Ausatmen, wie sich der Körper entspannt.

Bitten Sie jetzt Ihr Unterbewusstsein, Ihnen das Bild eines Ortes zu zeigen, das Ihnen hilft, sich gelassen und sicher zu fühlen. Verweilen Sie bei diesem Bild und lassen zu, dass Ihnen die friedlichen, glücklichen Gefühle das Herz erfüllen.

Was sehen Sie? Was hören Sie? Was riechen Sie? Welche weiteren Einzelheiten fallen Ihnen auf? Schreiben Sie auf die folgenden Zeilen eine ausführliche Schilderung Ihres friedvollen Ortes:

____

____

Je öfter Sie die Vorstellung Ihres friedvollen Ortes praktizieren und die Gefühle dabei genießen, umso leichter fällt es Ihnen, dieses Bild selbst bei Ärger mitsamt den beruhigenden Gefühlen hervorzuholen. Fangen Sie noch heute an, Ihr Unterbewusstsein zu trainieren, indem Sie Ihren friedvollen Ort vor dem Einschlafen aufsuchen. Legen Sie sich zur Erinnerung einen Merkzettel aufs Kopfkissen. Das machen Sie eine Woche lang, bis es Ihnen zur Gewohnheit geworden ist, Ihren friedvollen Ort und die damit einhergehende Gelassenheit zu pflegen.

ÜBUNG

Bei Ärger mit dem RAIN-Prozess arbeiten

Es gibt eine in der Meditation geläufige Methode des achtsamen Sitzens mit einer schwierigen Erfahrung.

Dieser Prozess, im Englischen oft als RAIN bezeichnet, kann immer dann angewendet werden, wenn Sie sich ärgern, und ist auch im Nachhinein nützlich, um zu erforschen, was Ihren Ärger ausgelöst hat.

Die vier Schritte dieser Praxis lauten:

R (*Recognize*) Erkennen, was gerade passiert.

A (*Allow*) Annehmen, was gerade ist.

I (*Investigate*) Freundliches Erforschen der inneren Erfahrung

N (*Non-identifiction*) Nicht-Identifikation

Für das Beispiel Ärger sehen die vier Schritte folgendermaßen aus:

R (*Recognize*) Erkennen Sie, dass Sie sich ärgerlich fühlen.

A (*Allow*) Akzeptieren Sie das ärgerliche Gefühl und die Umstände, auf die Sie reagieren, anstatt dagegen anzukämpfen.

I (*Investigate*) Erforschen Sie die Ärgererfahrung mit Freundlichkeit.

N (*Non-identifiction*) Keine Identifikation mit dem Ärger. Nur beobachten.

Der erste Schritt besteht darin, **zu erkennen**, was Sie fühlen: *»Oh. Ich fühle Ärger. Meine Kinder machen mich rasend vor Wut.«* Manchmal schämen sich Eltern, wenn sie Ärger auf ihr Kind fühlen. Aber Ärger zu spüren ist keine Schande. Sie haben diesen Ärger nicht erzeugt. Dieser Ärger ist ebenso vorhanden wie Ihr Arm oder Bein. Worauf es ankommt, ist, wie Sie mit dem Ärger umgehen, und dass Sie tatsächlich selbst die Kontrolle darüber haben – obwohl es sich vielleicht nicht immer so anfühlt – ebenso wie über Ihren Arm oder Ihr Bein. Wir versuchen nicht, die Emotionen loszuwerden. Dagegen versuchen wir die Beziehung zu ihnen in der Weise zu verändern, dass wir die aufsteigende Emotion bereits am Anfang bewusst wahrnehmen, anstatt erst, nachdem wir reagiert und dabei Dinge getan haben, die wir bereuen.

Der zweite Schritt ist die **Akzeptanz.** Es ist schwierig, sich keine Vorwürfe zu machen, wenn wir über unser Kind in Wut geraten. Wir wissen, unsere Tochter ist eben ein Kind. Wir wissen, dass sie ihren Bruder nicht gehauen hätte, wenn wir rechtzeitig dagewesen wären, als die beiden um das Spielzeug stritten. Also machen wir uns oft selbst ein paar Vorwürfe. Aber das erzeugt nur noch mehr Ärger und weil wir dann defensiv sind, ärgern wir uns erst recht über unser Kind.

Egal was Sie fühlen, es ist in Ordnung. Sie haben nicht um dieses Gefühl gebeten und es auch nicht erzeugt, somit können Sie eigentlich nichts anderes tun, als es zu akzeptieren. Wenn wir Gefühle verdrängen, uns weigern, sie zu akzeptieren, wo gehen sie dann hin? Ins Unterbewusstsein oder anders gesagt, in den emotionalen Rucksack, in dem wir sie so lange herumschleppen, bis sie hervorbrechen. Es ist das Gewahrsein, das es Ihnen erlaubt, Gefühle bereits während des Aufsteigens zu verarbeiten, damit sie erst gar nicht im Rucksack landen.

Der dritte Schritt besteht im **Erforschen** des Gefühls. Das ist wahrscheinlich etwas ganz Neues, da wir meist vor ärgerlichen Gefühlen fliehen. Anstatt vor dem Gefühl davonzulaufen, sitzen wir diesmal damit. Wir erkennen an, dass wir Ärger fühlen, wir akzeptieren, dass wir ihn fühlen und wir lernen ihn sogar ein wenig kennen. Erforschen bedeutet nicht Analysieren, sondern Beobachten. Beachten Sie, dass wir nicht fragen, weshalb wir ärgerlich sind, was den Fokus auf die Rechtfertigung unseres Ärgers und auf das Verhalten des Kindes richten würde, worüber wir uns geärgert haben – das ist die »Story-Line« (der Erzählfaden). Auch machen wir uns keine Vorwürfe darüber, dass wir uns ärgerlich fühlen – wir haben das bereits akzeptiert. Damit schützen wir uns davor, in jenen Teufelskreis zu geraten, uns wegen uns selbst schlecht zu fühlen und dies dann über negative Gefühle in die Welt hinaus zu tragen.

Wir nehmen einfach zur Kenntnis, wie sich der Ärger anfühlt. Wo im Körper fühlen Sie ihn? Was ist das für eine Empfindung? Fühlt es sich wie eine Explosion an, die von innen an den Brustkorb drückt? Haben Sie das Gefühl, als sei die Kehle ausgetrocknet und zugeschnürt? Vielleicht können Sie nicht durchatmen oder haben die Hände zu Fäusten geballt.

Während Sie diese Körperempfindungen spüren, atmen Sie einfach. Bleiben Sie einfach bei dem Gefühl in Ihrem Körper. Beobachten Sie nur. Dann werden Sie merken, dass es sich verändert. Vielleicht weinen Sie plötzlich und erkennen, dass unter Ihrem Ärger eigentlich Traurigkeit saß. Oder das Engegefühl in der Kehle verschlimmert sich und Sie können immer schlechter atmen. Plötzlich fühlen Sie Panik und erkennen, dass hinter Ihrem Ärger eigentlich Angst/Furcht oder Hilflosigkeit steckte.

Während Sie mit einer beliebigen Emotion sitzen, kommt deren Botschaft an, die Gefühle werden verwandelt und Sie sind in der Lage, diese Gefühle auf einer tieferen Ebene zu klären.

Hinter all unserem Ärger liegen andere, verletzlichere Gefühle, weshalb Sie während des Sitzens mit Ihrem Ärger bemerken werden, dass weitere Gefühle aufsteigen. Indem Sie das tun, graben Sie den Trigger hinter dem

Ärger aus. Beim Sitzen bemerken Sie, wie der Ärger allmählich nachlässt. War er noch vor einem Augenblick so heftig, spüren Sie ihn jetzt gar nicht mehr. Vielleicht fühlen Sie sich noch immer traurig oder verängstigt, aber der Ärger hat sich aufgelöst. Er sollte nur die Tränen und die Angst abwehren. Sie brauchen ihn nicht mehr.

Dann werden Sie bemerken, dass sich sogar die Traurigkeit und die Angst allmählich auflösen, und Sie erkennen, dass all diese Emotionen unentwegt aufsteigen und wieder vergehen. Sie kommen und gehen, ohne dass Sie dafür zuständig sind. Eigentlich können Sie sie gar nicht kontrollieren. Nur Ihre Gedanken können Sie manchmal verändern, und das wird natürlich die aufkommenden Gefühle verändern – was bedeutet, wenn Sie glauben, Ihr Kind sei frech, dann werden Sie ärgerlicher sein, als bei dem Gedanken: *»Dem Jungen macht etwas zu schaffen, er braucht meine Hilfe.«* Aber vollständig kontrollieren können wir unsere Gedanken nicht und suchen uns unsere Gefühle nicht aus. Einige sind positiv und einige tun uns nicht gut. Zum Glück vergehen sie genauso, wie sie entstehen. Sie sind nicht das, was uns wirklich ausmacht. Es sind nur aufsteigende und wieder abklingende Emotionen. Das Anbrüllen Ihres Kindes oder Ihr wütender Zustand, das sind nicht Sie. Das sind kleine Ausschnitte der Person, die Sie in diesem Moment sind, und allmählich können Sie lernen, nicht einmal mehr aus diesem Ärger heraus zu handeln, obwohl Sie solche Gefühle wahrscheinlich nie ganz aus Ihrem Leben verbannen können.

Damit kommen wir zu dem vierten Schritt des RAIN-Prozesses, der *Nicht-Identifikation* mit den Gefühlen. Wenn Gefühle einfach aufsteigen und wieder vergehen, müssen Sie sich auch nicht davon definieren lassen. Sie müssen nicht zulassen, dass der Ärger auf Ihr Kind definiert, wer Sie sind. Vielmehr war es ein vorübergehender Zustand, den ich als »Vergessen« bezeichnen würde, währenddessen Sie plötzlich von Emotionen gekidnappt wurden. Dabei vergaßen Sie, wie sehr Sie Ihr Kind lieben. Sie vergaßen Ihre Absicht, sich der Welt in Liebe zu zeigen.

Sich nicht mit den Emotionen zu identifizieren bedeutet, dass wir nicht handeln müssen, wenn wir getriggert werden. Wir können einfach beobachten und umdeuten: *»Oh, da ist schon wieder dieser Ärger. Ich weiß, was ich damit zu tun habe: Stopp-lass-los-atme-erkenne-akzeptiere-widerstehe dem Handlungsimpuls.«*

Sie erkennen den Nutzen des RAIN-Prozesses für jede beliebige Emotion. Wir akzeptieren einfach, was wir fühlen, ohne uns zu beurteilen. Wir erforschen es, nicht durch Analyse, sondern durch Beobachtung. Wir nehmen die Erfahrung dieser Emotion wirklich in uns auf, wie sie sich im Körper anfühlt und dann verlagert sie sich allmählich, ändert sich, wird weniger und löst sich ganz auf, weil ihre Botschaft bei uns angekommen ist. Jedes Mal, wenn Sie diesen Prozess durchlaufen, schwächen Sie die Kraft dieses Triggers. Sie schälen immer mehr Schichten von der Zwiebel ab.

Wie Sie damit aufhören, Ihr Kind anzubrüllen

Meine Tochter hat auf meinen ruhigeren Erziehungsstil so viel besser angesprochen.
Ich finde, sie hat weniger Tobsuchtsanfälle.

ANDREA,
Mutter einer Dreijährigen.

Nachdem Sie jetzt die Grundlagen der Selbstregulation gelernt haben, erkunden wir für stressige Zeiten, in denen Ihnen einfach nur zum Schreien ist, einige zusätzlichen Werkzeuge.

Die meisten Eltern schreien ihre Kinder an, zumindest gelegentlich. Einige von uns sind in einem Zuhause aufgewachsen, in dem nur gebrüllt wurde, sodass es für uns zum Automatismus geworden ist. Manche von uns brüllen phasenweise, in besonderen Stresssituationen. Andere haben besonders herausfordernde Kinder, deren tägliches Benehmen wohl jeden Erwachsenen zum Schreien bringt.

Wenn man Eltern nach Ihrem Brüllen fragt, bedauern sie es meistens. Sie sagen aber auch, dass sie vom Verhalten des Kindes provoziert worden seien. Würde sich das Kind besser benehmen, dann müssten die Eltern nicht laut werden. Aber stimmt das wirklich? Wir wissen alle, dass wir bei guter Laune nicht herumbrüllen, selbst wenn sich unser Kind danebenbenimmt. Abgesehen davon, verhalten sich Kinder nun mal kindlich. Das gehört zur ihrer normalen Entwicklung, während sie Grenzen und Selbstkontrolle lernen. Niemand verdient es, angebrüllt zu werden.

Einige Eltern überrascht es, wenn sie mich das sagen hören. Aber andere Menschen mit Respekt und Güte zu behandeln bedeutet eben, dass wir sie nicht anschreien, egal was gerade los ist. Hat es Ihnen jemals geholfen angeschrien zu werden?

Verlieren wir die Kontrolle, dann verlieren unsere Kinder den Respekt vor uns. Sie empfinden weniger Zuneigung für uns. Kinder werden ihre Eltern immer lieben, – sogar Eltern, die ihre Kinder misshandeln, werden weiterhin von ihnen geliebt, aber das bedeutet nicht, dass die Kinder sie respektieren oder ihnen vertrauen. Und Kinder kooperieren nur mit einem Elternteil, der emotional vertrauenswürdig ist. Wenn Sie ein Schreihals sind, dann vermutlich aus Gewohnheit. Vielleicht glauben Sie sogar*: »Das ist notwendig, sonst hört mein Kind nicht auf mich.«* Aber wenn Sie Kontrolle mithilfe von Angst ausüben, gehorcht Ihnen Ihr Kind in dem Augenblick nur aus Angst. Und wie lange wird es dauern, bis Ihre Kinder zurückschreien, oder so tun, als ginge sie das alles nichts an?

Schreien lehrt Kinder zu schreien. Keinesfalls lehrt es sie die Lektion, die Sie ihnen in jenem Moment erteilen wollen, egal welche, denn sobald Sie schreien, agieren Sie aus dem Kampf-Flucht-oder-Starre-Modus und Ihr Kind schaltet ebenfalls in den Ausnahmezustand. Sobald Kinder verängstigt sind, machen die Lernzentren im Gehirn dicht, also nehmen sie keine Information auf.

Und ist Schreien schließlich das Beste für die langfristige Entwicklung Ihres Kindes? Wachsen durch das Anschreien Kinder heran, die ihre eigenen Emotionen regulieren können? Wir wissen natürlich alle, dass dem nicht so ist. Das Schreien der Eltern führt sogar dazu, dass sich das Gehirn des Kindes mit einer überaktiven Amygdala entwickelt (um es vor Gefahr zu beschützen), und als Folge kann sich das Kind bei emotionaler Erregung schlechter beruhigen. Wenn wir also aus dem Anschreien eine Gewohnheit machen, sabotieren wir die Gehirnentwicklung unseres Kindes.

> *Ich finde das Schrei-Zölibat toll. Ich habe gelernt, wenn ich meinen Umgang mit einer schwierigen Situation steuern kann, dann gibt es in neun von zehn Fällen keine Eskalation. Dagegen führt Schreien immer zur Eskalation. Sehr befreiend!*
>
> TERI,
> Mutter einer vierjährigen Tochter und eines achtjährigen Sohnes

> *Vor dem Schrei-Zölibat ertappte ich mich einfach beim Schreien. Aber nachdem ich es gelernt hatte, eine Schimpftirade einfach abzubrechen, sah ich es immer öfter kommen – ich merkte, wie ich immer gereizter wurde, und jetzt kann ich mich oft schon vor dem ersten Brüller stoppen.*
>
> STEVE,
> zweifacher Vater

Also, wenn Sie ein Schreihals sind, dann habe ich eine persönliche Herausforderung an Sie. Legen Sie ein »Schrei-Zölibat-Gelübde« ab. Befolgen Sie 12 Wochen lang meinen Trainingsplan, um sich das Schreien abzugewöhnen. Jedes Mal, wenn Sie sich beim Schreien ertappen, schließen Sie einfach den Mund. Beißen Sie sich auf die Zunge. Stopp-lass-los-atme. Ja, ich weiß, das hört sich viel zu simpel an, um zu funktionieren.

Aber ich habe von zahlreichen Eltern erfahren, dass es klappt, und Sie schaffen es auch – egal wie eingefahren die Gewohnheit bei Ihnen ist.

Wenn Sie sich anfangs mitten im Geschrei stoppen, kommen Sie sich vielleicht albern vor. Aber eigentlich sehen Sie dann wie jemand aus, der sich zur Selbstkontrolle entschlossen hat,– jemand, der mitten im Schreien damit aufgehört hat. Sie sind damit ein Vorbild für Ärger-Management!

Wenn Ihnen das heute einmal gelingt – selbst wenn Sie drei andere Male schreien – dann gelingt es Ihnen morgen zweimal. Am folgenden Tag schaffen Sie es dreimal. Bald werden Sie aus keiner Tirade mehr ungebremst herausgehen. Dann wird es Ihnen jedes Mal gelingen, das Schreien zu bemerken und sich während eines Tobsuchtsanfalls zu unterbrechen. Schließlich werden Sie sogar feststellen, dass Sie sich schon bremsen, noch bevor Sie überhaupt den Mund öffnen. Herzlichen Glückwunsch, sie haben mit dem Schreien aufgehört!

Mit der Zeit werden Sie es bemerken, wann Sie Späne sammeln. Sie wissen, was Späne sind: Holzsplitter, mit denen man ein Feuer anfacht. Emotionale Späne sind das, was wir zusammentragen, wenn wir unseren Unmut aufstauen, wenn wir alles anhäufen, anstatt das, was uns zwickt, anzugehen. Früher oder später wird daraus Brennholz für ein Lagerfeuer.

Anstatt diese Ärgernisse anzuhäufen, bis Sie explodieren, versuchen Sie das, was nicht passt, aktiv anzugehen, solange Sie noch ruhig bleiben können. Das scheint vielleicht unmöglich, aber Sie können die Wende wirklich schaffen und innerhalb dreier Monate werden Sie entdecken, dass Sie sich gar nicht mehr erinnern können, wann Sie Ihr Kind das letzte Mal angeschrien haben.

Sie brauchen aber einen Plan und dieser Plan besteht aus drei Teilen:

1. Nutzen Sie für schwierige Momente die Pausentaste. Sie wissen bereits, wie das geht.
2. Reduzieren Sie Ihren Stress und erhöhen ihre Selbst-Unterstützung, damit Ihnen mehr innere Ressourcen zur Verfügung stehen. Wir

versorgen Sie mit diesen Werkzeugen in den späteren Abschnitten in Teil 1 über Selbstfürsorge und Achtsamkeit.

3. Beobachten Sie die Umstände, unter denen Sie schreien, damit Sie herausfinden, was Sie triggert und Sie diese Trigger heilen oder vermeiden. Dafür brauchen Sie einen Partner, vor dem Sie dafür regelmäßig Rechenschaft ablegen.

Und wer ist der beste Rechenschaftspartner, der weiß, ob Sie schreien? Ihr Kind! Erklären Sie ihm, dass Sie ihm öfter in einem respektvollen Tonfall begegnen wollen. Zwar erwarten Sie von Ihrem Kind, dass es Ihre Familienregeln beachtet und mit Ihnen kooperiert, aber, ob es das nun tut oder nicht, sind Sie in jedem Fall dazu verpflichtet, Ihr Kind in einem respektvollen Tonfall anzuleiten. Sagen Sie Ihrem Kind, dass Sie es an jedem Abend um einen Stern bitten werden, falls Sie in Ihrem Tonfall respektvoll geblieben sind. Sie können eine Sternchentabelle für respektvollen Tonfall auf *www.arbor-online-center.de/zw2xxe* herunterladen. Sterne brauchen Sie dafür nicht zu kaufen; Ihr Kind kann den Stern zeichnen und ausmalen. Ich bin zwar kein großer Fan von Sterntabellen für Kinder, denn ich glaube, dadurch konzentrieren sich die Kinder auf die Belohnung anstatt auf die wichtigeren Gründe für das erwünschte Verhalten. Aber Sie selbst lernen von einer Sternchentabelle bestimmt nicht die falsche Lektion, daher mache ich bei Ihnen eine Ausnahme. Außerdem empfehle ich Ihnen sogar, dass Sie für sich etwas Schönes tun, sobald Sie genügend Sternchen gesammelt haben. Geben Sie sich doch alle Unterstützung, die Sie möglich machen können.

Nicht dem Handlungsimpuls Ihres Ärgers nachzugeben, schafft mehr Raum für Liebe. Und wo mehr Liebe herrscht, da gibt es auch immer mehr Raum für Verwandlung.

Nur einen Hinweis: Wenn Ihnen Ihr Kind keinen Stern geben will, weil Sie gebrüllt haben, werden Sie Ihr Schreien wahrscheinlich mit den Worten entschuldigen: *»Aber du hast es verdient.«* Es spielt keine Rolle, was Ihr Kind tut. Niemand hat es je verdient, angeschrien zu werden. Sie sind das Vorbild. Wenn Sie Ihrem Kind nicht vermitteln wollen, dass Brüllen die beste Problemlösung darstellt und es schreien darf, sooft es unglücklich ist, müssen Sie mit dem Brüllen aufhören.

Ebenso wahrscheinlich werden Sie sich bei folgenden Worten ertappen: *»Das war doch kein Anbrüllen. Ich wollte nur deine Aufmerksamkeit.«* Aber Forscherinnen haben die Interaktionen von Eltern mit ihren Kindern aufgezeichnet und sagen, *»dass sich die Eltern oft nicht ihrer Handlungen bewusst sind, weil sie schon aus lauter Gewohnheit so heftig reagieren.«*[37] Wenn Ihr Kind also Ihren Tonfall respektlos fand, dann hat es damit wahrscheinlich recht. Außer Ihr Kind ist gerade ärgerlich, wenn es über die Sternvergabe entscheidet – was natürlich kein guter Moment für Ihren täglichen Austausch wäre – akzeptieren Sie seine Wahrnehmung Ihres Schreiens.

Selbst wenn eine Woche verstreicht, ohne dass Sie einen einzigen Stern bekommen, geben Sie nicht auf. Dann teilen Sie in der folgenden Woche die Tabelle einfach in Vor- und Nachmittage auf, damit Sie pro Tag zwei Gelegenheiten haben, sich einen Stern zu verdienen. Früher oder später schaffen Sie es ohne Schreien durch einen Vor- oder Nachmittag und erhalten einen Stern. In der folgenden Woche versuchen Sie zwei zu ernten. Machen Sie es einfach nur besser als die Woche davor.

Normalerweise sind mindestens zwölf mächtig anstrengende Wochen nötig, um mit dem Anschreien aufzuhören. Aber Sie schaffen das. Das ist kein Hexenwerk. Am Anfang ist es wirklich schwer, aber wenn Sie dranbleiben, kommen Sie in Fahrt und es wird leichter, weil Sie allmählich die Nervenverbindungen für die Selbstregulation aufbauen.

Beginnen Sie noch heute mit Ihrem neuen Programm »Schrei-Zölibat«. Fangen Sie einfach an. Sie werden es sehr schwierig finden. Wenn Sie dann doch schreien, gehen Sie liebevoll mit sich um. Vielleicht befürchten Sie, nie einen Stern zu ernten. Das ist in Ordnung. Bleiben Sie einfach am Ball. Früher oder später bekommen Sie einen Stern. Achten Sie auf die Umstände. Wie können Sie sich diese Unterstützung häufiger geben? Dann ernten Sie zwei Sterne, drei und vier, und ziemlich bald werden Sie merken, dass Sie nicht mehr sehr oft schreien und sich verlässlich selbst regulieren können!

ÜBUNG

Ihr Schrei-Zölibat-Gelübde

Auch wenn Sie nicht oft brüllen oder schreien, überspringen Sie bitte diese Übung nicht. Nutzen Sie sie als Gelegenheit, einen respektvollen Tonfall zu entwickeln.

1. Drucken Sie Ihre Tabelle für respektvollen Tonfall von *www.arbor-online-center.de/zw2xxe* aus.

2. *Sprechen Sie mit der Familie über die Tabelle. Zum Beispiel so: »Ihr wisst schon, wie ich manchmal herumschreie. Das will ich gar nicht, denn davon wird nichts besser. So lassen sich Probleme mit den Menschen, die man liebt, nicht gut lösen. Und niemand verdient es, angeschrien zu werden, egal aus welchem Grund. Wollt ihr mir helfen? Seht Ihr diese Sternchentabelle? Ich bitte euch, mir für jeden Tag an dem ich nicht schreie, einen Stern einzuzeichnen (oder mir einen Aufkleber zu geben). Ich werde euch jeden Tag fragen, wie ich das mit dem respektvollen Tonfall geschafft habe. Werdet ihr mir dabei helfen?«*

3. Notieren Sie sich hier unten eine Liste von Möglichkeiten, wie Sie sich selbst unterstützen können, damit Sie weniger gestresst sind und mit Ihrem Kind gelassener umgehen können. Was davon können Sie bereits heute umsetzen?

ÜBUNG

Wenn Sie getriggert werden

Achten sie während der Woche darauf, wann Sie getriggert werden. Schreiben Sie auf, welche Emotionen und Körperempfindungen Sie dabei spüren.

Beispiel

Mein Kind ist trotzig	Ich habe heute ständig hinter meinen Kindern hergeräumt	Meine Kinder führen sich vor dem Schlafengehen zu wild auf
Ich fühle mich so ärgerlich, dass ich ihr eine runterhauen möchte. Die Kehle fühlt sich eng an, und ich habe die Hände zu Fäusten geballt.	Ich fühle mich erschöpft und verärgert. Der Körper fühlt sich schwer und niedergedrückt an.	Ich werde immer angespannter und besorgter, dass sich jemand weh tun könnte und in Tränen ausbricht. Meine Kehle fühlt sich eng an und ich fühle mich außer Atem.

Jetzt sind Sie dran

REFLEXION NACH DER ÜBUNG

Mit Ihren Triggern arbeiten

Später, beim Überdenken jeder Situation, atmen Sie durch und achten auf jedes noch vorhandene Gefühl im Körper. Das Hineinatmen in diese angespannten Stellen des Körpers hilft schon dabei, die Emotionen zu heilen, die das Triggern verursachen (Sie entladen dabei Ihren emotionalen Rucksack).

Überlegen Sie für jedes Beispiel, welche vergangenen Erfahrungen oder Überzeugungen das Triggern in dieser Situation verursachen könnten. Dann erforschen Sie, was Sie sagen oder tun können, um Ihren Ärger beim nächsten Anlass abzumildern.

Beispiel

Was hat Sie heute getriggert?	Welche Emotionen und Körperempfindungen haben Sie gespürt?	Welche vergangenen Erfahrungen oder Überzeugungen könnten diesen Trigger verursacht haben?	Was könnten Sie das nächste Mal sagen oder tun, um Ihren Ärger abzuschwächen?
Mein Kind ist trotzig.	Ich fühle mich so ärgerlich, dass ich ihr eine runterhauen möchte. Die Kehle fühlt sich eng an und ich habe die Hände zu Fäusten geballt.	Wenn ich meinen Eltern eine freche Antwort gab, wurde ich körperlich bestraft, also steigt all diese Wut hoch, wenn mein Kind frech antwortet. Es fühlt sich wie ein Notfall an. Ich will einfach um mich schlagen, weil mir so schrecklich zumute ist.	Das nächste Mal könnte ich stoppen, loslassen und durchatmen. Ich könnte mich daran erinnern, dass die Wut eigentlich gar nicht ihr gilt, dass ihr Trotz keine wirkliche Bedrohung meiner Autorität ist. Ich könnte versuchen, mich in sie einzufühlen, wie aufgebracht sie sein muss, dass sie so mit mir spricht. Ich könnte ihrem Problem zuhören und ihr bei der Lösung behilflich sein.

Was hat Sie heute getriggert?	Welche Emotionen und Körperempfindungen haben Sie gespürt?	Welche vergangenen Erfahrungen oder Überzeugungen könnten diesen Trigger verursacht haben?	Was könnten Sie das nächste Mal sagen oder tun, um Ihren Ärger abzuschwächen?
Ich habe heute ständig hinter meinen Kindern hergeräumt	Ich fühle mich erschöpft und verärgert. Der Körper fühlt sich schwer und niedergedrückt an.	Wenn ich hinter allen herräumen muss, habe ich das Gefühl, dass meine Bedürfnisse nicht zählen und nie erfüllt werden. Ich fühle mich vernachlässigt, abgewertet, hoffnungslos und unsichtbar, als ob ich eine riesige Last tragen würde. Ich weiß nicht, ob das durch etwas aus meiner Kindheit erklärt wird, aber auf jeden Fall habe ich es langsam satt, immerzu die Erwachsene sein zu müssen. Ich wünschte, ich könnte damit durchkommen, auch so verantwortungslos zu sein, wie meine Kinder.	Ich werde öfter in die Alltagsroutine einbauen, dass die Kinder ihre Sachen wegräumen. Aber ich werde auch besser für mich selbst sorgen. Es sind Kinder: Kinder erzeugen einfach Chaos. Fühlte ich mich nicht so ausgelaugt, dann würde es mich auch nicht so arg stören. Ich muss dafür sorgen, dass es mir gut geht, damit ich nicht so ungeduldig bin, wenn ich sie ums Aufräumen bitte. Ich glaube, sie würden dann entgegenkommender reagieren.

Was hat Sie heute getriggert?	Welche Emotionen und Körperempfindungen haben Sie gespürt?	Welche vergangenen Erfahrungen oder Überzeugungen könnten diesen Trigger verursacht haben?	Was könnten Sie das nächste Mal sagen oder tun, um Ihren Ärger abzuschwächen?
Meine Kinder führen sich vor dem Schlafengehen zu wild auf.	Ich werde immer angespannter und besorgter, dass sich jemand weh tun könnte und in Tränen ausbricht. Meine Kehle ist wie zugeschnürt und ich fühle mich außer Atem.	Vor dem Schlafengehen bin ich einfach fix und fertig. Dann habe ich keine Geduld mehr. Aber ich möchte eben, dass sich niemand verletzt und weint. Das ist tagsüber schon schwer genug, aber abends, wenn ich müde bin, halte ich es einfach nicht aus. Ich erinnere mich, dass meine Eltern, wenn ich geweint habe, immer sagten, ich sollte aufhören. Und wenn ich es nicht tat, musste ich auf mein Zimmer gehen. Ich hasste es, wenn ich mit dem Weinen nicht aufhören konnte und weggeschickt wurde. Und mir fällt auf, dass ich alles tue, um meine Kinder vom Weinen abzubringen.	Das nächste Mal könnte ich mit den Kindern vor dem Baden ein wenig spielerisch raufen, damit sie sich lange vor der Schlafenszeit austoben können. Und ich muss mich daran erinnern, dass Weinen nichts Schlechtes ist!

Jetzt sind Sie dran

Überlegen Sie diese Woche für jede Situation, in der Sie getriggert werden, welche vergangenen Erfahrungen oder Glaubenssätze dies verursacht haben könnten. Was könnten Sie das nächste Mal sagen oder tun, um Ihren Ärger abzuschwächen? Achten Sie beim Aufschreiben auf alle noch vorhandenen Gefühle im Körper und atmen Sie hinein. Beobachten Sie, wie Sie sich dabei verändern.

Was hat Sie heute getriggert?	Welche Emotionen und Körperempfindungen haben Sie gespürt?	Welche vergangenen Erfahrungen oder Überzeugungen könnten diesen Trigger verursacht haben?	Was könnten Sie das nächste Mal sagen oder tun, um Ihren Ärger abzuschwächen?

ÜBUNG

Raster zum Wachstum in Selbstregulation

Halten Sie Ihre Erfahrungen zur Selbstregulation in den Leerzeilen fest. Es beinhaltet Ihre Erfolge wie auch Misserfolge. Wenn Sie daraus lernen, sind das keine Fehler!

Zeit und Ort:

____

Beschreibung der Situation:

____

____

____

Was hat Sie getriggert:

____

____

____

Wie haben Sie reagiert:

____

____

____

Was Sie darüber gelernt haben, wie Sie sich das nächste Mal besser unterstützen:

Zeit und Ort:

Beschreibung der Situation:

Was hat Sie getriggert:

Wie haben Sie reagiert:

Was Sie darüber gelernt haben, wie Sie sich das nächste Mal besser unterstützen:

____

____

____

....

Zeit und Ort:

____

Beschreibung der Situation:

____

____

____

Was hat Sie getriggert:

____

____

____

Wie haben Sie reagiert:

____

____

____

Was Sie darüber gelernt haben, wie Sie sich das nächste Mal besser unterstützen:

___

___

___

Arbeit an großen Gefühlen

Emotionen gehören zu einem reichen menschlichen Leben. Aber wenn wir uns von großen Emotionen überwältigt fühlen und nicht wissen, wie wir damit umgehen, kann es mühsam werden, geduldig zu bleiben, wenn unsere Kinder gerade Schwierigkeiten haben. In diesem Abschnitt beschäftigen wir uns kurz mit den großen Emotionen, die uns am häufigsten zu schaffen machen, damit Sie einige Werkzeuge zur Hand haben, um sich hindurchzuarbeiten.

Mit Furcht/Angst arbeiten

> *Hier ist etwas, das du von der Furcht niemals erfahren wirst. Du musst nicht so fühlen. Furcht weiß nur von Kampf oder Flucht. Sie erzählt dir nie, dass der Berg vor dir dein eigenes Machwerk ist.*
>
> GUY FINLEY[38]

Furcht hält uns am Leben. Sie macht uns wachsam, mobilisiert uns zu Kampf, Flucht oder Starre. Wenn Sie Glück haben, sind Sie Terror nur in Albträumen begegnet. Aber zumindest leichte Furcht spüren wir täglich.

Das ist nicht gerade angenehm, aber wir akzeptieren sie als gegeben. Wir nehmen sie als Gefühl von Stress oder leichter Besorgnis wahr.

Oft bemerken wir die Furcht nicht einmal als solche; wir reagieren mit Abwehr, indem wir im Geist Groll aufstauen, oder auf andere mit Vorwürfen oder Gereiztheit reagieren.

Wenn wir Furcht dann doch bemerken, machen wir oft den Fehler, ihr zu glauben. Manchmal hat Furcht eine nützliche Botschaft für uns. Wenn Sie einem fahrenden Auto in den Weg treten, werden Sie vielleicht sterben. Aber oft machen wir uns über die falschen Dinge Sorgen. Für manche unter uns fühlt sich ein Vierjähriger, der uns anschreit, wie ein Notfall an. Ehe wir es uns versehen, fallen wir schon in den Kampf-Flucht-Starre-Modus.

Führungscoach Robert Gass nennt das den »Aufzugsschacht«. In seinem Training für Führungskräfte beschreibt er das so: Man besteigt im 9. Stock eines Gebäudes den Aufzug. Alles ist gut. Aber plötzlich geschieht etwas Verstörendes. Es ist, als stürze der Aufzug auf den Keller zu, wo sich all die alten dunklen Schatten bedrohlich abzeichnen. Vielleicht sind Sie sich noch nicht einmal dessen bewusst, was da getriggert wird. Sie wissen nur, dass gleich etwas Schreckliches geschehen wird.

Wir alle haben verschiedene Trigger. Aber ganz unten im Schacht lauert für jeden von uns die Furcht vor dem Tod. Ich weiß, das klingt verrückt. Aber, ob wir nun befürchten, allein und ungeschützt zurückgelassen zu werden, oder dass uns jemand verletzt, die äußerste Furcht ist die ums Überleben.

Es mag seltsam erscheinen, dass hinter der Wut auf Ihr Kind eigentlich die Furcht um Ihr Überleben stecken soll. So läuft es ab: Ihr Vierjähriger schreit Sie an. Der Anblick seines ärgerlichen Gesichts und der geballten Fäuste triggert in diesem Augenblick alte Erfahrungen, in denen Sie von Ihren Eltern oder jemand anderem angeschrien wurden. Das sind Urgefühle des Schreckens. Wenn Sie ihnen bis zum Ursprung folgen, sind Sie auf dem Grund des Aufzugsschachts angelangt, in dem Sie von diesem riesigen Menschen, der sich mit wilder Grimasse drohend über Sie erhebt und Sie anschreit, in Furcht und Schrecken versetzt werden. Sie zittern vor Schreck oder erstarren innerlich (»Totstellreflex«), was normale Reaktionen zum Überleben schreckenerregender Situationen sind. Und plötzlich, in dieser Situation mit Ihrem Vierjährigen, werden Sie von dem Gefühl ergriffen, dass gleich etwas Schreckliches passieren wird, es sei denn, Sie erlangen sofort die Kontrolle über die Situation. Deshalb gehen Sie auf Ihr Kind los – um eine Katastrophe zu verhindern. Also reagieren Sie übertrieben.

ÜBUNG

Aufzugsschachtübung

Vielleicht geht es mit einer unklaren Sorge los. Dann führt ein Gedanke zum nächsten und ehe wir es uns versehen, stürzen wir den Aufzugsschacht bis ins Kellergeschoss hinunter, wo unser Überleben auf dem Spiel steht.

Beispiel

9. Stock:	»Mein Sohn ist oft gemein zu seiner Schwester.«
8. Stock:	»Er wirkt unglücklich.«
7. Stock:	»Ich fühle mich machtlos, das zu ändern... Vielleicht wird er sein ganzes Leben so bleiben.«
6. Stock:	»Was habe ich als Eltern bloß falsch gemacht, dass er so geworden ist?«
5. Stock:	»Und wenn ich meinen Sohn ins Unglück gestürzt habe?«
4. Stock:	»Ich habe als Eltern versagt.«
3. Stock:	»Ich bin überhaupt eine Versagerin.«

2. Stock:	»Ich schäme mich so, wenn die anderen wüssten, wie ich bin, würden sie mich nicht lieben.«
1. Stock:	»Ich bin der Liebe unwürdig. Man kann mich nicht lieben.«
Erdgeschoss	»Ich bin ganz allein … Keiner beschützt mich.«
Keller	»Ich könnte sterben.«

Jetzt sind Sie dran

Überlegen Sie einen Moment, welche Probleme Sie wahrscheinlich am schnellsten in den Aufzugsschacht hinunterstürzen lassen.

1. ____________________
2. ____________________
3. ____________________

Suchen Sie sich eines der Probleme aus. Vielleicht können Sie einige der Gedanken identifizieren, die Sie in den Keller stürzen lassen.

Triggernder Gedanke (9. Stock) ____________________

8. Stock: ____________________

7. Stock: ____________________

6. Stock: ____________________

5. Stock: ____________________

4. Stock: ______________________________

3. Stock: ______________________________

2. Stock: ______________________________

1. Stock: ______________________________

Erdgeschoss: ______________________________

Keller: ______________________________

ÜBUNG

Mit Furcht leben

Selbst wenn wir nicht bis in einen Ausnahmezustand stürzen, hat Furcht etwas an sich, das uns blockiert und unsere Beziehungen sabotiert. Die meisten Entscheidungen und Handlungen, die wir als Eltern bereuen, waren aus Angst geboren. Geben wir Besorgnis, also leichter Angst, nach und lassen uns davon in unseren Entscheidungen lenken, nistet sie sich, laut Forschungsergebnissen, anscheinend bei uns ein.[39] Allmählich werden dadurch dann immer mehr Lebensbereiche beeinträchtigt.

Sie können damit rechnen, dass Sie jeden Tag Ihres restlichen Lebens in irgendeiner Weise mit Angst zu tun haben werden. Das ist normal; es gehört zum menschlichen Gehirn und unserer Physiologie. Unser Nervensystem ist so verknüpft, dass es Gefahr überschätzt, was für die menschliche Rasse überlebenswichtig war. Aber Sie können Angst bewältigen.

Bekämpfen Sie Angst nicht – das ist aussichtslos. Ein Kampf mit der Angst überzeugt Sie nur darin, dass man Angst ernst nehmen und fürchten muss. Aus der Perspektive der Angst gibt es keinerlei ausreichende Verteidigung. Aber aus der Perspektive der Liebe ist gar keine Verteidigung nötig.

Das Gegenmittel zu Angst heißt also Liebe. Wir können nicht zur selben Zeit Liebe und Angst fühlen. Während sich Liebe wie äußerste Ausdehnung anfühlt, fühlt sich Angst wie äußerste Kontraktion an.

Am besten beginnt man an der Angst zu arbeiten, indem man einfach tagtäglich etwas tut, wovor man sich ein wenig fürchtet. Wie soll das gehen, wenn Sie doch Angst davor haben? Versuche Sie das: Je mehr Sie Liebe fühlen, umso weniger fühlen Sie Angst, also lieben Sie sich hindurch. Oder wie das Zitat von Susan Jeffers lautet: *»Fühlen Sie die Angst … und tun Sie es trotzdem.«*[40] Wie sie in ihrem wundervollen Buch mit dem deutschen Titel, *Selbstvertrauen gewinnen: Die Angst vor der Angst verlieren*, schreibt, ist Angst die Sorge, dass Sie mit etwas nicht umgehen können. Aber, wenn das Befürchtete eintrifft, werden Sie es doch irgendwie bewältigen. Jedes Mal, wenn Sie sich der Angst stellen und trotzdem vorwärtsgehen, verringern Sie deren Einfluss auf Sie. Mit jeder mutigen Tat erheben Sie mehr Anspruch auf Mut und Lebendigkeit. Lassen Sie es auf einen Versuch ankommen.

ÜBUNG

Mut kultivieren

Dies ist eine prima Familienübung. Kündigen Sie an, dass Sie mit einem »Mutprojekt« beginnen wollen. Jeden Tag wollen Sie versuchen, etwas zu tun, wovor Sie sich fürchten. Fragen Sie, ob sich Ihnen aus der Familie jemand anschließen will.

Machen Sie ein Brainstorming, wofür vielleicht Mut benötigt wird. Etwas ganz Neues ausprobieren? Die Stützräder vom Fahrrad abnehmen? Sich entschuldigen?

Versichern Sie Ihrem Kind, dass jeder Angst bekommt. Mut bedeutet, die Angst zu fühlen und dennoch das Gefürchtete zu tun. Natürlich ist es manchmal wichtig auf die Angst zu hören. Sie können einige

Situationen besprechen, bei denen das zutrifft, zum Beispiel, nicht in ein Gewässer springen, bevor man weiß, ob es ungefährlich ist.

Anschließend laden Sie die Familie bei jedem Abendessen dazu ein, einander die mutigen Taten des Tages mitzuteilen. Feiern Sie die Tapferkeit und stellen Fragen. Was war an der Tat so beängstigend? Wie haben die Familienmitglieder den Mut dazu aufgebracht? War es nach dem Tun auch noch beängstigend?

An der Scham arbeiten

> *Scham ist ... die Angst vor der Isolation; die Angst, dass wir wegen etwas, das wir getan haben oder worin wir versagt haben, wegen etwas, das damit zu tun hat, wer wir sind oder woher wir kommen, keine Liebe und Zugehörigkeit verdienen.*
>
> BRENÉ BROWN[41]

Wir beginnen mit der Erfahrung von leichter Scham. Versuchen Sie Folgendes:

1. **Sagen Sie mehrmals laut »Ja«.** Was fühlen Sie? Ich lächle und fühle mich begeistert, glücklich.
2. **Sagen Sie jetzt mehrmals laut »Nein«.** Was fühlen Sie? Mein Lächeln erstirbt. Der Körper fühlt sich angespannt an, abgeschottet. Ich spüre ein Angstgefühl. Manche Menschen (vor allem jene mit strafenden Eltern) fühlen auch Ärger.

Das ist die leichte Scham, wodurch uns die Natur hilft, unsere Impulse zu zügeln, damit wir in Sicherheit bleiben, gut mit anderen zusammenleben und sogar unsere Ziele erreichen können. Daniel Siegel nennt es die *prefrontal cortex clutch* – »Präfrontalkortex-Kupplung«,[42] denn sie erlaubt uns, etwas, das wir ursprünglich wollten, für etwas aufzugeben, das uns noch wichtiger ist, zum Beispiel, unsere Eltern nicht zu enttäuschen, oder in der Kirche nicht wegen störender Geräusche angestarrt zu werden. Wir alle müssen in der Kindheit diesen Mechanismus entwickeln, damit wir uns selbst ausreichend regulieren können.

Stellen Sie sich unsere in Stämmen lebenden Vorfahren vor: Ein aufgeregter Dreijähriger platzt mit der lautstark verkündeten Entdeckung eines faszinierenden Käfers in die ernste Versammlung der Erwachsenen. Das Oberhaupt sieht ihn missbilligend an. Nun zügeln die inneren »Bremsen« die Aufregung des Jungen. Er spürt seine Stimmung sinken, eine Schwere in der Brust. Er wendet sich ab.

Das ist Scham. Die jeweils Scham auslösenden »verbotenen Verhaltensweisen« variieren jedoch je nach Kulturkreis, daher wissen wir, dass sie erlernt und nicht angeboren sind. Aber das Gefühl leichter Scham, jener Mechanismus, um Verhaltensregulation zu lernen, damit wir in Gemeinschaft mit anderen leben können, ist universell. In seiner schwach ausgeprägten Form ist Scham die Methode der Natur, dafür zu sorgen, dass junge Menschen das Zusammenleben mit anderen und die Stammesregeln einhalten lernen.

Also ist an dieser instinktiven Reaktion auf Korrektur, die in allen Kindern abläuft, nichts verkehrt, **falls** – und das ist ein gewichtiges **falls** – sich das Kind währenddessen weiterhin verbunden und geliebt fühlt. Das erreichen wir besser mit Beruhigung als durch Strafe, damit das Kind die Lektion integrieren kann und sich dabei als guter Mensch erlebt.

Beachten Sie, was geschieht, wenn die Eltern des Dreijährigen eingreifen. Sie nehmen das Kind liebevoll auf den Arm und lächeln beruhigend. Sie tragen ihn aus der Hütte und bewundern seinen Käfer. Sie erklären, dass die Erwachsenen im Augenblick zu sehr auf ihre eigenen Belange konzentriert sind, als dass man sie unterbrechen darf und schlagen vor, dass der Junge dem Großvater seinen Käfer später zeigt. Wenn die Eltern glauben, dass ihm das gelingt, können sie vorschlagen, dass er die Störung der Erwachsenen wiedergutmacht, indem er auf dem Arm der Eltern zur

Versammlung zurückkehrt und kurze Zeit respektvoll zuhört, um zu zeigen, dass er versteht, wie man sich angemessenen verhält.

So lernt das Kind aus seiner instinktiven Reaktion, welches Verhalten im Kontext seines Stammes als angemessen gilt. Weil ihn seine Eltern verstehen, fühlt er sich nicht als schlechter Mensch. Er fühlt sich weiterhin mit ihnen verbunden. Er lernt sogar, dass er einen Fehler wiedergutmachen kann.

Was aber, wenn er von Mutter oder Vater für sein Verhalten gerügt oder sogar bestraft wird? Die ursprünglich angemessene, instinktive leichte Verlegenheitsreaktion würde mit all den Emotionen vermischt werden, die bei Bestrafung in uns entstehen – dem Gefühl nicht verstanden zu werden, nicht zu genügen, abgelehnt zu werden. Da das Kind den Schmerz nicht ertragen kann, von seinen Lieben, die er braucht, abgeschnitten zu sein, verteidigt er sich gegen diesen Schmerz, indem er sich selbst die Schuld gibt und sich als minderwertig betrachtet. Anders ausgedrückt, ist Scham eine Verteidigung gegen den Schmerz und die Angst vor Trennung. Das Kind bleibt mit dem Gefühl zurück, dass es irgendwie fehlerbehaftet ist, weshalb es keine Liebe verdient, und hasst sich dafür. Es fühlt sich unwürdig und einsam, ohne Unterstützung, um damit fertigzuwerden.

Falls also der »Verstoß« eines Kindes mit Bestrafung oder Isolation geahndet wird – oder sogar wenn ihm eine Standpauke gehalten wird, die ihm das Gefühl gibt, ein schlechter Mensch zu sein – erzeugt das Scham. Werden solche Interaktionen die ganze Kindheit über wiederholt, kann die Scham toxisch werden – zum Ausgangspunkt einer Angst fehlerbehaftet zu sein, die unser gesamtes Leben überschattet. Daher führen konventionelle Erziehungsmethoden, die die Kinder mit ihren Emotionen allein lassen und auf Bestrafung bauen, oft dazu, was Brené Brown, die führende Expertin auf dem Gebiet der Schamforschung, als »toxische Scham« bezeichnet.[43] Diese Scham wird im Leben des Kindes immer wieder auflodern und jedes Mal sein Selbstvertrauen schwächen, wenn es mit Rückschlägen fertig werden muss.

Sie können sehen, dass Scham dann entsteht, wenn wir uns als Kinder darum sorgen, dass wir nur geliebt werden, wenn wir die Bedingungen unserer Eltern erfüllen. Das Kind schließt dann darauf, dass es zu fehlerbehaftet ist, um der Liebe und des Schutzes seiner Eltern – und des ganzen Stammes – sicher zu sein. Und damit kommen wir zu dem öffentlichen Charakter der Scham, dem Gefühl, als habe man uns vor der ganzen Menschheit bloßgestellt. Scham fühlt sich so an, als starre uns jedermann an und findet uns mangelhaft.

In urzeitlichen Kulturen bedeutete Verbannung, dass man nicht unter dem Schutz des Stammes stand und bei Verletzungen oder Krankheit nicht versorgt wurde, was einem Todesurteil gleichkam. Ohne den Schutz des Stammes hatte ein Kind keine Überlebenschance. Natürlich ist das der Grund, weshalb es Scham gibt: als Warnsignal: »Gefahr!« Daher nennt Brené Brown Scham »die Angst vor Zugehörigkeitsverlust«.[44]

Stellen Sie sich selbst als das Kind vor, das Sie waren. Jene Momente des Ärgers und der Bestrafung haben sich vielleicht so angefühlt, als würden Ihnen die Eltern ihre Liebe entziehen. Vielleicht hielten sie das für den richtigen Weg, Ihnen beizubringen, wie man ein guter Mensch wird. Also haben Sie, wie wir anderen auch, ein »gutes« Selbst konstruiert und hart an seiner Verkörperung gearbeitet, während Sie jeden inakzeptablen Teil von sich tief in Ihr Inneres verbannten und vor jedem zu verstecken suchten. Kennen Sie das Gefühl, dass alles nur gespielt ist, dass man Ihnen auf die Schliche kommen und Sie als Fälschung entlarven könnte? Das ist Scham.

Laut Brené Brown veranlasst uns Scham dazu, uns zu verstecken, gesunde Risiken zu vermeiden und unser volles Potenzial verkümmern zu lassen. John Bradshaw, Autor des Buches *Wenn Scham krank macht*, pflichtet dem bei: »Mit toxischer Scham beladene Menschen neigen dazu, sich im Laufe ihres Lebens immer mehr festzufahren. Sie versuchen übermenschlich (perfekt und kontrollierend) zu werden oder ihr Menschsein zu reduzieren (verlieren das Interesse am Leben oder verkümmern im Suchtverhalten).«[45]

Wir tun unser Möglichstes, um Scham aus unserem bewussten Gewahrsein zu verdrängen, verstecken sie in unserem emotionalen Rucksack. Wir arbeiten so hart daran, ein guter Mensch zu sein, unsere geheime Furcht zu verstecken, wir könnten keine Liebe verdienen und fehlerbehaftet sein. Aber hin und wieder, insbesondere, wenn wir befürchten, dass uns andere beurteilen, oder im Wissen, dass wir uns so danebenbenommen haben, dass jeder uns verurteilen würde, wenn er nur davon wüsste, werden wir von Scham überwältigt. Wir fühlen uns wertlos.

Scham fühlt sich schrecklich an und sie veranlasst uns auch nicht, uns besser zu benehmen oder unsere Fehler zu korrigieren. Sie jagt uns nur Angst ein. Das unterscheidet sie von dem Schuldgefühl, das wir spüren, wenn wir etwas falsch gemacht haben – angenommen etwas Großes – wie unsere Partnerin anzulügen. Wenn wir uns wegen einer Handlung schuldig fühlen, dann deswegen, weil sie mit etwas anderem in Konflikt gerät, das uns wichtig ist, wie, in diesem Fall, dass uns der Partner etwas bedeutet und wir uns nach einer vertrauten Beziehung sehnen. Unsere Schuld sagt zu uns: *»Diese Handlung will ich eigentlich nicht tun. So will ich nicht sein.«* Unsere Schuld macht uns darauf aufmerksam, dass wir uns nicht in Übereinstimmung mit unseren Werten verhalten und kann uns dabei helfen, wieder auf den richtigen Kurs zu kommen. Aber bei Scham funktioniert das nicht. Die Scham sagt: *»Ich bin ein schlechter Mensch«.* Das Schamgefühl behauptet, wir seien unwiderruflich beschädigt.

> Scham ist für uns so schreckenerregend, dass wir noch nicht einmal die Verantwortung für unser Fehlverhalten übernehmen können. Ist Ihnen aufgefallen, dass Ihr Kind, wenn es sich beschämt fühlt, jedem in seiner Umgebung die Schuld zuschiebt? Und dass es nicht ertragen kann, darüber zu reden, was es vielleicht das nächste Mal anders machen kann?

Zwar sehen wir manchmal die Scham unseres Kindes, aber es fällt uns schwerer, sie bei uns selbst zu erkennen. Zwar verdrängen wir sie aus dem Bewusstsein, fühlen sie aber dennoch, sodass wir uns durch übermäßiges Essen, Medienkonsum oder übermäßiges Arbeiten beruhigen. Oft finden wir die Gefühle jedoch so unerträglich, dass wir, sobald sie ausgelöst werden, ein ganzes Repertoire an Abwehrmethoden entwickeln – darunter fällt alles, angefangen von der Vermeidung jeglichen Risikos, Substanzmissbrauch, bis hin zur Schamweitergabe an die eigenen Kinder.

Wie geben wir Scham weiter? Das geschieht auf vielerlei Weise. Aber stellen Sie sich einfach kurz vor, Ihr Kind steigert sich im Supermarkt in einen Tobsuchtsanfall. Sie spüren, wie Sie jeder anstarrt. Wenn es Ihnen wie den meisten Eltern geht, dann fühlen Sie sich sofort kritisiert, ohne Unterstützung, allein. Vielleicht fühlen Sie sich sogar wertlos, als hätten Sie geheime Mängel, die jetzt jeder kennt. Das ist Scham.

Wenn Sie wie die meisten Menschen reagieren, dann versuchen Sie das unerträgliche Gefühl sofort loszuwerden, egal wie. Sie machen es zum Fehler Ihres Kindes, zischen eine Drohung oder einen Tadel. In diesem Moment verlagert sich das aktuelle Problem Ihres Kindes – dass es müde ist, oder hungrig, oder einfach Bewegung braucht – dahin, dass sich Ihr Kind von der Verbindung zu Ihnen abgeschnitten und allein fühlt, alle Augen auf sich gerichtet. Es fühlt Scham.

So geben wir beispielsweise Scham an unsere Kinder weiter. Ist das das Ende der Welt? Nicht, wenn es sich um einen Einzelfall handelt und Sie ihn anschließend wiedergutmachen. Es gibt keine perfekten Eltern. Wir alle haben ab und zu eigene Probleme auf unsere Kinder übertragen. Kinder sind resilient; sie können diese vereinzelten Vorfälle bewältigen und sogar etwas aus unseren Reparaturen lernen. Wir werden uns in Teil 3 des Buches eingehender damit befassen, wie man den Kreislauf der Schamweitergabe an die Kinder durchbrechen kann. **Einstweilen genügt es zu wissen, dass all die Scham, die Sie mit sich herumtragen, geheilt werden kann.**

Ein unfehlbares Gegenmittel ist die Selbstliebe. Da Scham das Gegenteil bedingungsloser Liebe darstellt, haben wir, sofern wir diese schambesetzten Momente bemerken, Gelegenheit die Scham zu heilen, indem wir trotz unserer Unvollkommenheit die Selbstliebe wählen.

Und da Scham so oft die Angst miteinschließt, dass uns andere zurückweisen, ist ein weiteres Gegenmittel Authentizität. Wenn wir es riskieren, uns anderen so zu zeigen, wie wir wirklich sind, und sie akzeptieren uns, überwinden wir die Angst zurückgewiesen zu werden, weil wir nicht genügen. Das Heilmittel für Scham kommt aus dem Herzen. Wenn wir uns selbst bedingungslos lieben, wirken unsere Unvollkommenheiten nicht länger beschämend, weil wir erkennen, dass wir liebenswert sind, und zwar genau so, wie wir sind.

ÜBUNG

Meditation zur Heilung von Scham

Diese Übung zur Heilung von Scham wirkt am besten als geführte Meditation. Eine Audioaufnahme finden Sie unter *www.arbor-online-center.de/zw2xxe*. Jedes Mal, wenn Sie diese Übung machen, werden Sie entweder Liebe erfahren, die Sie verwandelt, oder (und das ist ebenso wertvoll) Sie erfahren »Nicht-Liebe« oder das Gefühl, nicht liebenswert zu sein. Das ist Scham. Indem Sie diese Gefühle zulassen, durch sie hindurchatmen und sich selbst währenddessen sanft in Mitgefühl halten, lösen sie sich auf.

In dieser, wie auch weiteren Übungen dieses Buches, schlage ich vor, dass Sie sich eine Hand aufs Herz legen und in das Herz hineinatmen. Diese Technik, die sogenannte Herzatmung hat laut medizinischer Forschung eine beruhigende Wirkung auf das Nervensystem. Ebenso verlagert es die Ausrichtung des Gehirns von dem normalerweise starken Fokus auf hereinkommende Wahrnehmungen hin zu den offenen neuronalen Schaltkreisen, die es Ihnen erlauben, alte, automatische Reaktionen zu verlernen und neue, gesündere Antworten zu lernen. Sie können es sich als Aktivierung der Herzwahrnehmung vorstellen, die Sie über die Ängste und Urteile des Geistes hinwegschauen lässt. Wie Antoine Saint-Exupéry sagte: »Man sieht nur mit dem Herzen gut. Das Wesentliche ist für das Auge unsichtbar.«[46]

In dieser Meditation kultivieren wir sowohl Liebe als auch Mitgefühl. Vielleicht können Sie sich Liebe als die höchste Verbindung von Wärme, Zuneigung und Öffnung vorstellen. Und denken Sie sich Mitgefühl vielleicht als die Bereitschaft, mit Leiden präsent zu sein. Gehen Sie bei dieser Meditation jedes Mal langsam vor. Beobachten Sie, wie sich Ihre Erfahrung mit der Zeit wandelt.

ÜBUNG

Tagebuchschreiben

In der vorherigen Meditation wurden Sie gebeten, sich selbst zu sagen, dass Sie sich lieben. Als Sie »Ich liebe dich« zu sich selbst sagten, wie würden Sie die Liebe, die Sie dabei fühlten, auf einer Skala von 1 bis 10 bewerten.

1 2 3 4 5 6 7 8 9 10

Das ist Ihre Ausgangsbasis. Wiederholen Sie die Meditation täglich eine ganze Woche lang.

Danach integrieren Sie diese Heilung des Herzens bewusst in Ihren Alltag. Jedes Mal, wenn Sie in dieser Woche im Bad vor dem Spiegel stehen, schauen Sie sich liebevoll an. Sagen Sie zu sich: *»Du bist mehr als genug. Ich liebe dich.!«*

Wie fühlten Sie sich, als Sie sich liebevoll im Spiegel ansprachen?

____

____

____

Haben Sie im Laufe des Tages, oder der Woche Veränderungen gespürt, als sie weiterhin Ihr Unbehagen überwanden und sich liebevoll angesprochen haben?

____

____

____

Einer der Gründe für den Erfolg der Übung besteht darin, dass Augen wirklich die Fenster zur Seele sind. Wenn Sie sich selbst in die Augen schauen, dann sehen Sie Ihr tiefstes, wahrstes, verletzlichstes Selbst und wissen, dass Scham eine Lüge ist; daher verliert die Scham allmählich ihre Macht über Sie. Jedes Mal, wenn Sie das tun, heben Sie alte Scham aus Ihrem emotionalen Gepäck empor und sie wird geheilt.

Machen Sie die Übung so oft Sie wollen. So lange Sie währenddessen etwas spüren, eine Veränderung, so lange ist es auch wertvoll für Sie, machen Sie weiter damit.

Wie würden Sie nun, nach einer Woche Praxis, die Liebe, die Sie fühlen, auf einer Skala von 1 bis 10 einschätzen?

1 2 3 4 5 6 7 8 9 10

Wie fühlt sich das in Ihrem Inneren an? Wie können Sie weitermachen und diese Veränderung aufrechterhalten?

____

____

____

ÜBUNG

Scham teilen

Wenn wir unsere Geschichte einem Menschen mitteilen können, der darauf empathisch und verständnisvoll reagiert, dann kann die Scham nicht bestehen.

BRENÉ BROWN[47]

Da Scham den öffentlichen Aspekt beinhaltet, dass wir Angst vor Ablehnung durch andere haben, wenn wir uns zeigen, wie wir sind, kann es sehr heilsam sein, anderen mitzuteilen, wofür wir uns schämen. Somit lernen wir, dass wir nicht allein sind. Jeder hat etwas, wofür er oder sie sich schämt. Ebenso lernen wir, dass wir, so wie wir sind, genügen und uns niemand für unser So-sein ablehnt.

Ich schlage vor, dass Sie sich für diese Übung eine Freundin, oder einen Freund suchen, jemanden, den Sie lieben und mit dem Sie stabiles Vertrauen verbindet. Bestimmen Sie wer Partnerin 1 und wer Partner 2 sein soll. Führen Sie den Dialog und tauschen anschließend die Rollen.

Sie können den Dialog fortwährend wiederholen und alles erzählen, dessen Sie sich schämen. Beobachten Sie alle Gefühle, die währenddessen in Ihnen aufsteigen. Umsorgen Sie sich und Ihre Partnerin während der ganzen Übung mit Mitgefühl.

Partner 1

»Ich will dich an etwas teilhaben lassen. Dabei mache ich mir Sorgen, dass du mich, sobald du das über mich weißt, abstoßend und nicht mehr liebenswert findest und mich zurückweist. Einmal habe ich _ [Nennen Sie etwas, das Sie getan oder erlebt haben]. *Kannst du mich noch immer annehmen und lieben?«*

Partner 2

»Vielen Dank für deinen Mut, mir das mitzuteilen. Ich höre, dass du einmal _ Ich nehme diesen Teil deines Menschseins an, ebenso wie ich all deine anderen Teile annehme. Du musst nicht perfekt sein. Ich nehme dich als den wundervollen Menschen an, der du bist und liebe dich.«

Die meisten von uns wünschen sich in ihrem Leben mehr Liebe. Wir wünschen uns, jemand würde uns lieben, oder dass uns die Menschen, die wir lieben, mehr, besser, anders lieben. Aber nur dann können wir von anderen Liebe in uns aufnehmen, wenn wir die Wunde in unserem Herzen geheilt haben, die behauptet, wie seien nicht ganz und gar liebenswert. Wenn wir uns selbst zutiefst lieben, erkennen wir, dass wir nicht perfekt sein müssen. Genau so wie wir jetzt sind, genügen wir vollkommen. Wenn wir durch diese Linse der Liebe hindurchschauen, mildert das unser Urteil über uns selbst. Die Scham beginnt sich aufzulösen.

ÜBUNG

Trauerarbeit

Das Trauern zu lernen und mit dem Trauerprozess vertraut zu werden, sieht vielleicht nicht nach einer elterlichen Fähigkeit aus. Aber wenn wir es nicht zulassen können, unsere Verluste zu betrauern, dann bekommen wir ein hartes Herz und unsere Liebesfähigkeit verkümmert. Um also die liebenden Eltern zu werden, die wir gern sein wollen, ist es notwendig, dass wir unterwegs die Verluste betrauern.

Auch haben Eltern eine einzigartige Beziehung zu alltäglicher Trauer. Während unsere Kinder heranwachsen, beinhaltet jede aufregende neue Entwicklungsstufe für uns Eltern auch ein gewisses Maß an Verlust. Klar, indem unser Kind aus dem jeweiligen Stadium herauswächst, finden wir Trost in der nächsten, oft wundervollen Phase. Aber das tilgt nicht den tiefgreifenden Verlust seines ersten milchigen Babylächelns, des hingebungsvollen Blicks des Kleinkinds, der unübertroffenen Lebhaftigkeit des Vorschulkinds und des Sechsjährigen, der uns für seine Gute-Nacht-Geschichte auf den Schoß klettert.

Die Liebe zu unserem Kind beinhaltet auch das Betrauern jeder Etappe, die es auf seinem Weg in die Zukunft hinter sich lässt. Wir müssen diese Trauer anerkennen, denn wenn wir sie nicht zulassen, vermitteln wir unseren Kindern manchmal die Botschaft, dass sie nicht so schnell erwachsen werden sollen. Kinder können nicht fliegen lernen, wenn wir sie, manchmal auch unbewusst, an den Füßen festhalten. Die Bereitschaft, unsere gemischten Gefühle beim Heranwachsen unserer Kinder anzuerkennen, ist Teil dessen, was es ihnen ermöglicht, flügge zu werden.

Manch eine von uns muss natürlich auch tiefere Trauer durcharbeiten. Keine bleibt vor Verlusten verschont, und wie wir damit umgehen, hat großen Einfluss auf den Reichtum des Gefühlslebens unserer Familie. Wenn wir sie wie einen ungebetenen Gast abwehren, wird die Trauer nicht weichen. Sie lässt sich wie ein Schatten in unserer Seele nieder und wir bleiben in ihrem bitteren Einfluss stecken. Unerlöste Trauer beeinträchtigt Resilienz, droht wegen der kleinsten Provokation hervorzubrechen und lässt uns zerbrechlich und mit Depressionsneigung zurück. Zum Glück dauert Trauer niemals ewig. Wie bei allen Gefühlen überschwemmt uns die Trauer zunächst, wenn wir sie zulassen, klingt dann aber schließlich ab. Das soll aber nicht heißen, dass Trauer jemals ganz verschwindet, aber wir können sie uns wie ein Stück unserer Lebenstorte vorstellen: Zuerst durchdringt ein tiefgreifender Verlust unser gesamtes Leben, aber allmählich schrumpft das Schattenstück. Schließlich können wir unseren Alltag in gesunder Weise weiterführen, obwohl wir uns für immer verändert haben und vielleicht der Schmerz unseres Verlustes immer nachhallen wird.

Wie wir mit Verlust umgehen, vermittelt unseren Kindern ein wichtiges Vorbild. In unserer Gesellschaft ist es meist üblich, sich von Schmerz abzulenken oder sich z. B. mithilfe von Drogen oder Alkohol zu betäuben. Aber zur Heilung ist es notwendig Schmerz zu akzeptieren, bei ihm auszuharren, uns hindurchzulieben. Manchmal werden wir für unser Kind nicht mehr tun können, als bei ihm zu sitzen und es seine Trauer erfahren zu lassen: über eine Niederlage beim Sport, eine rücksichtslose Gleichaltrige, ein totes Haustier, oder sogar über Krankheit oder Tod eines geliebten Menschen. Um sich durch seine Trauer hindurchzuarbeiten, benötigt unser Kind, was Therapeutinnen eine »haltende Umgebung« nennen, und wir sind diejenigen, die dieses Halten sowohl körperlich als auch emotional übernehmen. Wenn wir im Umgang mit Verlust so unsicher sind, dass wir unserem Kind das Trauern nicht erlauben können, übermitteln wir ihm eine destruktive Botschaft, die große Auswirkungen auf sein Leben haben kann. Also ist es für unsere optimale geistige Gesundheit wichtig, Verlust als normalen Teil des Lebens zu akzeptieren. Je mehr wir uns das Trauern, wenn nötig, erlauben, umso mehr Freude können wir erleben.

ÜBUNG

Meditation zur Heilung von Trauer

Ich empfehle Ihnen diese geführte Meditation, selbst wenn Sie nichts Bestimmtes außer den kleinen, alltäglichen Verlusten zu betrauern haben.

Wie bei allen tiefgehenden Emotionen, heilen wir Trauer, indem wir uns dem Gefühl in bewusster Aufmerksamkeit widmen und uns mit Mitgefühl halten, während wir es erfahren. Dies geschieht am besten in einer geführten Meditation. Meine erste Version dieser Meditation zur Heilung von Trauer lernte ich vor dreißig Jahren auf einem Workshop mit dem Achtsamkeitslehrer Stephen Levine kennen. Ich habe mir die Freiheit genommen, sie für dieses Buch zu bearbeiten. Sie finden die Meditation auf *www.arbor-online-center.de/zw2xxe.* Gehen Sie jedes Mal, wenn Sie die Meditation machen, langsam vor. Beobachten Sie, wie sich Ihre Erfahrung mit der Zeit verändert.

Den Kreislauf durchbrechen: Sich selbst heilen

Vielleicht überrascht Sie die Vorstellung, dass sich Ihre so lange zurückliegende Kindheit auch heute noch auf Sie auswirkt. Aber was wir vor Erreichen des sechsten Lebensjahres lernen, formt unsere Persönlichkeit und wie wir auf einer tiefen, unbewussten Ebene auf die Erfahrungen im Erwachsenenalter reagieren. Und weil die Art und Weise wie wir als Kind behandelt wurden, häufig als unser Vorbild dafür dient, wie Kinder an sich behandelt werden »sollten«, wird die Beziehung zu Ihrem Kind tiefgreifend davon beeinflusst, wie Sie selbst erzogen wurden.

Zwar können Sie nichts daran ändern, wie Sie erzogen wurden, aber Sie können beeinflussen, wie Sie heute Ihre Kindheit verstehen und betrachten. Die Forschung zeigt, dass, indem Sie Ihre Kindheitserfahrung bewältigen und in ein positives Verständnis von sich selbst integrieren, sich die Art und Weise verändert, wie Sie »die Geschichte Ihrer

Kindheit erzählen«.[48] Damit verändert sich auch das Bild, das Sie von sich selbst haben, und wie Sie sich Ihrem Kind gegenüber verhalten. Die Forschung zeigt sogar, dass dies eines der wertvollsten Geschenke ist, die Sie Ihrem Kind machen können, da es den Kreislauf all des seelischen Schmerzes durchbricht, den Sie tragen. Sogar jene unter uns, die ihre Kindheit als wundervoll betrachten, tragen normalerweise einige Narben aus der Vergangenheit.

Die Erfahrung, sich an Ihre Kindheit zu erinnern und zu überlegen, wie Sie »Ihre Geschichte erzählen«, wird in den meisten von uns heikle Gefühle hervorrufen. Das Geheimnis zu ihrer Heilung liegt darin, dass Sie sich erlauben, diese Gefühle zu akzeptieren und sich währenddessen sanft in Mitgefühl halten und Handlungsimpulsen widerstehen. Das erlaubt es Ihnen, die Erfahrungen zu integrieren, ohne zukünftig von ihnen getriggert zu werden. Es ist ein wenig so, als würde man die emotionale Ladung der Erfahrung entschärfen.

Reflektieren und Tagebuchschreiben haben sich zur Entwicklung der Kapazität zur Selbstreflexion im präfrontalen Kortex als nützlich erwiesen.[49] Daher bitte ich Sie in diesem Abschnitt, über Ihr vergangenes Selbst zu schreiben. In diesem Tun wird sich Ihr Verständnis dahingehend verändern, dass Sie Ihre Kindheit aus einem reiferen Blickwinkel betrachten, was das Mitgefühl für sich selbst und andere fördert und Ihnen hilft, die Vergangenheit auf eine Sie stärkende Weise zu betrachten.

ÜBUNG

Gewinnen Sie Ihr ganzes Selbst zurück, indem Sie mit Ihrem Unbehagen sitzen

Egal wie liebevoll unsere Eltern waren, erhielten doch die meisten von uns in der Kindheit die Botschaft, zu bedürftig, zu gierig, zu ichbezogen, zu laut, zu schüchtern oder zu »sonstwas« zu sein. Unser Ich oder unsere Bedürfnisse waren zu groß und irgendwie genügten wir nicht so ganz. Vielleicht stammten diese Botschaften noch nicht einmal von unseren Eltern. In unserer Gesellschaft bekommen Männer oft die Botschaft, sie sollen ihre Verletzlichkeit, Bedürfnisse und Emotionen verleugnen. Frauen erhalten dagegen die Botschaft, dass ihnen ihr Körper nicht selbst gehört, ihr Aussehen wichtiger ist als ihre Gefühle, dass anständige Mädchen nicht wütend werden und sich nicht selbst beschützen können.

Der Schmerz, sich als nicht gut genug zu erleben, verletzt. Natürlich versuchen wir dieses Unbehagen zu vermeiden. Das ist menschlich. Wir entwickeln kleine (und manchmal große) Süchte, um uns zu betäuben und abzulenken – Essen, Zeit mit elektronischen Medien, Sex, Einkaufsbummel, Alkohol, Drogen, Pornographie. Aber damit werden wir die Emotionen, die wir herumschleppen, nicht los. Das entzieht nur unserem Gewahrsein Teile unseres Körpers, unseres Gefühlslebens oder unserer Seele. Leider können wir kein erfülltes Leben führen, solange wir das Abgetrennte nicht zurückgewinnen. Und letztendlich geben wir diese Zerrissenheit an unsere Kinder weiter.

Zum Glück weiß der Körper, wie man all diese Verletzungen heilt. Der Körper, der all die verdrängten Emotionen hält, wird uns immer dabei helfen, unserer selbst gewahr zu werden. Wir müssen nichts weiter tun, als uns zu zeigen, präsent zu bleiben und uns in Mitgefühl zu halten, während uns die vergrabenen Anteile unseres Selbst bewusst werden. Sobald wir den Widerstand aufgeben können und sie einfach akzeptieren, werden die verleugneten Anteile wieder integriert. Wir heilen.

Machen Sie diese Übung zum Durcharbeiten herausfordernder Gefühle, wenn Sie emotional erregt sind. Sie können damit auch emotionales Gepäck aus der Vergangenheit erforschen, zum Beispiel beim Tagebuchschreiben.

1. **Beobachten Sie Ihre Atmung.** Atmen Sie ein paar Mal in den Bauch ein und langsam durch den Mund wieder aus.

2. **Machen Sie sich Ihre Körperempfindungen bewusst.** Vielleicht erkennen Sie bestimmte Emotionen oder merken einfach körperliche Anspannung oder Unbehagen. Wenn Sie eine Emotion fühlen, atmen Sie einfach in sie hinein und lassen sie los. Beobachten Sie, wie ein Teil von Ihnen diese Gefühle wegschieben, betäuben, oder Sie davon ablenken will.

3. **Bleiben Sie präsent.** Das erfordert Mut. Vielleicht schwitzen, zittern oder gähnen Sie. Vielleicht wollen Sie sich übergeben. Bestimmt werden Sie den Drang fühlen, aufzuspringen und etwas zu tun, egal was, nur um nicht bei Ihren Gefühlen sitzen zu bleiben. Sagen Sie sich dann einfach, dass Ihre einzige Aufgabe darin besteht, sitzenzubleiben und Licht in die dunkeln Anteile strömen zu lassen.

4. **Stellen Sie sich vor, Sie wären lichtdurchflutet,** umgeben von Licht und atmeten Licht ein und aus. Sie fühlen sich sicher und geliebt, voller Mitgefühl.

5. **Heißen Sie die unbehaglichen Körperempfindungen und Emotionen weiterhin willkommen.** Wenn Sie Widerstand spüren, erinnern Sie sich daran, dass Sie sicher und geliebt sind. Beruhigen Sie sich, damit Sie bei dem Unbehagen sitzen bleiben können.

Mehr müssen Sie nicht tun. Laut der Forschung trainieren Sie jedes Mal, wenn Sie das tun, Ihren Geist, damit er allmählich nicht mehr so leicht von schwierigen Emotionen überwältigt wird.[50] Ich stelle es mir als das Entladen Ihres Rucksacks vor, damit Sie nicht mehr so schnell getriggert werden. Sie können sich auch vorstellen, wie Sie bewusstes Gewahrsein in diese dunklen Stellen bringen, diese ins Licht einladen – sodass die Schatten weichen.

Welche negativen Glaubenssätze aus der Kindheit schleppen Sie mit sich herum?

Die meisten von uns bemerken nicht einmal die unbewussten Überzeugungen aus der eigenen Kindheit, obwohl Sie die Art und Weise prägen, wie wir unser Kind behandeln. Zum Beispiel:

- Wenn unsere Eltern hart darauf reagierten, wenn wir aufgebracht waren, dann haben wir vielleicht geschlussfolgert, dass Gefühlsausbrüche ein Notfall sind. Folglich schalten wir in den Kampf-Flucht-Starre-Modus, sobald unser Kind erregt ist – und unser Kind wirkt dann wie der Feind.
- Wenn wir als Kind rücksichtslos behandelt wurden, wachsen wir vielleicht zu Erwachsenen heran, die andere so wahrnehmen, als würden sie uns geringschätzen – somit löst vielleicht der leichteste Trotz Ärger in uns aus.
- Wenn wir uns niemals richtig gesehen und gehört und dafür wertgeschätzt fühlten, wer wir sind, glauben wir vielleicht, dass Kinder, die einen Gefühlsausbruch haben oder aufmüpfig agieren, »einfach nur Aufmerksamkeit« wollen. Als sei das etwas Schlechtes!
- Falls wir als Kinder geschlussfolgert haben, dass wir einfach nicht gut genug waren, dann setzen wir vielleicht unerreichbare Standards für uns selbst und quälen uns mit Selbstkritik – und sogar wenn wir versuchen, diesen Perfektionismus nicht über unsere Kinder kommen zu lassen, werden auch sie immer das Gefühl haben, nicht wirklich zu genügen.

Oft sprechen wir so über Gedanken und Überzeugungen, als seien die Begriffe austauschbar. Tatsächlich gleichen Überzeugungen oder Erzählungen (»Story-lines«) eher einer unterbewussten Weltsicht, die die Wahrnehmung unserer Erfahrungen prägt. Wir sind uns unserer Überzeugungen nicht immer bewusst, aber wenn wir auf unsere Gedanken achtgeben, können wir oft die darunterliegenden Glaubenssysteme ergründen, da sie der Nährboden für unsere Gedanken sind.

Glaubenssätze ...	... lassen Gedanken entstehen
Alles muss perfekt sein, damit ich genüge	Ich schäme mich so, dass ich das verpfuscht habe
	Wäre ich eine bessere Mutter, ein besserer Vater, dann würden meine Kinder nicht streiten
	Wenn ich einfach alles unter Kontrolle halten kann, wird alles gut.
Wenn jemand emotional erregt ist, dann ist das ein Notfall	Wenn meine Kinder aufgebracht sind, besteche ich sie, und wenn das nicht hilft, drohe ich ihnen
	Wenn meine Kinder streiten, muss ich einfach schreien
Zwar lieben dich die Menschen, aber sie verlassen dich.	Ich wünschte, mein Mann wäre nicht zu allen so freundlich, wenigstens nicht zu anderen Frauen
	Mein Kind soll in Sichtweite bleiben
	Ich bin nicht gern allein.

Sind Ihnen irgendwelche Glaubenssätze aus der Kindheit bewusst, die Sie heute dazu bringen, überzogen zu reagieren? Schreiben Sie sie in die Leerzeilen. Welche Gedanken entstehen aus diesen Überzeugungen?

____

____

____

____

____

ÜBUNG

Heilen Sie Ihre negativen Glaubenssätze über sich selbst

Diese Praxis hat sechs leichte Schritte. (Okay, nicht so leicht, aber einfach. Sie schaffen das.)

1. **Sagen Sie laut: »Ich muss perfekt sein, um geliebt zu werden.«** Achten Sie nun auf Ihre gefühlsmäßige und/oder körperliche Reaktion (Mich lässt dieser Satz zusammensacken.) Genau das werden wir heilen. Doch zunächst legen wir es zur Seite.
2. **Wie reagierten Ihre Eltern, wenn sie mit Ihnen unzufrieden waren?** Stellen Sie sich einen bestimmten Fall aus Ihrer Kindheit vor. Erleben Sie ihn im Geiste als Beobachterin nach. Achten Sie auf die Reaktionen Ihrer Eltern. Achten Sie auf Ihre eigenen Reaktionen. Was fühlten Sie? Wie handelten Sie nach außen? Was waren Ihre Schlussfolgerungen?

3. **Können Sie erkennen, weshalb Sie aus dieser Interaktion schlussfolgerten, Sie wären nicht »gut genug«, um liebenswert zu sein?** Nachdem Sie diesen Glaubenssatz »gelernt« hatten, wandten Sie ihn auch auf viele andere Situationen an. Gedanken, die aus diesem Glaubenssatz resultierten, können sogar noch heute beeinflussen, wie Sie sich in Interaktionen fühlen.

4. **Stellen Sie sich einen mitfühlenden Beobachter vor.** Könnte eine Beobachterin von außen auf eine andere Interpretation kommen als Sie? Zum Beispiel auf so etwas:

   - Zwar hatten Ihre Eltern gute Absichten und liebten Sie, aber sie waren falsch darüber informiert, wie man emotional gesunde Kinder aufzieht.
   - Ihre Eltern hatten unrealistische Erwartungen.
   - Selbst wenn Sie perfekt gewesen wären, hätten Ihre Eltern womöglich etwas an Ihnen auszusetzen gehabt, einfach weil sie Menschen waren und selbst nicht bedingungslos geliebt wurden.
   - Menschen sind per Definition unvollkommen, aber Sie waren damals wie heute »mehr als genug« und absolut liebenswert.

5. **Jetzt geben Sie Ihrem jüngeren Selbst diese alternative Erklärung für das Verhalten Ihrer Eltern. Sagen Sie sich selbst: »Du bist liebenswert so wie du bist und mehr als genug.«** Sagen Sie es laut (ja, laut, denn das ist ein wichtiger Teil der Neuprogrammierung Ihres Unterbewusstseins. Wir müssen die Worte hören.) Wie fühlt sich das an? Sagen Sie es noch einmal. Lassen Sie das gute Gefühl in Ihr Bewusstsein eindringen. Sagen Sie es noch einmal: »Ich bin mehr als genug.«

6. **Jetzt wiederholen Sie es noch einmal laut: »Ich muss perfekt sein, um geliebt zu werden.«** Achten Sie dabei auf Ihre Gefühlsreaktion. Sind Sie jetzt eher empört als hoffnungslos? Das ist ein gutes Zeichen. Falls

sich die Worte eher leer anfühlen, ohne Gefühlsresonanz, dann gelten sie nicht mehr für Sie. Doch sollten sie sich noch ein klein wenig wahr anfühlen, wiederholen Sie die Übung so lange, bis der Glaubenssatz aufgelöst ist. Eine tiefsitzende Überzeugung wie diese benötigt zur »Neuprogrammierung« täglich eine kleine Reflexion, vielleicht sogar einen Monat lang täglich ein paar Minuten. Aber da dieser Glaubenssatz hinter so vieler innerer Kritik steckt, ist es den Aufwand wert – und wirkt möglicherweise sogar Wunder.

Eine Nebenbemerkung für selbstkritische Eltern: Sind Sie ein wenig beunruhigt über die Glaubenssätze, die sich bei Ihren Kindern herausbilden? Sie müssen keine perfekten Eltern sein. Tiefsitzende Überzeugungen stammen nicht aus einem einzelnen Vorfall, sondern aus einer Anhäufung von wiederholten Eltern-Kind-Interaktionen. Geben Sie sich einfach weiterhin die Unterstützung, die Sie benötigen, um emotional reguliert und mit Ihrem Kind verbunden zu bleiben, und seine Überzeugungen werden sich ebenso weiterentwickeln wie Sie selbst auch. Versprochen.

ÜBUNG

Sprechen Sie mit sich selbst, wie zu jemandem, die Sie lieben

> *Das Gehirn ist wie ein Computer. Jeder Ihrer Erfolge oder Versagen, klein oder groß, hängt von der Programmierung ab – davon, was Sie sagen, wenn Sie mit sich selbst reden.*
>
> SHAD HELMSTETTER[51]

Jeden Tag gehen Ihnen Tausende Gedanken durch den Kopf. Laut Expertinnen sind das bei einem Durchschnittsmenschen meist negative

Gedanken: *»Nicht schon wieder! … ich wusste, das klappt nicht … ich bin so unbeholfen … da hab ich was Blödes gemacht … bestimmt habe ich alles vermasselt … kannst du denn nie etwas richtig machen? … jetzt werden wir es nie pünktlich schaffen … ich komm einfach nicht klar damit.«*

Stellen Sie sich vor, in Ihrem Kopf wohnt ein liebevoller Elternteil, der Sie den ganzen Tag umsorgt: *»Guter Versuch, … Es wär doch schön, wenn's jetzt klappt! … Es ist okay, mach dir keine Sorgen … Du musst nicht perfekt sein … Niemand ist perfekt … Ich liebe dich, genauso wie du bist … Übung macht den Meister … Einfach atmen … Nimm's nicht persönlich … Es ist nie zu spät … Jede Reise beginnt mit dem ersten Schritt … Alles, was du tust, macht dich zum Helden … Zwei Schritte vorwärts, ein Schritt rückwärts und du kommst doch an … Früher oder später wird es klappen … Du bist mehr als (gut)genug!«*

Verteidigen Sie sich heute so, wie es Ihr fürsorglicher Elternteil tun würde und formulieren Sie alles Negative, was Sie zu sich sagen, um. Tauchen Sie richtig in diese grandiose elterliche Fürsorge ein. Das verdienen Sie. Vielleicht färbt ja ein wenig von dieser Selbstfürsorge auf Ihre Kinder ab.

- *»Ich hab's vermasselt!«* wird zu: *»Niemand ist perfekt.«*
- *»Ich bin so dumm«* wird zu: *»Wir wollen aufpassen und es noch mal versuchen.«*
- *»Ich dringe einfach nicht zu dem Kind durch!«* wird zu: *»Je besser ich ihr zuhöre und mich mit ihr verbinde, umso besser hört sie auch mir zu.«*
- *»Ich kann das einfach nicht gut«* wird zu: *»Übung macht den Meister.«*
- *»Ich wünschte, ich hätte mehr Zeit!«* wird zu: *»Ich schaffe mir die Zeit. Ich nehme mir Zeit für das, was mir wichtig ist.«*
- *»Das ist unmöglich!«* wird zu: *»Das Unmögliche dauert nur ein wenig länger. Was muss ich tun, damit es geschieht?«*

Jetzt sind Sie dran

Ursprünglicher Gedanke	Umformuliert

Traumaheilung

Die Forschung geht davon aus, dass der menschliche Geist unsere Lebenserfahrungen regelmäßig während der Traumzustände des Schlafes verarbeitet. Der Hippocampus organisiert während des REM-Schlafes (von: *rapid eye movements* – »schnelle Augenbewegungen«) einen Prozess, in welchem kürzliche Ereignisse begutachtet werden. Dabei werden die damit verknüpften Emotionen deaktiviert und das Gelernte als Erinnerung abgespeichert. Bekanntermaßen bewegen sich während dieses Prozesses die Augen, aber es wird noch daran geforscht, was die Augenbewegungen des REM-Schlafes mit diesem emotionalen Verarbeitungsprozess zu tun haben.

Wir wissen aber, dass kürzliche Erinnerungen ihre emotionale Wirkkraft verlieren, wenn sie während des REM-Schlafes verarbeitet werden. Deswegen erinnern sich die meisten von uns an Ereignisse, die wir ursprünglich ärgerlich fanden und worüber wir im Rückblick lachen können. Die schnellen Augenbewegungen des Traumzustands »erleichtern den Transfer episodischer Gedächtnisinhalte, einschließlich der mit dem ursprünglichen Ereignis verknüpften Emotionen, Körperempfindungen und Überzeugungen, in semantische Gedächtnisnetze, in welchen die Bedeutung des Ereignisses extrahiert wird und keine negativen Verknüpfungen mehr bestehen.«[52] Diese Funktion des Gehirns erlaubt es uns, Lebenslektionen zu lernen, ohne unter dem Gewicht der Emotionen eines ganzen Lebens zusammenzubrechen.

Ist jedoch eine Erfahrung für die Verarbeitung zu traumatisch – was heißt, dass wir nicht dazu fähig sind, die mit der Erfahrung verknüpften Emotionen zu ertragen – dann wird das Ereignis nicht normal verarbeitet. Stattdessen wird es in einen isolierten Behälter für unverarbeitete Erfahrungen abgespalten. Da wir den Vorfall nicht wie sonst verarbeitet haben, sind diese Erfahrungen noch mit starken Emotionen verknüpft, die so machtvoll sind, wie bei ihrem ersten Auftreten – selbst wenn wir keine bewusste Erinnerung an das konkrete Ereignis haben. Wird nun eine unverarbeitete traumatische Erinnerung durch eine aktuelle Erfahrung getriggert, erleben wir diese neu, so als geschähe sie in diesem Augenblick und zwar zusammen mit dem ganzen unverarbeiteten Schrecken (oder um welche Emotionen es sich damals handelte).

Die meisten von uns denken, ein Trauma wird durch große Ereignisse, wie Vergewaltigung, Krieg oder den schwierigen Tod eines geliebten Menschen verursacht. Doch Traumata werden nicht an äußeren Geschehnissen gemessen. Ein Trauma entsteht dann, wenn wir zu dem Zeitpunkt nicht dazu imstande waren, das Ereignis zu verarbeiten, sodass es später weiterhin negative Auswirkungen hat. Daraus folgt, dass uns heftige Kindheitserlebnisse, die unser Selbstempfinden beschädigt haben, so wie jedes Trauma auch später noch negativ beeinflussen können.

Sie haben bereits gelernt, wie man emotionale Schemata, die Ihnen nicht länger zuträglich sind, durch Neuverdrahtung der Nervenbahnen heilt (siehe ab S. 79). War jedoch die ursprüngliche Erfahrung zu verstörend, benötigen wir besondere Unterstützung, um diese Trigger zu bearbeiten. Schließlich sind diese Emotionen ja deshalb da, weil sie bei der Ersterfahrung zu überwältigend waren, um bearbeitet zu werden.

In diesem Prozess können Therapeutinnen von unschätzbarem Wert sein. Dabei empfehle ich Ihnen besonders solche Therapiemethoden, die Sie dabei unterstützen, sich die Weisheit Ihres Körpers zu erschließen, weil es sich bei einem Trauma, laut dem Traumaexperten Bessel van der Kolk, um *»verkörperten Schrecken«* handelt.[53]

Empirische Forschung zeigt, dass EMDR (für englisch *Eye Movement Desensitization and Reprocessing*, was auf Deutsch »Desensibilisierung und Verarbeitung durch Augenbewegung« heißt) eine wirksame Methode zur Heilung von Traumata ist.[54] Zwar verstehen wir die Wirkungsweise von EMDR nicht vollkommen, aber die Augenbewegungen, die die Basis einer EMDR-Therapiesitzung darstellen, ahmen anscheinend die Augenbewegungen des REM-Schlafes nach, um somit den Zugang zu den traumatischen Erinnerungen und deren Verarbeitung mit neuen geeigneten neuronalen Verbindungen zu ermöglichen. Suchen Sie sich auf jeden Fall eine EMDR-Therapeutin, die durch EMDRIA, der internationalen EMDR-Vereinigung, zertifiziert ist. (Auf *www.emdria.de* gibt es ein Verzeichnis zugelassener TherapeutInnen.)[55]

Wenn Sie schwächere Erinnerungen selbst bearbeiten möchten, können Sie dieselbe grundlegende Strategie anwenden, nur ohne Augenbewegungen. Einige Neurowissenschaftlerinnen sprechen von »Rekonsolidierung des Gedächtnisses«[56] oder neuronaler »Rekonditionierung«.[57] Die grundlegende Idee besteht darin, dass wir zuerst die alte Erinnerung, Überzeugung oder Emotion abrufen, die uns noch triggert. Danach, während dieses neuronale Schema noch aktiviert ist, schaffen wir eine dazu im Widerspruch stehende positive Erfahrung. Dieser Widerspruch stimuliert das Gehirn dazu, die neue widersprüchliche Information zu berücksichtigen, sodass neue Nervenverbindungen gebildet werden. Was gemeinsam aktiviert wird, wird auch miteinander verknüpft. Somit schaffen wir eine neue, positivere neuronale Verknüpfung.

Beachten Sie, dass der menschliche Geist ohne Weiteres zwei widerstreitende Überzeugungen aufrechterhalten kann, solange sie nicht deutlich hervorgehoben werden. Zum Beispiel hatten Sie vielleicht eine schwere Kindheit, haben seitdem jedoch oft die Erfahrung gemacht, dass sie geliebt werden. Dennoch reichen diese gegensätzlichen Erfahrungen vielleicht noch nicht aus, um Sie auf einer tieferen Ebene davon zu überzeugen, dass Sie es ganz und gar wert sind, geliebt zu werden, weil die Kindheitserfahrung noch immer die Überzeugungen triggert, dass dies eben nicht zutrifft, jedenfalls nicht bedingungslos.

Für eine Neu-Verschaltung des Gehirns ist es unbedingt notwendig, dass die alte schmerzliche Erfahrung zur selben Zeit aktiviert werden kann, wie die neue, entgegengesetzte Erfahrung gefühlt wird. Laut Forschungsergebnissen wird sich während der Aktivierung der alten Erfahrung das damit verknüpfte neuronale Netz von selbst re-konsolidieren und unmittelbar danach neu verknüpfen. Wenn Sie diese alte

Erfahrung mit einer neuen, gegensätzlichen Erfahrung gepaart haben, »ermöglicht das simultane Feuern der die beiden Strategien codierenden Neurone, dass sich ihre Verbindungen (…) zusammen neu verdrahten«,[58] sodass die neue Information Teil der alten Nervenbahn wird und die Schlussfolgerung verändert.

Beachten Sie ebenfalls, dass allein das Heraufbeschwören der erschreckenden Erinnerung nicht zu einer Neuverdrahtung des Gehirns führt. Vielmehr verstärkt das wiederkehrende Aufsuchen peinigender Erinnerungen ohne Gegenmittel deren neuronale Verdrahtung – so, als würden sie noch tiefer ins Gehirn eingraviert. Entscheidend für eine Neuverdrahtung ist also, dass das Gehirn etwas erlebt, das im Gegensatz zur verstörenden Erfahrung steht. Wenn Ihre Tochter also einen großen Schreck bekommen hat und bei Ihnen auf dem Arm schluchzt, dann ist das nicht nur »Dampf ablassen«. Sie erlebt in dem Moment auch eine entgegengesetzte oder korrektive Erfahrung. Zwar hat sie einen Schreckensmoment erlebt, doch jetzt, während sie ihn als Erinnerung »wiederaufleben lässt«, ist sie geliebt und sicher. Also genügt es zur Heilung nicht, unseren Schrecken einfach noch einmal im Geist zu erleben; da dies die ursprünglichen neuronalen Netze verstärkt, kann es uns ohne emotionale Unterstützung sogar retraumatisieren. Wir müssen unbedingt fühlen, dass wir – vollständig, mitsamt unserer verstörende Gefühlen – von einem liebenden Zeugen akzeptiert werden. Erst das bietet uns die heilende Verbindung an, die dem Trauma entgegengesetzte Erfahrung, die es uns erlaubt, unsere schmerzhaften Erinnerungen neu zu verknüpfen, damit wir, eingebettet in einen liebevollen Rahmen, zu einer positiveren Schlussfolgerung gelangen.

ÜBUNG

Traumaheilung durch Neuverdrahtung des Gehirns

Wir wollen ein Beispiel dazu betrachten, wie Sie Ihr Gehirn neu verschalten können, um eine frühe aufwühlende Erfahrung zu bewältigen. Vielleicht wissen Sie, dass Sie zu schreien beginnen, wenn sich Ihre Kinder streiten. Vielleicht haben Sie auch herausgefunden, dass Sie deshalb so reagieren, weil Ihre Eltern zu Hause oft gestritten haben. Das zu wissen, hat Ihnen aber nicht geholfen, mit dem Schreien aufzuhören. Also beschließen Sie, direkt über die neuronale Verschaltung einzugreifen.

1. **Bewerten Sie zunächst den gefühlten Schmerz** aus der alten Erinnerung oder Erfahrung auf einer Skala von 1 bis 10. Wenn Sie daran denken, wie Ihre Eltern die ganze Zeit gestritten haben, und was Sie dabei als Kind gefühlt haben, schätzen Sie den Schmerz vielleicht auf 6 ein.
2. **Bedienen Sie sich einer geführten Meditation,** um von Ihrem geschäftigen Geist zu Ihrem heilenden Herzen umzuschalten, das Sie mit einem schützenden Polster aus Liebe versorgt. (Verwenden Sie zum Beispiel die 3-minütige Basismeditation auf *www.arbor-online-center.de/zw2xxe.*)
3. **Bringen Sie sich in einen Zustand des Wohlbefindens.** Das können Sie einfach tun, indem Sie meditieren und sich mit Liebe füllen, oder indem Sie eine Erinnerung hervorrufen, die positive Emotionen auslöst.
4. **Jetzt, aus diesem Wohlbefinden heraus, rufen Sie die verstörende Erinnerung oder Emotion auf.** Lassen Sie sich dabei nicht von der Erzählung in Beschlag nehmen. Beobachten Sie einfach Ihre Körperempfindungen. Was sehen, hören, riechen, fühlen Sie? So reaktivieren Sie die neuronalen Schemata der verstörenden Erfahrung.

5. **Anstatt sich von der alten Erfahrung überschwemmen zu lassen, beobachten Sie sie einfach.** Während der Aktivierung des Schemas wollen wir den bestehenden neuronalen Schaltkreis unterbrechen, der dazu führt, dass Sie auf die alte, vorprogrammierte Weise (in diesem Fall mit Schreien) reagieren. Dazu müssen Sie den zuvor programmierten Reaktionsimpulsen (hier: die Kinder anzuschreien) widerstehen, die Ihnen nicht länger zuträglich sind. Denn diese Gewohnheiten verstärken das Schema.

6. **Um jetzt den neuronalen Schaltkreis neu zu verdrahten, suchen Sie eine Erfahrung auf, die der alten verstörenden Erfahrung entgegengesetzt ist.** Zuerst wechseln Sie zurück in das Wohlbefinden und halten sich selbst in Liebe und Mitgefühl. Jetzt lassen Sie eine Erinnerung hochkommen, die direkt im Widerspruch zu der verstörenden Erinnerung steht. Zum Beispiel, selbst wenn Ihre Eltern viel gestritten haben, können Sie sich wahrscheinlich an ein Ereignis erinnern, bei dem sich die Familie friedlich verhielt und Sie sich sicher fühlten. Lassen Sie sich auf die Erinnerung ein und nehmen Sie diesen Frieden und die Sicherheit in sich auf. Falls Sie jedoch keine starke gegensätzliche Erinnerung finden, machen Sie sich keine Sorgen. Über Ihre Vorstellungskraft können Sie selbst eine produzieren. Die Vorstellungskraft ist so mächtig, dass das Gehirn das Bild für bare Münze nimmt und wie Realität behandelt. Also rufen Sie einfach ein Bild Ihrer Familie hervor, wie sie glücklich miteinander verbunden ist, und gestalten es aus. Was sehen, hören, riechen und fühlen Sie? Achten Sie dabei auf alle begleitenden Empfindungen. Kosten Sie diese aus.

7. **Halten Sie diese beiden gegensätzlichen Erinnerungen gleichzeitig in Ihrem bewussten Gewahrsein –** dies ist der Schlüssel für die Neuverknüpfung des Gehirns. Meist ist es am einfachsten, wenn Sie sich den Erinnerungen zunächst abwechselnd widmen. Verwenden Sie dabei mehr Zeit auf das positive Bild und stärken es wiederholt. Jedes Mal,

wenn Sie dann zu dem peinigenden Bild zurückkehren und bemerken, wie die dazugehörigen Gefühle aktiviert werden, ersetzen sie es sofort mit dem korrektiven Bild.

8. **Am Schluss schätzen Sie wieder auf einer Skala von bis 1 bis 10 den Schmerz ein,** den die alte Erinnerung oder Erfahrung in Ihnen auslöst. Wahrscheinlich werden Sie merken, dass Ihre Bedrängnis abgenommen hat.

Sie können diese Übung viele Male wiederholen und dabei immer die positive Erinnerung stärken. Irgendwann werden Sie wahrscheinlich merken, dass die emotionale Ladung dieser alten Erfahrung einfach verschwunden ist. Ebenso werden Sie merken, dass die Handlungsimpulse, die durch diese Erfahrung getriggert wurden – in diesem Fall, selbst mit Angriff auf die Streitereien der Kinder zu reagieren –, ebenfalls verschwunden sind. Das heißt nicht, dass Sie den Streit Ihrer Kinder genießen. Aber es bedeutet, dass Sie nicht von Schmerz überwältigt werden und selbst losschlagen. Stattdessen werden Sie dazu befähigt, tief durchzuatmen und den Sturm durch konstruktives Einschreiten zu stillen.

Sich selbst »neubeeltern« (Reparenting).

Die Fragen der beiden folgenden Übungen sollen Ihnen dabei helfen die Kindheitsbeziehungen zu Ihren Eltern zu reflektieren. Psychologinnen gehen davon aus, dass Ihnen das Nachdenken und Schreiben über solche Fragen bei der Integration und Heilung dieser wesentlichen Beziehungen helfen kann, was wiederum die Beziehung zu Ihren eigenen Kindern verändern wird.[59]

ÜBUNG

Heilung der Beziehung zu Ihrer Mutter

Wie würden Sie die Kindheitsbeziehung zu Ihrer Mutter beschreiben? Welche **konkreten** Erfahrungen fallen Ihnen ein, die diese Beziehung charakterisieren?

1 ______________________________

____

____

2 ______________________________

____

____

3 ______________________________

____

____

4 ______________________________

____

____

5

Was denken Sie, wie Sie heute von diesen Erfahrungen und Ihrer allgemeinen Beziehung zu Ihrer Mutter beeinflusst werden?

Welche positiven Aspekte gab es in der Interaktion zwischen Ihrer Mutter und Ihnen?

In welcher Weise wollen Sie sich in der Elternrolle von Ihrer Mutter unterscheiden?

Können Sie sich Ihre Mutter als kleines Mädchen vorstellen? Wie war sie? Wie verlief ihre Kindheit?

___

___

___

Wenn Sie dem kleinen Mädchen, **das Ihre Mutter einst war,** einen Brief schreiben könnten, was würden Sie sagen? Natürlich entschuldigen die Kindheitserlebnisse Ihrer Mutter keinesfalls, wo sie als die Mutter gefehlt hat, die Sie gebraucht hätten. Dennoch kann Verständnis dafür, was Ihre Mutter geprägt hat, sehr heilsam für Sie sein, da Sie so leichter erkennen, dass das Verhalten Ihnen gegenüber wenig mit Ihnen persönlich zu tun hatte, ganz gleich wie Sie sich benommen haben. Es lohnt sich, diesen Brief zu schreiben, da es für Sie ein weiterer unterstützender Schritt für die Bewältigung der eigenen Kindheit ist. Schreiben Sie den Brief jetzt auf ein separates Blatt Papier.

ÜBUNG

Heilung der Beziehung zu Ihrem Vater

Wie würden Sie die Kindheitsbeziehung zu Ihrem Vater beschreiben? Welche **konkreten** Erfahrungen fallen Ihnen ein, die diese Beziehung charakterisieren?

1 ___

___

___

2

3

4

5

Was denken Sie, wie Sie heute von diesen Erfahrungen und Ihrer allgemeinen Beziehung zu Ihrem Vater beeinflusst werden?

Welche positiven Aspekte gab es in der Interaktion zwischen Ihrem Vater und Ihnen?

____

____

____

In welcher Weise wollen Sie sich in der Elternrolle von Ihrem Vater unterscheiden?

____

____

____

Können Sie sich Ihren Vater als kleinen Jungen vorstellen? Wie war er? Wie verlief seine Kindheit?

____

____

____

Wenn Sie dem kleinen Jungen, **der Ihr Vater einst war,** einen Brief schreiben könnten, was würden Sie sagen? Natürlich entschuldigen die Kindheitserlebnisse Ihres Vaters keinesfalls, wo er als der Vater gefehlt hat, den Sie gebraucht hätten. Dennoch kann Verständnis dafür, was Ihren Vater geprägt hat, sehr heilsam für Sie sein, da Sie so leichter erkennen, dass sein Verhalten Ihnen gegenüber mit Ihnen persönlich wenig zu tun hatte, ganz gleich, wie Sie sich benommen haben. Es lohnt sich, diesen

Brief zu schreiben, da es für Sie ein weiterer unterstützender Schritt für die Bewältigung der eigenen Kindheit ist. Schreiben Sie den Brief jetzt auf ein separates Blatt Papier.

ÜBUNG

Sagen Sie sich die Worte, die Sie brauchen.

Stellen Sie sich vor, wie Sie als kleines Kind waren. Sie waren **so** reizend. Vollkommen waren Sie nicht. Manchmal haben Sie Fehler gemacht. Manchmal haben Sie sich absichtlich danebenbenommen. Aber Sie hatten so ein großes Herz. Sie sehnten sich so sehr nach Liebe. Ein guter Mensch wollten Sie sein, Ihren Teil zum Ganzen beitragen, Ihre Eltern stolz machen. Und Sie haben sich so viel Mühe gegeben!

Was half Ihnen auf diesem Weg? Erinnern Sie sich daran, welcher Erwachsene Sie gütig behandelt hat? Erinnern Sie sich daran, als Ihnen eine Erwachsene zugehört hat; als Sie fühlten, dass ein Erwachsener Sie wirklich gesehen und wertgeschätzt hat – Sie dafür achtete, wer Sie waren? Erinnern Sie sich daran, wie Sie sich dabei gefühlt haben? Vielleicht war diese Erwachsene Ihr Vater oder Ihre Mutter. Vielleicht war es ein Lehrer, eine Trainerin, ein Nachbar, oder sogar jemand, den Sie nur einmal getroffen haben. Legen Sie jetzt eine Hand aufs Herz und schicken diesem Menschen Liebe und Dankbarkeit dafür, dass sie oder er Ihnen beistand, als Sie jung waren.

Jetzt denken Sie an das Hilfreichste, das Ihnen jemals gesagt wurde. Zählen Sie hier alles auf. Beachten Sie, dass es manchmal die Gefühle hinter den Worten waren, die Ihnen mehr halfen als die Wortweisheit selbst.

Jetzt denken Sie über die Worte nach, von denen Sie sich wünschen, jemand hätte sie zu Ihnen als Kind gesagt. Welche Worte hätten Sie von den Erwachsenen in Ihrem Leben benötigt? Schreiben Sie sie hier auf.

Achten Sie auf die Liebe hinter den Worten, die Sie gebraucht hätten. Sie können sich diese Liebe immer noch selbst schenken. Sie können sich sogar selbst diese Worte sagen. Nur zu! Sagen Sie diese Worte laut zu sich selbst. Achten Sie darauf, wie sich das anfühlt.

Tun Sie das doch täglich! Sie verdienen jemanden, der genau weiß, mit welchen Worten er Sie anfeuern kann! Schreiben Sie, was Sie hören müssen, auf Klebezettel und verteilen diese überall im Haus und Auto. Jedes Mal, wenn Sie einen Zettel gelesen haben, halten Sie inne und machen sich die Worte bewusst. Wie der Neurowissenschaftler Rick Hanson sagt: »Indem Sie nur ein paar Sekunden bei einer positiven Erfahrung verweilen – dazu reicht die Freude an einem tiefen Atemzug –, helfen Sie diese Erfahrung in dauerhafte neuronale Strukturen münden zu lassen.«[60] Wenn Sie also sich selbst etwas Liebevolles sagen und dessen Wirkung auskosten, dann bauen Sie an einem glücklicheren Gehirn!

ÜBUNG

Tagebuchschreiben zur (Weiter)entwicklung des präfrontalen Kortexes

Die Forschung hat wiederholt gezeigt, dass Tagebuchschreiben sehr wirksam ist, um Emotionen zu verarbeiten, neue Erkenntnisse zu entwickeln und bei Selbsterfahrungskursen am Ball zu bleiben. Sie können dieses Übungsbuch als Tagebuch mit konkreten Schreibimpulsen betrachten. Aber vielleicht wollen Sie auch ein anderes Tagebuch beginnen, in dem Sie ohne Vorgaben über Ihre eigenen Erfahrungen schreiben können.

Tagebuchschreiben ist eine Art der »Selbsterforschung«, bei der wir unser Gewahrsein auf die eigene Erfahrung lenken. Damit wird entwickelt, was Psychologinnen als »das beobachtende Ego« bezeichnen, der Teil des Geistes, der sich seiner selbst bewusst ist und sich selbst beobachten kann. Die meisten Forscher würden seinen Sitz im präfrontalen Kortex lokalisieren; ihn zu stärken, ermöglicht uns somit mehr innere Erkenntnis und Selbstkontrolle.

Linda Graham, Autorin des wundervollen Buchs *Der achtsame Weg zu Resilienz und Wohlbefinden,* schreibt: »Ein Schlüssel zur Untersuchung, was funktioniert und was nicht funktioniert, liegt in der Frage: ›Welche Geschichte glaube ich jetzt gerade?‹«[61]

Die Geschichte, die wir über unsere aktuellen Umstände glauben, erzeugt immer die Antwort darauf. Wenn wir diese Antwort verändern wollen, müssen wir diese Überzeugungen objektiver betrachten. Die folgende, bearbeitete Übung von Linda Graham soll den präfrontalen Kortex stärken, damit er mehr Alternativen erkennt und Probleme flexibler lösen kann. Sie kann Ihnen auch bei anscheinend unlösbaren Problemen helfen.

Ermitteln Sie ein bestimmtes Problem mit Ihrem Kind, das trotz größter Anstrengungen Ihrerseits noch ungelöst ist.

____

____

____

Setzen Sie Ihren »Beobachterhut« auf und denken Sie über das Problem nach. Werden Sie sich der Körperempfindungen während dieses Nachdenkens bewusst. Achten Sie auf alle Gefühle oder Gedanken (zum Beispiel: *»Ich bemerke Enge in der Brust … Ich fühle mich gefangen … Ich bemerke, dass ich immerzu denke, mein Sohn wird sich nie ändern«*). Notieren Sie Ihre Beobachtungen.

Während Sie Ihren eigenen Prozess zum Lösungsversuch des Problems beobachten, fragen Sie sich: »Welche Geschichte glaube ich gerade?« über Ihr Kind, die Situation, sich selbst.

Denken Sie jetzt über Ihre Notizen nach. Achten Sie auf jede neue Perspektive oder Alternative, die dabei entsteht.

Achtsamkeit: Ihr transformierendes Elternwerkzeug

Wie bleiben Sie emotional gefestigt, damit Sie nicht durch starke Emotionen getriggert und aus dem Gleichgewicht gebracht werden? Die Wahrheit lautet: Wahrscheinlich klappt das gar nicht! Das Leben verändert sich ständig, also können Sie nicht in einem bestimmten Zustand verharren, eben auch nicht zentriert bleiben. Allerdings können Sie darauf achten lernen, das Kippen aus dem Gleichgewicht rechtzeitig zu bemerken, damit Sie wieder in Ihre Mitte finden. Man nennt das auch Achtsamkeit.

Was bedeutet Achtsamkeit? Sie erhöhen die Aufmerksamkeit für das, was in Ihnen vorgeht, anstatt zuzulassen, dass Sie von heftigen Emotionen überwältigt werden. Sie nehmen das, was Sie gerade erfahren, wirklich zur Kenntnis. Jedes Mal, wenn Sie einen tiefen Atemzug nehmen und dieser Empfindung im Körper nachspüren, praktizieren Sie Achtsamkeit. Meditierende sagen dazu, bewusste Aufmerksamkeit in ihre Erfahrung bringen. Psychologen nennen es »das beobachtende Ego stärken«. Ein neunjähriges Kind bezeichnete es so: »Einfach keinem auf den Mund hauen.«

Achtsamkeit ist das, was Ihnen das Gewahrsein und die Selbstkontrolle verleiht, um zu verlangsamen und Ihre Pausentaste anwenden zu können. Zu allen Zeiten haben weise Lehrerinnen beobachtet, dass wir in dem Moment zwischen Wahrnehmung und Handlung die Wahl treffen können, uns von unserer automatisierten emotionalen Reaktion nicht vereinnahmen zu lassen. Durch das Beobachten werden Sie befähigt, Ihre Antwort auf eine Situation bewusst zu wählen.

Achtsamkeit hilft Ihnen auch auf zweierlei Weise, sich wieder zu erholen, wenn Sie emotional erregt waren. Erstens werden Sie nicht mehr so leicht durch starke Gefühle überschwemmt, weil Ihnen Achtsamkeit bei der Heilung Ihrer Trigger hilft und Ihre (emotionale) Unbeständigkeit verringert. Zweitens entwickeln Sie zu Ihren Verstimmungen eine neue Beziehung, indem Sie Ihnen durch das Fühlen bewusster werden. Sie können nun leichter aus ihnen heraustreten, sie loslassen und weitergehen. Je mehr Sie Achtsamkeit kultivieren, umso mehr zeigen Sie sich als die geduldigen, emotional großzügigen Eltern, die jedes Kind verdient.

Wir alle haben die Fähigkeit, jederzeit inne zu halten und mehr Gewahrsein zu entwickeln; wenn wir aber dazu befähigt werden wollen, Achtsamkeit auch in jenen schwierigen Momenten anzuwenden, dann müssen wir uns darin regelmäßig üben. Die Achtsamkeitspraxis verändert tatsächlich allmählich die Gehirnstrukturen, was uns bewusster, ausgeglichener und glücklicher macht.

Jede Gewohnheit, bei der Sie innehalten und Ihr bewusstes Gewahrsein in den gegenwärtigen Moment bringen, ist eine Achtsamkeitspraxis. Sie können sogar Ihre eigenen täglichen Achtsamkeitsübungen erfinden, die noch nicht einmal eine Minute dauern müssen. In diesem Abschnitt stelle ich Ihnen einige grundlegenden Praktiken vor und gebe Hinweise zu weiteren Ressourcen. Online finden Sie Tausende kostenlose Achtsamkeitsübungen.

Ihr Gehirn bei der Meditation

Stellen Sie sich vor, dass Wissenschaftlerinnen ein neues Medikament entdeckt haben, das messbar:[62]

- die Immunfunktion verbessert,
- Entzündungen reduziert,
- den Blutdruck senkt,
- prämenstruelle Probleme und Wechseljahresbeschwerden reduziert,
- Angst reduziert,
- Depressionen verbessert,
- Symptome der Ablenkbarkeit und Impulsivität im Zusammenhang mit ADHS (Aufmerksamkeits- / Hyperaktivitätsstörung) mindert,
- Raucherentwöhnung erleichtert,
- emotional motiviertes Essen reduziert,

- emotionale Intelligenz, Erkenntnis und Selbstregulation erhöht,
- Stressgefühle mindert,
- Schmerzen bei chronischen Krankheiten mindert,
- Gedächtnis und Konzentration verbessert,
- das Treffen von Entscheidungen und kreatives Denken verbessert,
- das Gehirn gegen Alterungserscheinungen schützt,
- Glück und Mitgefühl fördert.

Zusammengefasst steigert diese Medizin bei jedem Anwender nachweislich Gesundheit, Glück und geistige Funktionen, alles ohne negative Nebenwirkungen. Die Medizin hat nur einen Haken. Sie müssen bei der Einnahme 20 Minuten stillsitzen.

Ich gebe zu, dass 20 Minuten für Eltern schwierig umzusetzen sind. Allerdings sind auch fünf oder zehn Minuten schon ein guter Einstieg. Sie können sogar abends kurz vor dem Einschlafen mit zwei Minuten beginnen. Wirklich! Hauptsache, Sie finden überhaupt den Einstieg und üben täglich. Dann werden Ihnen die Ergebnisse so gut gefallen, dass Sie immer neue Möglichkeiten finden, wie Sie zumindest ein paar Minuten Meditation in Ihren Alltag einbauen können.

Aber die beste Nachricht ist, dass all diese messbaren Veränderungen Ihres körperlichen, emotionalen und geistigen Wohlbefindens von dauerhaften physischen Veränderungen in der Gehirnstruktur begleitet werden. Beispielsweise reichen, wie schon erwähnt (siehe Seite 89) acht Wochen regelmäßige Meditation aus, um die Größe der Amygdala messbar zu reduzieren, während gleichzeitig die Verbindungen zwischen limbischem System und präfrontalem Kortex vermehrt werden.[63, 64, 65] All das erleichtert es Ihnen, sich zu beruhigen.

Noch ein letzter Punkt: Die meisten quälen sich damit, während der Meditation ihren Geist »ruhigzustellen«. Bitte machen Sie sich da keine Sorgen. Das ist gar nicht Ihr Ziel. Ihr Ziel besteht darin, bei allem, was geschieht, präsent zu sein. Wenn Sie merken, dass Ihr Geist abgeschweift ist, dann bringen Sie sich wieder freundlich in den gegenwärtigen Moment zurück. Vielleicht geschieht das an die 60 Mal pro Minute, und raten Sie, was Ihnen das schenkt? Sechzig Gelegenheiten, zum Gewahrsein zurückzukehren. Sechzig Gelegenheiten, Ihre Aufmerksamkeit und Ihren Fokus zu verbessern. Sechzig Gelegenheiten, Ihre Liebesfähigkeit zu steigern, indem Sie sich selbst mehr lieben, obwohl Sie nicht vollkommen sind!

ÜBUNG

Basismeditation

Planen Sie für das erste Mal nicht mehr als fünf Minuten ein. Selbst zwei Minuten sind ein guter Einstieg. Suchen Sie sich nur einen festen Zeitpunkt aus, zu dem Sie täglich üben können, und üben Sie jeden Tag möglichst um dieselbe Zeit. Sobald Sie merken, wie gut sich das anfühlt, werden Sie länger sitzen bleiben.

1. Suchen Sie sich eine bequeme Sitzhaltung, aber legen Sie sich nicht hin, sonst wird es mit der Aufmerksamkeit schwieriger. Ein aufrechter Rücken erleichtert die Aufmerksamkeit. (Allerdings gibt es keine Zusatzpunkte für eine steife Haltung).
2. Nehmen Sie wahr, wie Sie ein- und ausatmen. Versuchen Sie nichts zu kontrollieren. Nur wahrnehmen.
3. Begrüßen Sie sich liebevoll. Wie fühlen Sie sich? Was Sie auch fühlen, es ist in Ordnung; akzeptieren Sie es einfach.
4. Machen Sie sich die Empfindungen Ihres Körpers bewusst. Emotionen werden sich auch als Körperempfindungen zeigen.

5. Versuchen Sie nicht, den Geist leer zu machen oder Ihre Gedanken anzuhalten. Registrieren Sie einfach Ihre Gedanken und lassen Sie sie los. Folgen Sie weder den Gedanken noch den Erzählfäden (den *story lines*). Beachten Sie, dass die Gedanken noch nicht einmal unbedingt wahr sind. Manche Meditierende beobachten einfach und bezeichnen, das, was in ihnen abläuft, einfach als »Denken«.
6. Sie werden merken, dass Ihr Geist gewandert ist. Holen Sie sich einfach wieder in Ihren Körper, in den gegenwärtigen Augenblick zurück. Spüren Sie Ihren Atmen, wenn es Ihnen dann leichter fällt, aufmerksam zu bleiben.
7. Es ist in Ordnung, wenn es um Sie herum nicht absolut still ist. Nehmen Sie die Geräusche einfach wahr und lassen Sie sie los.
8. Auch können Sie mit einem Mantra experimentieren, das Sie inspiriert oder beruhigt.
9. Sie werden vermutlich einen kleinen Juckreiz oder andere Körperempfindungen spüren. Kratzen ist in Ordnung, wenn Sie jedoch dem Juckreiz widerstehen, hilft Ihnen das bei der Entwicklung der Fähigkeit, nicht automatisch auf Trigger zu reagieren.
10. Rekeln und dehnen Sie sich am Ende der Meditation und umarmen Sie sich kräftig.

ÜBUNG

Einfach atmen

Das ist eine trügerisch einfache Übung. Erinnern Sie sich einfach daran, auf die Atmung zu achten, atmen Sie ruhig und tief, so oft Sie den ganzen Tag über daran denken.

Verteilen Sie überall im Haus und in Ihrem Auto Klebezettel mit der Botschaft: »ATME«. Wenn Sie einen davon sehen, atmen Sie dreimal tief durch. Diese Übung wird es Ihnen erleichtern, an das Atmen zu denken und ruhig zu bleiben, wenn Sie einen jener unvermeidlichen stressigen Momente erleben.

Sich ans Atmen zu erinnern, mag einfach klingen, aber es wird Ihr Leben verändern. Zu spät zu einer Verabredung? Atmen Sie. Die Kinder haben ihr Spielzeug einfach in der Kloschüssel entsorgt? Atmen Sie. Tiefe Atemzüge, die die Sauerstoffmenge erhöhen, die Sie aufnehmen, reduzieren sogar das Niveau der Stresshormone in Ihrem Blutkreislauf und helfen Ihnen, klarer zu denken.

Denken Sie daran, den Atem wahrzunehmen, ist Ihre Pausentaste. Es befördert Sie in den gegenwärtigen Moment zurück, sodass Sie eine Wahl haben.

Wollen Sie sich wirklich vom Stress überwältigen lassen und schließlich Ihre Kinder anschreien, oder könnten Sie in der bewussten Situation eine bessere Wahl treffen?

Manchmal, wenn wir unseren Körper mit mehr Achtsamkeit behandeln, lösen sich plötzlich aufgestaute Tränen. Wenn Ihnen das passiert, heißen Sie die Tränen willkommen. Sie bringen mehr Weite in Ihr Leben, wenn Sie jene alten schmerzenden Stellen heilen.

ÜBUNG

Geführte Meditation

Wenn Sie gerade erst mit Meditation beginnen, dann ist es wahrscheinlich am einfachsten, wenn Sie geführte Meditationen anhören. Online finden Sie dafür viele Quellen. Auf *www.arbor-online-center.de/zw2xxe* finden Sie meine Favoriten zusammengestellt. Während geführte Meditationen viele Vorteile haben, werden Sie, sobald Sie sich daran gewöhnt haben, gern zu freier Meditation wechseln, bei der Sie einfach mit dem eigenen Geist sitzen. Das ist ein wenig schwieriger, aber weil es von Ihrem Gehirn eine neue Funktionsweise fordert, bedeutet es auch, dass das Gehirn neue Fähigkeiten entwickelt.

ÜBUNG

15-Sekunden-Meldung

1. Stopp
2. Hören Sie mit dem auf, was Sie gerade tun.
3. Atmen Sie ein paar Mal tief durch.
4. Holen Sie sich ganz in die Gegenwart.
5. Fragen Sie sich: »Wie geht es dir?«
6. Egal wie die Antwort ausfällt, es ist in Ordnung.
7. Akzeptieren Sie sich genauso, wie Sie in diesem Augenblick sind.
8. Umarmen Sie sich kräftig.

ÜBUNG

Die erfrischende Ein-Minutenpause

Stopp
Hören Sie mit dem auf, was Sie gerade tun.
Atmen Sie ein paar Mal tief durch.
Achten Sie auf Ihre Körperempfindungen.
Die Füße berühren den Boden. Ihr hungriger Magen knurrt.

Beobachten Sie, was Ihre Sinne aufnehmen.
Die Geräusche um Sie herum. Der Luftzug an Ihrer Wange.
Falls Emotionen vorhanden sind, nehmen Sie wahr, wie sich diese zeigen.
Gehen sie mit Körperempfindungen einher?
Sind sie mit Gedanken verknüpft?
Lassen Sie jeden Gedanken, der aufsteigt, einfach vorbeiziehen.
Folgen Sie nicht dem Erzählfaden.
Bleiben Sie einfach bei Ihrer Körpererfahrung.
Nehmen Sie wahr, ohne zu versuchen etwas zu verändern.
Atmen Sie weiterhin tief durch.
Hüllen Sie sich in Liebe ein.

ÜBUNG

Drei-Minuten-Segen

Diesen können Sie immer und überall durchführen. Halten Sie einfach inne, atmen tief durch und schicken Liebe durch Ihr ganzes Selbst: durch den Körper, die Emotionen, den Geist. Stellen Sie sich vor, wie Sie von Liebe und Licht gefüllt, umgeben und beschützt sind. Dann richten Sie diese Liebe auf Ihr Kind (oder irgendjemand anderes). Stellen Sie sich vor, wie Ihr Kind mit Liebe angefüllt ist, von Liebe umgeben ist, durch Liebe beschützt ist. Hat das eine Wirkung auf Ihr Kind? Noch gibt es keine schlüssigen Forschungsergebnisse, aber meine Antwort lautet: Ja. Aber selbst wenn nicht, zumindest ist man sich in der Wissenschaft einig, dass das Senden von Liebe die Gesundheit und Zufriedenheit des Senders steigert.[66] Je öfter Sie Liebe fühlen und an andere senden, und je länger Sie das tun, umso besser, doch bereits drei Minuten können Ihre Stimmung verändern, vor allem, wenn Sie die Übung regelmäßig machen.

ÜBUNG

Der Body-Scan

Wir wissen, dass sich unsere Emotionen auflösen, wenn wir uns erlauben, sie zu fühlen. Und wir wissen auch, dass Emotionen im Körper gespeichert werden. Daher sind Body-Scans eine wunderbare Methode zur Klärung von Emotionen, um so das emotionale Gepäck leicht zu halten. Und weil Sie sich bei der Reise durch den Körper konzentrieren müssen, um bei jeder neuen Erfahrung zu bleiben, steigern Body-Scans auch die Konzentration. Auf der Webseite *www.arbor-online-center.de/zw2xxe* finden Sie eine Körper-Scan-Meditation.

ÜBUNG

Chanten (Sprechgesang)

Haben Sie beim Geschirrspülen oder Warten in einem Verkehrsstau ein paar Minuten übrig? Das Chanten ist eine althergebrachte Achtsamkeitspraxis, die Ihren Geist mit etwas Konstruktivem beschäftigt, während Sie einige Minuten in einem Zustand der Gnade sitzen. Betrachten Sie es als Mini-Urlaub für Ihren Geist, der Ihrem Sein mehr Zugang zur Weite jenseits Ihres Geistes verschafft.

Meine persönlichen Chanting-Favoriten sind die hawaiianische Ho'oponopono-Vergebungsmeditation und die buddhistische Liebende-Güte-Meditation. Die hawaiianische Meditation räumt anscheinend Blockaden zwischen uns und anderen Menschen (ohne dass diese wissen wieso) aus, aber sie verhilft auch wirkungsvoll zu mehr Selbstakzeptanz, wenn man sie sich selbst widmet.[67] Wiederholen Sie es einfach immer wieder. Die Liebende-Güte-Meditation wird mit vielen positiven Auswirkungen in Verbindung gebracht.[68] Wundern Sie sich nicht, wenn Sie allmählich an Verkehrsstaus Gefallen finden.

Ho'oponopono-Ritual

Es tut mir leid.
Bitte vergib mir.
Ich liebe dich.
Danke.

Liebende-Güte-Meditation

Möge ich glücklich sein.
Möge es mir gut gehen.
Möge ich friedvoll sein.
Möge mein Herz von Liebe erfüllt sein.
Mögest du glücklich sein.
Möge es dir gut gehen.
Mögest du friedvoll sein.
Möge dein Herz von Liebe erfüllt sein.
Möge jede glücklich sein.
Möge es jedem gut gehen.
Möge jede friedvoll sein.
Möge eines jeden Herz von Liebe erfüllt sein.

ÜBUNG

Bewusst durch den Tag gehen

Während wir durch den Tag hasten, schalten wir alle leicht auf Autopilot. Anstatt wirklich zu bemerken, was gerade geschieht, grübelt der Geist in seiner Normaleinstellung über sich immer wiederholende Gedankenmuster. Aber das steigert unser Stressniveau und trennt uns von unserer gegenwärtigen Erfahrung, von anderen Menschen, vom Leben selbst.

Mehr bewusstes Gewahrsein in Ihr Erleben während des Tages zu bringen, hat eine Reihe von Vorteilen:

- Sie verarbeiten Emotionen eher im Moment des Entstehens, anstatt sie in Ihrem emotionalen Rucksack zu verstauen.
- Sie fühlen sich stärker mit Ihrem Kind verbunden (oder mit wem Sie auch immer interagieren) und Ihr Gegenüber fühlt sich auch mit Ihnen stärker verbunden.
- Sie werden nicht mehr so schnell überwältigt, wenn bei Ihnen große Emotionen getriggert werden.
- Sie kosten die kleinen Augenblicke des Lebens aus, sodass es für Sie bedeutungsvoller wird. Sie fühlen sich lebendiger.

Es folgen einige Ideen, wie Sie sich während des Tages in einen Zustand bewussterer Präsenz zurückholen können.

1. Bringen Sie achtsame Aufmerksamkeit in die sogenannten »geistlosen« Tätigkeiten mit Ihrem Kind. Achten Sie beim Windelwechseln auf die zarte Haut und die schönen Augen Ihrer Kleinen. Wenn Sie sie die Treppe hinauftragen, achten Sie auf das Gewicht ihres Köpfchens auf Ihrer Schulter, ihre Arme um Ihren Hals.
2. Nützen Sie jede Gelegenheit, um auf Ihre Körperempfindungen zu achten, anstatt dem endlosen Geplapper des Geistes zu folgen. Während Sie die Müslischüssel spülen, achten Sie auf das Gefühl des Wassers auf der Haut. Achten Sie beim Autofahren auf die vorbeiziehende Landschaft, statt auf Autopilot zu schalten.
3. Erfinden Sie Rituale als Erinnerung daran, präsent zu sein, die an etwas gekoppelt sind, das Ihnen bereits Gewohnheit ist. Strecken Sie sich beispielsweise jeden Morgen nach dem Aufwachen und denken dabei an etwas, wofür Sie dankbar sind. Trinken Sie für Ihre Selbstfürsorge über den Tag verteilt viel Kräutertee und während Sie den ersten Schluck jeder Tasse auskosten, holen Sie sich in bewusste Präsenz

zurück. Wenn Sie morgens aus dem Haus gehen, machen Sie es sich zur Gewohnheit, einen Augenblick lang die Morgenluft bewusst einzuatmen und an Ihrem Gesicht zu spüren. Wann immer Sie während des Tages wieder mit einem geliebten Menschen zusammenkommen, schenken Sie ihm eine lange Umarmung und nehmen seine Gegenwart wirklich in sich auf.

4. Verteilen Sie überall im Haus Klebezettel mit der Erinnerung, zu atmen, und kurzen inspirierenden Mantras.
5. Stellen Sie an Ihrem Handy einen stündlichen Erinnerungsalarm ein. Sobald er losgeht, spüren Sie nach, wie es Ihnen gerade geht. Schicken Sie sich etwas Liebe. Fragen Sie sich, ob Sie etwas brauchen, und versorgen Sie sich entweder gleich damit oder planen es noch für denselben Tag ein.

Ihr Familienleben durch Dankbarkeit verwandeln

Zahlreiche wissenschaftliche Untersuchungsergebnisse belegen, dass uns Dankbarkeit glücklicher und gesünder macht.[69] Wenn wir mit seelischen Problemen kämpfen, ist Dankbarkeit heilsam. Anscheinend öffnet Dankbarkeit irgendwie die Tür zu dem Leben, das wir uns wünschen. Je tiefer unsere Dankbarkeit reicht, umso größer ist unsere Fähigkeit, etwas zu empfangen, und umso mehr können wir unser Leben auskosten. Aber weshalb ist Dankbarkeit so wirkungsvoll?

- **Der Zustand der Dankbarkeit ähnelt sehr dem der Liebe.** Laut Forschungsergebnissen versetzt Dankbarkeit unser Herz in einen »kohärenteren«, gleichmäßigeren, mit der Atmung synchronisierten, gesünderen Rhythmus.[70] Meditierende sagen vielleicht, es öffne unsere Herzen, sodass wir den uns umgebenden Segen in uns aufnehmen können. Egal wie schwierig der Tag ist, irgendetwas gibt es immer, wofür man dankbar sein kann. Und je besser Sie sich fühlen, umso wirkungsvoller können Sie Herausforderungen begegnen.

- **Der Fokus auf das Positive macht uns glücklich.** Positive Emotionen auszukosten, verknüpft sogar das Gehirn neu. Das Fühlen von Dankbarkeit hebt uns aus dem normalen, rastlosen Gefühl von »Nicht-genug« in die Freude des Genügens. Wenn wir bei einem guten Gefühl verweilen, dann verändert das die Körperchemie so, dass wir uns besser fühlen. Und die neuronale Verknüpfung verlagert sich von der üblichen Negativtendenz – nach Gefahren Ausschau haltend – hin zu einer positiven Tendenz – der Aufmerksamkeit auf all die guten Dinge in unserer Umgebung.
- **Wir programmieren unser Unterbewusstsein dahingehend, mehr von dem zu erschaffen, was wir schätzen,** insbesondere dann, wenn wir in unserem Geist ein Bild halten, das Dankbarkeitsgefühle auslöst.

ÜBUNG

Dankbarkeit

Lassen Sie uns ein Experiment wagen. Sofort. Zählen Sie zehn Dinge auf, wofür Sie dankbar sind. Tun Sie es wirklich und nennen Sie mindestens zehn.

1. ______________________
2. ______________________
3. ______________________
4. ______________________

5 ______________________________

6 ______________________________

7 ______________________________

8 ______________________________

9 ______________________________

10 ______________________________

Auch in schwierigen Zeiten gibt es so vieles, wofür man dankbar sein kann. Kosten Sie diese Dankbarkeit aus.

Was bemerken Sie nach dieser Übung? Laut Forschungsergebnissen kann man schlechte Laune einfach mit einer Riesenladung Wertschätzung verändern. Den ganzen Tag über können Sie kleine Variationen dieser Übung verwenden, um jederzeit Ihre Laune zu steigern.

Es folgen noch ein paar kurze Übungen, die Ihr Leben und die Beziehung zu Ihrem Kind verändern werden.

ÜBUNG

Danktagebuch

Schreiben Sie jeden Abend vor dem Schlafengehen mindestens drei Dinge auf, für die Sie dankbar sind (es ist in Ordnung an verschiedenen Tagen dasselbe aufzuschreiben). Laut Forschungsergebnissen wird man dabei beinahe sofort glücklicher, und bleibt es so lange, wie man diese Praxis pflegt.[71] Wenn Ihnen an einem Tag Ihr Kind zu schaffen gemacht hat, lassen Sie sich auf jeden Fall drei Dinge einfallen, die Sie an Ihrem Kind wertschätzen.

ÜBUNG

Dankbarkeit für Ihr Kind

Nehmen Sie sich täglich einen Augenblick Zeit, sich mit jedem Ihrer Kinder hinzusetzen und für sie Dankbarkeit zu fühlen. Wie sind Sie zu dem Glück gekommen, dieses Kind in den Armen zu halten? Lassen Sie sich diesen kostbaren Moment nicht durch Sorgen rauben. Erinnern Sie sich stattdessen daran, wie sehr Sie dieses Kind lieben. Lassen Sie sich von Dankbarkeit überfluten. Lassen Sie Ihre Liebe und Wertschätzung in Ihr Kind fließen. Damit haben Sie gerade so auf Ihre eigene Physiologie und die Ihres Kindes eingewirkt, dass Sie beide glücklicher und gesünder werden.

ÜBUNG

Bekunden Sie Wertschätzung für Ihr Kind

Bekunden Sie den ganzen Tag hindurch so konkret wie möglich Wertschätzung für Ihr Kind.

- *»Wow, du hast deine Spielsachen aufgesammelt! Mir gefällt, wie ordentlich das Zimmer jetzt aussieht!«*
- *»Danke, dass du deine Aufgabe mit nur einer Erinnerung erledigt hast!«*

Beachten Sie, dass Ihr Kind nicht perfekt sein muss, um Ihre Anerkennung zu verdienen. Je mehr Sie bereits Schritte in die richtige Richtung würdigen, umso motivierter wird Ihr Kind das Ziel erreichen wollen.

Und beachten Sie, dass Sie dafür keine zusätzliche Zeit aufwenden müssen. Sie müssen nur einfach alles Positive zur Kenntnis nehmen und es Ihrem Kind gegenüber ausdrücken. Wenn Sie wirklich sehen wollen, wie ein Kind aufblüht, dann versuchen Sie es mit einem ganzen Schwall von Anerkennung. Warum bei drei Dingen aufhören? Warum Ihrem Kind nicht den ganzen Tag mit so viel Begeisterung wie möglich anerkennende Rückmeldungen geben? Anstatt Ihr Kind zu beurteilen oder es pauschal zu loben *(»Du bist mein braves Mädchen.«)*, benennen Sie so konkret wie möglich, was es tut, oder welche positiven Wirkungen sein Tun hat, einschließlich Ihrer eigenen Gefühle.

- *»Ich habe bemerkt, dass du den Schlafanzug ganz allein angezogen hast!«*
- *»Danke, dass du deiner Schwester damit geholfen hast – sie hat sich gefreut, dass du es ihr gezeigt hast.«*
- *»Ich schätze sehr, dass du dich darum gekümmert hast.«*
- *»Ihr beiden Kinder habt ganz allein herausgefunden, wie man den Kuchen gerecht teilt.«*
- *»Ich hab's gern, wie du mir im Supermarkt hilfst die Waren zu finden. Es macht richtig Spaß mit dir gemeinsam einzukaufen.«*

Bekunden Sie einfach eine Woche lang jeden Tag so oft wie möglich Ihre Wertschätzung und begleiten Sie das häufig mit einer liebevollen Umarmung. Beobachten Sie, wie sich die Zufriedenheit Ihres Kindes – und Ihre Beziehung zu ihm – wandeln.

ÜBUNG

Trainieren Sie sich darin, an der Situation etwas Positives zu finden

Halten Sie während des ganzen Tages immer wieder inne, atmen tief durch und danken dafür, dass Sie bis zu diesem Moment Ihres Lebens gekommen sind. Doch was, wenn dieser Moment schwierig ist? Dann ist es umso wichtiger, sich dadurch zu stärken, indem Sie darauf achten, auf welche Weise Ihnen diese Herausforderung dienlich sein kann. (Und vielleicht merken Sie, wie sich Ihre Perspektive völlig ändert, so dass Sie sich nicht länger über die am Boden liegende Jacke Ihres Kindes ärgern, sondern darüber froh sind, dass dieses Kind in Ihr Leben getreten ist.) Das fühlt sich anfangs vielleicht künstlich an, aber Sie werden bald merken, dass Ihre Einstellung wirklich von Ihrer Perspektive abhängt.

- *»Gott sei Dank hatte sie diesen Zusammenbruch zu Hause und nicht im Laden.«*
- *»Ich lerne immer besser, mit seinem Ärger gelassener umzugehen.«*
- *»Das ist eine Gelegenheit für ihn, all die Spannung vom Start an der neuen Schule loszuwerden.«*
- *»Wenigstens kam das jetzt raus, sodass ich sehe, wie sauer er darüber ist und es ansprechen kann.«*
- *»Sie weint bei mir, weil sie mir vertraut.«*
- *»Wie ich mit den Emotionen meines Kindes umgehe, wird sich auf sein ganzes Leben auswirken.«*
- *»Das ist keine Katastrophe. Das ist eine Gelegenheit zum Wachsen.«*
- *»Eltern zu sein, ist eine Chance zum Helden zu werden.«*
- *»Zwar macht mich mein Kind manchmal verrückt. Aber was ist mit den Menschen, die sich erfolglos Kinder wünschen? Oder Eltern, die ein Kind betrauern müssen? Ich habe soooo viel Glück, dieses Kind zu haben, mitsamt Aufregungen und allem Drum und Dran.«*

Dankbarkeit heißt nicht, dass Sie nichts ändern, wenn etwas schiefläuft. Aber wenn Sie das Gute fühlen, das Ihnen die Dankbarkeit vermittelt, wird Ihnen das viel besser gelingen.

Finden Sie Ihre Dankbarkeit nicht? Das Leben kann hart sein, leidvoll. Doch sogar in schweren Zeiten gibt es vieles, wofür wir dankbar sein können. Erinnern Sie sich daran, was Sie bereits wissen: Sie sind wirklich gesegnet.

IHREM KIND DANKBARKEIT VERMITTELN

Sobald Sie die Vorteile der Dankbarkeit erleben, möchten Sie diese auch mit Ihrem Kind teilen. Nur denken Sie daran, dass Kinder noch nicht die Zusammenhänge erkennen, um ihre vielen Segnungen begreifen zu können, und Schuld ist keine wirksame Lehrerin. Dagegen ist Vorbild zu sein die beste Strategie; einfach laut und oft anmerken, wie glücklich wir uns schätzen, diesen schönen Tag zu haben, das üppige Mahl, das zuverlässige Auto, die großartige Lehrerin oder Nachbarin und natürlich, dass wir einander haben. Ebenso nützlich ist es, wenn Sie bedachtsam und sachlich, ohne Schuld oder Scham, altersentsprechende Informationen vermitteln:

- *»Manche Kinder können nicht wie bei uns in einem Garten spielen – deswegen schätzen wir ihn so und kümmern uns gut darum.«*
- *»Oma wird älter und wird nicht immer bei uns sein, deswegen besuchen wir sie so oft wie möglich, auch wenn das für dich manchmal langweilig ist.«*

Und natürlich wird ein tägliches, in der Familie praktiziertes Dankritual Ihrem Kind die Erfahrung vermitteln, wie wunderbar sich Dankbarkeit anfühlt. Regen Sie zum Beispiel an, dass jedes Familienmitglied beim Abendessen oder vor der Schlafenszeit aufzählt, wofür er oder sie dankbar ist. In einer Studie wurde eine Gruppe Mittelschülerinnen gebeten, zwei Wochen lang, jeden Tag fünf Dinge aufzuzählen, für die sie Dankbarkeit fühlten.[77] Eine weitere Gruppe wurde gebeten, Beschwerden über Ärgernisse in ihrem Leben aufzuzählen. Die Kinder, die sich zwei Wochen lang auf die Segnungen konzentriert hatten, fühlten größere Dankbarkeit, mehr Lebenszufriedenheit und größeren Optimismus, und waren insgesamt positiver eingestellt – und das hielt auch noch einige Monate an.

Achtsamkeit zur Stressbewältigung nutzen

Uns ist allen klar, dass wir unter Stress eher dazu neigen, unser Kind anzuschnauzen. In angespanntem Zustand ist es unmöglich, sich emotional großzügig zu verhalten. Das kommt daher, weil wir bereits halb im Kampf-Flucht-Starre-Modus sind und jedes kindliche Verhalten das Fass zum Überlaufen bringen kann. Aber zum Leben mit Kindern gehört eben kindliches Verhalten und in unserem Alltag gibt es wiederum viele Stressauslöser.

Natürlich stressen uns diese Trigger, seien es Trotzanfälle oder Verkehrsstaus, nicht wirklich. Wir stressen uns als Reaktion darauf selbst. Wir treffen die Wahl. Vielleicht ist es kaum zu glauben, aber es ist absolut möglich, während eines Verkehrsstaus tief durchzuatmen und Frieden zu empfinden – oder sogar während eines Trotzanfalls.

Tatsächlich bestimmt Ihre Einstellung gegenüber Stress und stressigen Ereignissen, wie Sie davon beeinflusst werden. Wenn Sie Stress interessant finden, hat er laut Forschungsergebnissen keine schädlichen Folgen.[73] Wenn wir uns aber gegen stressvolle Ereignisse »wehren«, werden Gesundheit und Wohlbefinden beeinträchtigt.

Nun stimmt es zwar, dass das moderne Leben Unmengen an Stress hervorbringt, und dass Stress uns schadet, wenn wir davon überwältigt werden. Es stimmt jedoch auch, dass nicht jede auf dieselbe Situation mit

Stress reagiert, also bestimmt größtenteils unsere Einstellung, wie sehr wir uns von etwas überwältigen lassen. Somit ist Stress teilweise etwas, das uns zustößt, aber zum größten Teil besteht er aus unserer Reaktion darauf.

Als Eltern hat jeder von uns die Pflicht, unseren Stress gut regulieren zu können. Ereignisse, die Stress herausfordern sind unvermeidlich, aber der Stress ist es nicht.

> *Ich bin gestresst. Wir hetzen und ehe ich's mir versehe, schreie ich. Wenn ich dann seinen Gesichtsausdruck sehe, fühle ich mich schrecklich. Er hat sich einfach nur kindlich verhalten. Und ich war total gestresst.*
>
> DANA,
> Mutter von einem fünfjährigen und einem achtjährigen Kind.

Ein dreigleisiger Ansatz funktioniert am besten:

1. Kultivieren Sie eine tägliche Achtsamkeitspraxis, damit Sie den Stress sofort bemerken und rechtzeitig einen anderen Gang einlegen können.
2. Praktizieren Sie radikale Selbstfürsorge, damit Ihnen mehr innere Ressourcen zur Stressbewältigung zur Verfügung stehen.
3. Reduzieren Sie die Stressoren in Ihrem Leben.

Die Übungen in diesem Teil über Achtsamkeit sowie im folgenden Abschnitt über Selbstfürsorge werden Sie bei den ersten beiden Punkten unterstützen. Doch lassen Sie uns mit Punkt drei anpacken, was meist am schwersten ist: Die meisten von uns wehren sich gegen die Vorstellung, die Stressfaktoren in ihrem Leben zu reduzieren. Was würden wir denn überhaupt aufgeben? Manchmal fällt es uns schwer, weil wir Perfektionisten sind. Wir bürden uns dann mehr auf, als wir mit Anstand bewältigen. Manchmal tun wir es, weil wir das Gefühl der Erschöpfung brauchen, um uns gut genug zu fühlen. Und manchmal liegt die Ursache darin, dass wir bereits adrenalinsüchtig sind.

Wenn Sie sich hierin wiederfinden, interessiert es Sie vielleicht, dass Ihnen Stresshormone wie Adrenalin und Kortisol zwar augenscheinlich Energie geben, aber den Körper gleichzeitig auslaugen. Sie signalisieren Ihrem Stoffwechsel, er solle das Körpergewicht erhöhen, und verbrauchen Ihre Geduld. Auch dämpfen sie die Fähigkeit, sich auf die Freude jedes Augenblicks entspannt einzulassen. Ihr Körper kann sich im Schlaf nicht regenerieren. Und sie schmälern das, was Sie Ihrem Kind anbieten können, denn man kann nicht gleichzeitig ganz präsent und geduldig sein, wenn man sich gestresst fühlt.

ÜBUNG

Füttert Ihre Terminplanung den Stress?

Viel gefühlter Stress wird durch ein regelmäßiges Übermaß an Terminen erzeugt. Doch das ist eine Wahl, die wir selbst treffen. Wir glauben, ein »noch mehr« an Terminen sei hilfreich, doch zahlen wir dafür immer einen Preis. Kinder gedeihen, wenn sie gut mit uns verbunden sind. Wenn wir also übermäßig viel zu tun haben und unsere liebevolle Verbindung zu unseren Kindern darunter leidet, flippen sie aus. Machen Sie die Kinder und die Beziehung zu Ihrer Partnerin / Ihrem Partner zur Priorität. Danach streichen Sie an Aktivitäten, was möglich ist. Das Haus muss nicht sofort aufgeräumt werden. Ihre gute Laune ist für die Kinder **um einiges** wichtiger als eine aufgeräumte Wohnung.

Was könnten Sie streichen, um so den potenziellen Stress in Ihrem Terminplan zu reduzieren?

1 ______________________________

2 ______________________________

3 ______________________________

4 ______________________________

5 ______________________________

ÜBUNG

Lösung für die stressigen Zeiten des Tages

Gibt es bestimmte Phasen in Ihrem Tagesablauf, die sich immer stressig anfühlen? Schaffen Sie es zum Beispiel, morgens rechtzeitig das Haus zu verlassen, oder macht Sie das Abendritual verrückt?

Wann sind Sie während des Tages gestresst?

1 ______________________________

2 ______________________________

3 ______________________________

Es ist Ihr Leben und Sie sind dafür verantwortlich, ob es sich danach anfühlt oder nicht. Wenn Sie sich als Opfer der Umstände fühlen, hilft das Ihren Kindern nicht. Überlegen Sie, was Sie an diesen stressigen Zeiten ändern können, entweder durch eine bessere Planung oder indem Sie, während Sie das Nötige erledigen, gut für sich sorgen. Wenn sich die Morgenstunden unmöglich anfühlen, dann müssen Sie vielleicht die Selbstdisziplin aufbringen, früher ins Bett zu gehen. Ist es Ihnen eine Qual, mit Ihrem Kind zum Spielplatz zu gehen und es auf der Schaukel anzuschubsen? Finden Sie heraus, wie Sie dabei selbst Spaß haben können, indem Sie sich mit Ihrem Kind besser verbinden oder die Aktivität als eine Art Bewegungsmeditation betrachten. Ist Ihnen das Windelwechseln unangenehm? Nutzen Sie die Zeit, um Ihrem Kind in die Augen zu schauen und ihm zu sagen, wie sehr Sie es lieben. Oder wechseln Sie die Windeln bei Ihrem Kleinkind im Stehen und kämpfen nicht länger mit ihm. Suchen Sie eine stressige Situation im Tagesverlauf. Welche Ideen haben Sie, um den Stress abzubauen?

1 ______________________________

2 ______________________________

3 ______________________________

Falls die gesamte Familie für einen bestimmten Tagesabschnitt eine bessere Routine benötigt, erarbeiten Sie etwas, das für Sie und Ihr Kind funktioniert. Heften Sie den Plan zusammen mit Fotos Ihres Kindes bei seinen Aufgaben an eine gut sichtbare Stelle. Überarbeiten Sie den neuen Ablauf, bis er für Sie stressfrei ist. Bauen Sie auf jeden Fall etwas in die Routine ein, das Sie gern tun, ob es nun Kuscheln vor dem Schlafengehen ist, eine Umarmung der Familienmitglieder oder ein Morgensegen, bevor Sie das Haus verlassen.

Vorbeugende Maßnahmen: Selbstfürsorge

Elternsein ist schwer. Es erfordert äußerste emotionale Großzügigkeit. Wenn Sie jedoch gestresst oder erschöpft sind, können Sie nicht emotional großzügig handeln. Dann können Sie nicht einmal Ihre eigenen Emotionen regulieren und die ganze Familie landet am Ende auf dem seelischen Äquivalent zum Pannenstreifen. Deshalb besteht Ihre erste Pflicht als Eltern darin, alles zu tun, damit das eigene Wohlbefinden auf hohem Niveau bleibt.

Klar, Sie sind ein Mensch, also werden Sie manchmal, egal wie sehr Sie sich um das Gegenteil bemühen, Ihren Ärger an Ihrem Kind auslassen. Vielleicht haben Sie auch bemerkt, dass Sie Ihren Ärger das nächste Mal auch dann nicht besser regulieren können, wenn Sie sich im Nachhinein reumütig fühlen. Das liegt daran, dass Sie mit den Ihnen momentan zur Verfügung stehenden Ressourcen bereits Ihr Bestes tun. Sich selbst fertigzumachen, wird Ihnen nicht dabei helfen, Fortschritte zu erzielen. Stattdessen brauchen Sie mehr Unterstützung. Und es ist Ihre Aufgabe, diese Hilfe zu organisieren und sich damit zu versorgen.

Wenn Sie also die Fassung verlieren, ist das jedes Mal eine Lerngelegenheit. Was hätte Ihnen geholfen, rechtzeitig zu merken, dass Sie unleidlich werden? Was hätten Sie in dem Augenblick gebraucht, um Ihr Wohlbefinden wiederherzustellen? Was hätten Sie tun können, anstatt den Ärger an Ihrem Kind auszulassen? Was hätten Sie gebraucht, um den Sturm zu stillen, anstatt ihn zum Eskalieren zu bringen? Was könnten Sie tun, damit Sie sich in Zukunft selbst die Unterstützung geben können, sowohl dauerhaft wie auch im nächsten schwierigen Moment?

Das ist eine schwierige Aufgabe. Die meisten Eltern stehen in ihrem Alltag so sehr unter Druck, dass Unterstützung zur Mangelware wird, und unsere Gesellschaft bietet Eltern nur wenig Unterstützungsmöglichkeiten. Aber denken Sie daran, dass Sie inneren und äußeren Beistand benötigen. Sobald Sie sich selbst mit Unterstützung versorgen, werden auch äußere Hilfsmöglichkeiten leichter verfügbar. Deshalb besteht der erste Schritt immer darin, Möglichkeiten zu finden, wie Sie sich selbst beistehen können. Zum Beispiel könnten Sie eine der folgenden Ideen ausprobieren:

- Verwenden Sie die bisherigen Übungen aus dem Buch, um Wohlbefinden zu entwickeln und aufrechtzuerhalten.
- Bearbeiten Sie alte Probleme, die Ihnen bereits viel Kraft geraubt haben.
- Reden Sie mit sich selbst wie mit jemandem, den Sie lieben.

- Suchen Sie sich einen Elternteil zum regelmäßigen gegenseitigen Austausch (Patty Wipfler von Hand-in-Hand Parenting ist eine Pionierin in der Einführung der »gegenseitigen Zuhörzeit« mit einem anderen Elternteil. In dem Buch *Hand in Hand: Fünf einfache Strategien durch die Höhen und Tiefen des Elternseins* von Patty Wipfler und Tosha Schore finden Sie einen Schatz an Informationen über dieses sowie andere Themen zur Elternschaft).
- Sorgen Sie für genug Schlaf. Gehen Sie gleichzeitig mit den Kindern zu Bett. (Es wird Sie nicht überraschen, dass die Forschung mittlerweile bewiesen hat, dass wir bessere Eltern sind, wenn wir ausreichend schlafen![74]
- Suchen Sie eine Möglichkeit, Sport zu treiben, wenn nötig, mit Ihrem Kind.

ÜBUNG

Starthilfe für Ihre Selbstfürsorge

Welchen einen Schritt können Sie heute tun, um so für sich selbst zu sorgen, dass Sie sich energiegeladener und emotional großzügig fühlen?

____

____

____

Selbstfürsorge bedeutet, selbst gut für sich zu sorgen.

> *Ich lese viel über Selbstfürsorge, schaffe das aber nicht in meinem Leben umzusetzen. Ich stille mein Kind und somit ist es einfach nicht machbar, mein Kind einen ganzen Tag allein zu lassen, um mir etwas Gutes zu tun. Es ist auch keine gute Schläferin, also schlafe auch ich schlecht.*
>
> CLARA,
> Mutter eines Säuglings und eines Kleinkinds

Wenn Sie das Lesen dieses Abschnitts frustriert und Sie glauben, Selbstfürsorge passe nicht in Ihr Leben, dann überlegen Sie es sich jetzt unbedingt noch einmal. Ich verstehe, wie hart es ist, wenn Sie immer wieder aus dem Schlaf gerissen werden. Doch jemand wie Sie braucht noch mehr als andere Eltern alle Fürsorge, die Sie für sich selbst aufbringen können. Denken Sie daran, das »selbst« in Selbstfürsorge ist nicht nur die Empfängerin. Es ist auch die Geberin. Selbstfürsorge ist das, was Sie sich selbst geben. Das ist zwar nicht einfach, aber machbar.

Sie müssen Ihr Baby deswegen nicht den ganzen Tag alleinlassen. Noch nicht einmal einen Euro müssen Sie dafür ausgeben. Sie müssen nur mit sich selbst so zärtlich sprechen, wie mit jemandem, den Sie lieben. Das ist wirklich das Allerwichtigste. Dann dehnen Sie das zu einem liebevollen Umgang mit sich selbst aus und suchen Wege, sich den ganzen Tag über zu umsorgen.

Wenn Sie sich also bei diesem Abschnitt des Buches ein wenig frustriert oder entmutigt fühlen, bedeutet das, dass Sie Selbstfürsorge brauchen und sich aufgrund der Bedürfnisse Ihrer Familie gefangen und unfähig fühlen, gut für sich selbst zu sorgen. Ich fordere Sie nun dazu heraus, dennoch Möglichkeiten zur Selbstfürsorge zu entdecken. Fangen Sie klein an, in Richtung zu Größerem. Mit welcher einen Sache können Sie heute gut für sich sorgen?

Ihr eigenes Wohlbefinden kultivieren

> *Wenn Sie Ihren Kindern ein Vorbild in Selbstfürsorge sind,*
> *dann vermitteln Sie ihnen nicht zuletzt,*
> *wie wichtig es ist, sich den Herausforderungen des Lebens*
> *zu stellen, anstatt gegen diese abzustumpfen.*
>
> SUSAN STIFFELMAN[75]

Wohlbefinden könnte man als einen Zustand körperlichen, emotionalen, geistigen und spirituellen Wohlseins definieren. Das bedeutet nicht, dass Ihr Leben perfekt ist. Vielmehr heißt es, dass Sie normalerweise das Gefühl haben, dass Ihnen die inneren und äußeren Ressourcen zur Verfügung stehen, um das Leben zu bewältigen, und wenn nicht, tun Sie etwas, um diese wieder aufzufüllen. Sie fühlen sich bewusst und lebendig. Dieses Wohlbefinden erlaubt es Ihnen, sich noch mehr Optimismus und emotionale Großzügigkeit zugänglich zu machen.

Wohlbefinden bedeutet nicht, dass Sie niemals Unbehagen erleben. Normalerweise ist Unbehagen ein Lehrer und wichtiger Bestandteil des Wachsens. Deshalb drehen Sie Ihr Baby auch nicht einfach um, wenn es sich abmüht, dies selbst zu tun. Sie lassen zu, dass es seine Muskeln entwickelt und lernt, sich alleine umzudrehen. Bekommt es dazu keine Gelegenheit, wird es das Krabbeln erst mit Verzögerung lernen. Wohlbefinden bedeutet also das Gefühl, die meiste Zeit über genügend innere Ressourcen zu haben, um Unbehagen zu ertragen, sich der jeweiligen Situation gewachsen zu zeigen und Wachstum anzustreben.

Wohlbefinden bedeutet nicht, dass Sie immer glücklich sind. Ständiges Glücksempfinden ist gar nicht unser Ziel. Das ist unmöglich. Unser Ziel ist Gewahrsein, welches es uns ermöglicht, zu bemerken, wenn wir uns unwohl fühlen. Aber anstatt uns nur darum zu bemühen, dieses Unbehagen zu betäuben (durch Medienkonsum oder mit Essen), werden wir seine tiefere Ursache herausfinden, wenn wir uns erlauben, mit dem Unbehagen zu sitzen und es wirklich zu fühlen.

Weil wir die Realität dessen, was geschieht, akzeptieren, sind wir besser dazu imstande, damit fertig zu werden. Wenn wir dann handeln, wenden wir uns der wirklichen Ursache zu und betäuben nicht bloß die Gefühle. Da wir die Probleme an der Wurzel anpacken, läuft unser Leben besser. Weil wir unsere Emotionen bereitwillig akzeptieren, arbeiten wir uns durch sie hindurch und lassen sie los. Sie werden entdecken, dass Sie durch größeres Gewahrsein zu tieferer Freude, Bedeutung und Lebendigkeit geführt werden. Das meine ich, wenn ich von Wohlbefinden spreche.

Die meisten von uns entdecken, dass wir, sobald wir in Verbindung mit unserer inneren Quelle des Wohlbefindens sind, diese auf unsere Kinder überfließt und wir zu geduldigeren, liebevolleren und fröhlicheren Eltern werden.

Um unsere Kinder bedingungslos zu lieben, müssen wir unseren eigenen Liebesspeicher gefüllt halten, damit wir so viel geben können wie nötig. Vereinfacht gesagt, können wir nur so viel Liebe geben, wie wir selbst in uns haben. Und selbst wenn die Elternschaft den bedeutungsvollsten Teil Ihres Lebens darstellt, so erfordert sie doch viel Einsatz.

Aber die meisten von uns leben im Dauerstress, was heißt, dass wir häufig ausgepowert sind. An vielen Tagen wachen wir morgens mit dem Wunsch nach einem anderen Leben auf. Kein Wunder, dass uns bei unseren Kindern der Geduldsfaden reißt. Daraufhin fühlen wir uns noch schlechter. Leider ändern Schuldgefühle und Selbstvorwürfe, nachdem wir die Geduld verloren haben, gar nichts. Vielmehr macht das alles noch schlimmer, denn wie sollen Sie emotional großzügig sein, wenn Sie sich wie ein schlechter Mensch fühlen.

Was wäre, wenn Sie stattdessen einen Weg fänden, wie Sie öfter in einem positiveren Zustand bleiben könnten? Das geht. Natürlich nicht die ganze Zeit – Stress gibt es in jedem Leben. Aber die meisten von uns finden heraus, wie sie öfter positiv gestimmt bleiben können. Es beginnt damit, dass wir für uns Möglichkeiten finden, uns selbst gut zu nähren und zu versorgen, damit wir emotional gefestigt bleiben können. Aber wenn Sie so sind wie die meisten Eltern, klappt das nicht so leicht.

Das Geheimnis ist radikale Selbstfürsorge. Was bedeutet hier radikal? Damit meine ich, dass Sie sich nicht erst dann um sich selbst kümmern, wenn die Bedürfnisse aller anderen erfüllt sind. Vielmehr sollte die Selbstfürsorge ganz oben auf Ihrer Prioritätenliste stehen. Und dann überschütten Sie sich mit Liebe und Wertschätzung.

Das ist nämlich der einzige Weg, wie Sie zu den glücklichen, geduldigen, bedingungslos liebenden Eltern werden können, die Ihr Kind verdient. Und außerdem verdienen Sie diese Fürsorge! Wäre das nicht ein radikaler Akt? Hier wird beschrieben, wie es geht.

1. **Umsorgen Sie sich, wie Sie das bei Ihrem geliebten Kind tun würden.** Behandeln Sie sich, wie Ihr Kind – brauchen Sie jetzt einen kleinen Imbiss oder eine Pause, damit Sie nicht ausrasten? Finden Sie heraus, wie Sie sich besser fühlen. Vielleicht beinhaltet das, etwas zu suchen, womit sich Ihr Kind alleine beschäftigen kann, oder Sie geben ihm auch einen kleinen Imbiss.

    - Müssen Sie vielleicht zur selben Zeit ins Bett gehen wie Ihr Kind, damit Sie genügend schlafen? Machen Sie sich das doch zur Gewohnheit, so lange Ihr Kind nachts noch aufwacht. Das wird nicht für immer sein (selbst wenn es sich so anfühlt!).
    - Brauchen Sie einen freien Sonntag und genießen dann einfach Ihr Dasein? Eltern bleiben Sie immer, aber die Wäsche müssen Sie nicht waschen; das schmutzige Geschirr bleibt in der Spüle stehen und Sie bereiten als Hauptmahlzeit einfach belegte Brote. Wenn Sie

dabei das Gefühl haben, sich um Arbeit zu drücken, dann fragen Sie sich: Um wessen Leben geht es denn? Und wer hat am Ende die Verantwortung dafür, wie Sie sich im Leben gefühlt haben?

- Was ist, wenn Ihr Kind Sie in diesem Moment braucht? Ich verlange nicht, dass Sie sich nicht um Ihr Kind kümmern sollen. Vielmehr meine ich, dass es normalerweise möglich ist, dabei auch für sich selbst zu sorgen, sogar wenn das einfach heißt, mit sich selbst präsent zu sein und sich liebevoll zu behandeln.
- Manchmal können wir uns einfach nicht geben, was wir brauchen, genauso wie wir nicht immer alles in Ordnung bringen können, was für unser Kind nicht passt. In solchen Fällen bedeutet Selbstfürsorge mitfühlend zuzuhören, ob nun der Not unseres Kindes oder unserer eigenen. Mit anderen Worten: einfach zur Kenntnis nehmen, was im gegenwärtigen Augenblick geschieht. *»Das Baby schreit … mein Kiefer ist verspannt … meine Schultern sind verkrampft.«* Sie müssen dabei nichts verändern. Einfach sich selbst mitfühlende »Zeugin« zu sein, ist ein riesiges Geschenk für Sie. Oft verändert das schon Ihre Perspektive. Und natürlich versprechen Sie sich, sobald Sie es schaffen, mehr Selbstfürsorge zu betreiben.

2. **Übernehmen Sie selbst die Verantwortung für die Erfüllung Ihrer Bedürfnisse und die Lösung der Probleme, die Ihnen im Leben begegnen.**

   - Welche Ihrer Bedürfnisse blieben unerfüllt, als Sie Kind waren? Diese können Sie heute selbst erfüllen. Vielleicht hatten Sie das Gefühl, nie gut genug zu sein. Können Sie damit beginnen, sich jedes Mal, wenn Sie in den Spiegel schauen, zu versichern, dass Sie mehr als genug und von Herzen geliebt sind? Beobachten Sie jedes Mal, wenn Sie sich irgendwie »schlecht« fühlen, einfach dieses verkrampfte Gefühl, atmen hinein und lieben sich hindurch. Sie werden merken, dass Liebe größer ist als alle schlechten Gefühle und diese häufig wegschmilzt. Sobald wir uns um jene alten unerledigten Dinge gekümmert haben, wird es viel einfacher herauszufinden, wie wir in der Gegenwart gut für uns sorgen können.

- Brauchen Sie etwas Anerkennung? Sprechen Sie sich diese selbst zu! Einigen Eltern fällt es schwer, sich von anderen anerkannt zu fühlen. Falls das für Sie zutrifft, wird die tägliche Übung sein, sich selbst Anerkennung zu geben, die Fähigkeit stärken, diese Liebe zu empfangen und an Ihre Kinder weiterzugeben.
- Und was, wenn Ihr Problem im Hier und Jetzt besteht? Streit mit Ihrem Partner? Eine Arbeit, die Sie hassen? Ein Leben, das Ihnen über den Kopf wächst? Solche Herausforderungen sind heftig, aber wenn wir uns Ihnen nicht stellen, werden wir davon entmutigt. Können Sie jetzt irgendeinen Schritt unternehmen, um das Problem zu lösen? Dadurch wird sich nicht alles über Nacht erledigen, aber ein Schritt in die richtige Richtung wird Ihnen helfen, Ihr Wohlbefinden zu steigern und Sie davon abhalten, Ihre Spannung weiterhin an Ihren Kindern auszulassen.

3. **Vertagen Sie keine Freude!** Wir machen uns alle schuldig, indem wir die Freude, die in unser Leben strömt, für selbstverständlich halten. Wir lassen sie uns im Namen von Leistungsfähigkeit und Pflicht geradewegs durch die Finger gleiten. Was aber, wenn das Schwelgen in dieser Freude Teil dessen ist, was es Ihnen erlaubt, bedingungslos zu lieben, weil es Ihr Herz weiter werden lässt? Was wäre, wenn Ihre Freude an Ihrer Tochter, wie sie auf dem Gehsteig tanzt, ihr hilft, den Tag, von Ihrer Liebe umhüllt, zu beginnen? Was, wenn diese Wasserschlacht genau das Richtige für Sie ist, um Spannung abzubauen und sich wieder mit Ihrem Kind zu verbinden? Was, wenn diese Gute-Nacht-Geschichten Ihrem Sohn die Botschaft vermitteln, dass Sie immer zum Kuscheln da sind, egal wie alt er ist? Was, wenn Sie und Ihre Partnerin, diese Küsse brauchen, um miteinander verbunden

zu bleiben, damit Sie ein besseres Elternteam abgeben? Was, wenn dieses Schaumbad Ihnen dabei helfen würde, morgen eine bessere Mutter, ein besserer Vater zu sein? Was, wenn Sie niemals wissen, welcher Sonnenuntergang Ihr letzter sein wird?

Zögern Sie nicht. Verpflichten Sie sich zu radikaler Selbstfürsorge.

ELTERNIDEEN ZUR SELBSTFÜRSORGE

Viele Eltern – insbesondere Mütter – sagen, dass sie Ideen brauchen, um kleine Momente der Selbstfürsorge in ihren Tag zu integrieren, also habe ich Vorschläge für Sie zusammengestellt – und zwar von anderen Eltern! Entscheidend ist, dass Sie sich explizit die Erlaubnis geben, mehrmals pro Tag einige Minuten zu reservieren, um wieder aufzutanken und sich neu zu zentrieren. Erinnern Sie sich daran, dass Sie Ihren Kindern nicht die emotionale Großzügigkeit geben können, die sie verdienen, wenn Sie selbst ausgepowert sind. Die meisten Ideen können Sie in Anwesenheit Ihrer Kinder umsetzen.

ATMEN

- »Einfach über den Tag verteilt wenige Minuten tief und regelmäßig zu atmen, hat meine Laune und mein Wohlbefinden enorm verbessert.«
- »Wenn ich nur einmal am Tag für fünf Minuten die Augen schließe und bewusst atme, fühle ich mich besser und bin in der Elternrolle gelassener.«
- »Nur ein paar Minuten tief durchatmen und sich dabei bildhaft etwas Positives vorstellen.«

BEWEGUNG

- Bewegung vermehrt die Endorphine, unsere Glückshormone, sowie das beruhigende Serotonin, also ist sie wirksam zur Behandlung von Depressionen und Angst. Den Körper zu bewegen ist der schnellste Weg zur Veränderung der Laune und der Steigerung des Wohlbefindens.
- »Suchen Sie sich ein Fitnessstudio, mit Kinderbetreuung und besuchen Sie es oft.«
- »Gehen Sie mit den Kindern ins Freie und rennen Sie durch den Park.«
- »Besuchen Sie einen Fitnesskurs für Mama und Kind.«
- »Mit dem Hund joggen.«
- »Machen Sie Fitnessübungen und wenn es nur täglich 15 Minuten sind.«
- »Machen Sie in der Mittagspause einen Spaziergang.«
- »Legen Sie sich auf einen Gymnastikball und rollen damit sanft rückwärts, um Nacken und oberen Rücken zu dehnen.«

SCHLAF

- »Gehen Sie zur selben Zeit schlafen wie die Kinder.«
- »Halten Sie mit Ihren Kindern zusammen ein Nickerchen.«

MUSIK

- »Legen Sie Musik auf, die Ihnen gute Laune macht.«
- »Legen Sie Tanzmusik auf und bewegen sich mit den Kindern dazu.«
- »Legen Sie Ihre Lieblingsmusik auf und singen laut dazu.«

NATUR

- »Nehmen Sie Ihr Baby ins Tragetuch, setzen Sie Ihr Kleinkind in einen Buggy und raus geht's!«

- »Wenn ich ein paar Minuten für mich brauche, gehe ich in den Garten und genieße den Anblick meiner Pflanzen.«
- »Beim Unkraut jäten muss ich nicht denken und es tut mir richtig gut.«
- »Tanken Sie ein paar Minuten Sonnenschein.«
- »Pflanzen Sie Blumen. Wenn Ihre Kinder schon groß genug sind, können sie mithelfen oder spielen so lange.«
- »Riechen Sie an Blumen.«
- »Wenn Sie nicht ins Freie können, lassen Sie über Ihr Handy oder den Computer Naturgeräusche laufen. Das klingt vielleicht albern, hilft mir aber.«

MEDITIEREN

- »Sogar fünf Minuten pro Tag helfen schon.«
- »Ich mache eine geführte Meditation, damit die Kinder hören, was ich tue. Ich lade sie ein, mitzumachen oder mir den Raum zu geben, es allein zu tun.«
- »Ein Teil meiner Übung besteht im Lernen, dass eine Meditation nicht perfekt (oder vollkommen still) sein muss, damit sie sich lohnt.«

YOGA

- »Ich ziehe mich zum Auftanken auf meine Yogamatte zurück. Ich zerstäube ätherische Öle, nehme die Kinderhaltung ein und fokussiere auf die Atmung. Meine zweijährige Tochter begleitet mich normalerweise, aber sie weiß, dass der Yogabereich ein Ort der Ruhe ist.«

SELBSTFÜRSORGE

- »Unterbrechen Sie Ihre Arbeit, wenn die Kinder mit Spielen beschäftigt sind. Gönnen Sie sich dann einfach ein paar Minuten für sich allein.«

- »Ein heißes Schaumbad für mich allein.«
- »Ich wasche das Gesicht und/oder die Hände und creme sie ein.«
- »Ich bereite mir ein Glas Wasser mit Zitrone und Eis und gieße es in ein besonders schönes Glas.«
- »Ich sorge dafür, dass ich schnell verfügbare, eiweißreiche Nahrung dahabe.«

MORGENWUNDER

- »Ich stehe eine halbe Stunde vor den Kindern auf und trinke in der Morgenstille meinen Kaffee. Wenn sie dann aufwachen, bin ich gut gelaunt.«
- »Ich stehe eine Stunde vor den Kindern auf. Diese Zeit gehört mir. Ich lese in der Bibel, schreibe in mein Tagebuch und mache Yoga. Die Energie, die ich daraus schöpfe, gleicht den Schlafverlust aus.«

PRÄSENT SEIN, GENIESSEN, DANKBAR SEIN

- »Ich führe ein Danktagebuch und schreibe jeden Tag mindestens drei Dinge auf.«
- »Achten Sie den ganzen Tag über immer wieder auf einzelne Momente und kosten diese aus. Bemerken Sie zum Beispiel das Lächeln Ihres Kindes, ein Zeichen der Zuneigung oder lauschen einen Moment lang dem Gesang der Vögel oder der angenehmen Stille.«
- »Ich biete meinem Sohn eine kräftige Umarmung an, lasse mich ganz in sie fallen und koste sie eine Weile aus.«
- »Ich spüre immer wieder kurz in mich hinein, wie es mir gerade geht.«

ÜBUNG

Freudenliste

Gut für uns selbst zu sorgen, muss beinhalten, wie man aus der Freude schöpfen lernt. Andernfalls wird die Elternschaft zu einer langandauernden Last (und das Leben ebenso). Kinder müssen wissen, dass sie für uns eine Quelle der Freude sind. Wenn sie spüren, dass wir das gemeinsame Leben als Mühsal erleben, was sollen sie daraus über sich selbst schließen?

Natürlich gibt es Zeiten, in denen sich das Elternsein belastend anfühlt. Aber wir können solche Zeiten minimieren, indem wir die stille Freude in den gewöhnlichen Augenblicken unseres Lebens entdecken.

Die Fähigkeit, uns trotz Belastungen für das Fühlen der Freude zu entscheiden, hängt auch davon ab, wie gut wir immer wieder unsere eigenen Ressourcen auffüllen. Alle Menschen müssen aus etwas Größerem schöpfen, um sich wieder zu regenerieren, ob das nun ein Spaziergang in der Natur ist, Singen, Meditieren oder einfach das sinnliche Erleben eines Schaumbads für sie allein.

Zählen Sie hier auf, was Sie tun können, um sich regelmäßig zu regenerieren und Freude zu erleben. Zählen Sie so viel wie möglich auf. Achten Sie darauf, dass Sie zumindest die Hälfte der Dinge auch dann tun können, wenn Ihr Kind dabei ist. Hängen Sie die Liste auf und tun pro Tag mindestens zwei Dinge davon. Das Leben ist keine Generalprobe. Sie verdienen Freude!

1 ______________________________

2 ______________________________

3 ______________________________

4 ______________________________

5 ______________________________

6 ______________________________

7 ____________________

8 ____________________

9 ____________________

10 ____________________

11 ____________________

12 ____________________

ÜBUNG

Ihr momentanes Niveau des Wohlbefindens

Wo auf einer Skala von 1 bis 10 siedeln Sie Ihr momentanes Niveau des Wohlbefindens an?

1 2 3 4 5 6 7 8 9 10

Wenn Sie sich Situationen vorstellen, in denen Sie sich wohlfühlen, welche Bilder steigen dann in Ihnen auf?

____

____

____

Kosten Sie diese Bilder aus. Kommen Sie mehrmals am Tag darauf zurück. So programmieren Sie Ihr Unterbewusstsein darauf, diese öfter hervorzurufen.

Wie sorgen Sie bereits für sich, um ein höheres Niveau des Wohlbefindens aufrechtzuerhalten? Klopfen Sie sich für jeden Punkt auf die Schulter.

1. ______________________________
2. ______________________________
3. ______________________________
4. ______________________________
5. ______________________________
6. ______________________________

Was senkt Ihr Niveau des Wohlbefindens? Was würde es kosten, jedes dieser Probleme zu lösen, damit es nicht länger Ihr Leben belastet?

1. ______________________________
2. ______________________________
3. ______________________________
4. ______________________________
5. ______________________________
6. ______________________________

ÜBUNG

kurzer Check-in bei sich selbst

1. Programmieren Sie Ihr Telefon für ein stündliches Alarmsignal.
2. Bei jedem Signal fragen Sie sich selbst: »*Was brauche ich gerade, um im Gleichgewicht zu bleiben?*«
3. Anschließend geben Sie sich genau das – egal, ob Ihr Kind anwesend ist oder nicht (sich fünf Minuten auf die Hintertreppe setzen und den Vögeln lauschen? Ein Glas Wasser? Fünf Minuten Tanzen?).
4. Wenn Sie es jetzt wirklich nicht umsetzen können, dann verabreden Sie mit sich einen späteren Termin (wie wäre es mit einem Bad, nachdem die Kinder im Bett sind? Gegenseitige Schultermassage mit Ihrem Partner? Heute Nacht früher ins Bett gehen?).

Nicht immer können Sie sofort tun, was Sie »brauchen« – vielleicht beeilen Sie sich gerade, Ihr Kind von der Schule abzuholen, oder zu einem Treffen mit Ihrer Chefin zu kommen. Doch wenn nur irgend möglich, setzen Sie es um. Wenn nicht, dann versprechen Sie sich, dass Sie es bald nachholen werden.

REFLEXION NACH DER ÜBUNG

Eigene Bedürfnisse selbst erfüllen

Ihr Alarmsignal ertönte gestern etwa 12- bis 15-mal. Was zum Beispiel haben Sie da gebraucht?

Wie oft konnten Sie sich geben, was Sie brauchten?

Wie fühlte es sich an, sich um sich selbst zu kümmern?

Was hinderte Sie daran, sich um sich selbst zu kümmern?

Fühlten Sie am Ende des Tages im Vergleich zu der Zeit vor dieser Übung einen Unterschied?

Was haben Sie heute Hilfreiches gelernt, um besser für sich zu sorgen, wenn Sie die Übung morgen wiederholen?

____

____

____

Wiederholen Sie diese Übung eine Woche lang täglich. Beobachten Sie, wie Ihr Wohlbefinden zunimmt, während Sie sich selbst wieder auf Ihre Prioritätenliste setzen.

____

____

____

ÜBUNG

Ihr Selbstfürsorgeplan

Jetzt wollen wir gemeinsam einen Selbstfürsorgeplan erstellen, um Ihr Wohlbefinden aufrechtzuerhalten, einmal, weil Sie es verdienen, und zum anderen, damit Sie mit Ihrem Kind emotional großzügig umgehen können. Beachten Sie, dass es hier nicht um dieses »sich selbst mal was gönnen« geht, wie wir es uns oft vorstellen: Dinge, die Geld kosten (wie Maniküre) oder die Sie sogar längerfristig von Ihrem Kind trennen. Es geht darum, zugleich für sich selbst zu sorgen, während Sie sich ums eigene Kind kümmern; Sie tun etwas für Körper, Geist, Seele und Vitalität, damit Sie Ihr Wohlbefinden steigern.

Welches sind die wichtigsten Möglichkeiten, wie Sie körperlich besser für sich sorgen könnten, um Ihr Wohlbefinden auf einem hohen Niveau zu halten und Kraft zu schöpfen? (Beispiele beinhalten Vitamine einnehmen, Sport und mehr Schlaf).

____

____

____

Welches sind die wichtigsten Möglichkeiten, wie Sie seelisch besser für sich sorgen können, damit Sie sich mehr Unterstützung geben können, um emotional großzügig zu bleiben? Konzentrieren Sie sich weniger darauf, was Sie von anderen wollen (da Sie sie nicht kontrollieren können) und mehr darauf, was Sie sich selbst geben können. Wie können Sie sich zum Beispiel mehr Liebe und Mitgefühl schenken? Was gäbe Ihnen das Gefühl, emotional gestärkter zu sein?

____

____

____

Welches sind die wichtigsten Möglichkeiten, wie Sie Ihre spirituellen Bedürfnisse besser erfüllen können, um Ihr Wohlbefinden auf einem hohen Niveau zu halten? Wie können Sie sich beispielsweise unterstützen, damit Sie sich dankbarer und freudvoller fühlen, und fester mit Ihrer inneren Weisheit verbunden sind, oder mehr Vertrauen in die Güte des Universums entwickeln?

____

____

Zählen Sie nun die Dinge auf, die Sie regelmäßig dafür tun können, um das auf der Skala von Seite 230 geschätzte Niveau an Wohlbefinden zu steigern. Nehmen Sie in die Liste Ihre wichtigsten Antworten von oben mit auf, wie Sie sich gut pflegen können, Ihr Stressniveau senken, sich selbst mehr lieben und körperlich, seelisch und spirituell besser für sich sorgen.

1. ______________________________
2. ______________________________
3. ______________________________
4. ______________________________
5. ______________________________
6. ______________________________

Sie können nicht alles auf einmal tun. Aber Sie **können** eins nach dem anderen anpacken. Erinnern Sie sich: das kann heißen, dass Sie mit etwas Neuem beginnen (wie sich sportlich betätigen) oder mit etwas aufhören (wie etwa langes Aufbleiben, um Ihre Instagram-Sucht zu bedienen). Vielleicht werden Sie sechs Monate benötigen, um die sechs Übungen zu meistern. Aber wie anders wird dann Ihr Leben in sechs Monaten aussehen!

Welche dieser Selbstfürsorge-Strategien würden wohl in Ihrem Leben am meisten bewirken? Suchen Sie sich aus den sechs Punkten die Veränderung aus, mit der Sie gern beginnen wollen, und kreisen Sie sie ein. Das wird Ihr neues Oberziel zur Selbstfürsorge. Als Nächstes füllen Sie die folgende Seite aus, um dieses Ziel zu verwirklichen.

Beschreiben Sie, was Sie konkret tun werden, um die neue Gewohnheit zur Selbstfürsorge aufzubauen. Zum Beispiel: *»Ich höre mir jetzt jeden Tag eine geführte Meditation an, während die Kinder ein Schläfchen machen.«* Das hilft Ihnen, sich bildlich vorzustellen wie Sie diese neue

Gewohnheit tatsächlich ausführen, wodurch Ihr Unterbewusstsein neu programmiert wird.

Beschreiben Sie die Auswirkungen, die Sie sich von der Selbstfürsorgeübung erhoffen. Zum Beispiel: *»Durch das tägliche Meditieren fühle ich mich gelassener und energiegeladener.«* Der Blick auf die positive Wirkung motiviert Sie.

Zählen Sie die nötigen Schritte für den Aufbau dieser Gewohnheit auf. Wenn Sie beispielsweise meditieren wollen, könnte das heißen: *»Eine gute Meditationsanleitung im Internet suchen und herunterladen«*, *»keine Anrufe erwidern, wenn die Kinder mittags schlafen, damit ich in dieser Zeit meditieren kann,«* und *»einen Alternativplan für Tage, an denen eines der Kinder mittags schlecht einschläft, damit ich trotzdem meditieren kann«*. Damit haben Sie Ihren Plan, um die neue Gewohnheit zu entwickeln. Wenn Sie planlos vorgehen, werden Sie nicht dort ankommen, wohin Sie wollen.

1. ______

2. ______

3. ______

4 ______________________________

5 ______________________________

6 ______________________________

Schildern Sie, was Ihnen bei dem Aufbau der neuen Gewohnheit in die Quere kommen könnte. Zum Beispiel: *»Wenn ich meine E-Mails oder Facebook abrufe, fange ich vielleicht nicht mit der Meditation an.«*

____

____

____

Beschreiben Sie, auf welche Weise Sie sich unterstützen könnten, um diese Stolperfalle zu umgehen. Zum Beispiel: »Sobald die Kinder eingeschlafen sind, gehe ich zu meinem Meditationsplatz. Keinesfalls schaue ich meinen Computer an. Ich lausche der geführten Meditation zwar auf dem Telefon, stelle dabei aber den Flugzeugmodus ein und schalte alle anderen Apps aus, damit ich nicht in Versuchung komme. Auf meinem Kalender hake ich jeden Tag meine Meditation ab und gebe mir ein Sternchen dafür!«

____

____

____

Beginnen Sie jetzt mit dieser einen Sache, am besten gleich heute. Oder Sie geben sich ein heiliges Versprechen, morgen loszulegen und tragen es samt Uhrzeit als festen Termin in Ihren Kalender ein. Sie können das. Sie verdienen das. Und Ihre Familie wird davon profitieren.

Tragen Sie sich im Kalender ein, dass Sie einen Monat lang täglich diesen Buchabschnitt aufschlagen, um auszuwerten, wie Sie mit der neuen Gewohnheit vorankommen. (Ja, schreiben Sie das jetzt auf. Ich warte so lange.) Sobald Sie das Gefühl haben, dass die neue Gewohnheit etabliert ist, wiederholen Sie die Schritte für die nächste Strategie zur Selbstfürsorge.

ÜBUNG

Ein Dutzend tägliche Erinnerungen an die Selbstfürsorge

Legen Sie eine Liste der täglichen Gewohnheiten zur Selbstfürsorge an, die Sie für die wichtigsten halten, um Ihr neues oberstes Selbstfürsorgeziel zu erreichen. Lassen Sie die Liste so lange an einer gut sichtbaren Stelle hängen, bis diese Übungen zur Gewohnheit geworden sind. Hier ist ein Beispiel:

Mein oberstes Ziel zur Selbstfürsorge: *»Ich will mit meinen Kindern gelassener, geduldig und emotional großzügig umgehen. Um das zu erreichen, will ich mir täglich eine geführte Meditation anhören, während die Kinder Mittagsschlaf halten.«*

Meine täglichen Gewohnheiten zur Unterstützung dieses Ziels:

1	Sobald die Kinder eingeschlafen sind, gehe ich zu meinem Meditationsplatz. Keinesfalls schaue ich meinen Computer an. Ich erledige zu dieser Zeit keine Hausarbeit.
2	Ich lausche der geführten Meditation zwar auf dem Smartphone, stelle dann aber den Flugzeugmodus ein und schalte alle anderen Apps aus, damit ich nicht in Versuchung komme.

3	Auf meinem Kalender hake ich jeden Tag meine Meditation ab und gebe mir ein Sternchen dafür!
4	Ich sorge für genügend Schlaf, damit ich nicht während der Meditation einnicke. (Geh ins Bett, sobald die Kinder schlafen und der Abwasch erledigt ist. Kein Blick mehr auf Computer oder Telefon!)
5	Ich höre mir auch bei Autofahrten inspirierende Audiobücher und Podcasts über das Leben mit Kindern an.
6	Ich esse den ganzen Tag proteinreiche Kost, damit ich in besserer, energiegeladener Stimmung bleibe und auch dann meditiere, wenn es mühsam scheint.
7	Mit den Kindern feiere ich täglich Tanzpartys, damit sie und ich energiegeladener und positiver gelaunt sind.
8	Ich lasse mich vom stündlichen Telefonalarm an einen kurzen Check-In erinnern und achte über den Tag auf meine Laune, damit meine Reserven gefüllt bleiben.
9	Ich achte darauf, ob ich emotionalen Zündstoff ansammle, und unternehme etwas, um das Problem anzugehen und mein Wohlbefinden wiederherzustellen, bevor ich zu schreien anfange.
10	Ich bringe meine Partnerin / meinen Partner dazu, die Kinder jeden Samstag für ein paar Stunden zu nehmen, damit ich an einem Yogakurs teilnehmen kann.
11	Ich nehmen mehrmals in der Woche ein heißes Bad, weil ich mich dann als gut versorgt erlebe!
12	ich vergebe mir, wenn ich Fehler mache. Ich rede mit mir, wie mit jemandem, den ich liebe.

Jetzt sind Sie dran

Mein oberstes Ziel zur Selbstfürsorge:

____

Meine täglichen Gewohnheiten zur Unterstützung des Ziels:

1	
2	
3	
4	
5	
6	
7	
8	
9	
10	
11	
12	

Wiederholen Sie das täglich. Schauen Sie zu, wie sich dadurch allmählich Ihr Leben verwandelt.

TEIL 2

Verbundenheit ist das Geheimnis glücklicher Elternschaft

Kürzlich schaltete mein Vierjähriger auf stur und weigerte sich, ins Haus zu gehen, nachdem wir bei strömendem Regen aus dem Auto gestiegen waren. Er stampfte mit den Füßen und schrie mich an. Ich begab mich auf seine Augenhöhe und breitete einfach die Arme aus. Es kostete mich eine Minute schweigenden Wartens, aber dann wurde er weich, kuschelte sich an mich und begann zu weinen. So harrten wir einige Minuten aus, bis wir durchnässt waren und das Baby auf dem Rücksitz weinen hörten. Wir kicherten und den übrigen Tag fühlten wir uns einander sehr nah. Die Erinnerung an dieses durchnässende Kuscheln kann uns beide, wann immer die Lage etwas angespannt ist, wieder in diesen Moment der Liebe versetzen.

ORIANA,
Mutter von einem Vierjährigen und einem Baby

Was ist Verbundenheit?

Wie wir Menschen untereinander Verbindungen aufbauen, wie wir sie vertiefen und nach einem Bruch wieder reparieren, mag so simpel sein wie ein herzliches Lächeln, oder so rätselhaft wie das Gefühl, den Boden unter den Füßen zu verlieren, wenn wir das Foto eines Menschen sehen, den wir geliebt und verloren haben. So vieles von diesem intimen Prozess geschieht unbewusst. Doch John Gottman, der wahrscheinlich führende Forscher zum Thema Familiendynamik in den USA, hat das Wesentliche für die Entstehung intimer Beziehungen herausgearbeitet. Es zeigt sich, dass die kleinen einleitenden Zuwendungen, mit denen wir täglich aufeinander zugehen, und die Reaktionen unserer Lieben darauf, die Bausteine für Verbundenheit sind. Gottman nennt dies »Angebote abgeben«, wie in: »ein Angebot für die Aufmerksamkeit des Partners«.[76] Wir könnten sie auch »Ouvertüren« nennen, wie die einleitenden Sätze eines Musikstücks.

In glücklichen Beziehungen, ob nun zwischen Liebenden in einer Zweierbeziehung, Eltern und Kindern, Freundinnen oder Kollegen, werden solche Angebote gemacht und herzlich beantwortet. Dabei spielt es fast keine Rolle, welchen Inhalt dieses Angebot hat; der Prozess, sich der anderen zuzuwenden und eine Antwort zu erhalten, baut die Beziehung auf. Dies erhöht auch das gegenseitige Vertrauen, sodass wir geneigt sind, uns diesem Menschen erneut zuzuwenden, und zwar mit immer verletzlicheren Angeboten – was die Vertrautheit vertieft.

Wenn wir ansetzen mit *»Ich mache mir Sorgen um …«*, und erhalten eine empathische Antwort, dann werden wir wahrscheinlich weiter ausholen und den anderen vielleicht um Hilfe bitten. Unser Vertrauen, mit der anderen in Kontakt zu treten, wird mit Fürsorge belohnt. Nach der Interaktion fühlen sich beide einander näher. Wird unsere Bemerkung jedoch ignoriert oder mit einer nicht-empathischen Reaktion beantwortet, werden wir uns eher nicht verletzlich zeigen und die Beziehung hat eine Chance zu ihrer Vertiefung verpasst. Wir sind sogar verletzt, sodass wir unsere Verwundbarkeit mit einer kleinen Mauer schützen.

Dasselbe geschieht in zig täglichen Interaktionen mit unseren Kindern. Gehen wir auf die Not oder den Ärger unseres Kindes mitfühlend ein, dann bauen wir Vertrauen auf und stärken die Beziehung. Reagieren wir anders als mitfühlend, dann fühlt sich das Kind mit uns weniger sicher und fügt seinem Verteidigungswall einen weiteren Stein hinzu. Und das gilt natürlich für beide Seiten. Wenn wir unsere Teenager-Tochter nach dem bevorstehenden Schulball fragen und eine entgegenkommende Antwort erhalten, wagen wir uns vielleicht weiter und fragen, ob sie nervös ist. Falls ihre Antwort jedoch mürrisch ausfällt – sie also bereits defensiv reagiert – werden sich die meisten von uns zurückziehen.

Sich darin zu üben, auf den Tonfall der Interaktionen mit Ihrem Kind zu achten, ist daher Ihr bestes Verbindungswerkzeug. Ergreifen Sie dann jede Gelegenheit, die Interaktionen eine wenig wärmer zu gestalten, auch dann, wenn sich Ihr Kind zurückweisend verhält. Sie werden merken, dass Ihr Kind auf Ihre Angebote allmählich entgegenkommender reagiert und die Beziehung sich liebevoller und enger anfühlt.

Ihr Wundermittel für weniger Drama: mehr Liebe

> *Für mich als erwerbstätige Mutter war es extrem schwierig, meine Tochter morgens startklar zu bekommen. Seitdem ich jedoch, sobald sie aufwacht, zehn Minuten mit ihr kuschle, sie küsse und zum Lachen bringe, ist es viel leichter, sie zu etwas zu bewegen.*
>
> SHIKA,
> Mutter einer vierjährigen Tochter

Etwas am Leben mit seinen unzähligen Ablenkungen und ständigen Trennungen reibt Verbindungen irgendwie auf. Deshalb müssen sich Eltern immer wieder neu mit ihren Kindern verbinden, allein schon um das Ausdünnen durch die alltäglichen Ablenkungen und Trennungen zu reparieren.

Haben Sie heute mit Ihrem Kind einen Moment der Verbundenheit erlebt, der Ihnen das Herz zum Schmelzen brachte? Sie benötigen solche Erfahrungen täglich, um motiviert zu sein, mit Ihren Kindern in Gelassenheit zu wachsen. Der Alltag mit Kindern kann sich wie eine undankbare, unendliche Plackerei anfühlen. Doch wenn Sie zusammen mit Ihrem Kind mehr Warmherzigkeit hineinbringen, wird er plötzlich zur äußerst lohnenswerten und bedeutsamen Aufgabe in Ihrem Leben. Verbundenheit erinnert uns nämlich daran, dass unser Kind ein menschliches Wesen ist, das so gut handelt, wie es nur kann, sogar wenn wir uns etwas anderes wünschen, und dass es eine Ehre ist, unsere Kinder zu lieben. Und wenn wir das (zugegeben nicht immer angenehme) Privileg haben, unsere Kinder von ihrer schlechtesten Seite zu erleben, erneuert diese Verbundenheit unser Vertrauen, sodass wir auch dann noch das beste Potenzial unserer Kinder sehen, wenn sie selbst es nicht können.

Auch unsere Kinder benötigen diese herzerwärmenden Augenblicke, um uns zu vertrauen. Erst dann werden sie wirklich von unserer Liebe erreicht, die die sichere Verbundenheit erzeugt, die es den Kindern erlaubt, sich so sicher zu fühlen, dass sie etwas riskieren, lernen und altersentsprechende Entwicklungsaufgaben bewältigen können. Wenn sich Kinder bedingungslos geliebt fühlen, werden Sie davon überzeugt, liebenswert zu sein und handeln selbst eher liebevoll.

Fühlen sich Kinder dagegen allmählich isoliert, dann fühlen sie sich unsicher, »ticken aus« – was lediglich bedeutet, dass sie Gefühle spüren, von denen sie nicht wissen, wie sie damit umgehen sollen, sodass jene ärgerlichen, aufgebrachten Gefühle über ärgerliches, widerständiges Verhalten ausgelebt werden. Wenn sich unsere Kinder aufführen, greifen viele Eltern häufig zu Drohungen oder Bestechungen, um Kooperation zu erreichen. Langfristig funktioniert das jedoch nicht, denn alle Menschen rebellieren, wenn sie sich manipuliert und kontrolliert fühlen. Selbst wenn Sie Ihr Kind damit zu gutem Benehmen gebracht haben – was die Forschung allerdings bestreitet,[77] – werden Sie Ihr Kind nicht wirklich kontrollieren wollen, da es so nie seinen inneren Kompass entwickeln und für sich selbst Verantwortung übernehmen würde. Auch wäre es eine Verletzung des heiligen Schwurs aller Eltern, der besagt, den einzigartigen Wesenskern ihrer Kinder zum Aufblühen zu verhelfen, sie dabei zu unterstützen, sich zu eigenständigen, sich verwirklichenden Erwachsenen zu entwickeln.

Der einzige wirkliche Einfluss, den wir auf unsere Kinder haben, kommt über unsere Beziehung zu ihnen. Zum Glück genügt das auch. Je mehr die Kinder spüren, wie eine warme, einfühlsame Verbindung von ihren Eltern ausgeht, umso offener sind sie für unsere Hinweise – jetzt und später, wenn sie zu Teenagern heranwachsen. Im Gegensatz dazu akzeptieren Kinder unsere Versuche, ihnen etwas zu vermitteln, so lange nicht, bis sie sich mit uns verbunden fühlen. Sie leisten dann Widerstand oder rebellieren sogar. Darum sage ich immer, dass Verbundenheit achtzig Prozent der Erziehung ausmacht.

Falls Sie sich ein wenig sorgen, dass es in Ihrer Familie nicht ständig harmonisch zugeht, kann ich Sie beruhigen. In keiner Beziehung herrscht ständig Verbundenheit, und Ihr Kind wird sich regelmäßig von Ihnen getrennt fühlen, egal was für wundervolle Eltern Sie sind. Wenn Ihr Kind tagsüber fort ist, kann es mit Ihnen nicht verbunden bleiben, also verbindet es sich mit seinem Lehrer oder Schulkameradinnen. Fühlt es sich aufgewühlt oder verärgert, hebt auch das die Verbindung zu Ihnen auf. Haben Sie enorm viel zu tun und versuchen, mit Ihrem Kind nur den Tagesplan abzuhaken, wird es sich innerlich von Ihnen trennen. Also besteht unsere Aufgabe als Eltern darin, Expertinnen im Aufspüren dieser Trennungen zu werden und uns dann wieder miteinander zu verbinden. Kinder einfühlsam ins Leben zu begleiten ist beinahe unmöglich, solange Sie keine positive Verbindung zu Ihrem Kind aufgebaut haben. Also betrachten Sie Verbundenheit als Präventivmaßnahme, noch bevor es ein Problem gibt.

Als einfachstes Gegenmittel zu den Trennungsmomenten des täglichen Lebens funktioniert das Einflechten von Verbindungsritualen in Ihren Alltag. Ich weiß, dass Sie bereits viel am Hals haben und nicht nach zusätzlichen Aufgaben suchen. Aber viele meiner Vorschläge für Verbindung benötigen keinen zusätzlichen Zeitaufwand; sie unterstützen Sie vielmehr darin, aus den bereits bestehenden Interaktionen mit Ihrem Kind das Beste zu machen.

Meine Priorität gilt nicht länger dem eiligen Abarbeiten der eigenen Tagesordnung und ich nehme mir die Zeit, im Augenblick zu sein – und wirklich zu sehen und zu hören und mitzuspielen. Anstelle vage und unaufmerksame Allerweltsplattheiten loszulassen (»prima!« oder »Wie schön!«) habe ich mich aktiv an seinem Spiel erfreut. Heute sind meine Kommentare ehrlich! Nach der Schule sind wir beide zufriedener und seltsamerweise bleibt mir letztendlich mehr Zeit, um »meine« Sachen zu erledigen, denn nach einer guten Spielstunde zieht er zufrieden ab und beschäftigt sich allein!

TANYA,
Mutter eines Sechsjährigen

Bitte betrachten Sie das als offizielle Erinnerung, dass zwar Ihr Posteingang nie leer sein wird, Ihre Kinder jedoch ganz bestimmt erwachsen werden. Früher als Sie erwarten, werden Sie der letzte Mensch sein, mit dem sie Zeit verbringen wollen. (Das trifft selbst dann zu, wenn Sie wundervolle Eltern sind und Ihre Kinder Sie über alles lieben. Wenn sie älter werden, besteht ihre Aufgabe darin, sich mit Altersgenossen zu verbinden.) Ich weiß, das hört sich vielleicht wie Zukunftsmusik an. Aber Ihr Kind verlebt mit Ihnen nur etwa 900 Kindheitswochen, bevor es sein Zuhause verlässt. Und das unter der Voraussetzung, dass Sie mit Ihrem Kind von seiner Geburt an, bis es 18 Jahre ist, jede Woche verbringen, was sehr unwahrscheinlich ist. Viel realistischer ist, dass Sie bereits auf der Prioritätenliste Ihrer 14-jährigen Teenagerin ziemlich weit unten stehen. Wenn Ihr Kind also noch so jung ist, dass es abends gern Zeit mit Ihnen verbringt, warum ihm nicht dieses Geschenk von ganzem Herzen machen? Schalten Sie doch Computer und Telefon ab, während Sie mit Ihrem Kind zusammen sind. Probieren Sie es doch mal, Ihrem Kleinkind mit einer Windel auf dem Kopf nachzujagen, während Sie wie ein Tiger brüllen. Oder lesen Sie Ihrem Sechsjährigen heute eine besonders lange Gute-Nacht-Geschichte vor. Bitten Sie doch Ihre vorpubertäre

Tochter, Ihnen ein paar Lieblingslieder vorzuspielen. Garantiert werden Sie morgen davon in Form größerer Nähe und Kooperation profitieren.

Was wäre, wenn es Ihnen gelingen würde, eine tiefe, liebevolle Verbundenheit als (beinahe) Dauerzustand zwischen Ihnen und Ihrem Kind herzustellen. Das wäre, als gäben Sie sich selbst ein Wundermittel in die Hand. In Ihrem Haus gäbe es kein Geschrei mehr. Vielleicht einige von Herzen kommende Tränen: viel Umarmung, Lächeln, Lachen, Freude. Und viele herzerwärmende Augenblicke.

Was alle Eltern über Bindung wissen müssen

Denken Sie an all die »Angebote« – für Aufmerksamkeit, Essen, Trost, Spiel, Verbindung – die ein Baby während des ersten Lebensjahres an seine Eltern richtet. Bis zum Alter von 13 Monaten haben Babys mit jeder ihrer wichtigen Pflegepersonen viele Erfahrungen gesammelt, sodass sogar ein Kind, das noch nicht sprechen kann, vorhersieht, wie jeder seiner bedeutenden Erwachsenen darauf eingeht, wenn es Kummer hat, ärgerlich wird, oder etwas »selber« tun will.

Bindungstheoretikerinnen haben Strategien entwickelt, damit wir erkennen können, was Kleinkinder darüber vermuten, wie sehr sie sich bei Kummer auf die Hilfe von Vater oder Mutter verlassen können. Anhand dieser Methoden kann man auswerten, ob die Kinder sicher an ihre Eltern gebunden sind (die Beziehung zu Vater und Mutter wird jeweils einzeln ausgewertet). In der englischsprachigen Welt werden etwa sechzig Prozent der Kleinkinder als sicher gebunden betrachtet. Die restlichen 40 Prozent sind entweder unsicher, ob die Eltern ihre Bedürfnisse erfüllen, oder sie haben bereits den Schluss gezogen, dass die Eltern ihre Bedürfnisse nicht erfüllen und zeigen ihnen diese dementsprechend nicht mehr.

Was heißt das? Es heißt, dass sicher gebundene Kinder glauben, dass sie sich darauf verlassen können, dass die Eltern liebevoll auf ihren Kummer und mit Verständnis auf ihren Ärger und ihre emotionale Erregtheit eingehen werden. Beachten Sie, dass der wichtigste Faktor zum Aufbau einer sicheren Bindung die Ansprechbarkeit der Eltern gegenüber den Emotionen des Babys ist. Wenn Sie Ihr Baby am Körper tragen, es stillen oder mit ihm in einem gemeinsamen Bett schlafen, wird das die Wahrscheinlichkeit erhöhen, dass Sie seine Bedürfnisse bemerken und liebevoll darauf eingehen, aber allein für sich garantieren diese »Bindungspraktiken« noch keine sichere Bindung – sie sind nur Mittel zum Zweck. Ich habe sie bei meinen eigenen Kindern angewandt und empfehle sie weiter, wenn Sie sich damit wohlfühlen. Doch wenn nicht, seien Sie unbesorgt. Bereits lange, bevor diese Praktiken in der westlichen Kultur Fuß fassten, waren mehr als die Hälfte der Kleinkinder sicher an ihre Eltern gebunden. Es kommt vor allem darauf an, dass Sie grundsätzlich auf die Bedürfnisse und Emotionen Ihres Kindes eingehen.

Weshalb ist eine sichere Bindung so wichtig? Sie gibt dem Kind die Basis dafür, sich liebenswert zu fühlen – daran zu glauben, dass es wertvoll genug ist, um bei seinen wichtigen Menschen große Liebe hervorzurufen.

Es lernt zu vertrauen: Die Welt ist ein sicherer Ort, an dem seine Bedürfnisse erfüllt werden können. Wie Sie aus Teil 1 gelernt haben, wird das Gehirn durch jede lang genug wiederholte Erfahrung neu verknüpft. Daher haben Kinder, die eine frühe sichere Bindung erfahren haben, ein Gehirn, das für Vertrauen, Verbundenheit und Selbstvertrauen verknüpft ist.

Im Vergleich dazu entwickeln Kinder, die sich nicht sicher fühlen, dass ihre Bedürfnisse erfüllt werden, ein Gehirn, das auf eine Weise verknüpft ist, dass sie auf andere Menschen mit Drama reagieren: Sie sind wachsam, bedürftig, widerständig oder fordernd. So überrascht auch das Längsstudienergebnis nicht, dass sich sicher gebundene Kinder ihr Leben lang mit Beziehungen leichter tun – bei Freundinnen, Lehrern, Kolleginnen und Partnern gleichermaßen. Auch sind sie in Ausbildung und Beruf erfolgreicher, regulieren besser ihre Emotionen und sind zufriedener.

Darüber hinaus wird die eigene Bindungssicherheit oft an die Kinder weitergegeben. Die Forschung zeigt zum Beispiel, dass Eltern, die sich mit der Bedürftigkeit ihres Kindes unbehaglich fühlen, oft Kinder aufziehen, die ihrerseits mit den eigenen Bedürfnissen auf Kriegsfuß stehen und letztlich auch mit den Bedürfnissen der eigenen Kinder.[78]

Dennoch lautet die gute Nachricht, dass Sie sich, selbst wenn die Beziehung zu Ihren Eltern unsicher war, eine sichere Bindung »verdienen« können, indem Sie an sich selbst arbeiten: über Ihre Vergangenheit reflektieren, mit den eigenen Emotionen vertrauter werden und sich selbst bedingungslos lieben lernen.[79]

Indem Sie diese Arbeit tun, »beeltern« sie sich selbst neu. So sind Sie besser gerüstet für den Umgang mit den Emotionen Ihrer Kinder; Sie sind ansprechbarer und Ihr Kind entwickelt zu Ihnen mit größerer Wahrscheinlichkeit eine sichere Bindung. Dies gehört zu der »Unterbrechung des negativen Kreislaufs«, um die Bedürfnisse Ihrer Kinder zu erfüllen, obwohl Ihre eigenen nicht erfüllt wurden.

Falls Sie nicht wissen, ob Ihr Kind sicher gebunden ist, stellen Sie sich folgende Fragen:

- Teilt Ihr Kind seinen Kummer mit Ihnen?
- Teilt Ihr Kind seinen Ärger mit Ihnen?
- Teilt Ihr Kind seine Ängste mit Ihnen?

Falls die Antwort ja lautet, sind Sie für Ihr Kind wahrscheinlich ein zuverlässiger Zufluchtsort. Falls nicht, gibt es keinen Grund zur Panik. In diesem Teil des Buches (über Verbundenheit) und in Teil 3 (der sich mit dem Emotions-Coaching beschäftigt) werden Sie viele Fähigkeiten und Strategien lernen, um die Verbindung zu Ihrem Kind zu stärken. Selbst wenn Ihr Sohn als Kleinkind geschlussfolgert hat, dass er Ihnen nicht mit all seinen Emotionen vertrauen konnte, sind Sie heute in der Lage, ihm neue, bessere Erfahrungen anzubieten, die diese Überzeugung verändern. Das wird nicht nur Ihre Beziehung zu dem Kind stärken, sondern Sie machen ihm damit auch ein unbezahlbares Geschenk, das jede seiner Beziehungen ein Leben lang verbessern wird.

Und machen Sie sich bitte keine Vorwürfe. Zwar ist elterliche Ansprechbarkeit der wichtigste Faktor für die Bindungssicherheit. Aber jede Beziehung wirkt in beide Richtungen und es gibt Kinder, mit denen es einfach schwieriger ist, sich zu verbinden. Und einige Kinder mit unsicherer Bindung erlebten besondere Umstände – frühe Krankenhausaufenthalte, sensorische Probleme, Angst und so weiter – das erschwert den Bindungsaufbau.

Oft beginnen angespannte Verbindungen zwischen Eltern und Kind schon früh. Beispielsweise wird es einer Frau mit Wochenbettdepression vielleicht schwerfallen, eine Bindung mit ihrem Baby einzugehen. Diese Distanz kann sich dann bis ins Kleinkindalter fortsetzen, wenn sich die Mutter als ungeduldiger und reaktiver auf altersentsprechendes herausforderndes Verhalten ihres Kleinkinds erlebt. Tatsächlich stammen Eltern-Kind-Probleme häufig aus einer unsicheren Bindung im Säuglingsalter, die psychotherapeutisch behandelt werden kann.

Andere Eltern binden sich zwar leicht an ihr Baby, erleben aber, dass Sie vom Trotz ihres Kleinkindes in Rage gebracht werden, insbesondere dann, wenn in die Familie ein neues Baby geboren wird und dadurch die Beziehung zum älteren Kind leidet. Auch wenn Eltern und Kinder aufgrund unterschiedlichen Temperaments nicht gut harmonieren, wird die gegenseitige Wertschätzung vielleicht zur Herausforderung, wenn beispielsweise ein ausgelassenes extrem aktives Kind von einer hochsensiblen Mutter geboren wird, die viel Zeit für sich braucht, um wieder Energie zu tanken.

Falls Sie sich in diesen Beispielen wiederfinden, soll Ihnen dieses Buch dabei helfen, mit Ihrem Kind neue Bindungsmuster aufzubauen. Aber wenn Sie sich bei dem Versuch, eine Verbindung aufzubauen, frustriert fühlen, dann empfehle ich Ihnen einige Sitzungen mit einem Elterncoach, der Sie bei der Arbeit mit diesem Buch unterstützen kann, um ein auf Sie zugeschnittenes Programm zu entwickeln, das die Beziehung zu Ihrem Kind festigt. Bitte zögern Sie nicht, sich diese Hilfe zu holen, falls Sie glauben, Ihre Verbindung könnte stärker sein. Sie können noch so viele erzieherischen Fähigkeiten gelernt haben, eine belastete Eltern-Kind-Bindung wird dadurch nicht ausgeglichen. Wenn Ihr Kind sich nicht mit Ihnen verbunden erlebt, fühlt sich das Wachsen mit Kindern so an, als führe man mit dem Rad einen sehr steilen Berg hoch – in die Pedale zu treten wird fast zur Unmöglichkeit. Im Gegensatz dazu gleicht das Elternsein in einer guten Beziehung dem Hinabgleiten ins Tal – Sie müssen zwar weiterhin aufpassen und lenken und gewiss gibt es Drehungen und Wendungen, aber die Schwungkraft ist auf Ihrer Seite.

ÜBUNG

Bestandsaufnahme Ihrer Verbundenheit zu Ihrem Kind

Sie werden merken, dass die Beziehung zu Ihrem Kind dann Unterstützung braucht, wenn Sie wiederholt beobachten, dass:

- Sie sich nicht an Ihrem Kind freuen. Vielleicht fühlen Sie sich distanziert oder nachtragend oder ständig verärgert.
- Ihr Kind häufig nicht mit Ihren Bitten kooperiert.

Seien Sie ehrlich mit sich selbst. (Das wird Ihre Ausgangsbasis, an der Sie Ihren Fortschritt messen.) Wie verbunden fühlen Sie sich mit Ihrem Kind an den meisten Tagen?

1 2 3 4 5 6 7 8 9 10

Was glauben Sie, wie verbunden fühlt sich Ihr Kind an den meisten Tagen mit Ihnen? Denken Sie daran, nur weil wir uns mit ihnen verbunden fühlen, heißt das noch lange nicht, dass sich die Kinder **ebenfalls** mit uns verbunden fühlen.

1 2 3 4 5 6 7 8 9 10

Falls Ihr Kind und Sie die gegenseitige Nähe unterschiedlich einschätzen, woran liegt das Ihrer Meinung nach?

____

____

____

Wenn Sie das Gefühl haben, Ihr Kind fordert Sie heraus, oder die Beziehung zu Ihrem Kind ist nicht so befriedigend, wie Sie es gerne hätten, was sind Ihre Ideen, woran das liegen könnte?

____

____

____

Auf welche Weise fördern Sie die Verbundenheit mit Ihrem Kind?

____

____

____

Was stellt sich der Verbundenheit mit Ihrem Kind in den Weg?

____

____

____

Was könnten Sie tun, um die Verbundenheit zu Ihrem Kind zu vertiefen?

____

____

____

ÜBUNG

Programmieren Sie Ihr Unterbewusstsein neu für Verbundenheit

1. **Stellen Sie sich jetzt vor, wie Sie sich mit Ihrem Kind verbinden und dabei tiefe Liebe spüren.** Auch Ihr Kind reagiert mit Zuneigung und Freude. Vielleicht kuscheln Sie gerade als Guten-Morgen-Ritual. Oder Sie schwingen Ihr Kind im Kreis und Sie lachen beide. Halten Sie dieses Bild für ganze 60 Sekunden fest. Schauen Sie es an wie einen Film. Wie fühlen und handeln Sie dabei? Wie reagiert Ihr Kind? Lassen Sie dieses herzerwärmende Gefühl der Verbundenheit auf sich wirken. So programmieren Sie Ihr Unterbewusstsein darauf, dass Sie mehr solche Augenblicke in Ihrem Leben erzeugen können.
2. **Wenn Sie heute durch Ihren Tag gehen, achten Sie darauf, wann Sie anfangen, sich über Ihr Kind zu ärgern.** Verabreichen Sie sich dafür jetzt ein Gegenmittel. Bevor Sie Ihr Kind zurechtweisen, halten Sie sich selbst dieses wärmende Bild vor Augen und fühlen wieder die Liebe. Ist das schwer? Üben Sie weiter. Es wird leichter. Dabei hilft es ungemein, wenn Sie die Dinge aus der Perspektive Ihres Kindes betrachten können, anstatt sich in Ihrer eigenen festzufahren. Es gibt immer mehrere Sichtweisen einer Situation.
3. **Unternehmen Sie heute zumindest einen Schritt, damit dieses liebevolle Bild Wirklichkeit werden kann.** Selbst eine kleine Handlung führt Sie in die richtige Richtung. Am schnellsten verbinden sich Menschen über Berührungen. Auch Spiel erfüllt diesen Zweck zuverlässig. Aber all das geschieht nicht, ohne dass Sie langsamer werden, Ablenkungen loslassen und sich selbst ganz in die Interaktion mit Ihrem Kind einbringen. Kuscheln Sie auf der Couch, massieren Sie ihm die Füße, oder beginnen Sie eine spielerische Rauferei, die alle zum Lachen bringt. Oder regen Sie Geschwister dazu an, sich bei einer Kissenschlacht »Kinder gegen Eltern« zu verbinden. (Lassen Sie dabei die Kinder gewinnen.)

4. **Wiederholen Sie das alles täglich.** Sie werden über die Verwandlung Ihrer Familie innerhalb einer Woche erstaunt sein. Die Liebe versagt nie.

Empathie

Ich hatte gerade Lauras Blog gelesen. Es ging darum, ruhig zu bleiben und die Wünsche des Kindes anzuerkennen. Als das Schreien und Aufstampfen begann, unterbrach ich mein Tun und setzte mich neben mein Kleinkind. Ich nahm Augenkontakt auf, hörte seiner Beschwerde zu und ließ nicht zu, dass mich das Geschrei in Wut brachte. Ruhig erklärte ich, dass ich ihn hörte. Ich sagte: »Ich weiß, dass die lecker schmecken und mag sie auch, aber du wirst damit noch eine Stunde bis zur Essenszeit warten.« Da heulte er kurz, ließ sich für eine Minute in meine Arme fallen und ging anschließend spielen. Mein Mann beglückwünschte mich zu meiner Coolness. Und das Beste war: Den ganzen Abend über war mein Sohn sehr angenehm zu haben.

AIMEE,
Mutter eines Dreijährigen

Empathie ist sowohl das intuitive Verstehen, was ein anderer Mensch fühlt, als auch der Ausdruck dieses Verstehens. Empathie ist eines der wirkungsvollsten Werkzeuge, die Sie haben, um sich mit Ihrem Kind oder einem anderen Menschen zu verbinden.

Ihre Empathie hilft Ihrer Tochter, sich in ihrem Kummer verstanden und weniger allein zu fühlen, ob sie nun über das verlorene Fußballspiel ihres Teams enttäuscht ist, auf den nervigen Bruder gereizt reagiert oder sich ärgert, weil Sie ihr nicht erlauben, aufzubleiben, um ihr Kunstprojekt fertigzustellen. Deshalb müssen Sie Ihre Grenzen zum Thema Schlafenszeit nicht ändern und Sie dürfen auch denken, dass Ihre Tochter zu ihrem Bruder netter sein könnte, aber ihre Gefühle können sie dennoch verstehen. Sich verstanden zu fühlen, hilft dem Kind, Ihre Grenze bereitwilliger zu akzeptieren. Vielleicht hilft es ihm sogar, zu seinem Bruder netter zu sein, weil es sich bestätigt fühlt und Gelegenheit hat sich abzureagieren.

Empathie ist Ihr wirksamstes Werkzeug, um Ihrem Kind dabei zu helfen, sich durch seine Emotionen durchzuarbeiten und sie zu bewältigen.

Empathie zu geben und zu erhalten, verändert die Körperchemie beider Beteiligten, indem die Ausschüttung des Neurotransmitters Oxytocin stimuliert wird, der Stress reduziert und ein Gefühl von Verbundenheit und Wohlbefinden erzeugt.[80] Schließlich zeigt die Forschung ebenfalls, dass Kinder, die von anderen Empathie erfahren, selbst leichter Empathie entwickeln.[81] (Die Erfahrung, für Ihr Kind Empathie zu fühlen, verändert auch bei Ihnen das Gehirn und die Körperchemie, sodass Sie glücklicher, gesünder und stressfreier werden.)[82]

Zwar drücken wir unsere Empathie oft in Worten aus, sie wird aber nur teilweise durch das, was wir sagen, übermittelt. Sie besteht aus emotionaler Resonanz, übertragen zwischen den Nervensystemen zweier Menschen,[83] größtenteils über Tonfall, Gesichtsausdruck und Körpersprache. In anderen Worten, Empathie ist körperlich. Zuerst greifen die Spiegelneuronen – ein treffend benannter Teil des Nervensystems – die Körpersignale und den Gesichtsausdruck des anderen Menschen auf und übermitteln uns ein Gefühl dafür, wie es uns ginge, würden wir solche Signale aussenden. Dann arbeiten die Insula (der Insellappen) und der rechte Gyrus Supramarginalis (beide an der Empathie beteiligt) mit anderen Gehirnarealen zusammen, um uns bei der Vorstellung zu helfen, was die andere fühlt, indem die Körperempfindungen nahegelegt werden, die mit diesen Emotionen verknüpft sind. Schließlich melden wir dem andern Menschen über Gesichtsausdruck, Körpersprache und Worte zurück, dass wir verstehen, was er fühlt, und dass wir Mitgefühl für ihn empfinden, was wörtlich die Bereitschaft bedeutet, »mit der anderen mitzufühlen«.

Wie können Sie also unter Berücksichtigung all dessen die Macht der Empathie nutzen, um sich mit Ihrem Kind zu verbinden und es emotional zu unterstützen? So geht's:

1. **Zentrieren Sie sich so gut wie möglich.** Wenn Sie sich in einem emotionsgeladenen Zustand befinden, dann ist es viel schwieriger, die Emotionen eines anderen nachzurempfinden und Ihr Verständnis zu kommunizieren.
2. **Entschleunigen Sie und stimmen sich auf Ihr Kind ein.** Achten Sie auf das »Gefühl« seines Gesichtsausdrucks und der Körpersprache ebenso wie auf die Worte. Schwingen Sie mit der Emotion mit, die Ihr Kind fühlt.
3. **Übermitteln Sie Ihr Verständnis.** Geben Sie Ihr Bestes, um die Perspektive Ihres Kindes, wie auch seine Gefühle zu beschreiben. Sie können auch Ihre eigenen Gefühle ausdrücken.

    - *»Wie enttäuschend, das Spiel zu verlieren, besonders, wenn euer Team so viel trainiert hat und ihr euer Bestes gegeben habt. Das tut mir wirklich leid, Max.«*
    - *»Das hört sich so an, als wärest du ziemlich sauer auf deinen Bruder. Du magst es gar nicht, wenn du dich auf etwas konzentrierst und er dich dabei immer wieder unterbricht.«*

- *»Nate, ich merke, wie sehr du dir wünschst dein Kunstprojekt fertigzumachen. Es tut mir leid, aber du kannst nicht länger aufbleiben. Morgen ist Schule.«*

Beachten Sie, dass:

- Sie mit Ihrem Kind nicht einer Meinung sein müssen, um Verständnis für seine Gefühle auszudrücken.
- Empathie nicht bedeutet, dass Sie Ihre Grenze ändern werden.
- Sie die Gefühle Ihres Kindes nicht »etikettieren« müssen. Beschreiben Sie einfach Ihre Wahrnehmung dessen, was er oder sie will oder wünscht. Falls Sie nicht wissen, was Ihr Kind fühlt, können Sie dennoch die Situation beschreiben und versuchen seine Perspektive anzuerkennen.
- Sie nicht versuchen, Ihrem Kind die Emotionen auszureden. Es kann sie nicht loslassen, bevor es nicht damit gehört wird.

Sobald Sie Empathie gegeben haben, möchten Sie vielleicht gleich das Problem lösen, zum Beispiel, indem Sie sich dem Bruder zuwenden, damit er aufhört, die Schwester zu ärgern, oder indem Sie Ihre Tochter dabei coachen, was sie zu ihm sagen könnte. Aber Coaching und Problemlösen sind ein späterer Schritt und erst wirksam, nachdem Sie Empathie gegeben haben. (Wir beschäftigen uns eingehender mit Coaching und Problemlösen in Teil 3 des Buches).

ÜBUNG

Das Kultivieren von Empathie durch Perspektivenerweiterung

Denken Sie an die letzte Situation, in der Sie auf Ihr Kind ärgerlich waren. Beschreiben Sie, weshalb Sie ärgerlich waren.

____

____

____

Ihre Beschreibung ist der Erzählfaden (*story line*) Ihrer Geschichte, der in diesem Fall den Bezugsrahmen für Ihre Reaktion darstellt. Er ist nicht richtig oder falsch, sondern erklärtermaßen unvollständig. In dieser Geschichte liegt der Fokus auf Ihnen, also betrachten Sie Ihr Kind durch die Linse dessen, was Sie selbst wollen und benötigen.

Fahren Sie jetzt die Kamera zurück, um Ihren Blickwinkel zu erweitern. Sie können dabei immer noch sich selbst sehen, wie Sie sich abmühen. Doch jetzt wird auch Ihr Kind zur Hauptfigur. Wenn Sie es betrachten, merken Sie, dass es wirklich verletzt ist. Da ist etwas, das es braucht, von dem es nicht weiß, wie es das bekommen kann, oder noch nicht einmal, wie es dieses Bedürfnis ausdrücken kann. Ihr Kind liebt Sie, spürt aber eine Kluft zwischen Ihnen. Es weiß noch nicht einmal, wie es damit anfangen könnte, das mitzuteilen, was es fühlt. Also führt es sich auf.

Beschreiben Sie jetzt dieselbe Situation aus der Perspektive Ihres Kindes.

____

____

____

Beachten Sie, wie anders die Situation wirkt, da Sie jetzt die weitere Perspektive, einschließlich der Ihres Kindes, wahrnehmen. Von dieser Warte aus würden Sie wahrscheinlich sehr anders eingreifen.

Wenn wir wütend sind, ist es schwer unseren Kindern gegenüber empathisch zu sein. Selbstgerecht halten wir an unserer eigenen Version der Geschichte fest; da ist es sehr schwierig, innezuhalten und den Blickwinkel unseres Kindes einzunehmen. Aber wenn Sie sich ihm zuwenden und innerlich mit ihm mitschwingen, wird die Empathie Ihnen dabei helfen, Ihren Ärger zu besänftigen.

Beispielsweise wird Ihr Dreijähriger wütend, weil sein Lieblingsstift zerbricht. Er ist jetzt so zornig, dass er jeden weiteren Buntstift aus der Schachtel ebenfalls zerbricht. Natürlich sind Sie dann ärgerlich. Buntstifte kosten Geld. Aber wenn Sie sich daran erinnern, innezuhalten, loszulassen und zu atmen, können Sie sich in den Frust Ihres Kindes einfühlen. Dann sehen Sie sofort, dass Ihr Kind wie ein Dreijähriger handelt, weil er eben drei Jahre alt ist. Sobald Sie die Situation aus seiner Perspektive betrachten können, lässt Ihr Ärger nach. Die zerbrochenen Buntstifte wirken im Zusammenhang eines kleinen Menschen, der mit dem großen Drama von Verlust, Enttäuschung und Zorn kämpft, einfach nicht mehr so wichtig. Sie merken, dass er viel dringender Ihre Hilfe zur Bewältigung dieser Emotionen braucht als eine Lektion darüber, dass Geld nicht auf Bäumen wächst. *»Wow, du musst wirklich total wütend geworden sein, als dein Buntstift zerbrochen ist, denn es ist dein Lieblingsstift aus der Schachtel, oder? Da bist du so zornig geworden, dass du alle Buntstifte zerbrechen wolltest. War das so?«*

So fühlt sich Ihr Kind verstanden und indem Sie ihm »die Geschichte erzählen«, wie sie passiert ist, helfen Sie ihm, das Reflektieren zu erlernen: ein erster Schritt hin zur Entwicklung von Urteilsvermögen. Ihre Empathie bedeutet nicht, dass Sie ihm neue Buntstifte kaufen, und es heißt auch nicht, dass Sie seine Methode, mit Ärger umzugehen, in Ordnung finden. Aber Ihr Kind ist schließlich erst drei Jahre alt. Ihre erste Aufgabe besteht darin, sich wieder mit ihm zu verbinden, bevor Sie zum Lösen des Problems übergehen oder ihm sonst etwas beibringen können. Tatsächlich wird es die erwünschte Schlussfolgerung selbst ziehen, sobald es diese Emotionen gemeistert hat. Also wird Ihr Kind nicht noch einmal seine Buntstifte zerbrechen.

ÜBUNG: EMPATHIE GEBEN, WAS WERDEN SIE SAGEN UND TUN?

Die meisten von uns sind ohne die Erfahrung von Empathie aufgewachsen und das kann es erschweren, unseren Kindern Empathie zu geben. Sogar liebevolle Eltern deckeln oft die Emotionen ihrer Kinder, indem sie folgendermaßen reden: *»Ach, stell dich doch nicht so an.«* Oder: *»Du musst dich darüber nicht aufregen. Komm schon, du wirst es überleben.«* Diese Übung wird Ihnen helfen, darüber nachzudenken, wie Sie Ihrem Kind in alltäglichen Situationen Empathie geben können.

Lesen Sie die untenstehenden Situationen. Schreiben Sie unter jedes Szenario, was Sie sagen und tun könnten, um Ihrem Kind empathisches Verständnis zu vermitteln – ohne dass Sie notwendigerweise Ihre Grenze infrage stellen, um zu tun, was das Kind erbittet.

Beispiel: Ihr Kind ist darüber enttäuscht, dass es regnet

Was Sie sagen:

- *»Oh Zack, es regnet und du wolltest doch draußen spielen!«*

Was Sie tun:

- Mich körperlich mit ihm verbinden, die Hand auf seinen Arm legen.
- Augenkontakt aufnehmen, dabei spiegelt mein Gesichtsausdruck seine Enttäuschung (Spiegeln seiner Gefühle).

- Den Moment der Empathie einwirken lassen, um zu sehen, wie er reagiert.
- Wenn er weint, ihn halten und seine Enttäuschung weiterhin spiegeln.
- Wenn er ärgerlich ist, den Ärger anerkennen und die Traurigkeit darunter ebenfalls: *»Du wünschst dir, es würde nicht regnen. Du wolltest im Sandkasten spielen.«*
- Anschließend versuche ich vielleicht spielerisch oder über Problemlösen die Stimmung zu verändern und ihm zu helfen, sich auf die Situation einzustellen.

Jetzt sind Sie dran

(1) **Ihre Tochter erklärt, dass sie nicht schlafen kann, weil sie im Dunkeln Angst hat.**

Was Sie sagen:

____

____

____

Was Sie tun:

____

____

____

(2) Ihr Kind ist auf sein Geschwisterchen ärgerlich.

Was Sie sagen:

Was Sie tun:

(3) Ihr Kleinkind hat einen Trotzanfall.

Was Sie sagen:

Was Sie tun:

(4) Ihr Kind vermisst den anderen Elternteil, der auf Geschäftsreise ist.

Was Sie sagen:

___

___

___

Was Sie tun:

___

___

___

(5) Ihre vorpubertäre Tochter bekommt beim Schultheater nicht ihre Lieblingsrolle.

Was Sie sagen:

___

___

___

Was Sie tun:

___

___

___

Viele Eltern fragen: »*Was ist die richtige Antwort darauf?*« Es gibt keine allein richtige Antwort. Finden Sie Ihre eigene beste Antwort.

Empathisches Zuhören

> *Als Kind war ich darauf konditioniert worden, Kinder weinen und Emotionen ausdrücken zu lassen, sei schlecht und verantwortungslos. Jetzt selbst Mutter eines vierjährigen Mädchens fiel mir das Umdenken schwer, aber mir tat jedes Mal das Herz weh, wenn sie während eines Trotzanfalls verzweifelte. Oder einfach, wenn sie in einer Situation das Gefühl hatte, dass etwas nicht gut lief. Die magische Formel lautete dann, ihre Gefühle anzuerkennen. Sie fing dann an, mich anzuschauen. Mir wirklich in die Augen zu schauen. Und wenn ich mich ihrer Erfahrung gegenüber dann mitfühlend zeigte, begann sie sich zu öffnen und Einzelheiten darüber zu erzählen, was sie wahrnahm und wie sie sich fühlte. Sie soll wissen, dass sie jederzeit zu mir kommen kann und ich sie unterstütze.*
>
> *Sogar in einer Situation, in der sie sich nicht gerade in bester Verfassung zeigt.*
>
> CINDY,
> Mutter einer vierjährigen Tochter

Da Empathie mit dem Verstehen beginnt, was eine andere fühlt, gehört zu den unerlässlichen Empathie-Werkzeugen die Fähigkeit, zuzuhören. Wir glauben alle zu wissen, wie das geht, aber die meisten von uns hören nicht wirklich zu. Zum Beispiel:

Wir »hören«, wie unsere Tochter über den Vormittag in der Schule plaudert, während wir über die zu beantwortende E-Mail grübeln.

Wenn unser Sohn über eines seiner Probleme redet, reagieren wir besorgt und sagen ihm sofort, was er tun sollte, um es zu beseitigen.

Vielleicht verlangen wir von unserem Kind eine Erklärung seines Verhaltens – *»Was hast du dir dabei gedacht?«* – aber anstatt seine zögerliche Erklärung anzuhören, legen wir mit einer Standpauke los.

Wenn unser Kind dann älter wird, wünschen wir, es würde mit uns reden!

Empathisches Zuhören bedeutet, der Emotion hinter den Worten zuzuhören. Es beginnt mit dem inneren Versprechen, vollkommen präsent zu sein und aufzunehmen, was unser Kind sagt. Glauben Sie nicht, Sie müssten das Problem lösen, egal worum es geht. Es ist sogar viel besser, sich auf die Zunge zu beißen, als überstürzte Meinungen oder Lösungsvorschläge abzugeben. Jedes Mal, wenn Sie einen Rat geben, deuten Sie damit an, dass Ihr Kind nicht fähig ist, das Problem selbst zu bewältigen. Kinder lernen am meisten von der Gelegenheit, sich selbst reden hören zu können und ziehen dann ihre eigenen Schlüsse. Wenn Sie der Versuchung zu belehren nachgeben, wird Ihr Kind dichtmachen. Wollen Sie Ihr Kind wissen lassen, dass Sie zuhören, geben Sie kurze Laute von sich:

- »Mmmm«
- »Oh«
- »Wirklich?«
- »Wow!«
- »Was ist dann passiert?«
- »Erzähl mir mehr.«
- »Du liebe Zeit!«

Fühlen Sie sich in Ihr Kind ein. Sagen Sie mit eigenen Worten, was Sie gehört haben, um sicher zu gehen, dass Sie Ihr Kind verstanden haben. Stellen Sie Fragen, die mit »Ich frage mich,« beginnen.

- *»Ich frage mich, was passieren würde, wenn du das tust.«*
- *»Es hört sich so an, als hat er mit seinem Reden wirklich deine Gefühle verletzt.«*
- *»Du meinst also, wenn er das nächste Mal so mit dir redet, wirst du ihm sagen, dass du nicht mehr sein Freund sein willst? Natürlich kann ich verstehen, weshalb du das sagen würdest!«*

ÜBUNG

Empathisches Zuhören

Hören Sie zu. In dem Moment, in dem sich die Menschen gehört fühlen, fängt die Heilung in ihnen an.

CHERYL RICHARDSON,
Bestsellerautorin

Überlegen Sie, wann Ihr Kind das letzte Mal mit Ihnen über etwas geredet hat. Wie würden Sie Ihr Zuhören einschätzen?

1 2 3 4 5 6 7 8 9 10

Gelang es Ihnen, überstürzte Ratschläge zurückzuhalten?

____

____

____

Sehen Sie Möglichkeiten, wie Sie ein besserer Zuhörer werden können?

Ganz zuzuhören bedeutet, genau darauf zu achten, was sich unter den Worten befindet. Sie hören nicht nur »der Musik« zu, sondern auch dem Wesen(skern) des Sprechers. Generatives Zuhören ist die Kunst, in sich selbst eine tiefere Stille zu entwickeln, damit Sie das Zuhören des Geistes auf die natürliche Geschwindigkeit Ihres Ohres verlangsamen und auf die Bedeutung unter den Worten lauschen können.

PETER SENGE[87]

ÜBUNG

Entschleunigen Sie, um sich verbinden zu können

Viele Kinder sagen, sie wünschen sich, sie könnten mehr mit ihren Eltern reden, aber ihre Eltern hörten nicht zu oder reagierten überzogen. Oder sie würden einfach nicht verstehen. Vor allem aber seien die Eltern zu geschäftig, zu sehr in Eile.

Zu entschleunigen ist vielleicht ein wesentlicher Teil davon, mit Ihrem Kind in Verbindung zu kommen. Sie könnten versuchen, sich Zenmeister Thich Nhat Hanh zum Vorbild zu nehmen, der als ein Mittelding zwischen Schnecke, Wolke und schwerer Maschine beschrieben wurde.[88] Könnte das Entschleunigen eine Vorbedingung für diese Leichtigkeit der Berührung und Tiefe der Präsenz sein? Versuchen Sie heute dieses kraftvolle kleine Experiment und erleben Sie, welche Auswirkungen es auf Ihre Familie hat.

Finden Sie zunächst tiefere Ruhe und Stille in sich selbst.

Achten Sie auf Ihre Körperempfindungen.

Blicken Sie Ihrem Kind in die Augen, wenn es spricht.

Genießen Sie es, wie das Sonnenlicht ein Leuchten auf das Haar Ihres Kindes zaubert. Halten Sie inne, bevor Sie antworten.

Atmen Sie tief und bewusst. Lauschen Sie auf die Bedeutung unter den Worten.

Beachten Sie, dass ein aufgebrachter Tonfall eine Bitte um Gehör ist.

Verweilen Sie bei jeder Umarmung ein wenig länger.

Beachten Sie, dass alles, was Ihr Kind sagt, ein Geheimcode für »Bitte liebe mich« ist.

REFLEXION NACH DER ÜBUNG

Vertiefen Ihres Zuhörens

Denken Sie nach dem Experiment über folgende Fragen nach.
Wie verändert sich das Verhalten Ihres Kindes, wenn Sie entschleunigen und ihm wirklich zuhören?

____

____

____

Was müssen Sie jeden Tag für sich selbst tun, damit Sie so weit entschleunigen können, dass Sie Ihr Kind wirklich hören?

____

____

Was geschieht, wenn Sie einfach drei Minuten mit der Absicht dasitzen, einen Moment des Friedens zu spüren?

___

___

___

WIE SIE IHREM KIND HELFEN, SICH ZU ÖFFNEN UND DARÜBER ZU SPRECHEN, WAS IHM WICHTIG IST

Verwenden Sie lieber »Eisbrecher« als direkte Fragen, die Kinder in Verlegenheit bringen. *»Erzähl mir, wie du dich fühlst«*, ist nicht empathisch. Empathie spiegelt, was das Kind Ihnen bereits zeigt. *»Du wirkst heute Morgen traurig«, oder »du bist heute Abend sehr still«*, gefolgt von einem warmen Lächeln, wird Ihren Sohn eher dazu ermutigen, sich zu öffnen, als wenn Sie ihn mit Fragen bedrängen.

Wenn Ihnen Ihr Kind etwas mitteilt, das Ihnen Sorgen macht, drücken Sie innerlich auf »Pause«, um innezuhalten, Ihre Besorgtheit loszulassen und zu atmen. Hier geht es nicht um Sie. Ihre Angst rührt daher, dass Ihr Kind in diesem Moment auch Angst hat und Ihre Hilfe braucht. So kommt Ihr Kind zum Beispiel nach Hause und schreit: *»Ich hasse diese Lehrerin! Sie hat mich vor allen anderen angeschrien«*, und Ihnen liegt vielleicht auf der Zunge: »Was hast du denn angestellt, dass sie dich angeschrien hat?« oder *»Kylie! Man sagt nicht, dass man jemanden hasst.«* Das Kind braucht aber eigentlich diese Worte: *»Wow, das war bestimmt peinlich. Kein Wunder, dass du sauer auf sie bist!«*

Was Sie tun sollten:

- Achten Sie auf Ihre emotionalen Reaktionen und atmen einfach durch sie hindurch, anstatt zu versuchen, Ihren eigenen Gefühlszustand dadurch zu verbessern, indem Sie voreilige Meinungen, Belehrungen und Erklärungen abgeben oder versuchen, Ihr Kind zu ändern oder ihm Vorwürfe zu machen.
- Erlauben Sie Ihrem Kind Emotionen und Ärger zu zeigen. Wenn es über seine Gefühle spricht, muss es diese nicht über unerwünschtes Verhalten ausleben. Das ist Ihre Chance, ihm dabei zu helfen, sich mit jenen Gefühlen »anzufreunden«, damit es sie regulieren kann.
- Setzen Sie sich neben Ihr Kind, sodass es Sie nicht direkt anschauen muss, was Druck aus der Situation herausnimmt. Aus diesem Grund helfen Autofahrten oft dabei, Kinder (und Erwachsene) zum Reden zu bringen.
- Schalten Sie Handy und Computer aus, wenn Sie mit Ihrem Kind interagieren. Ihr Kind wird sich sein Leben lang daran erinnern, dass es seinen Eltern so wichtig war, dass Sie in der gemeinsamen Zeit Ihre Smartphones abgestellt haben.

Was Sie nicht tun sollten:

- Über Kommentare wie: *»Natürlich hast du Freunde!«* oder: *»Du reagierst überzogen, Julia!«* oder: *»Sie werden bestimmt einlenken!«* die Gefühle Ihres Kindes zu ändern versuchen. Anstatt sich als gehört zu erleben, fühlt es sich dann nicht ernst genommen.
- Ihrem Kind Vorwürfe machen, oder ihm die Schuld mit Bemerkungen zuschieben wie: *»Ich hab dir doch gesagt, du sollst nicht …«*, oder: *»Wieso hast du mir nichts davon erzählt?!«* oder: *»Das solltest du eigentlich besser wissen!«*
- Rasch zum Problemlösen übergehen, während Ihr Kind noch seine Gefühle ausdrückt.

Falls Ihr Kind älter ist und sich dem Gespräch mit Ihnen verweigert, versuchen Sie den Vorschlag von Heather Forbes, einer Expertin für das Verbundensein mit Kindern, einschließlich Kindern mit traumatischer Vergangenheit.[89] Helfen Sie Ihrem Kind, sich mit dem Offenbaren der eigenen Verletzlichkeit anzufreunden, indem Sie »zweimal Wahrheit einmal Lüge« spielen. Laden Sie Ihr Kind ein, Ihnen drei Dinge über sein Leben zu erzählen, wovon nur zwei wahr sind. Sie raten, welche das sind. Vielleicht müssen zuerst Sie den Erzählpart übernehmen oder das Spiel einige Male ohne Beteiligung des Kindes machen, bevor es bereit ist, seine Erfahrung mitzuteilen. Trainieren Sie Ihre Selbstregulationsfähigkeit, damit Sie auf das Erzählen Ihres Kindes ohne überzogene Reaktionen und empathisch antworten können. Denken Sie daran, dass Ihr Kind Sie in seine Erfahrung hineinschauen lässt. Also seien Sie behutsam.

Wenn Empathie nicht funktioniert

Wenn Eltern mit der sanften Unterweisung beginnen, sind sie oft erstaunt darüber, wie gut Empathie zur Beruhigung ihres Kindes »funktioniert«. Für die meisten Menschen gilt, dass es ihnen gleich besser geht und sie sich kooperativer verhalten, sobald ihre Meinungen und Gefühle anerkannt werden. Sobald also Eltern die Angst davor überwinden »mit den negativen Emotionen« ihres Kindes »einverstanden zu sein« – eine häufige Furcht, obgleich Empathie nicht Zustimmung bedeutet – lernen sie schnell, auf ihr Kind empathisch einzugehen, wenn es ihm gerade schlecht geht:

- *»Heute klappt anscheinend gar nichts, was?«*
- *»Oh, ja, du hättest jetzt soo gern Eiscreme.«*
- *»Du klingst sehr verärgert!«*

Empathie ist eigentlich sogar so wirksam, um uns wieder mit unserem aufgebrachten Kind zu verbinden und ihm zu helfen, sich zu beruhigen, dass es uns überrascht, wenn es dann doch einmal »nicht funktioniert«.

Aber Empathie ist keine List, um jemanden zu kontrollieren. Es ist ein Mittel, um Verbindung aufzunehmen und Ihrem Kind beim Verarbeiten von Emotionen zu helfen. Falls Empathie also nicht »funktioniert«, dann überlegen Sie, ob Sie sich gerade tatsächlich mit Ihrem Kind verbinden und ihm bei seinen Emotionen beistehen.

Hier sind die Probleme, die ich von Eltern höre, die Empathie geben wollen:

1. **»Durch Empathie weint mein Kind erst recht.«** Ja, wenn wir Gefühle der Kinder anerkennen, verstärkt sich oft die Emotion. Aber nicht wir erzeugen diese schlechten Gefühle. Sie sind sowieso schon vorhanden. Denken Sie an eine Zeit, in der Sie starke Gefühle in sich verschlossen hatten. Vielleicht war etwas Schlimmes passiert. Sie rissen sich zusammen. Dann kam jemand, bei dem Sie sich sicher fühlten, und er oder sie umarmte Sie oder sagte etwas Mitfühlendes und Sie brachen daraufhin in Tränen aus. Den Kindern geht es da genauso: Wenn sie heftige Gefühle spüren und wir geben ihnen Empathie, dann kommen sie mit ihren Gefühlen besser in Kontakt. Aber das ist ja eine gute Sache. Denn sobald sie diese Emotionen fühlen, beginnen diese sich aufzulösen. Emotionen funktionieren so.
2. **»Empathie beendet nicht den Trotzanfall.«** Sobald Ihr Kind in den »Kampf- oder Fluchtmodus« gerät, helfen keine Worte mehr. Anstatt also die Emotionen zu benennen, übermitteln Sie Ihrem Kind Sicherheit, damit es Ihnen all diese Gefühle zeigen kann. Je weniger Worte, umso besser – nur gerade so viele, dass Ihr Mitgefühl bei dem Kind ankommt. Empathie wird zwar den Trotzanfall nicht stoppen, wird aber dem Kind helfen, all diese Gefühle hervorzuholen und loszulassen. So sieht Heilung aus.

3. **»Ich wiederhole immer wieder: ›Du bist sehr traurig und frustriert‹, aber mein Kind wird dann total wütend und sagt, dass ich damit aufhören soll.«** Wie wir Gefühle am besten bestätigen, hängt vom Alter unseres Gegenübers ab. Bei einem ärgerlichen Kleinkind begeben Sie sich vielleicht auf seine Ebene und sagen: »Du bist so was von wütend«, in einem Tonfall, der deutlich zeigt, dass Sie seine leidenschaftlichen Gefühle verstehen. Dem Kleinkind wird somit oft versichert: Mama und Papa halten das nicht für einen Notfall, und es lernt, dass es sogar einen Namen (wütend) für die überwältigende Gefühlswelle gibt.

   Aber wenn die Kinder älter werden, fühlen sie sich durch das Benennen der Emotion oft eher analysiert und manipuliert als verstanden. Stellen Sie sich vor, Sie wären wütend und Ihre Partnerin wiederholt nur ständig: *»Du bist sehr traurig und frustriert.«* Das würde Sie wahrscheinlich noch wütender machen.

   Ihr Ziel ist es, dass sich Ihr Kind verstanden fühlt. Sprechen Sie mit ihm also in einem Tonfall, der zu seinem Gefühl passt. Die Emotion zu etikettieren ist in Ordnung, wenn es dem Kind dabei hilft, sich verstanden zu fühlen, ansonsten gibt es, solange es aufgebracht ist, keinen Grund dafür.[90] (Bitte lesen Sie für weitere Anregungen zum Thema unter »Müssen Sie es benennen, um es zu zähmen?« auf Seite 403 nach). Und während eines Trotzanfalls muss Ihr Kind natürlich nur wissen, dass es in Sicherheit ist, dass Sie verstehen und zu einer Umarmung bereit sind, sobald auch Ihr Kind bereit ist.

4. **»Ich sage: ›Du bist wütend, aber bei uns wird nicht gehauen‹ und zehn Minuten später fängt er wieder damit an.«** Wenn wir das Wort »aber« benutzen, hat unser Gegenüber oft nicht den Eindruck, dass seine Gefühle anerkannt werden. (Es gibt ein altes Sprichwort: *»Alles vor dem ›aber‹ ist gelogen.«)*

   Vielleicht versuchen Sie es einmal mit dem Wörtchen »und«, um herauszufinden, ob es etwas ändert: *»Du fühlst dich richtig stinksauer, nicht wahr? Das verstehe ich! Und egal was los ist, hauen ist nicht okay!*

Sag mir in Worten, was dich drückt!« Natürlich muss Ihr Tonfall signalisieren, dass Sie wirklich verstehen, wie aufgebracht Ihr Kind ist.

Der Hauptgrund, weshalb empathische Ermahnungen das Schlagen nicht verhindern, liegt darin, dass Sie einfach nicht erwarten können, dass das Problem durch »Reden« gelöst wird. In Kindern, die schlagen, steckt viel weggesperrte Angst. Da ist es wichtig, dass Sie eine sichere Atmosphäre schaffen und eine mitfühlende Grenze setzen, damit die Kinder ihre Angst durch Weinen ausdrücken können. Nur dann hören sie normalerweise mit dem Schlagen auf.

5. **»Ich fühle mich in ihre Emotion ein, aber sie ist dann trotzdem noch aufgebracht.«** Wenn Sie sich wirklich einfühlen, dann fühlen Sie etwas von dem, was Ihr Kind fühlt. Sie können es daran überprüfen, ob Ihnen die Tränen kommen. Sobald Sie die Situation aus seiner Perspektive sehen und diese tiefe Empathie fühlen, wird sich Ihr Kind umsorgt und verstanden fühlen. Oft genügt das schon als Hilfe, damit es sich durch die Emotion hindurch arbeiten kann. Genügt das nicht, dann liegt es daran, dass Empathie allein nicht reicht. Oft müssen wir einen Schritt weitergehen und dem Kind auch noch bei der Lösung seines Problems helfen: *»Du bist so aufgebracht darüber, dass dir deine kleine Schwester dauernd den Turm umwirft. Komm, wir suchen dir einen sicheren Bauplatz.«* Manchmal braucht Ihr Kind unsere Unterstützung, um selbst eine Lösung zu finden: *»Du bist so wütend auf deinen Bruder. Ich glaube, er sollte hören, wie du dich fühlst. Komm, wir suchen deinen Bruder, und ich bleibe bei dir, wenn du es ihm sagst.«* Und manchmal kann Ihr Sohn oder Ihre Tochter einfach das Gewünschte nicht bekommen, aber Sie können es ihnen über einen Wunsch geben: *»Soll ich das auf deine Geburtstagsliste setzen, damit du, wenn es soweit ist, entscheiden kannst, ob du es noch willst?«* Manchmal reicht jedoch Wunscherfüllung nicht aus und es gibt keine Lösung für das Problem. Die Enttäuschung ist einfach zu groß – oder eine ältere Verletzung wurde getriggert, die noch immer ausgedrückt wer-

den will – was nur über Tränen geht. In diesem Fall »funktionierte« Ihre Empathie vollständig. Jetzt fühlt sich Ihr Kind sicher genug, um Ihnen seine Aufgebrachtheit zu zeigen. So bauen Kinder Resilienz auf: Sie fühlen sich sicher genug, ihre Enttäuschung ganz zu spüren und lernen dadurch, dass sie sich hinterher wieder gut fühlen. Ihre Tochter weint? Das ist eine **gute** Sache!

Wenn Sie selbst die Empathie wirklich fühlen, wird sie **immer** dazu führen, dass Ihr Kind sich verstanden fühlt. (Das bedeutet manchmal, dass die Emotionen nur so hervorsprudeln, was aber letztlich zur Heilung führt.)

Falls also anscheinend Ihre Empathie nicht »funktioniert«, kommen Ihnen vielleicht Worte in die Quere. Versuchen Sie nicht länger, das treffende Wort zu finden. Stellen Sie sich stattdessen vor, Sie sind das Kind und fühlen, was Ihr Kind gerade spürt. Wenn Sie gerade Ihr Kind wären, was sollten Ihre Eltern in diesem Moment tun, um Sie da hindurch zu lieben? Tun Sie genau das.

ÜBUNG

Das Gehirn neu für Empathie verschalten

Sie sehen, weshalb Empathie ein so machtvolles Werkzeug ist, um die Beziehung zu Ihrem Kind zu stärken. Und doch stellen die meisten von uns fest, dass es Zeiten gibt, in denen sie darum ringen, bei sich Empathie zu finden. Vielleicht sind wir ärgerlich oder einfach gestresst und zu schnell unterwegs.[91] Oder vielleicht sind wir aufgewachsen, ohne uns je wirklich verstanden zu fühlen, sodass uns Empathie nicht leichtfällt. Wäre es nicht wunderbar, es gäbe eine magische Formel, die Ihre Fähigkeit steigert, für Ihr Kind Empathie und Mitgefühl zu empfinden?

Es gibt sie! Die Liebende-Güte-Meditation hat sich darin bewährt, jene Nervenbahnen zu aktivieren und zu stärken, die mit Empathie zusammenhängen,[92] und versetzt die Meditierende zusätzlich in einen positiveren Geisteszustand. Jedes Mal, wenn Sie so meditieren, werden jene Hirnareale aktiviert, die Sie befähigen, Empathie zu erfahren; und zugleich werden Nervenverbindungen aufgebaut, die das Fühlen von Empathie erleichtern.[93] Glücklicherweise handelt es sich bei der Liebende-Güte-Meditation um eine der einfachsten Meditationen:

1. Setzen Sie sich bequem hin, schließen Sie die Augen und atmen einige Male tief durch, um sich zu zentrieren.
2. Stellen Sie sich jemanden vor, der für Sie leicht zu lieben ist. Senden Sie an diesen Menschen Liebe, Mitgefühl und Wünsche für gute Gesundheit, Sicherheit, Wohlbefinden und Glück.
3. Jetzt stellen Sie sich eine leidende Fremde oder Bekannte vor. Senden Sie an diesen Menschen Liebe, Mitgefühl und Wünsche für gute Gesundheit, Sicherheit, Wohlbefinden und Glück.
4. Stellen Sie sich jetzt jemanden vor, den Sie schwerer zu lieben finden. Das könnte jemand sein, mit dem Sie im Konflikt leben oder den Sie lästig finden. Senden Sie an diesen Menschen Liebe, Mitgefühl und Wünsche für gute Gesundheit, Sicherheit, Wohlbefinden und Glück.
5. Jetzt senden Sie Liebe, Mitgefühl und Wünsche für gute Gesundheit, Sicherheit, Wohlbefinden und Glück an sich selbst.

Unterschiedliche »Empathiemuskeln« werden trainiert, wenn wir an solche Menschen Mitgefühl senden, mit denen wir uns nicht unmittelbar identifizieren können, also weitet Ihnen diese Praxis das Herz. Jederzeit können Sie diese Meditation für ein paar Minuten machen oder Sie absolvieren zur Steigerung Ihrer Empathiefähigkeit täglich ein ganzes »Trainingsprogramm« von 30 Minuten oder einer Stunde. Sie können auch jederzeit kürzere Versionen dieser Meditation versuchen, wann immer Sie ein paar Minuten übrighaben und in einen positiven Gefühlszustand wechseln wollen. Zum Beispiel mögen Sie vielleicht probieren, den Menschen in der langsamen Warteschlange, im Straßenverkehr oder in der U-Bahn liebevolle Wünsche zu senden. Zwar kenne ich dazu keine Forschungsarbeiten, aber ich selbst habe zumindest die Erfahrung gemacht, dass diese Praxis meine Laune sofort bessert und die Menschen um mich herum freundlicher erscheinen!

Spiel und Lachen

Angefangen von ansteckender zwerchfellerschütternder Albernheit bis zur Ausgelassenheit einer spontanen Kissenschlacht gehören Verspieltheit und Lachen zu den einfachsten und wirksamsten Wegen hin zu größerer Verbundenheit. Das überrascht nicht, da beim Lachen das Bindungshormon Oxytocin ausgeschüttet wird. Das heißt, wann immer wir mit jemandem gemeinsam lachen, stärken wir die Bindung zueinander. Lachen vertreibt auch deswegen schlechte Laune, weil es die Stresshormone im Blutkreislauf reduziert und den Beta-Endorphin- und Serotoninspiegel erhöht.[94] Sie können sich Lachen so vorstellen, dass es von Ihrem emotionalen Rucksack die oberste Schicht aus leichter Angst und Sorge abspült.

WESHALB KEIN KITZELN?

»Als ich klein war, kitzelte mich mein Vater immer. Ich weiß jetzt, dass er auf diese seine, Weise Verbindung knüpfte, hasste aber mein Gefühl der Machtlosigkeit dabei. Das Seltsame war, dass ich vor lauter Lachen noch nicht einmal »Stopp!« rufen konnte. Daraufhin glaubte mein Papa, dass ich Spaß daran hatte, aber in Wahrheit fühlte ich mich in der Falle und hasste es.«

MARI,
Mutter eines vierjährigen und eines einjährigen Kindes.

Während die meisten Erwachsenen Kitzeln für das einfachste Mittel halten, um Kinder zum Lachen zu bringen, empfehle ich Kitzeln nicht. Es entzieht dem Kind die Kontrolle, was zu Angstgefühlen und der Erfahrung von Machtlosigkeit führen kann. Die physiologische Reaktion auf das Kitzeln bezieht offenbar ein anderes Hirnareal ein, als den Bereich, der aktiviert wird, wenn wir über einen Witz lachen, was eher einer seelischen Befreiung gleicht – und genau diese seelische Befreiung erhoffen wir uns beim spielerischen Raufen.

Von den meisten Eltern höre ich, dass die Kinder nicht mehr nach dem Kitzeln fragen, sobald sie es beim spielerischen Raufen weglassen. Falls Ihr Kind dennoch ums Kitzeln bettelt, tut es das vermutlich deswegen, weil es gelernt hat, dass dies eine zuverlässige Möglichkeit darstellt, miteinander zu lachen. Versuchen Sie dann »Luftkitzeln«, wobei Sie das Kind zu kitzeln »drohen«, indem Sie knapp vor seinem Hals oder Bauch mit den Fingern wackeln, ohne es zu berühren. Meistens wird Ihr Kind dabei in Gelächter ausbrechen, besonders, wenn Sie selbst lachen.

Roughhousing – (etwa: »spielerisches Raufen«), ein Begriff, den Lawrence Cohen, Autor von Playful Parenting geprägt hat,[95] – baut auch das Selbstvertrauen der Kinder auf, da sie dabei ihre eigenen Körperkräfte erleben. Das gilt besonders für Kinder, die weniger durchsetzungsfähig oder kleiner als ihre Altersgenossen sind. Und wie auch andere Säugetiere lernen Kinder beim spielerischen Kämpfen, wie man Aggressionen bewältigt, was die Wahrscheinlichkeit verringert, dass sie im Ärger auf jemanden losgehen.

Daher ist gemeinsames Spielen eine der schnellsten Möglichkeiten, leichteren Beziehungsstress abzubauen, es hilft Groll loszulassen und stimmt die Familienmitglieder aufeinander ein. Wenn Sie in Ihrer Familie nur eine einfache, verwandelnde Änderung herbeiführen möchten, dann empfehle ich Ihnen, mit täglich zehn Minuten spielerischem Raufen zu beginnen. Denn bei den Kindern stauen sich im Lauf eines Tages allerhand Gefühle auf und durch das Lachen werden diese kleinen Verstimmungen rasch geheilt. Die Enttäuschung über ein »Nein« von Ihrer Seite, der Frust beim Lernen, mit der Schere zu schneiden, der Schmerz, wenn Sie den Bruder anlächeln, die Furcht vor einem bellenden Hund, das Gefühl von Bedeutungslosigkeit, wenn Sie schnell noch eine wichtige SMS schreiben, während Ihre Tochter mit Ihnen spricht, die Machtlosigkeit, wenn Ihr Sohn den Lichtschalter im dunklen Schlafzimmer nicht erreicht, die Panik, wenn er ruft und Sie nicht gleich antworten – im Laufe eines Tages kann jede stressige Erfahrung Ihres Kindes, in der es den Stress nicht sofort los wird, den Spiegel von Kortisol, Adrenalin, Norepinephrin und anderen Stresshormonen ansteigen lassen.

Diese Stresshormone machen unsere Kinder unleidlicher, fordernd und sogar aufbrausend. Weinen hilft dem Körper, sich wieder zu regulieren. Aber wenn Kinder nicht recht ins Weinen kommen, werden sie stattdessen wütend. Die Stresshormone, unter denen Kinder leiden, sind dieselben, die während einer herausfordernden Situation im Straßenverkehr in Ihnen aufsteigen. Ebenso wie Sie dadurch im Straßenverkehr beeinträchtigt werden, bleiben die Kinder dadurch gereizt, sodass die kleinste Enttäuschung zu einem Tobsuchtsanfall führt. Diese biochemischen Stoffe verweilen stundenlang im Körper und können den Kindern abends sogar das Einschlafen erschweren.

Deshalb sollte man am besten mit spielerischem Raufen beginnen. Lachen funktioniert fast ebenso gut wie Weinen, um Spannung und aufgestaute Tagesängste loszuwerden. Selbst wenn das Lachen die Verstimmungen aus dem emotionalen Rucksack nicht völlig abbaut, spült es doch die oberste Angstschicht weg und baut Vertrauen auf, sodass auch Tränen zugänglicher werden. Also ist Kinder zum Lachen zu bringen der wirksamste Weg, ihnen beim Verarbeiten von Verstimmungen zu helfen, Angst abzubauen und Reizbarkeit loszuwerden. (Erinnern Sie sich einfach nur daran, dass es dazu allerdings zu spät ist, wenn jemand bereits aufgebracht reagiert. In dem Fall versprechen Sie sich selbst, mit Ihrem Kind spielerisch zu raufen, sobald es sich beruhigt hat, und wechseln zur Empathie.)

Über Trotzanfälle hilft die Natur den Kindern, sich von all diesen Gefühlen zu befreien und den Körper herunterzufahren. Emotional ausgelöste Tränen enthalten ACTH (das Hormon Adrenocorticotropin, welches die Kortisolproduktion anregt), Adrenalin und andere stressbedingte Botenstoffe. Durch die Tränen werden also diese chemischen Stoffe entsorgt, damit der Körper nicht von Giften überstrapaziert wird. Allerdings funktioniert das nur, wenn sich die Kinder beim Weinen geborgen fühlen – dann brauchen sie es normalerweise, in die Arme genommen zu werden, oder Ihre besänftigende Stimme zu hören. Kinder, die beim Weinen allein gelassen werden, haben am Ende einen sogar noch höheren

Stresshormonspiegel im Blut. Und da sich die Emotionen, die mit den Tränen hochkommen, nicht gut anfühlen, versuchen die meisten Kinder diese durch Ärger zu verdrängen. Damit Tränen fließen dürfen, müssen sich Kinder geborgen fühlen.

Mit spielerischem Raufen wollen wir Verspieltheit und Lachen hervorrufen, also ist es kein wirkliches »Raufen«, aber es geht dabei oft ausgelassen zu. Körperliche Bewegung umgeht den rationalen Geist und hilft dem Kind, unbewusste Gefühle auszudrücken, die im Körper gespeichert sind. Dabei besteht das Ziel darin, über das Lachen aufgestaute Angst (ein anderes Wort für Furcht) loszuwerden. Das Kind wird dabei für gewöhnlich mit etwas konfrontiert, das ihm ein klein wenig Angst macht, gerade so viel, dass sie noch zu meistern ist. Vielleicht spielt Mutter oder Vater das bockige Pferd, während das Kind vor Lachen kreischt und aufs Bett abgeworfen wird. Irgendwann zwischendrin wird sich das Kind fragen: *»Wird mich Papa fallen lassen?«* Weil es jedoch Vertrauen zu Papa hat und sich sicher fühlt, kann es trotzdem lachen. (Schreit es allerdings vor Angst, treiben Sie das Spiel offensichtlich zu weit.)

Spielerisches Raufen hört sich für müde Eltern sicherlich nach großem Energieaufwand an, aber Sie werden entdecken, dass es Sie aufmuntert, weil Sie lachen und dabei die Stresshormone loswerden, die Sie ermüdet haben. Um das Spielerische in Ihren Tag einzubauen, brauchen Sie nicht viel zusätzliche Zeit. Suchen Sie einfach nach Möglichkeiten, sich während des Alltags herzlich miteinander zu verbinden und ein wenig herumzualbern. Und wenn Sie sogar täglich zusätzliche zehn Minuten spielerischen Raufens möglich machen, werden Sie merken, dass es Ihrem Kind hilft, freiwillig mit Ihnen zu kooperieren, worauf Ihr Alltag reibungsloser verläuft.

SOLLTEN SIE IHR KIND GEWINNEN LASSEN?

In allen Spielen dieses Buches geben die Eltern Unbeholfenheit vor, tun wichtig und übertreiben, können jedoch das starke, schnelle und schlaue Kind einfach nicht erwischen. Wenn Sie beim Fangen die gruselige Hexe spielen, dann seien Sie nur so gruselig, dass Sie damit Ihr Kind zum Lachen bringen. Sorgen Sie dafür, dass Sie stolpern, oder Ihr Kind knapp verfehlen, und jammern dann, dass es Ihnen ständig entwischt. Wenn Sie mit Ihrem Kind Basketball spielen, überlassen Sie ihm die dominante Rolle. Ich verstehe, dass Sie ihm beibringen wollen »anständig und ehrlich« zu gewinnen, aber ein Spiel zwischen Erwachsenem und Kind ist nicht fair. Abgesehen davon, wird Ihr Kind schon durch seine Altersgenossen genügend Verluste erfahren. Wenn es sich wie eine Gewinnerin fühlen soll, dann braucht es eine regelmäßige Gewinnererfahrung. Machen Sie sich keine Sorgen, für immer werden Sie es nicht gewinnen lassen. In dem Maße, wie sein Selbstvertrauen wächst, wird es argwöhnisch fragen, ob Sie sich wirklich anstrengen, also können Sie antworten: »Du glaubst, ich strenge mich gar nicht an? Okay, dann strenge ich mich eben noch mehr an!« Tun Sie das an dieser Stelle auch, und ab und zu werden dann auch Sie gewinnen. Ehe Sie es sich versehen, wird Ihr Kind anständig und ehrlich gewinnen. Achten Sie einfach auch darauf, welche Signale es aussendet, wenn Sie allmählich zu stärker forderndem Spiel übergehen.

Spiele zur Stärkung der Beziehung zu Ihrem Kind

Spielerisches Raufen ist wie eine Geheimwaffe. Sekundenschnell verwandelt es die Laune von mürrisch zu albern. Meine Kinder lachen hemmungslos, und obwohl sie sich gegen das Spielende wehren, kooperieren sie den Rest des Abends besser.

LAUREN,
Mutter eines siebenjährigen Kindes

Ich habe die Spiele dieses Abschnitts folgendermaßen eingeteilt: in Spiele des Geliebtseins (die Kinder davon überzeugen, dass sie geliebt sind), Trennungs – und Wiedervereinigungsspiele (als Unterstützung bei Abschiedsangst), Mutspiele (die Kindern dabei helfen, sich stärker zu fühlen und sich als Folge weniger gegen das Kooperieren zu wehren), Ringkampf- und Fluchtspiele (die Kinder dazu befähigen, Kraft zu zeigen) und drei Typen für besondere Situationen: Spiele für müde Eltern, Geschwisterspiele und Spiele ohne Körperkontakt. Tatsächlich sind dies allerdings willkürliche Unterteilungen und bei vielen Spielen verwischen sich diese Grenzen. Jedes Spiel auf Körperebene, das Ihr Kind zum Lachen bringt, wird Ihre gegenseitige Beziehung stärken und dem Kind dabei helfen, sich besser zu fühlen und zu benehmen.

· SPIELE DES GELIEBTSEINS ·

Diese Spiele sind alles Variationen des einen Themas, wie sehr Sie Ihr Kind wollen und brauchen. Sie zielen darauf ab, die Zweifel eines Kindes darüber, ob es wirklich geliebt wird, zu zerstreuen (und Kinder, die sich »danebenbenehmen« hegen solche Zweifel). Diese Spiele sind besonders sinnvoll bei Geschwisterrivalität, Klammern und Trennungsangst (einschließlich nächtlicher Ängste), werden aber von allen Kindern geliebt. Wie mir Eltern berichteten: *»Ich bin irgendwie schockiert, wie sehr mein Sohn das Kitt-Spiel liebt. Ich glaube, noch nie habe ich meinen Sohn so oft ›Nochmal!‹ sagen hören.«*

- **Kuss-Spiel.** Versuchen Sie, Ihr Kind zu küssen, ohne es jemals zu treffen, sodass die Küsse in der Luft, an der Wand oder auf dem Sofa landen. Beklagen Sie das lautstark, fragen sich, wohin Ihr Kind gelaufen ist, und verkünden Ihre Entschlossenheit, es zu küssen, weil Sie es so sehr lieben.

- **Kitt-Spiel.** Ich nenne das Spiel so, weil es alles kittet, was nicht in Ordnung ist. Überzeugen Sie Ihr Kind auf tiefgehende Weise, dass Sie es lieben, indem Sie es zu fangen suchen, es knuddeln, küssen und dann entwischen lassen und dies immerzu wiederholen. Zum Beispiel: »*Ich brauche meinen Michael … du entkommst mir nicht, ich muss dich drücken und mit Küssen eindecken … hh, nein, jetzt bist du entwischt … ich fang dich … ich muss dich nur noch mehr küssen und knuddeln … du bist zu schnell für mich. … aber ich gebe nie auf … dafür liebe ich dich viel zu sehr … jetzt hab ich dich … jetzt küsse ich dir die Zehen … oh nein, du bist einfach zu stark für mich … aber ich will immer noch mehr Micha-Knuddler.*«

- **Um das Kind kämpfen.** Eine Version des Kitt-Spiels mit beiden Eltern. Kämpfen Sie im Spaß um Ihr Kind, wetteifern Sie darum, wer es erwischen und knuddeln darf: »*Ich will sie!*« »*Nein, aber ich will sie!*« »*Aber ich brauche sie so sehr!*« »*Aber ich brauch sie! Immer bekommst du sie!*« (Bedenken Sie jedoch, dass Kinder auf elterliche Konflikte sehr empfindsam reagieren. Sorgen Sie dafür, dass das Kind deutlich merkt, dass es sich hier um ein Spiel handelt und nicht um einen ernsthaften Streit!)

- **Ich werde dich retten!** »*Mein Dreijähriger liegt bäuchlings auf meinem Bauch. Ich rolle hin und her und tue so, als könnte ich ihn auf jeder Seite herunterfallen lassen. Ich bin albern und sage übertrieben: ›Oh, ich kann meinen Jungen nicht fallen lassen. Ich liebe ihn so sehr. Nieee im Leben kann ich ihn fallen lassen, er ist doch mein Schatz … ich werde dich retten!‹*« Natalia, Mutter eines Dreijährigen

· TRENNUNGS- UND WIEDERVEREINIGUNGSSPIELE ·

In vielen bei Kindern beliebten Spielen, geht es tatsächlich um Trennung, für Kinder eine Quelle großer Angst. Das Kuckuck-Spiel, eines der frühesten Spiele, die Babys zum Lachen bringen, ist ein solches Trennungs- und Wiedervereinigungsspiel. Das Versteckspiel ist nur eine erweiterte Version von Kuckuck.

- **Fangen.** Insbesondere Kleinkinder lieben Fangspiele, in denen es um Macht und Trennung geht. Jagen Sie Ihrem Kind einfach nach und fangen es am Ende. Wenn es das Fangen nicht mag, verfehlen Sie es einfach knapp und bekunden Entschlossenheit, es schließlich doch zu erwischen.

- **Ich brauch dich so.** Klammern Sie sich extrem übertrieben und albern an Ihr Kind: *»Ich weiß, ich soll weg, weil du spielen gehen willst, aber ich brauch dich doch so! Ich will nur mit dir zusammen sein. Bleibst du jetzt bitte bei mir?«* Halten Sie dabei Ihr Kind an der Hand fest oder an einem Hemdzipfel. Ihr Tonfall sollte eher locker und spielerisch als bedürftig klingen, damit Ihr Kind sich traut, zurückzuweichen. Sie fangen es dann wieder in den Armen ein und betteln um sein Bleiben. Ihr Kind wird das Gefühl genießen, das Loslassen bestimmen zu können, anstatt sich weggestoßen zu fühlen. Spielen Sie albern genug, dann wird es ebenfalls kichern und einiges an Spannung rund um das Thema Abschied abschütteln. Wenn Ihr Kind Sie nachdrücklich wegschiebt, sagen Sie: *»Das ist okay, ich weiß, dass du wiederkommst. Wir beide kehren immer wieder zueinander zurück.«*

- **Auf-Wiedersehen-Spiel.** Das ist eine einfache Version des Versteckspiels, die nur geringe Trennungsangst triggert, gerade so viel, dass die Kinder zu kichern anfangen. Sagen Sie: *»Komm wir spielen ›Auf Wiedersehen‹. Wenn du mich aber willst, dann rufe ›Abrakadabra‹«* (oder ein anderes vom Kind gewähltes magisches Wort). Verstecken Sie sich dann einen Moment hinter dem Sofa oder der Tür, bevor Sie »Abrakadabra« rufen. Dann eilen Sie hervor und knuddeln Ihr Kind. Sagen Sie: *»Ich habe* *dich vermisst. Damit ich dich wiedersehe, musste ich einfach unser magisches Wort verwenden! Okay, lass es uns nochmal probieren … ich werde tapfer sein.«* Sodann verstecken Sie sich erneut. Treten Sie noch einmal aus Ihrem Versteck hervor, bevor Ihr Kind nach Ihnen ruft, was es zum Kichern bringen sollte, insbesondere, wenn Sie albern und übertrieben besorgt schauspielern. So lange Ihr Kind darüber lacht, spielen Sie nach diesem Muster, zuerst zu rufen und nicht wirklich wegzugehen, damit Sie seine Angst vor dem Verlassenwerden durcharbeiten können.

- **Suchspiel.** »Ich tu so, als seien meine Kinder unsichtbar und suche sie überall im Zimmer: unter der Bettdecke, im Schrank, in albernen Verstecken, wie unter dem Teppich oder sogar in einer Tasse (was sie immer zum Lachen bringt), dann drehe ich mich in Richtung der Geräusche und tu so, als hätte ich etwas von dort gehört. Ein paar Sekunden später werden sie mich mit einem Geräusch abzulenken versuchen, ich fange und knuddle sie, während ich sage: *›Da seid ihr ja, ich hab euch schon überall gesucht!‹«* – Arthi, Mutter von zwei Kindern im Alter von sechs Jahren und elf Monaten
- **Magnetische Hände.** *»Ich tue so, als hätte ich magnetische Hände und bekomme sie von meiner Tochter nicht mehr los. Sie schubst mich weg, aber die Hände springen einfach immer wieder zu ihr zurück. Das funktioniert ganz gut, wenn sie abends beim Schlafengehen Trennungsangst hat.«* – Kate, Mutter einer Vierjährigen.

· MUTSPIELE ·

Diese Spiele provozieren Lachen, weil sie es den Kindern gestatten, über den Abgrund ihrer Ängste zu tanzen, indem sie sich verletzlich zeigen, während eine sichere Erwachsene mit ihnen ein wenig rauft. Überlassen Sie dem Kind dabei so viel Kontrolle, wie es will. Diese Spiele eignen sich besonders für Kinder, die körperbezogene Ängste haben, zum Beispiel beim Schwimmunterricht oder dem Toilettentraining.

- **Bockendes Wildpferd.** Das Kind hängt Ihnen am Rücken (und Sie halten es an den Füßen fest), während Sie wie verrückt durchs Haus rasen, als wollten Sie es gleich abwerfen und lassen es schließlich aufs Sofa fallen. In einer anderen Variante lassen Sie sich auf Knien und Händen auf dem Bett nieder, das Kind steigt auf Ihren Rücken und Sie werfen es ab.

- **Pizza backen.** Ihr Kind liegt wehrlos und kichernd auf Bett oder Teppich, während Sie eine Pizza aus ihm machen: kneten, Sauce und Belag hinzufügen, backen, schneiden und anknabbern.

- **Boingo.** Werfen Sie Ihr Kind auf dem Bett um und lassen zu, dass es, zu Ihrer großen Überraschung, immer wieder aufspringt.

- **Rennauto.** *»Mein Sohn sitzt bei mir auf dem Schoß und wir tun so, als ob wir Auto fahren, mit vielen Kurven und plötzlichem Bremsen.«* – Emily, Mutter eines Vierjährigen

- **Fahrstuhl.** *»Ich öffne die Arme, damit meine Tochter in den Fahrstuhl steigen kann, dann ›starte‹ ich ihn und mache, was sie sich aussucht – ich kann der knuddelnde Fahrstuhl sein, der küssende Fahrstuhl oder der kaputte, wackelnde.«* – Corina, Mutter einer Siebenjährigen

- **Wäschebretzel.** *»Wenn mir meine Tochter beim Sortieren der sauberen Wäsche ›hilft‹, tun wir manchmal so, als sei sie ein T-Shirt, das zusammengelegt werden muss, und am Ende nehmen ihre Gliedmaßen alle möglichen kuriosen Stellungen ein, was sie urkomisch findet.«* – Anna, Mutter einer Dreijährigen

· MACHTUMKEHRSPIELE ·

Kinder erleben sich oft als machtlos und herumgestoßen und noch unfähig, es mit einer großen bedrohlichen Welt aufzunehmen. Geben Sie Ihrem Kind die Chance, die Stärkere zu sein und ein schreckliches Monster zu überlisten und zu besiegen, nämlich Sie! Prahlen Sie und brüsten sich brüllend damit, dass Sie es fangen und ihm zeigen werden, wer der Chef ist. Aber wenn Sie ihm dann nachjagen, stolpern Sie unbeholfen herum und lassen zu, dass Ihr Kind Sie überlistet oder besiegt und davonkommt. Wenn Sie bei Ihren Versuchen Stärke zu zeigen, versagen, hat das Kind Gelegenheit, über Ihre Unfähigkeit zu lachen, was ihm hilft, sich hinsichtlich der eigenen Fähigkeiten besser zu fühlen. Diese Spiele sind besonders für durchsetzungsstarke Kinder geeignet, die mehr Kontrolle wollen oder gern recht haben.

- **Umstoßen.** Wenn Ihr Kind Sie mit der Hand abklatscht (*High Five*), dann tun Sie so, als würde Sie das fast umwerfen. In einer abgewandelten Version soll Sie Ihr Kind mit einer Feder oder einem Kissen schlagen. Fallen Sie jedes Mal um, wenn Sie davon getroffen werden. Würdigen Sie die fabelhafte Kraft Ihres Kindes: *»Du bist ja so stark! Du hast mich glatt umgehauen!«* In einer weiteren Version legen Sie die Handflächen gegen die Ihres Kindes und lassen sich so durchs Zimmer schieben. Dabei wehren Sie sich und jammern, wie stark es ist. In noch einer anderen Version rennt das Kind von einem Zimmer ins nächste, um den Elternteil anzugreifen, der sich dann hinsetzt, rückwärts rollt und das Kind dabei umarmt.

- **Fernbedienung.** Geben Sie Ihrem Kind eine Fernbedienung und tun so, als könnte es Sie damit abschalten, anschalten, vorwärts oder rückwärts bewegen.

- **Gruselmonster.** Jagen Sie Ihren Kindern durch die ganze Wohnung nach. Sie sollen zusammenarbeiten, um Sie auszutricksen. Erschrecken Sie die Kinder ein wenig, indem Sie zum Fangen ganz nah kommen, verfehlen sie dann aber und jammern, dass sie so schnell und schlau sind.

- **Tierjagd.** *»Meine Tochter spielt sehr gern Tierjagd. Normalerweise ist sie das größere Tier (zum Beispiel die Katze, wenn ich eine Maus spiele) und wir ahmen beim gegenseitigen Verfolgen die Tierlaute nach. Nachdem wir* *eine ganze Weile lachend herumgerannt sind, lass ich mich von ihr einfangen.«* – Kelsey, Mutter einer Sechsjährigen

- **Wer ist stärker?** *»Ich mühe mich ab, die Arme meiner Kinder zu heben, drohe ihnen, sie unter den Achseln zu kitzeln. Ich kommentiere, wie stark sie sind und wie schwierig es ist, ihre Arme hochzuheben. Schließlich schaffe ich es, einen Arm zu heben, und versuche das Kind zu kitzeln, bevor es sich wieder losreißen kann. Die Erwartung, dass ich es schließlich schaffen werde, einen Arm anzuheben, reicht, um ansteckendes Lachen hervorzurufen.«* – Jennifer, Mutter eines vierjährigen und eines siebenjährigen Kindes

· RINGKAMPF- UND FLUCHTSPIELE ·

Oft mögen es die Kinder, gegen uns zu drücken und sich freizukämpfen, was ihnen dabei hilft, sich durch Angst hindurchzuarbeiten und ihre Stärke zu zeigen. Hier hat das Kind eine aktivere Rolle als bei den Mutspielen (siehe Seite 289) Wie bei all diesen Spielen sollte das Kind dabei lachen und kichern, was zeigt, dass es seine Ängste und Sorgen loslassen kann. Wenn das Kind beim Spiel sehr ernst wird und verbissen »gewinnen« will, ist ihm das Spiel zu bedrohlich und Sie müssen nachgeben, damit Ihr Kind leicht gewinnt.

> *Unsere intelligenten, energiegeladenen, gut verbundenen Jungs müssen jeden Tag viele angesammelte Gefühle loswerden. Als sie noch keine drei Jahre waren, ergab sich fast zufällig ein Spiel namens »Flucht«. Dabei halten wir die Kinder fest und kichern: »Ich lass euch nicht los, bis diese Gefühle rauskommen. … ihr könnt versuchen, abzuhauen, schafft es aber nicht … ha ha ha!« Die Jungs drehen und wenden sich, stoßen und krümmen sich und ich halte sie fest. Dann lachen und schreien sie und es gefällt ihnen. Das Spiel endet, wenn Sie sich zum Plaudern zusammenkuscheln oder entkommen – Letzteres führt immer dazu, dass sie uns wieder auf*

den Schoß klettern, entweder zum Kuscheln oder für eine weitere Runde »Flucht«. Heute bitten Sie dann um das Spiel, wenn sie viele Gefühle in sich spüren, die sie nicht ausdrücken können. Das kann einen schlechten Tag um hundertachtzig Grad drehen!

LAWRENCE COHEN[96]

- **Flucht.**
- **Kissenschlacht.** Sogar Teenager lachen und revanchieren sich, wenn Sie eine sanfte Kissenschlacht beginnen. In einer abgewandelten Version soll das Kind ein Kissen festhalten und Sie versuchen, es ihm abzuluchsen.
- **Wasserschlacht.** Sorgen Sie dafür, dass sich dabei alle sicher fühlen (nicht mit dem Schlauch ins Gesicht spritzen) und es gerecht zugeht.
- **Einander die Socken ausziehen.** Wetteifern Sie auf dem Bett oder einem weichen Teppich darum, wer es als Erster schafft, seinem Gegenüber die Socken auszuziehen.
- **Du kannst nicht zu Mami/Papi!** Dieses Spiel eignet sich sehr gut, wenn Ihr Kind durch eine Phase geht, in der es entweder nur zu Mami oder Papi will. Der bevorzugte Elternteil sitzt mit dem Kind auf dem Sofa. Dann setzt sich der andere Elternteil dazwischen und tut wichtig: *»Du kannst nicht zu Mami! Du gehörst mir allein. Nur ich bekomme dich Ich werde dich von Mami fernhalten.«* Wenn das Kind versucht, die Mami zu erreichen, greift Papi so unbeholfen nach ihm, dass es ihm entwischt. Wenn es bei Mami gelandet ist, lacht diese, jubelt, umarmt das Kind und lässt es dann gehen. Der andere Elternteil jammert, dass es entkommen ist, tut aber weiterhin wichtig, fordert das Kind heraus und versucht es zu fangen. Er soll die Angeberei übertreiben – *»Du kommst nicht an mir vorbei zur Mami!«* – und immer wieder beklagen, dass es das doch schafft. Das Kind lacht, während es sich durch die Ängste

hindurcharbeitet, nicht zu seinem bevorzugten Elternteil zu dürfen. Das hilft ihm dabei, den anderen Elternteil zu akzeptieren, anstatt seine gemeinsame Zeit mit dem bevorzugten Elternteil verteidigen zu müssen. Nach diesem Spiel geschieht es sehr oft, dass das Kind nun nach gemeinsamer Zeit mit dem vorher verschmähten Elternteil verlangt.

· SPIELE FÜR ERSCHÖPFTE ELTERN ·

Diese Spiele sind für Situationen gedacht, in denen Sie die Kinder zum Lachen bringen wollen, dies aber nur im Sitzen oder Liegen können.

- **Schnarchen.** Legen Sie sich auf den Teppich und – Sie haben es erraten – stellen sich schlafend. Ihre Kinder werden aufgeregt versuchen, Sie aufzuwecken.
- **Was für eine Beule ist das?** Setzen Sie sich auf dem Sofa, Bett oder Fußboden ganz vorsichtig auf Ihr Kind (wobei Sie natürlich nicht Ihr ganzes Gewicht auf dem Kind lasten, sondern nur soviel, dass es nicht in Not gerät) und wundern sich laut, was da so uneben ist. Lassen Sie sich von Ihrem Kind herunterstoßen, sodass Sie überrascht hinfallen, wenn es sich freikämpft.
- **Rumkugeln.** Legen Sie sich aufs Bett, umarmen Ihr Kind und rollen sanft über Ihr Kind, erst hin und dann wieder zurück
- **Ich krieg dich.** Eine abgeschwächte Version von *Gruselmonster* (siehe Seite 291) für solche Tage, an denen Sie für eine Verfolgungsjagd keine Energie aufbringen. Sie liegen auf dem Bett mit einem Kissen obenauf und lassen Ihr Kind über Sie hüpfen, während Sie es (ohne viel Ehrgeiz) zu fangen versuchen.
- **Dornbusch.** Kündigen Sie Ihren Kindern an, dass Sie alles tun dürfen, was sie wollen, außer einer bestimmten Sache, die Sie vorher festlegen, zum Beispiel, Ihnen die Schuhe ausziehen, auf Ihnen Kissen aufstapeln,

oder Sie vom Sofa schubsen. Natürlich arbeiten die Kinder zusammen, um genau das zu tun, während Sie gar nichts machen, außer gelegentlich zu protestieren, während die Kinder bei dem unsanften Umgang mit Ihnen lachen. (Anm. d. Übers.: Dieses Spiel ist an einer bekannten amerikanischen Fabel angelehnt, in der ein Hase dem Fuchs sagt, dieser dürfe ihn auf jede Weise töten, nur nicht, indem er ihn in den Dornbusch wirft. Der Fuchs tut dann aber genau das und der Hase entkommt.)

- **Asteroid.** *»Als ich mit Nummer drei schwanger war, erfanden die Kinder ein Spiel namens Asteroid, bei dem ich einfach in einem Sessel sitzen konnte. Eines lief durch den ›Weltraum‹ auf mich zu und ich gab ihm einen Schubs, sodass es sich auf dem Weg zurück zum Sofa sehr schnell im Kreis drehte. Die Kinder taten das immer wieder. Das hört sich albern an, aber ihnen gefiel das und sie spielen es heute noch.«* – Kelley, Mutter von drei Kindern
- **Hab große Angst.** *»Bemerken Sie die gruseligen Dinger unter der Bettdecke (in Wirklichkeit Ihre Füße) und tun Sie so, als hätten Sie Angst davor. Ihr Kind ist dagegen Expertin und weiß, dass da nichts Gruseliges ist, sondern nur Ihre Füße, aber Sie tun trotzdem weiter verwirrt und ängstlich, sodass Ihr Kind darüber lacht, wie unfähig und ängstlich Sie im Vergleich zu ihm sind.«* – Emily, Mutter von zweien
- **Kissen.** *»Ich lege mich hin, den Kopf auf meinem kleinen ›Kissen› (der Bauch meiner Tochter), während sie mir ein Schlaflied singt, damit ich besser einschlafen kann. Danach versucht sie sich unter meinem Kopf herauszuwinden (was ich zulasse, nachdem ich, wie bei einem echten Kissen, spielerisch im Schlaf nach ihr gegriffen und sie gedrückt habe). Dann spielt sie ein ›freches kleines Kissen‹, das auf mich draufspringt und mich weckt, während ich so tue, als sei ich sehr überrascht.«* – Corina, Mutter einer Siebenjährigen

· GESCHWISTERSPIELE ·

Da über das Lachen Oxytocin ausgeschüttet wird, binden sich Geschwister aneinander, wenn sie gemeinsam lachen. Andererseits passiert es leicht, dass ein älteres Kind zufällig (oder absichtlich) einem jüngeren weh tut. Allgemein ist es am besten, die Spiele bei unterschiedlichem Alter und ungleicher Stärke der Kinder ruhiger zu halten. Hier sind einige Ideen für Geschwister gemischten Alters:

- **Albernes Tanzen.** Legen Sie Musik auf und tanzen dabei auf komische Weise. Dabei soll jede um sich herum genügend Bewegungsfreiheit haben und gleichzeitig die anderen zum Lachen bringen. Falls eines der Kinder ein Baby oder Kleinkind ist, können Sie es halten und mit ihm herumtanzen.
- **Ein Haufen Welpen.** *»Setzen Sie die Kinder aufs Bett und dort dürfen sie sich auf Sie legen, über Sie und übereinander rollen und kullern, als seien die Kinder junge Hunde. Dann lachen sie immer und schmiegen sich an die Mama oder sogar aneinander. Mein Vierjähriger hält sich dabei ein wenig zurück, damit die Kleine sicher ist.«* – Coralee, Mutter eines vierjährigen und eines einjährigen Kindes
- **Bauchredner.** Seien Sie die Stimme für ein Baby, das noch nicht sprechen kann und lassen es alle möglichen lustigen Sachen zu seinen Geschwistern sagen, um sie zum Lachen zu bringen. Dabei soll es auch liebevolle, dankbare und bewundernde Sachen sagen.
- **Verfolgungsjagd.** *»Ich halte bei diesem Spiel unser Baby und wir jagen seine großen Schwestern, bis wir sie zum Kuscheln erwischen. Das Baby kichert dabei erwartungsvoll und lächelt seine Schwestern immer an, worauf diese dann ebenfalls kichern. Die großen Mädchen wissen, dass sie mit dem Baby sehr sanft umgehen müssen.«* – Jessica, Mutter von dreijährigen Zwillingen und einem dreimonatigen Baby

- **Aufstapeln.** *»Meine drei Kinder legen sich nacheinander auf Mami und Papi. Wer ganz oben liegt, lacht normalerweise, wegen des Nervenkitzels aus all dem Balancieren und Gewackel, und wer in der Mitte liegt, dem wird das Lachen richtig herausgepresst. Außerdem fühlen sich die Kinder stark, weil sie ihre Eltern zerquetschen.«* – Courtney, Mutter von Kindern im Alter von sieben, fünf und drei Jahren
- **Blinder Bär.** *»Unsere Kinder finden es toll, wenn wir mit geschlossenen Augen auf Händen und Füßen herumkriechen und dabei versuchen, die herumrennenden Kinder zu fangen. Die Großen helfen dabei den Kleinen.«* – Shannon, Mutter von Kindern im Alter von zehn, acht, fünf und zwei Jahren
- **Maus im Haus.** *»Ich tu so, als sei ich in der Küche beschäftigt, während meine Kinder direkt davor stehen und kratzende Geräusche an der Zimmerwand machen. Laut frage ich mich die ganze Zeit, was ich da wohl höre, bis ich ihnen durch den Flur nachrenne. Bereits vor der Küchentür kichern sie in Erwartung der Verfolgungsjagd wie verrückt, dann werfen sie sich aufs Bett, wo ich sie mit Knuddlern und Küssen überhäufe und dabei sage: ›Jetzt habe ich die Mäuse erwischt.‹ Ich erinnere mich daran, dass ich das als Kind mit meiner Mutter gespielt habe und jetzt ist es das Lieblingsspiel meiner Kinder!«* – Barbara, Mutter von zwei Kindern

· SPIELE OHNE KÖRPERKONTAKT ·

- Lassen Sie sich im Auto lustige Reime einfallen.
- Mit albernen Wörtern reimen.
- Vertauschen Sie am Esstisch die Rollen, sodass jeder Anwesende ein anderes Familienmitglied spielt (kindliche Porträts von Erwachsenen sind oft urkomisch).
- Verkünden Sie streng: *»Kein Lächeln, kein Lachen.«* Und ermahnen die Kinder weiterhin damit aufzuhören, wenn sie in Gekicher ausbrechen.

- Kommunizieren Sie über verrückte Tierlaute, alberne Reime, lustige Grimassen und Stimmen.

DAMIT SPIELE WEITERHIN SPASS MACHEN

- Einigen Sie sich auf Sicherheitsregeln (und setzen diese um) wie: *»Wenn einer ›Stopp!‹ sagt, frieren wir sofort in unserer Bewegung ein.«*
- Manchmal fixieren sich Kinder sehr auf das Kräftemessen und werden angespannt und ernst. Wenn sie sich in den Kampf verbeißen, laden sie dabei aber keine Ängste ab. Das Ziel besteht darin, Kichern oder Lachen auszulösen. Probieren Sie, die Stimmung über Albereien zu verändern oder indem Sie das Kind gewinnen lassen. Was immer Ihr Kind zum Lachen bringt, tun Sie mehr davon.
- Wettbewerb an sich ist nicht schlecht, aber das Gewinnen über das Spiel selbst zu stellen schon. Bei vielen Kindern – und sogar einigen Vätern und Söhnen – funktionieren Spiele ohne Wettkampfcharakter am besten. (Siehe Kasten auf Seite 285 »Sollen Sie Ihr Kind gewinnen lassen?«)
- Sorgen Sie dafür, dass Gegner gut zusammenpassen, indem Sie Erwachsenen und älteren Geschwistern Beschränkungen auferlegen. Wenn Sie mit mehr als einem Kind spielerisch raufen, versuchen Sie es mit Teams von Kindern gegen die Erwachsenen, damit die Kinder nicht die Gelegenheit dafür nützen, sich gegenseitig zu verhauen.
- Sie werden feststellen, dass die Kinder phasenweise immer wieder ein bestimmtes Spiel verlangen und dabei hysterisch lachen, weil es in ihnen eine Angst berührt, die sie auf diese Weise bearbeiten können. Aber dann, oft urplötzlich, ist es mit dem Interesse vorbei. Also haben sich die Kinder durch das betreffende Problem hindurchgearbeitet und sind nun bereit, mit anderen Spielen zu experimentieren.

Wenn spielerisches Raufen in Tränen endet

Wenn Kinder Ringkämpfe oder eine Kissenschlacht machen und spielerisch raufen, ist das ein fantastischer Spaß. Aber nicht immer tut es unserer Wohnung so gut. Und Eltern machen sich oft Sorgen, dass früher oder später jemand verletzt wird.

Zum Glück fällt uns meistens etwas ein, womit wir für Sicherheit sorgen können. Allerdings erfordert das von unserer Seite etwas Aufmerksamkeit und immer wieder einiges an Einfühlsamkeit. Wir können nicht nur einfach das Beste hoffen; wir müssen unsere Kinder konkret dabei unterstützen, beim spielerischen Raufen sicher zu bleiben. Wir haben die Aufgabe den Kindern die Werkzeuge für ihre Sicherheit an die Hand zu geben und es rechtzeitig wahrzunehmen, wenn ein Spiel keinen Spaß mehr macht.

1. **Setzen Sie Grenzen, *bevor* Sie ärgerlich werden.** Sobald Sie anfangen, sich Sorgen zu machen, dass jemand verletzt wird, ist das ein Hinweis darauf, etwas zu tun (Nein: nicht schreien). Es ist Zeit, in positiver Weise einzugreifen, um für Sicherheit zu sorgen. Viele Eltern geben sich so viel Mühe geduldig zu bleiben, dass sie zu spät eingreifen. Ehe man sich es versieht, weint ein Kind und jemand (Sie!) schreit. Das ist nicht die emotionale Regulation, für die Sie Vorbild sein wollen.
2. **Schätzen Sie die Gefahr ein.** Besteht wirklich Gefahr? Vielleicht sind die Kinder laut und ausgelassen, haben aber so großen Spaß und weder für sie, noch für die Wohnung besteht irgendeine Gefahr. Oder vielleicht genügt eine kleine Abänderung, wie zum Beispiel, das Bett näher an die Kommode zu stellen, damit die Kinder von dort sicher aufs Bett springen können oder bei einem Wurfspiel die Bausteine durch Stofftiere zu ersetzen.
3. **Verbinden Sie sich, bevor Sie verbessern.** Gehen Sie in Verbindung, bevor Sie korrigierend einschreiten. Durchs Zimmer zu schreien, wird die Raserei nur noch verschlimmern. Gehen Sie stattdessen zu Ihrem

Kind hin. Wenn ein Kind außer Kontrolle ist, dringen Sie nicht zu ihm durch, es sei denn, Sie kommen auf freundliche Weise direkt in seine Nähe. Nehmen Sie erst positiv Verbindung mit Ihrem Kind auf, bevor Sie es um eine Änderung bitten: *»Ihr beiden habt richtig Spaß mit diesem Spielraufen, oder?«*

4. **Setzen Sie Grenzen.** Erklären Sie Ihre Regel oder Erwartung fest und freundlich: *»Solche Spiele sind nicht für dieses Zimmer geeignet. Ich mache mir Sorgen, dass ihr vielleicht in die Lampe oder den Fernseher fallt.«*

5. **Fühlen Sie sich in Ihr Kind ein, wenn Sie eine oder mehrere Alternativen zur Auswahl stellen:** *»Ich weiß, es fällt schwer aufzuhören, aber solche Spiele gehören auf die Turnmatte im Keller oder nach draußen. Draußen? Okay, dann los!«*

6. **Überprüfen Sie kurz, ob die Aktivität allen Beteiligten Freude macht.** *»Macht es euch allen noch Spaß?«* Falls sich eines Ihrer Kinder extrem hineinsteigert und das andere ein wenig angespannt wirkt, können Sie ihnen helfen, herauszufinden, wie es dem jeweils anderen geht: *»Jakob, siehst du, dass dein Bruder gar nicht lacht? Wir wollen einen Moment aufhören und dafür sorgen, dass sich jeder sicher fühlt … Heiner, du kannst Jakob jederzeit sagen, dass er aufhören soll. Komm, wir üben das gleich mal.«*

7. **Helfen Sie Kindern selbst Sicherheitsregeln zu erfinden.** Wenn Sie sich sorgen, dass gleich jemand verletzt wird, versuchen Sie dem Drang zu widerstehen, die ganze Aktion wegen Ihrer Angst abzublasen. Helfen Sie stattdessen Ihren Kindern Regeln zu erfinden, die Sicherheit für alle schaffen: *»Ringkampfspiele sind toll, so lange ihr Regeln habt, damit es für alle sicher zugeht. Welche Regeln habt ihr? Oh, wenn einer ›Stopp!‹ ruft, dann müssen beide aufhören? Und kein Schlagen? Das sind prima Regeln! Wie klappt's damit bis jetzt? Braucht ihr noch andere Regeln?«*

8. **Tränen bedeuten nicht das Ende der Welt.** Oft fangen Kinder zu weinen an, wenn sie sich während des spielerischen Raufens eine Beule holen. Manchmal entsprechen diese Tränen der Verletzung, und nach

einer kurzen Umarmung von Ihnen ist das Kind bereit weiterzuspielen. Manchmal jedoch reagieren die Kinder mit ihrem ungestümen Weinen deutlich überzogen. Das ist gut; bedeutet es doch, dass all das Lachen die vergrabenen Gefühle aus dem emotionalen Rucksack gelöst hat und die Kinder dieses ›Aua‹ als Gelegenheit nutzen, tiefere Wunden zu zeigen, die sie nicht in Worte fassen können. Ihr Kind wird viel entspannter und glücklicher sein, wenn es sich so richtig ausgeweint hat.

Anstatt sich als schlechte Eltern zu fühlen, weil sich jemand weh getan hat, entspannen Sie sich. Nutzen Sie die Gelegenheit, Ihrem Kind beim Umgang mit seinen Gefühlen beizustehen, und seien Sie froh, dass es eine Chance zum Weinen hatte. Fragen Sie anschließend die beteiligten Kinder, ob man wohl neue Regeln hinzufügen müsse, damit nächstes Mal jeder sicher ist. Sie können die Regeln sogar aufschreiben, die Kinder unterschreiben lassen und die Liste gut sichtbar anbringen, um alle leicht an die gemeinsam erarbeiteten Regeln fürs spielerische Raufen erinnern zu können, sobald die Kinder das nächste Mal aufdrehen. (Schriftliche Vereinbarungen haben selbst für Kinder, die nicht lesen können, besonderes Gewicht.)

9. **Helfen Sie den Kindern beim Entspannen.** Manchmal müssen Sie auf eine ruhigere Aktivität umschwenken. Sind Kinder so richtig in Fahrt, ist oft ein Ausraster nicht fern. Wenn Sie spüren, dass sich so etwas zusammenbraut, prüfen Sie die Stimmung, indem Sie dicht herankommen und eine Grenze setzen: *»Okay, Jakob, jetzt wird es Zeit, sich zu beruhigen. Es reicht mit dem Raufen.«* Wenn sich Ihr Kind beruhigt, super! Wenn es in Tränen ausbricht, super! Es ist besser, diese Gefühle lösen sich durch Weinen in Ihren Armen, als dass Ihr Sohn den kleinen Bruder verletzt.

10. **Sorgen Sie dafür, dass Ihre Kinder einen geschützten Ort haben, an dem sie wild sein dürfen.** Wie Welpen oder Bärenjunge brauchen Kinder Freiraum zum Herumtollen. Nicht immer bietet unser modernes

Leben solche Gelegenheiten. Wenn Sie keinen Garten oder Keller mit einer Turnmatte besitzen, dann sichern Sie das Kinderzimmer für spielerisches Raufen und ermöglichen es den Kindern, zum Spielen oft auf den Spielplatz oder in den Park zu gehen. Andernfalls wird Ihr Sofa bald zum Trampolinersatz und dann sind Ihre Lampen in Gefahr!

Wunschzeit

Er liebt die Zeit für uns allein heiß und innig. Da bestimmt er wirklich gern, was wir tun, und ist auf diese Minuten versessen, in denen uns sein Bruder nicht unterbricht. Da lerne ich ihn besser kennen und erhasche Momente aus Situationen und Sätzen, mit denen er im Kindergarten konfrontiert wird.

Bip,
Mutter eines Vierjährigen und eines Einjährigen

Wunschzeit ist einfach Zeit zu zweit, in der Sie sich nur auf Ihr Kind konzentrieren. Sie schalten Ihr Telefon aus und überlassen dem Kind in der gemeinsamen Interaktion die Führung. Fragen Sie das Kind, was es in dieser Zeit mit Ihnen tun will.

- **Vermeiden Sie strukturierte Tätigkeiten** in der Wunschzeit wie Computerspiele, Bücher oder Plätzchenbacken, denn diese bieten nicht so viele Möglichkeiten für Vertrautheit und Verbindung, und sowohl der Erwachsene als auch das Kind geraten mehr in den Sog der Tätigkeit, als dass sie die Verbindung zueinander spüren. Wenn Sie sich Gedanken machen, wie viel Salz Ihr Kind in den Plätzchenteig streut, werden Sie Ihr Kind nicht einfach aufrichtig bewundern können, wenn es die Führung übernimmt. Zwar ist Vorlesen eine meiner Lieblingsbeschäftigungen, doch liegt dabei der Fokus auf dem Buch anstatt auf dem Kind; es gibt viele andere Gelegenheiten, Ihrem Kind vorzulesen, aber für gewöhnlich nicht genügend Möglichkeiten ihm beim gemeinsamen Spiel die Führung zu überlassen. Und wenn Sie Ihrem Kind für die Wunschzeit etwas am Bildschirm erlauben, wird es das immer allem anderen vorziehen. Wenn Ihr Kleinkind Ihnen ein Buch vorlesen will oder Ihr Achtjähriger Ihnen zeigen will, wie er sein Computerspiel mit links schafft, dann machen Sie natürlich eine Ausnahme. Und für Teenager oder Ihre Kinder in den Zwanzigern, die nicht länger »spielen«, gelten diese Richtlinien sowieso nicht länger. Ihnen die Führung zu überlassen, kann durchaus eine strukturierte Tätigkeit bedeuten wie Basketball, Plätzchenbacken oder das Ansehen ihres liebsten Musikvideos.

- **Sagen Sie »Ja«.** Wenn sich Ihre Tochter etwas Unerfüllbares wünscht, wie zum Beispiel einen Picknickausflug ohne das Geschwisterchen, dann suchen Sie eine Annäherung. Vielleicht können Sie beide ein Picknick in ihrem Zimmer veranstalten, so lange das Geschwisterchen Mittagsschlaf hält. Manchmal wollen die Kinder während der Wunschzeit »Verbotene Früchte«, – etwas, das normalerweise nicht erlaubt ist. Ist es irgendwie möglich, während der Wunschzeit eine Ausnahme zu machen, weil Sie ja anwesend sind und für Sicherheit sorgen? Wenn Sie Ihre Tochter während der Wunschzeit beim Herunterrutschen des Treppengeländers absichern, ist das nicht länger eine »verbotene Frucht« und sie wird weniger versucht sein, es heimlich zu tun.
- **Überlassen Sie Ihrem Kind die Führung.** Widerstehen Sie dem Impuls, Verbesserungen vorzuschlagen. Betrachten Sie sich als Assistentin Ihres Kindes oder seine Spieltherapeutin. Sie haben die Aufgabe, aus vollem Herzen präsent zu sein; bleiben Sie fokussiert und emotional großzügig und freuen sich an Ihrem Kind. Wenn Sie sich jemals wirklich gesehen, gehört und anerkannt gefühlt haben, dann wissen Sie, was für ein großartiges Geschenk das ist.

- **Lernen Sie, anstatt zu lehren.** Lassen Sie sich die Welt Ihres Kindes zeigen und sich von ihm beibringen, was immer es möchte, selbst wenn es darauf besteht, dass die Wiese ein tosender Ozean ist und der Hund ein feuerspeiender Drache.
- **Stellen Sie keine Fragen.** Das kann auf das Kind aufdringlich wirken und es zwingen, aus der grenzenlosen Welt der Fantasie in die Welt der Logik und Erwachsenenregeln zurückzukehren.
- **Bleiben Sie präsent.** Viele Eltern finden die Wunschzeit zuerst unerträglich. Dies liegt daran, dass die meisten von uns keine Erfahrung damit haben, einfach präsent zu sein. Wenn es Ihnen dabei langweilig wird, ist das ein Hinweis, sich in diesen gemeinsamen Augenblicken mit mehr Präsenz einzubringen. (Die Zeit verfliegt im Nu, wenn Sie Spaß haben!) Das können Sie erreichen, indem Sie sich Ihren Atem und Ihre Sinne bewusst machen. Achten Sie auf die Geräusche im Zimmer. Würdigen Sie die Begeisterung Ihres Kindes, sein entzücktes Lächeln. Vielleicht müssen Sie auch damit aufhören, sich selbst danach zu bewerten, wie viel Sie von Ihrer Aufgabenliste erledigt haben, und stattdessen würdigen, wie viel Liebe Sie der Welt geben, indem Sie diese Zeit mit Ihrem Kind verbringen.

Alle mir bekannten Eltern, die sich auf regelmäßige Wunschzeit mit Ihrem Kind eingelassen haben, berichteten von signifikant positiven Veränderungen im Verhalten Ihres Kindes. Oft erzählen Eltern, ihre Kinder würden so sehr um die Wunschzeit betteln, als fehlte ihnen sonst ein wesentlicher Nährstoff, was in gewisser Weise auch stimmt.

Wieso? Weil Wunschzeit ein greifbarer Ausdruck der elterlichen Liebe ist sowie ein Gegenmittel zu den Trennungen des modernen Alltags.

Einige Eltern erzählen, dass sie erwartet hatten, Wunschzeit würde bei ihrem Kind die Eifersucht auf ein Geschwisterkind »heilen«, was aber nicht funktioniert hat. In diesen Fällen braucht das Kind mehr als die Reparatur der Eltern-Kind-Beziehung. Es benötigt vermutlich zusätzlich eine Chance, sich durch die verwickelten Gefühle seinem Geschwisterchen gegenüber hindurchzuarbeiten. Andernfalls wird es diese weiter mit sich herumtragen und sein Verhalten wird dadurch gesteuert. Die Wunschzeit wird das Kind jedoch zumindest dazu motivieren, der Führung seiner Eltern folgen zu wollen, selbst wenn es das nicht immer schafft, bevor es im Umgang mit diesen Emotionen Hilfe bekommt.

Andere Eltern sagen: *»Ich habe nur ein Kind und bin den ganzen Tag mit ihm zu Hause. Da braucht es keine Wunschzeit.«* Aber in dieser Situation machen die meisten Eltern trotzdem die Erfahrung, dass die Einführung von Wunschzeit, in der Vater oder Mutter explizit Zeit für das Kind reservieren, und das Kind das weiß, die Verbindung zueinander qualitativ verändert.

Fazit: Ich habe es noch nicht erlebt, dass Wunschzeit, in der die Eltern für ihr Kind wirklich mindestens zehn Minuten pro Tag ganz präsent sind, seine Wirkung zur Stärkung der Eltern-Kind-Beziehung verfehlt hat.

Der Übergang von Wunschzeit in den Alltag: Wenn das Kind immer mehr will!

> *Meiner fünfjährigen Tochter fällt es schwer, »ihre Schale gefüllt« zu bekommen. Sogar nach fünf Minuten Wunschzeit (in der ich spiele, was sie möchte, ob es nun das Kitzelmonster ist, oder ein Kartenspiel – ich betrachte es als hochwertige Zeit) hat sie noch nicht genug und kann nicht loslassen. Selbst wenn ich das Ende zwei Minuten vorher ankündige, will sie weiterhin auf mir herumspringen, und wenn ich deutlich erkläre, dass jetzt Badezeit ist, stampft sie davon. Durch ihre Haltung macht sie den Spaß zunichte, den wir vorher miteinander hatten. Sogar wenn ich versuche, ihre Gefühle dadurch anzuerkennen, indem ich sage, dass ich weiß, wie schwer es ist, mit dem Spaß aufzuhören, dringe*

ich nicht zu ihr durch. Ich verstehe, dass sie mir wahrscheinlich mitteilen will, dass wir das häufiger machen sollen, und ich bemühe mich stärker darum, dass wir diese wertvollen Augenblicke öfter erleben, aber wenn ich am Abend einfach erschöpft bin und das Gefühl habe, schon alles gegeben zu haben, weiß ich nicht, wie ich auf ihr Bedürfnis nach noch mehr, mehr und mehr eingehen soll.

KATRINA,
Mutter einer Fünfjährigen

Wir alle können das nachvollziehen, oder? Schließlich hat die Mutter sich gerade intensiv darauf konzentriert, die »Schale ihres Kindes aufzufüllen.« Nach einem langen Tag ist es nicht leicht, selbst nur für wenige Minuten Geduld und Präsenz für die Wunschzeit mit unserem Kind aufzubringen. Vernünftige Eltern bringen ihr Kind um diese Zeit ins Bad und dann ins Bett. Sollte das Kind nach dieser schönen Interaktion nicht lächelnd in die Badewanne steigen?

Ja, jedenfalls erhoffen wir uns das! Und manchmal wird es bei einigen Kindern auch so sein. Aber bei vielen Kindern eben nicht, zumindest nicht immer. Und wenn wir ohne einen Riss in unserer Beziehung durch den Abend kommen wollen, hilft es uns, zu verstehen, was da abläuft. Es folgen einige Gründe, weshalb Kinder vielleicht mit dem Ende der Wunschzeit zu kämpfen haben.

1. **Seine Schale ist noch nicht gefüllt.** Ich bin ungern Überbringerin schlechter Nachrichten, aber wenn die Kinder den ganzen Tag über von uns getrennt sind, dann brauchen sie uns am Abend besonders. Fünf Minuten der eins-zu-eins »Qualitätszeit« reichen Ihrem Kind vielleicht nicht, vor allem, wenn es sich nicht täglich darauf verlassen kann. Endlich hat es Ihre volle Aufmerksamkeit, weshalb sollte es Sie dann schon wieder gehen lassen? Stellen Sie sich vor, Sie warten

schon seit einigen Tagen auf Qualitätszeit mit Ihrem Partner. Nach fünf Minuten wunderbarer Verbundenheit sagt er dann plötzlich: »Tut mir leid, wir müssen jetzt aufhören.« Dann würde Ihnen der Übergang wohl auch schwerfallen. Vielleicht fühlen Sie sich sogar verletzt.

2. **Ihr Kind hat etwas anderes gebraucht.** Vielleicht hat das gemeinsame Tun Spaß gemacht und das Kind hat es sich sogar ausgesucht, aber vielleicht hat diese Aktivität nicht den tieferen Hunger des Kindes danach gestillt, gehalten, bewundert und völlig angenommen zu werden. Diese Bedürfnisse werden am besten durch körperbezogene Spiele erfüllt, nicht über Kartenspiele, Lesen oder andere »strukturierte Tätigkeiten«. Wenn Sie also Mühe haben, täglich sowohl spielerisches Raufen als auch Wunschzeit unterzubringen, versuchen Sie beides zu kombinieren. Lassen Sie Ihr Kind jeden zweiten Tag wählen, was es mit seiner Wunschzeit tun will (außer Zeit am Bildschirm und Lesen). An den anderen Tagen reservieren Sie (der Elternteil) sich das Recht zu wählen und entscheiden sich immer für Körperspiele, die Ihr Kind zum Lachen bringen. Je nach Alter Ihres Kindes werden eine Verfolgungsjagd durchs Haus, das Kitt-Spiel (siehe Seite 287) oder ein Wettbewerb, einander die Socken auszuziehen (Seite 293), wahre Wunder wirken.

3. **Seine Schale wurde zwar gefüllt, aber Übergänge fallen ihm schwer.** Alle Kinder haben mit Übergängen zu kämpfen, weshalb wir sie zwei Minuten vorher auf das Ende vorbereiten. Aber einige Kinder benötigen zusätzlich Hilfe, um von einer Tätigkeit zur nächsten zu wechseln, insbesondere wenn sie noch vom Spielen mit uns aufgedreht sind und mit der nächsten Aktivität auch das Zubettgehen näher rückt. Betrachten Sie also die Verstimmung Ihres Kindes nicht als Bewertung Ihres gemeinsamen Spiels. Wenn Sie es aus seiner Perspektive sehen, – es war gerade so schön mittendrin! – ist seine Reaktion nachvollziehbar. Lassen Sie nicht zu, dass der schwierige Übergang die schöne Verbundenheit zunichtemacht, die Sie gerade geschaffen haben. Bleiben Sie selbst positiv. Gibt es irgendeine Möglichkeit, auch beim Baden weiterzuspielen?

4. **Die gemeinsame Wunschzeit hat heftige Gefühle in Wallung gebracht, die nach draußen müssen.** Wenn Sie zum ersten Mal Wunschzeit beginnen, spürt Ihr Kind wahrscheinlich große Erleichterung. Endlich hat es Sie ganz für sich allein. Aber jetzt, da es schließlich Ihre ganze Aufmerksamkeit und Bewunderung erlebt hat, soll es Sie gleich wieder loslassen. Nach der gerade erlebten Nähe fühlt sich Ihr Kind auch sicherer, sodass es Ihnen seine Trauer über Situationen aus der Vergangenheit, in denen es sich nach Ihnen gesehnt hat und sich allein fühlte, eher zeigen kann. Daher ist es nicht überraschend, dass Ihr Kind dann von Gefühlen überschwemmt wird, wenn Sie sich allmählich lösen. Fällt es Ihrem Kind schwer, die Wunschzeit abzuschließen, sorgen Sie für einen extra Zeitpuffer von zehn Minuten, falls Ihr Kind nach der intensiv miteinander erlebten Zeit ausrastet. Wenn es ärgerlich reagiert, weil Sie aufhören müssen, bleiben Sie mitfühlend mit ihm verbunden. Wenn es weint, begrüßen Sie die Tränen mit Verständnis und der Bereitschaft, mit Ihrem Kind im Schmerz auszuhalten. Seien Sie dankbar dafür, dass Sie ihm die Sicherheit ermöglicht haben, seinen Schmerz zu zeigen. Dabei heilen Sie etwas viel Tiefgehenderes als das Ende der Wunschzeit. Würdigen Sie die Gefühle Ihres Kindes: *»Du bist aufgebracht, dass wir mit dem Spielen aufhören müssen. Du hast einfach das Gefühl, dass es dir noch nicht reicht. Du kannst dich darauf verlassen, Noah, dass es morgen wieder Wunschzeit gibt. Und jetzt müssen wir aufhören … mir tut es leid, dass dir das so schwerfällt.«*

Und wenn Ihr Kind weint? Kein Problem! Das ist ein Hinweis darauf, dass sich das Kind in der Verbindung mit Ihnen sicher genug fühlt, um zu beängstigenden Gefühlen vorzudringen und Ihnen einiges von seinem emotionalen Gepäck zu zeigen. Sie werden erstaunt sein, wie kooperativ und zärtlich sich Ihr Kind verhalten wird, nachdem es sich in Ihrer sicheren Gegenwart ausgeweint hat. Natürlich ist jetzt Zeit zum Baden und Sie wollen mit dem Tagesprogramm der Familie weitermachen, aber Ihr Kind wird nicht ewig weinen und auch nicht jeden Tag. In dieser Situation fühlen sich die meisten Eltern frustriert, weil wir uns fragen, ob sich das, was wir unserem Kind gerade geschenkt haben, überhaupt irgendwie auswirkt. Die Antwort lautet entschieden: Ja! Jedes bisschen an Liebe und Geduld, das Sie Ihrem Kind anbieten, macht viel aus. Ihr Kind gibt Ihnen eine Gelegenheit, ihm bei seiner Heilung beizustehen. Interpretieren Sie seinen Widerwillen, Sie loszulassen, als nichts anderes als sein Votum für größere Nähe und einen SOS-Ruf nach Ihrer Unterstützung.

ÜBUNG

Mit Wunschzeit beginnen

Die Wunschzeit mit meiner Tochter hatte wirklich großen Einfluss darauf, wie sie ihr neues Geschwisterchen ohne Eifersucht akzeptierte.

MARI,
Mutter einer Vierjährigen und eines achtwöchigen Babys

Bevor Sie Ihrem Kind ankündigen, dass es in Ihrer Familie von nun an Wunschzeit geben wird, müssen Sie einiges abklären.

- Wie oft kann jeder Elternteil Wunschzeit im Alltag unterbringen? (Da Wunschzeit die Beziehung stärkt, profitiert das Kind von täglicher Wunschzeit mit jedem Elternteil. Wenn aber der eine dafür nur am Wochenende Zeit hat, während der andere unter der Woche kann, ist das für das Kind immer noch gewinnbringend.)
- Wie lange wird die Wunschzeit dauern?
- Bringen Sie zusätzlich auch noch eine tägliche Portion spielerisches Raufen unter? (Wenn nicht, wechseln Sie, wie eben beschrieben, beides ab.)

Ideal ist es, wenn Sie täglich eine halbe Stunde pro Kind erübrigen können. Aber viele Familien beginnen mit zehn Minuten, weil sie sich Sorgen machen, wie sie in der Zwischenzeit die Geschwister beschäftigen oder in einem bereits vollgestopften Tag Wunschzeit für mehrere Kinder unterbringen sollen. Einige Eltern machen sich Gedanken, ob sie überhaupt längere Zeit präsent und aufmerksam bleiben können, weshalb Sie für den Anfang mit zehn Minuten gut dabei sind.

Wenn Sie nur zehn Minuten Zweierzeit mit jedem Kind verbringen, bedenken Sie, dass der Übergang am Ende der Wunschzeit etwas härter sein kann, da Ihr Kind vielleicht das Gefühl hat, sie sei viel zu kurz. Aber wenn diese täglichen zehn Minuten für Ihr Kind mehr Zeit im Einzelkontakt bedeuten als sonst im Alltag, reicht sie fürs Erste, um eine sichtbare Verbesserung Ihrer Beziehung zu bewirken.

Ich empfehle Ihnen, dass Sie täglich weitere zehn Minuten für spielerisches Raufen reservieren, was normalerweise mit mehreren Kindern gleichzeitig funktioniert. (Siehe den Abschnitt »Spiel und Lachen«, beginnend auf Seite 280.)

Wenn Sie nicht jeden Tag Wunschzeit ermöglichen können, dann schaffen Sie am Wochenende Raum für eine längere Sitzung, in der das Kind die Tätigkeit auswählt. Sorgen Sie zusätzlich mit allen Kindern gemeinsam für tägliche fünfzehn Minuten Körperspiel, vor oder nach dem Essen, plus fünf Minuten Kuscheln für jedes Kind zur Schlafenszeit (zusätzlich zum Lesen).

Ich weiß, wie schwer es ist, diese Zeit zu erübrigen. Aber wenn es bedeutet, dass die Wäsche ungebügelt bleibt, wen kümmert das? Auf diese Weise geben Sie Ihren Kindern die emotionale Basis, die sie zum Gedeihen brauchen – jetzt und für ihr ganzes Leben.

So fangen Sie an:

1. **Setzen Sie sich mit Ihren Kindern zusammen und sagen ihnen, dass Sie für jedes Kind Wunschzeit einplanen wollen.** Ihr Ziel sind zehn Minuten und Sie bauen dies so oft wie möglich in die Woche ein. (Weshalb

das vorher ankündigen? Weil Ihre Kinder von der Vorfreude profitieren und spüren, dass sie Ihnen wichtig sind. Außerdem betrachten Sie es eher als Priorität, wenn Sie sich zur Wunschzeit verpflichten.) Geben Sie dieser Zeit den speziellsten Namen der möglich ist – den Namen Ihres Kindes. Bei Ihnen heißt es dann vielleicht Talia-Zeit und Benjamin-Zeit.

2. **Haben Sie mehrere Kinder, dann entwerfen Sie einen Plan** (mit Fotos von Ihnen und dem jeweiligen Kind), damit sich alle Geschwister darauf freuen können, dass sie bald ihre Wunschzeit bekommen. Als gute Strategie zur Beschäftigung von Geschwistern haben sich Hörbücher erwiesen. Damit können Sie die Aufmerksamkeit der Geschwister so weit fesseln, dass sie nichts davon mitbekommen, wenn Sie mit dem anderen Kind im Nebenzimmer lachen. (Kopfhörer sind dabei unerlässlich, um Geräusche auszuschalten, und wenn die Geschwister zusätzlich etwas zur Beschäftigung der Hände benötigen, dann geben Sie ihnen Malsachen, um die Geschichte zu illustrieren, die sie gerade anhören. Zuhören und Malen sind sehr gut für die Gehirnentwicklung!) Sind Ihre Kinder für Hörbücher noch zu klein, dann beschäftigen Sie sie mit wechselnden Fühlbeuteln oder Fühlkisten. Hat ein anderer Erwachsener so lange Zeit, sich mit den Kindern zu beschäftigen, ist das natürlich noch besser.

3. **Sagen Sie: »Wir wechseln uns ab, wer bestimmt, was wir in unserer Talia-und-Mami/Papi-Zeit tun.** *Heute bist du an der Reihe. Ich bin 15 Minuten nur für dich da. Was möchtest du gerne tun?«* Wenn es Ihrem Kind oft schwerfällt, sich für etwas zu entscheiden, machen Sie vorher ein gemeinsames Brainstorming und hängen die Liste der Ideen auf, damit nicht die ganze Wunschzeit zum Überlegen verbraucht wird.

4. **Verwenden Sie eine Eieruhr und planen noch einen Zeitpuffer nach dem Wunschzeitende ein.** Ihr Kind wird ziemlich sicher protestieren, wenn die Wunschzeit vorbei ist, besonders, wenn Sie diese erst vor Kurzem eingeführt haben. Mit dem Wecker wird vermieden, dass sich

das Kind von Ihnen persönlich abgelehnt erlebt, wenn die gemeinsame Zeit abgelaufen ist. Sagen Sie ihm, dass Sie wissen, wie schwer es ist, die Wunschzeit zu beenden, dass Sie das Zusammensein genossen haben und es kaum abwarten können bis zum nächsten Mal (für weitere Ideen siehe den Abschnitt über den Übergang von Wunschzeit in den Alltag ab Seite 305.)

REFLEXION NACH DER ÜBUNG

Machen Sie das Beste aus der Wunschzeit

Wie reagierte Ihr Kind, als Sie ankündigten, Sie würden mit ihm oder ihr Wunschzeit machen?

____

____

____

War es Ihnen möglich, alle Bildschirme und Telefone auszuschalten?

____

____

____

Wie fühlten Sie sich während der Wunschzeit?

____

____

____

Wurde es Ihnen langweilig?

___

___

___

Wie schien Ihr Kind während der Wunschzeit zu reagieren?

___

___

___

Wie lange hat die Wunschzeit gedauert?

___

___

___

Wie reagierte Ihr Kind auf das Ende der Wunschzeit?

___

___

___

Wie verhielt sich Ihr Kind während des restlichen Tages?

___

___

Was möchten Sie nächstes Mal anders machen?

Während der Alltagsroutine günstige Gelegenheiten für Verbindung finden

Ich habe versucht, unmittelbar vor Übergängen mehr verbindendes einzubauen (Umarmungen, Kuscheln) und es hat verwandelnde Kraft.

VICKY,
Mutter eines zweijährigen Kindes

Eine vorhersehbare Routine hilft Kindern zu wissen, was auf sie zukommt; somit fühlen sie sich sicher. Außerdem unterstützen feste Abläufe die Kinder beim Verinnerlichen konstruktiver Gewohnheiten und der Fähigkeit, das eigene Leben zu meistern. Wenn es beispielsweise zu Hause keine festen Hausaufgabenzeiten gibt, lernen sie vielleicht nie, wie man sich dazu überwindet, eine unangenehme Aufgabe zu erledigen. Kinder, die keine grundlegenden Gewohnheiten der Selbstfürsorge erlernen, angefangen von der Körperpflege bis hin zu regelmäßigen Mahlzeiten, haben vielleicht als junge Erwachsene Schwierigkeiten, für sich selbst zu sorgen.

Feste Abläufe können uns als Eltern auch dabei helfen, regelmäßige Verbindungsrituale ins Familienleben zu integrieren. Eltern sind per definitionem überfordert: Wir brauchen nicht noch mehr Aufgaben auf unserem Tagesplan. Aber wenn wir jeden Teil unserer Familienroutine als Gelegenheit zum Aufbau von Nähe betrachten, stellen wir fest, dass die Abläufe durch die Verbundenheit einfacher werden, weil so die Übergänge geglättet werden, die den meisten Kindern so schwerfallen. Wenn es zum Beispiel jeden Morgen zur Herausforderung wird, Ihr Kind dazu zu bewegen, mit dem Spielen aufzuhören und sich anzuziehen, bauen Sie etwas Verbindendes in diesen Übergang ein. Vielleicht können Sie mit Ihrem Kind beim Anziehen herzlich darüber plaudern, worauf Sie beide sich an diesem Tag freuen.

Erfinden Sie doch ein paar tägliche Gewohnheiten, die die Beziehung zu Ihrem Kind vertiefen und sie liebevoller machen. Nach 30 Tagen wird jede Handlung zur Gewohnheit, also müssen Sie nicht mehr darüber nachdenken. Es folgen einige Anregungen, die Sie in Ihren Tagesablauf einbauen können:

- Kuscheln Sie nach dem ersten Aufwachen mit jedem Kind fünf Minuten lang. (Planen Sie pro Tag zwölf Umarmungen oder andere Formen körperlichen Verbindens ein.)
- Nehmen Sie sich am Frühstückstisch einen zusätzlichen Moment Zeit, um jedes Kind zu fragen, worauf es sich an diesem Tag freut.
- Anstatt Ihr Kind durch Anschreien dazu zu motivieren, die Morgenroutine hinter sich zu bringen, befähigen Sie es mithilfe einer Tabelle mit Fotos von ihm, wie es jede Aufgabe erfüllt und lassen Sie es »der Chef« von ihm selbst sein. Sie zeigen dabei nur lächelnd auf die Tabelle und fragen nach, was als Nächstes zu tun ist. Als verbindendes Element können Sie Ihr Kind zusätzlich nach jeder erfüllten Aufgabe umarmen.
- Schmuggeln Sie einen kleinen Liebesbrief in die Brotzeitdose.
- Hüpfen Sie gemeinsam auf dem Weg zum Schulbus oder singen im Auto fröhliche Lieder.
- Umarmen Sie sich beim Abschied, wenn Sie sich wiedersehen und während des ganzen Tages so oft wie möglich. Wuscheln Sie Ihrem

Kind durchs Haar, klopfen Sie ihm auf den Rücken und berühren einander mit den Schultern.

- Wenn Sie Ihr Kind zum Abschied umarmen, sagen Sie ihm, dass Sie es kaum erwarten können, bis Sie es nachmittags wiedersehen und erzählt bekommen, wie sein Tag war. Denken Sie daran, ihm ein: *»viel Spaß!«* mitzugeben anstatt: *»sei brav!«*.
- Nehmen Sie sich vor Verlassen des Büros einige Minuten Zeit, um sich zu sammeln, damit sie die Arbeit wirklich hinter sich lassen können und schalten Ihr Telefon ab. Dann werden Sie am Abend der Familie Ihr Bestes geben können und nicht nur den Rest, der noch von Ihnen übrig ist.
- Schalten Sie Telefon und Musik aus, wenn Ihr Kind am Ende des Tages zu Ihnen ins Auto steigt und hören ihm zu, wenn es das Schönste und Unangenehmste vom Tag berichtet. Lassen Sie Ihr Handy ausgeschaltet, bis die Kinder im Bett sind.
- Verbringen Sie mit jedem Kind täglich 15 Minuten Wunschzeit, überlassen ihm dabei die Führung und füllen es währenddessen mit Ihrer Liebe. Allein diese Gewohnheit kann bereits die Beziehung zu Ihrem Kind verwandeln.
- Stellen Sie bei der gemeinsamen Hauptmahlzeit eine interessante Frage und geben jedem Kind Gelegenheit, sie zu beantworten, während die anderen zuhören.
- Machen Sie eine Kissenschlacht oder Ähnliches, bevor die Kinder baden oder sich waschen.
- Freuen Sie sich am Vorlesen oder Erzählen einer Gute-Nacht-Geschichte. Genießen Sie das duftende Haar Ihres Kindes und seine Körperwärme.
- Sagen Sie beim Schlafengehen jedem Körperteil Ihres Kindes einzeln Gute Nacht, indem sie ihn sanft berühren und massieren: *»Gute Nacht*

Schulter, gute Nacht Arm, gute Nacht Ellbogen, gute Nacht Unterarm, gute Nacht Handgelenk, gute Nacht Hand, gute Nacht Finger.« Nehmen Sie sich Zeit dafür, damit Ihr Kind jeden Körperteil entspannt, während Sie diesen »anerkennen«. Je mehr Sie selbst einfach entspannen und sich mit Ihrem Kind verbinden können, umso mehr helfen Sie auch ihm, sich in seinem Körper ganz präsent zu fühlen.

- Bleiben Sie mit jedem Ihrer Kinder für ein paar Minuten im Dunkeln liegen, kuscheln dabei freundschaftlich und sagen ihm, wie glücklich Sie darüber sind, seine Eltern zu sein.

ÜBUNG

Tägliche Gewohnheiten zur Stärkung der Bindung zu Ihrem Kind

Schreiben Sie auf die nächste Seite drei tägliche Gewohnheiten, mit denen Sie beginnen wollen, um die Beziehung zu Ihrem Kind zu verbessern.

Beispiel

Hier das Beispiel einer Mutter:

1. Jeden Abend zur Schlafenszeit werde ich, wenn das Licht aus ist, mindestens zehn Minuten mit jedem Kind kuscheln, einfach um in Verbindung zu sein und zuzuhören. Das gibt es zusätzlich zur Lesezeit und irgendwelche Probleme, die mich stören, werde ich währenddessen nicht ansprechen. Wenn mein Kind Probleme erzählt, werde ich zuhören, es spiegeln (»das plagt dich wirklich«) und ihm versichern, dass wir uns am folgenden Tag damit befassen werden. Am nächsten Tag werde ich danach handeln.

2. Wir werden gemeinsam am Tisch essen, an dem wir miteinander reden können, anstatt dabei vor dem Fernseher zu sitzen, und wir werden nicht ans Telefon gehen. Im Voraus schreibe ich eine Liste mit Fragen, die ich bei Tisch stellen kann, um interessante Gespräche zu beginnen.
3. Ich besorge mir ein Notizbuch, das ich mit meinem Zehnjährigen als Konversationstagebuch teilen will.[97] Darin schreiben wir einander abwechselnd.

Jetzt sind Sie dran

1 ______________________________

____

____

2 ______________________________

____

____

3 ______________________________

____

____

Das emotionale Bankkonto Ihres Kindes

Studien über Paarbeziehungen oder Beziehungen am Arbeitsplatz zeigen übereinstimmend, dass wir zum Erhalt einer gesunden, glücklichen Beziehung, die den normalen Konflikten und Verstimmungen des täglichen Lebens standhält, mindestens fünf positive Interaktionen benötigen, um eine negative Interaktion auszugleichen.[98] Zwar habe ich noch nichts von ähnlichen Studien zur Eltern-Kind-Beziehung gelesen, gehe jedoch davon aus, dass hier das Verhältnis ähnlich ist. Wenn ein Mangel an positiven Interaktionen besteht, rutscht unsere Beziehung in die roten Zahlen. Und wie bei jedem Bankkonto leben wir dann auf Pump.

Alle Eltern haben manchmal negative Interaktionen mit ihrem Kind. Teil unserer Aufgabenbeschreibung als Eltern besteht darin, unsere Kinder zu führen und durch den Tagesablauf zu lotsen. Allzu oft beinhaltet das auch Grenzen setzen, Bitten abschlagen und ungeeignetes Verhalten ansprechen. Manchmal gelingt es uns, emotional großzügig zu sein, sodass unser Kind die »Lektion« nicht als »negativ« erlebt. Öfter entscheiden Kinder im Zweifelsfall zu unseren Gunsten, weil all die anderen liebevollen bestätigenden Interaktionen auf unserem Beziehungskonto eine letztlich positive Bilanz herstellen.

ÜBUNG

Füllen Sie Ihr Beziehungskonto

Wie würden Sie den momentanen Stand Ihres emotionalen Bankkontos mit Ihrem Kind einschätzen?

1 2 3 4 5 6 7 8 9 10

Wir benötigen mindestens fünf positive Interaktionen, um jede einzelne negative Interaktion mit unserem Kind auszugleichen. Was können Sie tun, um eine positive Bilanz herzustellen? Zählen Sie hier unten so viel auf, wie Ihnen einfällt, Großes und Kleines. Heften Sie die Liste dann an Ihren Kühlschrank, damit Sie immer eine Idee parat haben. (Ich habe bereits einige meiner Lieblingsideen eingetragen.)

1. Sagen Sie Ihrem Kind, wie glücklich Sie sich schätzen, seine Eltern zu sein.
2. Eine liebevolle Umarmung.
3. Lächeln Sie beim Vorübergehen Ihr Kind an und tätscheln ihm den Rücken.
4. Bitten Sie Ihr Kind, Sie an seiner Lieblingsmusik oder seinem Lieblingslied teilhaben zu lassen.
5. Auf dem Sofa kuscheln und zusammen ein Buch lesen. (Auch Kinder, die selbst lesen können, mögen Vorlesen.)
6. Erzählen Sie Ihrem Kind eine Geschichte aus der Zeit, als es noch jünger war, die z. B. seine Zielstrebigkeit oder eine andere Stärke hervorhebt.
7. Kochen Sie gemeinsam das Lieblingsgericht Ihres Kindes.
8. Legen Sie Musik auf und tanzen gemeinsam.
9. Betrachten Sie gemeinsam die Sterne.
10. Schauen Sie Ihrem Kind mit Ihrer ganzen liebevollen Aufmerksamkeit beim Spielen zu.
11. Setzen Sie sich zu Ihrem Kind, wenn es mit seinem Musikinstrument übt, ohne Verbesserungs- oder sonstige Vorschläge zu machen, sprechen Sie einfach würdigend und einfühlend über die damit verbundenen Herausforderungen.
12. Massieren Sie Ihrem Kind die Füße.

13. Spielen Sie begeistert bei dem Lieblingsspiel Ihres Kindes mit.
14. Verbringen Sie einen gemeinsamen Nachmittag oder machen einen vom Kind bestimmten Ausflug, nur Sie beide.
15. Wunschzeit
16. Spielerisches Raufen
17. ______________________________
18. ______________________________
19. ______________________________
20. ______________________________
21. ______________________________
22. ______________________________
23. ______________________________
24. ______________________________
25. ______________________________

ÜBUNG

Verbinden Sie sich tiefer mit Ihrem Kind

Schaffen Sie heute mindestens drei verschiedene Gelegenheiten, um sich mit Ihrem Kind mithilfe der Ideen aus der Liste zu verbinden. Suchen Sie eine der Verbindungssituationen mit Ihrem Kind aus, um sie näher zu betrachten.

1. Was taten Sie, um sich mit Ihrem Kind zu verbinden?

---

2. Haben Sie etwas Bestimmtes getan, um sich darauf vorzubereiten? (zum Beispiel, Handy ausgeschaltet, Mantra zur Fokussierung Ihrer Absicht, Meditation zur Zentrierung) Wenn ja, was? Wenn nicht, was wäre vielleicht hilfreich gewesen?

---

3. Wie haben Sie sich während der Interaktion gefühlt?

---

4. Wie hat Ihr Kind auf Sie reagiert?

---

5. Wie ist Ihr Kind mit dem Ende der Interaktion zurechtgekommen? Falls es ihm oder ihr schwergefallen ist, gibt es etwas, das Sie in Zukunft tun können, damit die Trennung reibungsloser verläuft?

____

____

____

6. Wie hat sich Ihr Kind später verhalten? Gab es eine Veränderung in seiner Laune, Kooperationsbereitschaft oder Verbundenheit?

____

____

____

7. Was hat sich bei der Interaktion für Sie gut angefühlt?

____

____

____

8. Gibt es etwas, das Sie in Zukunft anders machen würden?

____

____

Reparaturen

In jeder Beziehung gibt es Konflikte. Dann kommt es darauf an, wie wir mit diesen Konflikten umgehen – so, dass sie Mauern zwischen uns bauen, oder so, dass sie uns einander näher bringen? Für unsere Kinder wollen wir Vorbild sein, wie man unvermeidliche Risse in der Beziehung so reparieren kann, dass dadurch unsere Bindung zu ihnen gestärkt wird.

Wie kommt es zu einem Riss in der Beziehung? Wenn zu Hause die Anspannung wächst und Sie Ihr Kind anbrüllen, oder wenn Ihr Kind sehr wütend wird, entsteht ein Riss in der Beziehung. Wenn Sie zu Ihrem Kind »Nein« sagen, ist das meist nur ein feiner Riss. Manchmal, wenn es gerade erst eine Enttäuschung erlebt hat, oder Ihr Kind einen überquellenden Rucksack mit Emotionspäckchen herumträgt, so dass Ihr »Nein« zum letzten Krümel wird, der den emotionalen Rucksack zum Platzen bringt, bekommt die Beziehung dadurch aber einen großen Knacks.

Alle Eltern ertappen sich manchmal dabei, dass sie genau das Falsche sagen, oder einfach vor lauter Wut die Kontrolle verlieren. Später fühlen sie sich deswegen furchtbar und wollen sich wieder mit ihrem Kind verbinden. Wie kitten Sie die Verbindung in solchen Situationen, in denen Sie sich wegen Ihres Handelns mies fühlen? Fangen Sie mit einer Entschuldigung an.

Wie und wann Sie sich bei Ihrem Kind entschuldigen

Die meisten Eltern bestehen regelmäßig darauf, dass ihr Kind sich bei Geschwistern, Freundinnen, oder Erwachsenen entschuldigt. Und doch kann es sich peinlich anfühlen, wenn wir uns dann selbst bei unseren Kindern entschuldigen sollen, und viele vermeiden es.

Manchmal rechtfertigen wir das damit, dass sich durch eine Entschuldigung der Respekt der Kinder für uns verringern würde. Aber genau das Gegenteil trifft zu. Haben Sie denn nicht auch sogar größeren Respekt vor anderen, wenn diese zu ihren Fehlern stehen und sie wieder gut machen wollen?

Ich glaube die traurige Wahrheit besteht einfach darin, dass sich die meisten bei einer Entschuldigung unbehaglich fühlen. Und zwar nicht nur, weil wir einen Fehler zugeben müssen, sondern weil es in uns Schamgefühle aufsteigen lässt, da wir uns daran erinnern, wie man uns als Kinder zu Entschuldigungen gezwungen hat.

Aber was lernt ein Kind, wenn Vater oder Mutter Entschuldigungen vermeiden?

- Entschuldigungen bedeuten, dass du etwas Schlechtes getan hast oder sogar schlecht bist. Daran kleben Schamgefühle.
- Es ist in Ordnung, eine Beziehung zu beschädigen und nicht dazu zu stehen oder nicht zu versuchen, sie zu reparieren.
- Wenn man sich entschuldigt, verliert man an Ansehen.

Kein Wunder, dass sich Kinder bei ihren Geschwistern nicht entschuldigen, es sei denn, wir zwingen sie dazu! Wäre es nicht besser Ihrem Kind jene Lektionen zu vermitteln, die es lernt, wenn Sie bei Entschuldigungen mit gutem Beispiel vorangehen?

- Fehler passieren uns allen mal und wir können versuchen, es besser zu machen.
- Wir alle verletzen manchmal andere Menschen. Wenn es passiert, ist es wichtig das zuzugeben und es wiedergutzumachen.
- Wenn du dich entschuldigst, hat der andere positivere Gefühle für dich.

Dennoch fühlt sich eine Entschuldigung für Ihr Kind vielleicht nicht einfach an. Aber wenn Sie Entschuldigungen »normalisieren« und Ihr

Kind entscheiden lassen, wann es dazu bereit ist, werden Sie bei ihm auf weniger Widerstand stoßen und vielleicht ergreift es sogar die Initiative, weil es das Gefühl der Wiedergutmachung genießt.

Wann also sollten Sie sich bei Ihrem Kind entschuldigen und was sollten Sie sagen?

1. **Entschuldigen Sie sich ohne Umstände und oft,** auch für kleine alltägliche Ausrutscher: *»Ups, entschuldige, dass ich dich unterbrochen habe.«* Wann immer Sie sich in einer Weise verhalten, die Ihnen bei Ihrem Kind nicht gefallen würde, überlegen Sie, ob nicht eine Entschuldigung angebracht ist. Aber natürlich entschuldigen Sie sich nicht für das Setzen angemessener Grenzen. Aber sehr wohl gehört es zu unseren Aufgaben, die eigenen Emotionen zu regulieren, ganz egal was unser Kind tut. Daher ist es unerlässlich, uns dafür zu entschuldigen, wenn wir die Fassung verlieren, es sei denn, wir wollen, dass unser Kind unsere »Tobsuchtsanfälle« nachahmt.

2. **Beschreiben Sie, was passiert ist, und drücken Ihr Bedauern darüber aus:** *»Wir beide waren so richtig wütend, nicht wahr? Du hast geschrien. Dann fing ich an zu schreien. Es tut mir so leid. Keiner verdient es, angeschrien zu werden, ganz gleich, was passiert ist. In unserer Familie versuchen wir einander respektvoll zu sagen, was wir brauchen, und ich war gerade kein gutes Beispiel dafür. Also will ich es noch mal versuchen. Aber zuerst sollst du wissen, dass es mir wirklich leidtut und ich hart daran arbeite, auch dann respektvoll zu bleiben, wenn ich ärgerlich bin. Wir werden alle ärgerlich. Das ist okay. Aber es ist nicht okay, jemanden anzuschreien.«*

3. **In Ihrer Entschuldigung sollen Sie die Auswirkung Ihres Handelns auf Ihr Kind eingestehen.** Sie könnten so etwas sagen: *»Du hast zu weinen angefangen. Mein Geschrei muss dich ziemlich erschreckt haben, was?«* Wenn Ihr Kind nur mit den Schultern zuckt, erkennt es damit an, dass es sich erschreckt hat, will das aber nicht zugeben. Manchmal sagt Ihr Kind vielleicht ärgerlich: *»Ich hasse es, wenn du so reagierst,*

Mama,« und Sie können wieder Empathie geben: *»Ja, ich weiß, Tess. Das muss dich erschrecken.«* Ältere Kinder werden manchmal so tun, als würden sie von Ihrem Geschrei nicht berührt, aber das werden sie immer, daher ist die Anerkennung, dass Ihr Schreien schwer auszuhalten war, ein wichtiger Bestandteil Ihrer Entschuldigung.

4. **Widerstehen Sie dem Drang zu tadeln.** Oft entschuldigen wir uns zuerst, reden uns dann aber im Nachhinein heraus, weil das Kind im Unrecht war: Ich habe geschrien, ja – aber du hast es auch verdient! Aber wir wissen alle, dass ein Unrecht nicht das andere aufhebt. Abgesehen davon sind wir die Erwachsenen und haben Vorbildfunktion.
5. **Eine Erklärung abzugeben ist in Ordnung, aber verderben Sie nicht eine gute Entschuldigung, indem Sie sich für Ihr Verhalten rechtfertigen.** *»Mein Tag war so anstrengend und ich konnte es nicht ertragen, dass noch etwas schiefläuft. Also habe ich dich angeschrien. Aber das ist keine Ausrede. Ich muss meine Emotionen selbst in den Griff kriegen. Mit Geschrei findet man keine Lösung mit einem Menschen, den man liebhat.«*
6. **Wenn Ihr Kind findet, dass Sie etwas Schwerwiegendes getan haben, dann erkennen Sie das an, selbst wenn Sie anderer Meinung sind:** *»Ich hatte versprochen, dir beim Einkaufen ein neues Schreibheft mitzubringen und es dann ganz vergessen. Das tut mir so leid. Ich weiß, du hast dich darauf verlassen, dass ich mit dem Schreibheft nach Hause komme.«*
7. **Seien Sie ein Vorbild im Ablegen von Rechenschaft, indem Sie in der jeweiligen Situation – soweit möglich – Verantwortung übernehmen.** *»Mir tut es so leid, dass ich nicht hier war, um euch beiden bei einer Lösung zu helfen.«* Damit geben Sie sich nicht selbst die Schuld. Ihnen tut es leid, dass Sie nicht hier waren. Und indem Sie sogar einen kleinen Teil Verantwortung übernehmen, helfen Sie den Kindern, dazu zu stehen und selbst Verantwortung zu übernehmen.
8. **Wenn angemessen, geben Sie sich eine zweite Chance.** *»Es tut mir leid, Amelie, ich wollte dich nicht anfahren. Lass es mich noch mal versuchen. Ich meinte …«*

9. **Nehmen Sie sich die Wiedergutmachung vor.** *»Weißt du was, morgen Früh besorgen wir dein Schreibheft auf dem Schulweg.«* Das ist ein unverzichtbarer Bestandteil jeder Entschuldigung: *»Wie kann ich das wieder in Ordnung bringen?«*

10. **Machen Sie für das nächste Mal einen Plan.** Ihr Kind wird eine Menge lernen, wenn Sie es danach fragen, was Sie das nächste Mal anders machen können und das ohne Verteidigungshaltung besprechen. Anschließend geben Sie ein verbindliches Versprechen: *»Das nächste Mal werde ich stoppen, loslassen und atmen, um mich zu beruhigen.«* Und dann tun Sie es einfach. Wenn ein geliebter Mensch sich zwar nach jeder Verletzung bei Ihnen entschuldigt, Ihnen aber weiterhin wehtut, werden Sie ihm die Entschuldigung früher oder später nicht mehr abnehmen. Entschuldigungen sind nur dann glaubwürdig, wenn Sie wissen, dass der Mensch ernsthaft versucht, sein Verhalten zu verändern.

11. **Fragen Sie Ihr Kind, ob es zur Versöhnung bereit ist.** Das kann ein einfaches: *»Ich hoffe, du verzeihst mir«*, bedeuten. Dem Kind hilft das, den emotionalen Sprung zu wagen, seinen Groll fallenzulassen und sich auf der Gefühlsebene wieder mit Ihnen zu verbinden. Aber erzwingen Sie nichts; Kinder sollten nicht zum Vergeben gedrängt werden, bevor sie dazu bereit sind. Einige Eltern wehren sich gegen diesen Schritt, weil sie glauben, damit ihre Macht an das Kind abzugeben, das ihnen vielleicht die Vergebung vorenthält. Falls das Kind wirklich nicht zum Verzeihen bereit ist, werden Sie es wissen wollen, damit Sie ihm helfen können, den restlichen Ärger aus der Interaktion aufzulösen.

12. **Beachten Sie, es gibt keine Scham, keine Vorwürfe.** Konzentrieren Sie sich stattdessen darauf, die Situation mit Ihrem Kind zu verbessern. Es erfordert Mut, Unrecht zuzugeben und um Vergebung zu bitten. Aber Sie werden dadurch zu besseren Eltern und die Kinder entwickeln sich zu gesünderen Menschen, die Beziehungen wertschätzen

und Verantwortung übernehmen können. Ist es also nicht an der Zeit, das Vermächtnis der Scham loszulassen, die mit Entschuldigungen assoziiert wird?

SICH BEI EINEM KLEINKIND ENTSCHULDIGEN

Da Kleinkinder nicht für ihr konzeptionelles Denken bekannt sind, erzählen Sie ihnen das, was passiert ist, zur Wiedergutmachung am besten als Geschichte. Das hilft den Kindern, sich das verletzende Ereignis vorzustellen, besser zu verstehen, was geschehen ist und zu erkennen, dass sich die Situation geändert hat. – Sie bieten dem Kind eine herzliche, körperliche Interaktion an und zeigen ihm, dass Sie selbst mit Ihrem vorherigem Verhalten nicht einverstanden sind. *»Du hattest Apfelmus in deiner Schale, nicht wahr? Und dann hast du es auf der Treppe ausgekippt! Schau, genau hier? Oh je! Was für eine Bescherung! Und was ist dann passiert? Genau, Mama hat geschrien. Ich war sehr aufgebracht. Und du warst erschrocken, nicht wahr? Es tut mir so leid, dass ich dich erschreckt habe.«* (Drücken Sie Ihr Kind liebevoll und fahren dann fort.) *»Ich war sehr wütend. Aber kein Schreien mehr. Schreien macht Angst. Stimmt's? Kein Schreien mehr, Mama!«*

Hier drückt Ihr Kind vielleicht seine Gefühle zu dem Vorfall aus oder gibt Ihre Worte wieder*: »Kein Schreien mehr, Mama!«* Stimmen Sie ihm zu*: »Kein Schreien mehr, Mama!«* Umarmen Sie Ihr Kind zum Schluss ausgiebig. (Ja, jetzt können Sie Ihr Kind gut gelaunt einladen, das Apfelmus mit ihnen zusammen aufzuwischen. Aber machen Sie keinen Handel daraus; machen Sie es zu einem Abenteuer.)

ÜBUNG

Sich entschuldigen

Wann haben Sie sich das letzte Mal wegen einer Interaktion mit Ihrem Kind schlecht gefühlt? Beschreiben Sie die Interaktion:

____

____

____

Wenn Sie die Interaktion »nachspielen« könnten, was würden Sie gern anders machen oder sagen?

____

____

____

Was könnten Sie nächstes Mal anders machen, sodass Sie am Ende stolz auf sich sein können?

____

____

____

Was können Sie Ihrem Kind jetzt sagen, um die Sache wiedergutzumachen? (Beispiel: Wenn die Interaktion einige Tage oder noch länger her war, können Sie so damit anfangen: *»Ich habe über letztes Wochenende nachgedacht, als du und ich über X sprachen und ich Y gesagt habe. Ich wünschte, ich hätte das nicht gesagt. Ich glaube, ich habe deine Gefühle verletzt und außerdem war es noch nicht mal das, was ich eigentlich sagen wollte. Es tut mir wirklich leid, wenn ich dich verletzt habe; das war nie meine Absicht. Wie ich dir immer sage, können wir unsere Bedürfnisse ausdrücken, ohne einander anzugreifen. Ich wünschte, ich hätte in der Situation Folgendes gesagt: …«)*

TEIL 3

Coaching statt Kontrolle

Was bedeutet Coaching im Unterschied zu Kontrolle? Coaching heißt, jemandem Unterstützung anzubieten, damit sie oder er zu seinem /ihren besten Selbst wird. Kontrolle bedeutet, jemanden durch Drohung oder Zwang dazu zu bringen, unseren Willen zu erfüllen. Jahrzehntelange Forschung zeigt deutlich, dass kontrollierende Erziehungsmethoden zu negativen Ergebnissen führen: Die Kinder neigen stärker zu Angst und Depression und haben in Schule, Beruf und Beziehungen größere Schwierigkeiten.[99] Doch selbst, wenn uns das bewusst ist, haben wir in schwierigen Situationen, in denen die Kinder nicht tun, was wir wollen, oft den Impuls, auf Kontrolltechniken zurückzugreifen. Warum? Nicht nur, weil wir in diesen Augenblicken die Kooperation des Kindes brauchen. Das wäre einen so hohen Preis für seine emotionale Gesundheit nicht wert. Ich glaube, wir tun das, weil wir Angst haben. Angst, dass unser Kind nicht über seinen Ärger hinwegkommt, sich nicht angemessen verhält oder ohne unsere Kontrolle die falsche Lektion lernt. Wir haben Angst, als Eltern nicht gut genug zu sein: Angst, unser Kind würde sich immer so verhalten. Schließlich steht viel auf dem Spiel.

Aber was wäre, wenn wir glauben würden, dass das Gute in unserem Kind und die Macht von Mutter Natur dazu beitragen, dass unser Kind heranwächst und reift? Was, wenn wir in unserem Sohn einfach einen Jugendlichen sehen würden, der darum ringt, seine Bedürfnisse zu erfüllen? Was, wenn wir an die Kraft unserer Beziehung zu unserem Kind als Brücke zu seinem besten Selbst glauben würden? Und wenn wir nun anstatt auf die Stimme der Furcht zu hören, die uns zum harten Durchgreifen nötigt, auf die Stimme der Liebe hören würden?

Jede Wahl, die wir treffen, ist in ihrem Kern entweder ein Schritt in Richtung Liebe oder in Richtung Furcht. In diesem Teil des Buches betrachten wir näher, weshalb Kontrolle – Handeln aus Furcht – nicht funktioniert, um ein seelisch gesundes Kind aufzuziehen. Stattdessen stellen wir Ihnen Coaching- und Hilfswerkzeuge vor. Betrachten Sie diese als Liebe in Aktion. Liebe versagt nie.

Weshalb Coaching Kinder dabei unterstützt, ihr bestes Selbst zu sein

Ein altes Sprichwort besagt, wer nicht weiß, wohin er will, darf sich nicht wundern, wenn er woanders ankommt. Also wollen wir mit unserem Ziel für das Wachsen mit Kindern beginnen. Unsere Kinder werden einmal erwachsen sein, oder? Und ich glaube, Sie werden mir zustimmen, dass unsere Kinder zu glücklichen, fürsorglichen und verantwortungsvollen Menschen aufwachsen sollen, die in der Welt ihre einzigartigen Gaben einbringen, um dort einen positiven Beitrag zu leisten.

Natürlich brauchen wir einen Weg, um dorthin zu gelangen. Also wollen wir, dass wir und unsere Kinder auch jetzt glücklich leben. Wir wollen uns an ihnen freuen können und das Elternsein als eine lohnende Erfahrung erleben. Wir wollen, dass sie während des Heranwachsens lernen und so die Herausforderungen jedes Entwicklungsalters meistern.

Wir wollen, dass sie sich mit anderen gut verstehen und in die Gesellschaft einfügen, aber wir wollen auch, dass sie ihrem eigenen inneren Kompass folgen. Wir wollen, dass sie tun, worum wir sie bitten, aber auch dazu in der Lage sind, für sich selbst zu denken.

Sie sehen also, dass uns einerseits kurzfristige Kooperation der Kinder wichtig ist, aber ebenso ihre langfristige Individuation (Selbstwerdung). Der einzige Weg, um beides zu erlangen, besteht darin, in unseren täglichen Interaktionen mit unserem Kind sowohl das unmittelbare Ziel (zum Beispiel, unser Kind in die Badewanne zu bekommen) anzustreben sowie unser langfristiges Ziel (ein Kind heranwachsen zu lassen, das für sich selbst sorgen will und auch die Fähigkeiten dafür hat) zu erreichen. Während man über Kontrolle des Kindes manchmal das unmittelbare Ziel erreicht, bekommt man beides gemeinsam nur durch Coaching. Und an diesen allzu häufigen Abenden, an denen wir uns damit zufrieden geben würden, die Kinder irgendwie in die Badewanne zu bekommen, ist es hilfreich, sich daran zu erinnern, dass durch den zusätzlichen Aufwand des Coachings die Wahrscheinlichkeit steigt, dass das Baden am folgenden Tag leichter wird. Die Wirksamkeit des Coachings wächst mit der Zeit, weil es die Beziehung zu Ihrem Kind stärkt und ihm die Ressourcen vermittelt, sich selbst zu regulieren.

Ein Coach spielt nicht das Spiel der Kinder im Team. Stattdessen unterstützt er die Teammitglieder darin, ihre Fähigkeiten so zu entwickeln, dass sie im Spiel ihr Bestes geben. Ein Coach findet heraus, welche Spielerin an welchen Fertigkeiten arbeiten muss, lehrt diese Fertigkeiten übers Zeigen und Üben und hilft so den Kindern, diese allmählich zu lernen. Erfolgreiche Coaches versuchen nicht, die ihnen Anvertrauten über Bestrafung zu »kontrollieren«. Selbst Belohnungen funktionieren nicht, wenn das Kind nicht über die Fähigkeiten verfügt, die es zum Gewinnen des Spiels braucht. Ein Coach muss auch Amateurpsychologe sein, den Kindern durch ihre Ängste und Unsicherheiten hindurch helfen und sie ermutigen. Er oder sie versteht, dass das Trainieren von Kompetenzen zur Selbstregulierung ebenso dazugehört wie das Trainieren bestimmter sportlicher Fähigkeiten. Sie helfen Kindern durch schwierige Zeiten hindurch, ermutigen sie dazu, sich Herausforderungen erfolgreich zu stellen, und glauben an das Potenzial der Kinder. Kurz gesagt helfen Trainer den Kindern, ihr bestes Selbst zu sein.

Das Coachen als Eltern unterscheidet sich nicht sehr davon, außer, dass Eltern viel mehr von den Kindern verlangen und sich daher stärker auf ihre enge emotionale Bindung verlassen. Coachende Eltern unterstützen ihr Kind darin, zu seinem besten Selbst werden **zu wollen**, sie versuchen nicht, das Kind durch Bestrafung und Belohnung zu kontrollieren. Sie glauben daran, dass es sein Bestes gibt und mit Unterstützung Fortschritte macht. Ihre Unterstützung bieten Sie an durch:

- **Verbindung** oder dadurch, dass Sie der Eltern-Kind-Beziehung Priorität einräumen, damit das Kind darauf vertraut, dass es mindestens einen Erwachsenen hat, der es versteht und an es glaubt. Die Forschung bestätigt immer wieder, dass elterliche (emotionale) Ansprechbarkeit, die Wärme, Respekt, Empathie und das Erfüllen der emotionalen und körperlichen Bedürfnisse des Kindes beinhaltet, einer der wichtigsten Faktoren kindlicher Bindungssicherheit und emotionalen Wohlbefindens ist.
- **Struktur zur Erfüllung der Grundbedürfnisse,** was bedeutet, die häusliche Umgebung so zu organisieren, dass die kindlichen Bedürfnisse sicher erfüllt werden und das Kind gedeiht. Die Grundbedürfnisse bestehen aus körperlichen Bedürfnissen wie Sicherheit, Schlaf, gesunder Ernährung und liebevollem Körperkontakt, und ebenso aus seelischen Bedürfnissen wie Aufmerksamkeit, Liebe, Autonomie und Macht. (An dem Gefühl machtvoll zu sein, das Leben zu meistern und Einfluss zu haben ist nichts auszusetzen. Es gibt erst dann ein Problem, wenn Menschen Macht »über« andere ausüben. Und was glauben Sie, woher das kommt? Von der Art und Weise, wie sie in der Kindheit behandelt wurden.) Wir können uns diese Struktur als Organisation der Umwelt und vorbeugender Maßnahmen vorstellen, die dazu beitragen, dass

die inneren Ressourcen der Kinder immer wieder aufgefüllt werden, damit sie gedeihen und den Herausforderungen des täglichen Lebens standhalten.

- **Emotions-Coaching** um den Kindern durch starke Emotionen hindurch zu helfen, anstatt zu versuchen, die Emotion des Kindes zu kontrollieren oder abzutun. Emotions-Coaching ist die Basis der emotionalen Intelligenz oder des EQ (für den Erfolg eines Kindes inzwischen als wichtiger betrachtet als der IQ). Eltern, die an der eigenen emotionalen Intelligenz arbeiten, fühlen sich beim emotionalen Coaching wohler und ziehen häufiger emotional intelligente Kinder auf.
- **Liebevolle Begleitung** zur Förderung von Autonomie via Ermutigung, empathischem Grenzen-Setzen und dem Vermitteln von Kompetenzen zur Beziehungsreparatur, Problemlösung und Win-win-Lösungen, von denen alle profitieren.[100]

Diese vier elterlichen Faktoren – Verbindung, häusliche Struktur zur Erfüllung der Grundbedürfnisse, Emotions-Coaching und liebevolle Begleitung – helfen den Kindern bei der Entwicklung von emotionaler Intelligenz, Selbstdisziplin, Resilienz, Lebenskompetenzen, Autonomie und Beziehungskompetenzen, einschließlich Empathie, alles unverzichtbare Komponenten für ein erfülltes Leben. Sie bestimmen die Fähigkeit des Kindes, mit den Eltern zu kooperieren, aber auch, ob es dem Kind gelingen wird, sein Leben erfolgreich zu gestalten.

Wann immer sich ein Kind »nicht benimmt« liegt die wirksamste Intervention innerhalb eines dieser vier Bereiche. Das gilt auch für ungewöhnlich herausforderndes Benehmen. In diesen Fällen hat das Kind vielleicht intensivere Bedürfnisse, die für die Eltern schwerer zu erfüllen sind. Aber die wirksamste Intervention besteht immer noch darin, diese Bedürfnisse zu erfüllen, anstatt körperlichen oder seelischen Schmerz zu verursachen, um das Kind dazu zu zwingen, sich »zu benehmen«.

Beachten Sie, dass ein Coach, ob es sich nun um den Trainer einer Mannschaft oder um Eltern handelt – in der Anleitung und Beeinflussung eines Kindes immer eine aktive Rolle spielt. Aber Trainerinnen zwingen oder nötigen das Kind nicht, sie versuchen nicht die Gefühle des Kindes zu kontrollieren und erzeugen im Kind auch kein schlechtes Gefühl von sich selbst. Vielmehr ist eines der Kennzeichen erfolgreicher Eltern (und erfolgreicher Kindertrainer) die warme Wertschätzung jedes einzigartigen Kindes und der Einsatz von Verbindung und Inspiration, um den Funken im Kind anzufachen. Das heißt nicht, dass Sie nicht auch mit liebevoller Unterweisung und klaren Grenzen arbeiten. Aber sie können das mit Respekt und Empathie tun, welche auf lange Sicht Erfolg versprechender sind als Zwang.

Tatsächlich kann keine Macht der Welt Kinder dazu bewegen »sich zu benehmen«, es sei denn, sie haben eine sichere Bindung zu einem Elternteil, ihre Grundbedürfnisse sind erfüllt und sie haben die Möglichkeit, ein gewisses Maß an emotionaler Intelligenz zu entwickeln. Kinder haben einfach gar kein genügend weit entwickeltes Gehirn und Nervensystem, um Emotionen und Impulse zu regulieren.

Selbst wenn ein Kind sich zeitweise unter Zwang »benimmt«, gibt es versteckte Kosten. Autonomie ist ein allgemein menschliches Bedürfnis, und nahezu alle Kinder werden gegen Kontrolle aufbegehren, entweder offen oder passiv.[101] Es gibt natürlich einige Kinder, die sich unter Zwang sehr, sehr darum bemühen, ganz brav zu sein und ihre Verbindung zu den eigenen »unannehmbaren« Anteilen abtöten. Aber falls Sie diese Art des Gehorsams für erstrebenswert halten, sprechen Sie einmal mit einer Erwachsenen, die oder der ein solches Kind war, über seine oder ihre heutige Neigung zu Angst und Depression.

Zum Glück gibt es bessere Strategien, um Kinder bei der Kooperation zu unterstützen. Doch zunächst werfen wir einen genaueren Blick auf die Tücken kontrollierender Erziehung. Der Rest des Buches beschäftigt sich dann mit Coaching-Werkzeugen und Kompetenzen, die funktionieren.

Was versteht man unter kontrollierender Erziehung?

Schätzchen, wenn du erwachsen wirst, sollst du durchsetzungsfähig, eigenständig und entschlossen sein. Aber solange du ein Kind bist, brauche ich dich passiv, nachgiebig und gehorsam.

ANONYM

Kontrollierende Erziehung wird normalerweise als nötigend, übergriffig oder dominierend definiert und beinhaltet die Durchsetzung der elterlichen Kontrolle durch Bestrafung und Belohnung, einschließlich Drohungen, Bloßstellen, Schuld und Liebesentzug,[102] was den Kindern ein schlechtes Gefühl über ihre emotionalen Reaktionen und sich selbst als Mensch vermittelt. Zahlreiche Studien bringen einen »kontrollierenden Erziehungsstil« in Zusammenhang mit negativen Entwicklungen bei Kindern wie Depression,[103] Angst,[104] Perfektionismus,[105] Empathiemangel[106] und Schwierigkeiten in der Selbstregulation.[107]

Das heißt nicht, dass Sie Verhalten nicht lenken und begrenzen sollten, was ja von allen Eltern verlangt wird. Entscheidend ist, dem Verhalten Grenzen zu setzen, während gleichzeitig die dazugehörige Emotion akzeptiert wird. Zum Beispiel bittet ein Elternteil das Kind vielleicht, die Einkäufe ins Haus zu tragen statt den Bruder zu schlagen. Aber kontrollierende Eltern gehen noch einen Schritt weiter, indem sie darauf bestehen, dass das Kind seiner Mutter freiwillig helfen sollte und dadurch zeigt, dass es sie liebt, und seinen Bruder sollte es so sehr lieben, dass es ihm nie einfallen würde, ihn zu schlagen – andernfalls ist das Kind ein schlechter Mensch. Also fühlt sich das Kind am Ende schlecht, weil es ja weiß, dass es manchmal keine Lust hat der Mutter zu helfen und den Wunsch verspürt, den kleinen Bruder zu schlagen.

Betrachten Sie die folgenden Beispiele – und was Eltern, die Coaching anwenden, stattdessen tun würden.

Verhalten oder Wunsch des Kindes	**Reaktion kontrollierender Eltern**	**Reaktion coachender Eltern**
Unangemessenes Verhalten	Elternteil droht oder bestraft. Furcht funktioniert kurzfristig bei Anwesenheit des Elternteils, so lange die Kinder klein sind.	Elternteil setzt klare Grenzen über Empathie und Verbindung. Kind wählt besseres Verhalten, um dem Elternteil zu folgen und entwickelt Selbstdisziplin.
Ärger	Ärger wird bestraft, also wird er vom Kind unterdrückt, es entstehen Probleme bei der Selbstregulation oder Ängste.	Elternteil erkennt den Ärger an, sodass das Kind ihn eher verbalisiert als ausagiert.
Emotionen	Elternteil ignoriert Emotionen, tut sie ab, bestraft sie. Kind unterdrückt Emotionen, Probleme der Selbstregulation entstehen.	Elternteil hilft dem Kind, die Emotionen durchzuarbeiten, Selbstregulation und Resilienz zu entwickeln.
Werte entwickeln	Die Motivation des Kindes ist eher Strafvermeidung als Sorge oder Interesse für andere.	Kind respektiert Elternteil, somit ist es offen für dessen Anleitung; Kind entwickelt inneren Kompass.
Lebenskompetenzen entwickeln, vom Zähneputzen bis zur Erledigung der Hausaufgaben	Elternteil belohnt oder bestraft das Kind, erzeugt Machtkämpfe und Anreize, um das System zu »manipulieren«.	Elternteil bietet Unterstützung, sodass das Kind gern für sich selbst Verantwortung übernimmt.

Verhalten oder Wunsch des Kindes	Reaktion kontrollierender Eltern	Reaktion coachender Eltern
Entscheidungen treffen	Elternteil trifft Entscheidungen fürs Kind.	Kind wird dazu ermutigt, seine Wahl und Entscheidungen zu treffen.
Privatsphäre	Elternteil dringt in die Privatsphäre des Kindes ein.	Elternteil erlaubt dem Kind zunehmend mehr Privatsphäre.
Autonomie und Selbstempfinden	Elternteil erträgt es nicht, wenn das Kind andere Meinungen, Interessen hat oder sich mit anderem identifiziert als die Eltern.	Kind wird als einzigartiges Individuum respektiert und wird nie darum gebeten, die eigene Integrität zu gefährden.
Entwicklung der Eigenmotivation	Kind ist rebellisch aber nicht eigenmotiviert.	Kind fühlt sich befähigt und motiviert.

Wenn Sie sich jetzt ein wenig nervös fühlen, dann will ich Sie beruhigen. Ich glaube nicht, dass es auf der ganzen Welt auch nur einen Elternteil gibt, der nicht gelegentlich Kontrolle ausgeübt hat, um bei seinem Kind ein bestimmtes Verhalten zu erreichen. Und selbst wenn wir die Absicht haben, die Emotionen unseres Kindes zu akzeptieren, geht es uns praktisch allen manchmal so, dass wir den Drang verspüren, die Gefühle unseres Kindes abzustellen, sei es, weil uns diese Gefühle triggern, oder sie uns einfach lästig sind!

Es gehört also zum Elternsein, dass wir den Drang zur Kontrolle verspüren. Unser Ziel der gelassenen Elternschaft besteht darin, uns der eigenen emotionalen Reaktionen auf Verhalten und emotionalen Ausdruck unseres Kindes bewusster zu werden. Sobald wir merken, dass wir auf einen Machtkampf zusteuern, können wir den Drang, die Gefühle und

Meinungen unseres Kindes zu kontrollieren, bewusst loslassen, – auch dann, wenn wir seinem Verhalten Grenzen setzen. Wenn wir uns dagegen nicht des Bedürfnisses zu kontrollieren bewusst sind, verletzen wir unser Kind schließlich unabsichtlich. Zum Beispiel kämpfte eine mir bekannte Familie mit dem gängigen Problem, dass ihre dreijährige Tochter keinen Mittagsschlaf halten wollte. Der Vater – den ich gut kannte und der in vieler Hinsicht ein guter und liebender Vater war – versohlte das Kind, bis es nachgab. Aber ihm reichte es nicht, dass sie sich weinend im Bett niederließ. Er glaubte, er müsste ihr Gehorsam beibringen und zwang sie zu sagen, dass sie einen Mittagsschlaf halten **wollte.**

Die meisten von uns lassen sich nicht in einen so heftigen Machtkampf hineinziehen. Aber jedes Mal, wenn wir über die Einwilligung auf der Verhaltensebene hinausgehen und unbedingt die Gefühle oder das Selbstempfinden des Kindes kontrollieren wollen, missachten wir seine Souveränität. Tatsächlich verlassen wir uns jedes Mal auf Kontrolle anstatt auf Coaching, sobald wir etwas durch Bestrafung erzwingen.

Bestrafung ist äußerste Kontrolle

Bestrafung ist die Ursache der Gewalt auf unserem Planeten.

MARSHALL ROSENBERG,
Begründer der gewaltfreien Kommunikation[108]

Die meisten Eltern nehmen an, dass sich Kinder, die wissen, dass sie für Übertretungen bestraft werden, besser benehmen, als Kinder, die keine Strafe fürchten müssen. Jedoch zeigen Studien über Disziplin durchgehend, dass Bestrafung zu unglücklichen Kindern führt, die sich selbst nicht wertschätzen und sich schlechter benehmen als andere Kinder –

und deshalb noch mehr bestraft werden![109] Das kommt daher, weil der kontrollierende Erziehungsstil über Bestrafung durchgesetzt wird. Durch Bestrafung lernen Kinder Folgendes:

1. **»Macht geht vor Recht.«** Kinder lernen, was sie leben und was Sie ihnen vorleben. Wenn Kinder tun, was Sie wollen, weil sie vor Ihnen Angst haben, dann lehrt sie das, andere zu schikanieren. Durch körperlichen Zwang wird Kindern beigebracht, gegen sich selbst und andere Gewalt anzuwenden.

2. **»Mir ist egal, was meine Eltern wollen. Sie stehen nicht auf meiner Seite.«** Weil die Beziehung zu Ihrem Kind weniger eng ist, verliert es das Interesse, mit Ihnen zu kooperieren und benimmt sich öfter daneben.

3. **»Ich muss nur tun, was mir gesagt wird.«** Kinder übernehmen weniger Verantwortung und ahmen bereitwilliger die Gleichaltrigen nach.

4. **»Ich muss nur dafür sorgen, dass mich keine erwischt.«** Forschungsergebnisse zeigen, dass Kinder, die bestraft werden, eine verzögerte Moralentwicklung haben, weil sie mehr darauf bedacht sind, Strafe zu vermeiden, als sich die Kosten, die ihr Verhalten für andere mit sich bringt, bewusst zu machen. Sie beginnen im frühen Kindesalter zu lügen und haben es als Teenager perfektioniert.

5. **»Insgeheim bin ich ein schlechter Mensch, weil ich diese Gefühle habe, die mich dazu bringen, schlimme Dinge tun zu wollen.«** Es überrascht nicht, dass Kinder, die autoritär erzogen wurden, öfter mit Selbstwertproblemen zu kämpfen haben.

6. **»Sie können mich nicht zwingen.«** Weil die Disziplin von außen kommt, wehren sich Kinder dagegen. Da sie nicht viel Übung darin haben, etwas, das sie wollen, für etwas, dass sie noch mehr wollen (die herzliche Beziehung zu den Eltern) aufzugeben, entwickeln sie nicht die Nervenbahnen für Selbstdisziplin. Falls es Sie überrascht, bedenken

Sie, dass heute praktisch alle Erwachsenen mit einem gewissen Grad an Härte aufgezogen wurden, und bis zu diesem Grad reiben wir uns auch an Kontrolle – selbst wenn wir diejenigen sind, die sie ausüben! Das heißt, wir haben am Ende Probleme, uns selbst zu regulieren. Manchmal zeigt sich das als Groll gegenüber jeder wahrgenommenen Grenze oder Kritik oder in überzogenen Reaktionen, wenn wir glauben, dass uns jemand etwas vorzuschreiben versucht. Manchmal offenbart es sich als Rebellion gegen die Grenzen, die wir uns selbst auferlegen. Beispielsweise hungern wir gewaltsam einige Kilos herunter, nur um durch Fressattacken wieder dagegen zu rebellieren. (Studien zeigen, dass Kinder, die mit strenger Erziehung aufwuchsen, zu Übergewicht neigen, was einerseits ein Problem der Selbstmedikation (Selbstbetäubung) wie auch des Mangels an Selbstdisziplin darstellt.)[110]

Ich kenne Eltern, die behaupten, dass sie ihr Kind aus Liebe strafen. Aber Bestrafung ist nur dann wirksam, wenn ein Kind sie als schmerzhaft erlebt. Während Eltern also vielleicht meinen, sie übten zur Unterweisung ihres Kindes »liebevolle Disziplin« aus, wird das Kind absichtlich zugefügten Schmerz niemals als »liebevoll« erfahren. Vielmehr erlebt das Kind Schmerz und Scham. Bestrafung verstärkt die Schamreaktion bis ins Toxische und sendet die deutliche Botschaft, dass das Kind so schlecht ist, dass es sogar von den Menschen, die es eigentlich nähren und beschützen sollen, absichtlich entweder körperlich oder seelisch verletzt wird. Diese Scham ist so schmerzhaft, dass die meisten von uns lebenslang das Gefühl mit sich herumtragen, irgendwie fehlerbehaftet zu sein.

Wenn also Bestrafung keine wohlerzogeneren Kinder hervorbringt, weshalb tun wir es dann dennoch? Weil wir frustriert sind und keine bessere Idee haben! Und weil man uns höchstwahrscheinlich selbst bestraft hat, sodass es uns normal erscheint.

Die Forschung zu körperlicher Bestrafung

Wurden Sie als Kind verprügelt? Wenn ja, halten Sie es vielleicht für eine gute Methode, Ihr Kind zu unterweisen. Vielleicht wollen Sie jedoch gar nicht prügeln, ertappen sich aber dabei, weil Sie nicht wissen, wie Sie sonst zu Ihrem Kind durchdringen können. Interessanterweise verprügeln Erwachsene, die als Kind nicht geschlagen wurden, auch ihre eigenen Kinder nicht. Es fühlt sich für sie einfach verkehrt an. Und wissen Sie was? Sie finden auch Alternativen, um zu ihren Kindern durchzudringen. Und die Kinder entwickeln sich prima! Die Forschung zeigt sogar, dass es die geprügelten Kinder sind, denen es schwerfällt, ihre Emotionen zu regulieren und die daher in größere Schwierigkeiten geraten. Die durch Fachleute geprüften Studien der letzten fünfzig Jahre zeigen übereinstimmend, dass je mehr Kinder geschlagen werden, umso schlechter benehmen sie sich.[111, 112]

Kleinkinder, die körperlich diszipliniert werden, zeigen ein Jahr später einen Abfall im IQ und vermehrte Aggression.[113] Studien zeigen sogar regelmäßig, dass geprügelte Kinder einen niedrigeren IQ aufweisen als Kinder, die nicht geschlagen wurden,[114] und sich während der Kindheit bis ins Erwachsenenalter aggressiver verhalten.[115] Als Fünfjährige verhalten sich geprügelte Kinder im Gegensatz zu nicht geprügelten Kindern öfter trotzig, verlangen die sofortige Befriedigung ihrer Bedürfnisse, reagieren schneller frustriert, haben Wutanfälle und gehen auf andere Menschen oder Tiere körperlich los.[116] Körperlich bestrafte Kinder verhalten sich als Teenager rebellischer und neigen als Erwachsene eher zu Depression, Angststörungen, Substanzmissbrauch sowie häuslicher und sonstiger Gewalt.[118] Diese lebenslangen Auswirkungen treffen auch dann zu, wenn die Erwachsenen sagen, die Prügel, die sie als Kind erhalten haben, seien verdient gewesen und hätte ihnen nicht geschadet.

> Jüngste Studien zeigen, dass regelmäßig verprügelt zu werden das Gehirn verändert, wie bei allen wiederholten Erfahrungen.

Einige Studien zeigen stärkere Aktivität in der Amygdala,[119] was zu höherer Reaktivität führt. Andere zeigen, dass das Gehirn von Kindern, die regelmäßig verprügelt werden, weniger graue Substanz und einen weniger entwickelten präfrontalen Kortex aufweist und die Kinder daher die Folgen ihrer Handlungen schlechter abschätzen und ihre Impulse weniger kontrollieren können.[120]

Wenn Sie also verprügelt wurden und glauben, aus Ihnen sei etwas Gutes geworden, dann ist das nicht die Folge der Schläge. Und, während es Ihnen (hoffentlich) gut geht, wären Sie emotionaler noch gesünder, wenn man Sie nicht verprügelt hätte.

PRÜGELN NIMMT AB

Oft glauben wir, das Prügeln sei umstritten, doch in der Wissenschaft ist dem gar nicht so. Prügeln gilt ganz klar als destruktiv. Die umfangreiche Forschung zu den negativen Auswirkungen des Prügelns verändert allmählich weltweit unsere Disziplinierungsmaßnahmen für Kinder. In 52 Ländern wurde die Prügelstrafe inzwischen verboten. Sogar in den Vereinigten Staaten (die bei Maßnahmen zur Kindergesundheit oft hinterherhinken)[121] ging die Prügelstrafe während der letzten 25 Jahre um 50 Prozent zurück.[122] Im Jahr 2011 prügelten etwa 20 Prozent der Eltern mittleren Einkommens ihre Kinder, während es von den wohlhabenderen Familien 12 Prozent und von den Familien mit niedrigem

Einkommen 50 Prozent betraf. Ob die schichtspezifischen Tendenzen auf Bildung, kulturabhängiger Erziehung oder Stress beruhen ist unklar, aber die meisten Expertinnen gehen von einer Wechselbeziehung zwischen allen drei Faktoren aus.

Die meisten prügelnden Eltern rechtfertigen sich damit, dass es für ihr Kind gut wäre, behalten aber einen geheimen Grund für sich: Wir fühlen uns beim Prügeln besser! Wir schlagen auf andere ein, wenn wir uns wütend und ohnmächtig fühlen. In Wirklichkeit prügeln wir also, um unseren eigenen Schmerz zu umgehen.

(Manchmal fragen Eltern, ob man beim Prügeln zumindest den eigenen emotionalen Rucksack leert. Die Antwort lautet Nein: Das Ausagieren von Wut leert niemandes Rucksack. Im Rucksack befindet sich keine Wut; Ärger ist Verteidigung gegen das Spüren der verletzlichen Gefühle im Rucksack. Wenn Sie Ihren Rucksack leeren wollen, dann müssen Sie dazu bereit sein, Ihre eigenen Tränen und Ängste zu spüren.)

Kinder aus irgendeinem Grund zu schlagen, beschädigt die Vertrauensbeziehung, die jedes Kind zu seinen Eltern benötigt. Disziplin bedeutet »Lehre«. Wenn wir ernsthaft gute Kinder hervorbringen wollen, dann brauchen wir dazu Wege, die den Kindern ermöglichen, sich selbst zu regulieren. Prügeln erreicht das nicht. Stattdessen lehrt es Kinder, vor uns Angst zu haben, was keine Grundlage für Liebe ist.

Wenn Sie körperliche Bestrafung einsetzen, fällt Ihnen vielleicht die Vorstellung schwer, dass es auch ohne geht. Aber es gibt viele Familien, die ihre Kinder nie schlagen, und Forschungsergebnisse zeigen, dass sich diese Kinder tatsächlich besser benehmen.[123] Wenn Sie also das nächste Mal so wütend werden, dass Sie zuschlagen wollen, sagen Sie Ihren Kindern, dass Sie eine Auszeit benötigen und sich später mit ihnen befassen. Dann gehen Sie ins Bad, halten die Hände unter fließendes Wasser und beruhigen sich. Nutzen Sie die Zeit, um ruhig zu werden, nicht, um den

Ärger zu rechtfertigen. Wenn Sie dann herauskommen, sagen Sie Ihren Kindern, dass Sie gut darüber nachdenken müssen, was diese angestellt haben, jetzt aber das Essen machen müssen (oder Wäsche waschen oder was auch immer). Sagen Sie den Kindern, sie müssten sich jetzt wie Engel benehmen und später, wenn sich alle beruhigt haben, würden Sie das Geschehene miteinander besprechen. Dann ziehen Sie es so durch. So wird Ihre Disziplin und Botschaft viel wirksamer sein. Ihre Kinder lernen viel mehr, wenn sie durch Ihre Reaktion nicht von »Kampf- oder Flucht-Neurotransmittern« überschwemmt werden. Und Sie sind dem Vater oder der Mutter, die jedes Kind verdient, einen Schritt nähergekommen.

ÜBUNG

Werden Sie sich über Ihre Disziplinierungsmethode klar

Wie wurden Sie als Kind bestraft? Wie fühlte sich das für Sie an?

____

____

____

Welche langfristigen Ziele haben Sie für Ihr Kind?

____

____

____

Werden diese Ziele mit autoritären Disziplinierungsmethoden ebenso erreicht wie mit einfühlsamem Begleiten?

Sind Sie zuversichtlich, dass es Ihnen gelingen wird, Ihr Kind niemals anzurühren, wenn Sie wütend sind? Wenn nicht, was können Sie das nächste Mal tun, wenn Sie merken, dass Sie die Kontrolle verlieren?

Auszeiten

Ihre Kinderärztin empfiehlt Ihnen wahrscheinlich die »Auszeit«, die am häufigsten angewandte Disziplinierungsmethode für kleine Kinder. Das liegt daran, weil es schon mal besser ist als Prügeln. Aber ist die Auszeit ideal, um Ihrem Kind etwas zu vermitteln? Nein. Es ist vielmehr eine Form des Liebesentzugs, dafür ausgelegt, das Kind daran zu erinnern, dass Sie es sofort aus Ihrer Gegenwart verbannen könnten, es sei denn, es tut, was Sie wollen.

Wird ein emotional erregtes Kind verbannt, dann wird es genau dann weggestoßen, wenn es Sie am dringendsten braucht. Da Ihr Kind am meisten fürchtet, verlassen zu werden, was sein Überleben gefährden würde, kann dies eine wirksame Drohung sein. Das löst aber nicht das Problem, welches das Kind anfangs dazu bewegt hat, sich daneben zu benehmen, also wird es sich trotzdem aufführen. Weil sich das Kind jetzt zusätzlich beschämt, getadelt und »schlecht« fühlt, wird sein Fehlverhalten in Zukunft sogar noch zunehmen.

Eltern sagen häufig, sie würden ihrem Kind mit der Auszeit helfen, sich zu »beruhigen«. Aber das Kind arbeitet sich dabei nicht wirklich durch seine Emotionen: Es schluckt sie hinunter. Die Auszeit hilft dem Kind nicht dabei, seine Emotionen zu regulieren, um dann angemessenes Verhalten zu wählen. Es bekommt dadurch vielmehr die Botschaft, dass nur seine angenehmen Gefühle in Ordnung sind, seine echten, chaotischen, schwierigen Gefühle jedoch – ein Teil von uns allen – weder annehmbar noch liebenswert sind. Das Kind fühlt sich als schlechter Mensch, also verdrängt es diese Emotionen. Und erinnern Sie sich, was mit verdrängten Emotionen geschieht? Sie steigen später wieder auf, um gefühlt zu werden; also tickt das Kind erneut aus. Daher schaffen Auszeiten keine ausgeglichenen Kinder.

Bei einem willensstarken Kind landen Sie schließlich bei Drohungen und körperlicher Gewalt, damit Sie es überhaupt in die Auszeit bekommen, also lösen Sie Machtkämpfe oder Schlimmeres aus. Und bei einem fügsameren Kind hätten Sie die Auszeit überhaupt nicht benötigt, um ihm Ihre Lektion zu erteilen, also wird es so nur entmutigt.

Dagegen eignet sich eine Auszeit für Eltern als wunderbare Beruhigungsstrategie. Wenn Sie merken, dass Sie die Kontrolle verlieren, nehmen Sie sich eine Auszeit für fünf Minuten. Das bewahrt Sie davor, irgendetwas zu tun, das Sie später bereuen werden. Damit sind Sie Ihren Kindern ein wunderbares Vorbild an Selbstregulation. Aber beachten Sie, das ist nicht wirklich eine Auszeit. Es ist eine »Inzeit«! Sie geißeln sich nicht, weil Sie etwas falsch gemacht haben. Sie wählen die Verbindung mit Ihrer Liebe anstelle mit Ihrer Furcht, damit Sie sich selbst während Ihrer emotionalen Erregung beistehen. So verbinden Sie sich mit Ihrer tieferen Weisheit, um sich selbst regulieren zu können.

Wenn Sie also bisher Auszeiten angewendet haben und sich fragen, was Sie in diesen Situationen tun sollen, in denen Sie das entgleiste Verhalten Ihres Kindes unterbrechen und ihm helfen müssen, sich wieder zu regulieren, dann versuchen Sie eine »Inzeit«. In dem Abschnitt über Emotions-Coaching beschäftigen wir uns näher mit Inzeiten.

Konsequenzen

Eine Konsequenz ist ein Ergebnis. Ein Kind tut etwas (oder tut es nicht) und lernt aus den Folgen seines Handelns. Manchmal wird ihm diese Konsequenz von den Eltern auferlegt, aber oft vom Leben selbst. Wenn die Eltern **nichts** mit den Folgen zu tun haben – beispielsweise, wenn das Kind nicht lernt und die Prüfung verpatzt, oder, wenn es sich einer Freundin gegenüber gemein verhält und dadurch diese Freundschaft endet – kann das Kind oft sehr viel aus dem Erleiden der Handlungsfolgen lernen.

Natürlich wollen Sie nicht, dass Ihr Kind öfter dieselben unangenehmen Konsequenzen erlebt, denn sonst entwickelt es das Selbstbild, dass es jemand ist, der Tests nicht besteht und keine Freundschaften aufrechterhalten kann, und hat damit eine unbeabsichtigte Lektion gelernt. Den Kindern bekommt es eher, solche Lektionen zu überspringen und stattdessen von Ihnen die zur Selbstregulation nötigen Gewohnheiten zu lernen, um vermasselte Schulaufgaben und Freundschaften zu verhindern. Doch manchmal bleibt uns nichts anderes übrig, als daraus zu lernen: wenn wir zugelassen haben, dass etwas schiefläuft – wie jeder weiß, der bereits wegen Geschwindigkeitsübertretung angehalten wurde. Besonders bei Teenagern kann es eine wirksame Lehrstrategie sein, wenn man sie aus den Folgen ihrer Wahl lernen lässt.

Aber natürlich gibt es manches Verhalten, von dem die meisten Eltern nicht wollen, dass es ihre Kinder »ausprobieren« und aus den entsprechenden Folgen lernen, wie zum Beispiel, wenn es ums Nicht-Tragen eines Fahrradhelms geht, um trotziges Verhalten gegenüber einem Lehrer oder um das Zerbrechen von Gegenständen bei einem Wutanfall. Also geschieht es oft, dass Grenzen unter Androhung von »Konsequenzen« durchgesetzt werden, die wir selbst unserem Kind auferlegen, falls es sich nicht an unsere Grenzen hält.

Hier jedoch fängt es an, kompliziert zu werden, denn wenn Sie, der Elternteil, Ihrem Kind mit »Konsequenzen« drohen, verändert sich etwas. Eine von den Eltern auferlegte Konsequenz wirkt nicht wie eine natürliche Folge, die sich aus dem Handeln der Kinder ergibt. Es wirkt wie eine feindselige Handlung von Ihrer Seite. Sie drohen mit Bestrafung: Entweder nehmen Sie etwas weg, was das Kind mag, oder Sie erlegen ihm etwas auf, was es nicht mag. Wenn also ein Elternteil eine Konsequenz erzeugt, wird das Kind diese immer als Bestrafung betrachten und auch alle negativen Wirkungen erfahren, die mit solch einer Strafe einhergehen. Das bedeutet, jedes Mal, wenn Sie sich für Ihr Kind eine Konsequenz einfallen lassen, wird das Ihre Beziehung beeinträchtigen.

Vielleicht fragen Sie sich jetzt, wie Kinder dann lernen sollen? Erinnern Sie sich zuerst daran: Falls sich Ihr Kind »schlecht benimmt«, weil es gar nicht das angemessene Verhalten kennt, dann benimmt es sich überhaupt nicht schlecht, und es genügt, wenn Sie ihm das gewünschte Verhalten vermitteln.

Was wir wirklich fragen, ist, wie das Kind das Richtige tun soll, wenn es das Tun des Falschen nicht als leidvoll erlebt?

Aber Kinder wollen im Grunde gute Menschen sein und erfüllen unsere Erwartungen; sie tun ihr Bestes, genau wie wir. Wenn Ihr Kind also das angemessene Verhalten kennt und sich dennoch »daneben benimmt«, dann bedeutet das, dass es mit heftigen Gefühlen oder unerfüllten Bedürfnissen kämpft, die seinen Wunsch, das Richtige zu tun, aufheben. Dann »eine Lehre mithilfe einer Konsequenz zu erteilen« – was gleichbedeutend mit dem Zufügen von seelischem oder körperlichem Schmerz ist – wird nicht helfen. Was ihr Kind braucht ist Selbstregulation.

Muss Ihr Kind dann immer noch in Ordnung bringen, was es angerichtet hat? Natürlich! Vielleicht muss es seiner Lehrerin einen Brief schreiben, in dem es zugibt, was es angestellt hat, und verspricht, das nächste Mal anders zu handeln. Möglicherweise bleibt das Rad so lange abgeschlossen, und Sie behalten den Schlüssel dazu, bis Ihr Kind einen Helm trägt. Und eventuell muss Ihnen Ihre Tochter von ihrem Geburtstagsgeld eine neue Schüssel kaufen: Aber das sind keine Strafen, das sind Reparaturen. Es sind bewusste Entscheidungen Ihres Kindes, die es mit Ihrer Hilfe vielleicht trifft, um wieder in Ordnung zu bringen, was es angerichtet hat. Das ist viel schwieriger als eine Bestrafung und macht Ihrem Kind die Einsicht, die Sie ihm vermitteln wollen, viel effektiver begreiflich. (Wir beschäftigen uns im Abschnitt über liebevolle Führung mehr damit, wie wir Kindern helfen, etwas in Ordnung zu bringen, und Einsichten ohne Bestrafung zu lernen.)

Kurz gesagt, keine Kontrolltaktik – Schreien, Beschämen, Drohungen, Auszeiten, Konsequenzen, Prügelstrafe – ist so wirksam wie gelassene Elternschaft, um Kinder zu kooperativem Verhalten zu ermutigen. (Im ersten Teil des Buches haben wir uns damit beschäftigt, wie und warum wir mit Schreien aufhören.) Weshalb wenden die meisten von uns dennoch diese Taktiken an? Weil wir verzweifelt sind! Wir wissen nicht, was wir sonst tun sollen. Sobald wir also anfangen, Drohungen auszusprechen, ist das ein Signal dafür, dass wir eine andere Strategie entwickeln müssen.

Wenn Sie sich ein wenig Sorgen machen, wie Ihr Kind dazu motiviert werden soll, ohne Auszeiten und Konsequenzen das zu tun, was Sie von ihm möchten, dann liegt das daran, dass Sie sich, wie so viele, daran gewöhnt haben, Ihr Kind über Drohungen zum Gehorsam zu zwingen. Was aber, wenn wir das Ganze aus einer neuen Perspektive betrachten? Gehen wir davon aus, dass Kinder eigentlich kooperieren wollen und überlegen Sie, wie sie ihnen dazu die nötige Unterstützung geben können. Unterstützung anstelle von Bestrafung scheint vielleicht weit hergeholt, aber genau damit beschäftigt sich dieses ganze Buch. Wenn wir uns mit Kindern liebevoll verbinden, ihre Bedürfnisse erfüllen und ihnen im Umgang mit den Emotionen, die sie zum »Ausflippen« bringen, beistehen, wird ihre Kooperation viel wahrscheinlicher. Schließlich sind es Menschen. Würden Sie nicht auch lieber mit einer Chefin kooperieren, von der Sie respektvoll behandelt werden und die Problemlösungen sucht, um Ihre Bedürfnisse zu erfüllen, damit Sie gute Leistungen erbringen können, anstatt mit einer Chefin, die Ihnen droht?

BEISPIEL

Natürliche Konsequenzen

Ich will, dass mein Sohn aus natürlichen Konsequenzen lernt. Aber das funktioniert nicht immer. Zum Beispiel will mein Sohn keine Schuhe anziehen, also schlage ich vor, wir nehmen sie so mit und er kann sie später anziehen. Dann tritt er auf einen Stein und tut sich weh, was zur natürlichen Konsequenz führt – Schmerz! Was ist aber, wenn das nicht genügt, ihn dazu zu bringen die Schuhe freiwillig anzuziehen oder er die ganze Zeit getragen werden will, damit er darum herumkommt?

HEATHER,
Mutter eines Zweijährigen und eines fünf Monate alten Kindes

Zunächst ist das eine fantastische Möglichkeit, Ihren Sohn aus den natürlichen Konsequenzen seiner Wahl lernen zu lassen, so lange Sie den Eindruck haben, dass er gefahrlos ohne Schuhe laufen kann. Wenn er auf einen Stein tritt und sich verletzt, trösten sie ihn. Dann holen Sie die mitgenommenen Schuhe und fragen, ob er Sie jetzt anziehen will. So lange Sie ihm nicht das Gefühl vermitteln, wenn er einlenkt, einen Machtkampf verloren zu haben, wird er sie anziehen, sobald er dazu bereit ist. Sie haben ja schon beschlossen, dass es für Sie auch in Ordnung ist, wenn er barfuß geht, also ist es Ihnen einerlei, oder? Will er allerdings getragen werden, sieht die Sache natürlich anders aus. Damit müssen Sie nicht einverstanden sein. Sie können sich einfach in ihn einfühlen, wie sehr er es sich wünscht, getragen zu werden, aber hinzufügen, dass Sie ihn jetzt nicht tragen.

WIRST DU MEINE SCHWESTER DENN NICHT BESTRAFEN?

Sobald Sie mit dem Strafen aufhören, wird Ihr Kind erleichtert sein. Aber bald wird es merken, dass es sich auf Sie nicht länger als Werkzeug seiner Rache verlassen kann, wenn die Geschwister etwas tun, was es ärgert. Wahrscheinlich werden Sie sich in Gesprächen wie diesem wiederfinden:

Mama: *»Ich höre, wie ärgerlich du auf deine Schwester bist, Santiago, und ich kann natürlich verstehen, weshalb. Ich helfe dir, mit ihr darüber zu reden, sobald du dazu bereit bist.«*

Sebastian: *»Aber du wirst sie nicht bestrafen?«*

Mama: *»Glaubst du, dass dich Strafe zu einem besseren Menschen macht?«*

Sebastian: *»Nicht wirklich. Das macht mich eher wütend. Aber sie verdient das!«*

Mama: *»Hm, ich glaube, das würde deine Schwester auch wütend machen. Und ich glaube nicht, dass es irgendjemand verdient, dass man ihm absichtlich weh tut. Aber ich denke auch, dass deine Schwester damit aufhören muss, einfach ungefragt deine Sachen zu nehmen. Und das solltest du ihr selbst sagen! Ich komme gern mit, um dir dabei zu helfen. Was glaubst du, wie das Gespräch mit ihr am besten laufen kann?«*

Sebastian: *»Wenn ich erst ein paar Mal tief durchatme?«*

Mama: *»Prima Idee! Wenn du ihr sagen kannst, was du brauchst, ohne sie anzugreifen, wird sie viel eher zuhören!«*

Wie sieht Ihr Erziehungsstil aus?

Menschen lassen sich nicht leicht in Schubladen stecken, aber Fachleute, angefangen mit Diana Baumrind vor mehr als vier Jahrzehnten, haben beobachtet, dass elterliches Handeln zu einem von vier grundlegenden Erziehungsstilen tendiert:[124]

- kontrollierend/autoritär
- unbeteiligt
- permissiv
- coachend, empathisches Grenzen-Setzen

Wir werden im folgenden Abschnitt näher auf diese vier Stile eingehen. Prüfen Sie, ob Sie sich bei einem davon wiedererkennen. (Oder vielleicht bei mehreren. Zum Beispiel beginnen viele Eltern permissiv, werden dann aber frustriert und schwenken schließlich zu kontrollierendem/autoritärem Verhalten um.)

Stellen Sie sich vor, dass Strenge und Nachgiebigkeit/Permissivität auf einem Kontinuum, einer horizontalen Linie liegen. Die meisten von uns wollen nicht zu streng sein, was mit hohen Erwartungen einhergehen würde, die mit Strafen durchgesetzt werden. Aber wir wollen auch nicht zu nachgiebig sein, denn wir haben Angst, dass dann die Kinder unsere Erwartungen nicht erfüllen, unverzichtbare Lebenslektionen verpassen und nicht zu verantwortungsbewussten, rücksichtsvollen Erwachsenen werden. Wir suchen also das Optimum, bei dem wir unsere Erwartungen auf einem Niveau halten, das unsere Kinder erreichen können. In der untenstehenden Grafik wird dieses Kontinuum »Erwartungen« genannt, (obwohl es manche Forscherinnen *Demandingness* (»Anforderung«) nennen).

Das beantwortet noch nicht die Frage, wie wir unser Kind ohne Strafe dazu motivieren, unsere Erwartungen zu erfüllen. Glücklicherweise bemerkten Forscherinnen vor einigen Jahrzehnten bei der Beobachtung von Eltern-Kind-Interaktionen, dass es noch eine andere Möglichkeit gibt, um Kinder zur Kooperation zu bewegen: Unterstützung![125] Also fügten sie eine vertikale Linie hinzu: das Kontinuum von »Responsivität« (Ansprechbarkeit), das Unterstützung, Empathie und Verbundenheit bedeutet. In der Grafik nenne ich diese Dimension »Unterstützung«.

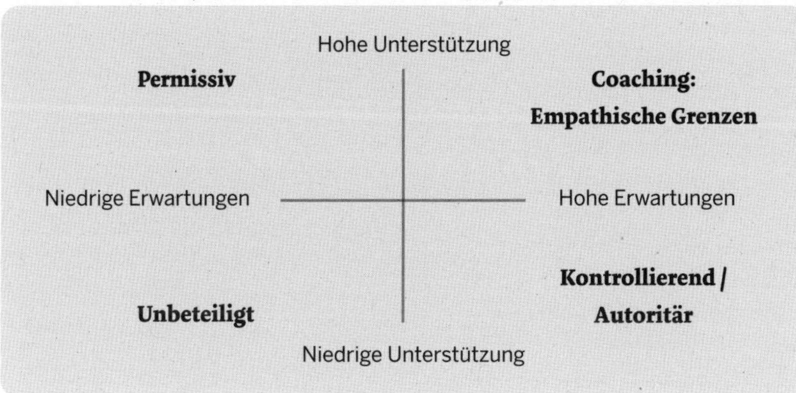

Daraus ergeben sich schließlich vier Erziehungsstile, die in der Grafik dargestellt werden. (Die ursprünglichen Forscherinnen nannten den oberen rechten Quadranten »autoritativ«, aber ich verwende den Begriff nicht, da er leicht mit »autoritär« verwechselt wird. Stattdessen beschreibe ich einfach, was diese Eltern tun: Sie coachen und setzen empathisch Grenzen.) Im Folgenden wird gezeigt, wie Eltern, laut Forschung, in jedem der Quadranten handeln (siehe Seite 363) für eine entsprechende Liste der Auswirkungen dieser Erziehungsstile auf die Kinder.)

- **Kontrollierend/Autoritär** = hohe Erwartungen und niedrige Unterstützung:
  - hohe Erwartungen
  - klare Regeln
  - Gehorsam wird geschätzt

  - glauben, dass man Emotionen eher kontrolliert, als ihnen nachgibt
  - setzen Grenzen mithilfe von Strafen durch
  - nehmen die Verantwortung ernst, ein »gutes« Kind zu »formen« und betrachten Beschämung und/oder Gewalt als notwendig, damit »das Gute« über »den Eigennutz« siegt.

- **Permissiv** = niedrige Erwartungen und viel Unterstützung:
  - Regeln und Tagesablauf sind inkonsequent;
  - finden es schwierig, Grenzen einzuführen und durchzusetzen;
  - Verbindung und Fürsorglichkeit werden geschätzt;
  - besorgt, wenn das Kind emotional reagiert, also wird das Kind abgelenkt, oder der Elternteil gibt entgegen der eigenen Überzeugung nach;
  - können sich vielleicht schlecht abgrenzen;
  - versuchen Erwartungen vielleicht über Schuld(gefühle) beim Kind durchzusetzen.

- **Unbeteiligt = niedrige Erwartungen und wenig Unterstützung:**
  - Regeln und Tagesplan sind inkonsequent oder fehlen;
  - mit den Gedanken woanders und wählen immer die leichteste Alternative, niedrige Erwartungen;
  - sprunghaft beim Einführen und Durchsetzen von Grenzen;
  - erwarten, dass das Kind für sich selbst sorgt;
  - ignorieren Emotionen oder fördern »Selbst-Medikation« über Essen und Medienkonsum.

- **Coaching, empathisches Grenzen setzen** = hohe Erwartungen und viel Unterstützung:
  - klare Regeln und Erwartungen;
  - Verbundenheit, Wärme, Empathie und Fürsorglichkeit werden geschätzt;

- Emotions-Coaching wird eingesetzt, um Gefühle des Kindes zu akzeptieren und seine Bedürfnisse zu erfüllen;
- betrachten das Kind als einzigartiges Individuum, das zu seinem besten Selbst heranwachsen soll, anstatt geformt zu werden, und helfen dem Kind mithilfe von Win-win-Lösungen, von denen alle Beteiligten profitieren, einen inneren Kompass zu entwickeln, anstatt auf blindem Gehorsam zu bestehen;
- führen klare Grenzen ein und stehen mit Empathie zu diesen;
- unterstützen das Kind, damit es Erwartungen erfüllen kann.

Um zu verstehen, wie Eltern diese vier Erziehungsstile vielleicht konkret umsetzen, betrachten Sie eine häufig vorkommende Situation: Ein kleiner Junge hat ein neues Spielzeug, das ihm gut gefällt. Aber dann funktioniert es nicht mehr. Das frustriert den Jungen. Er schüttelt das Spielzeug, schreit. Schließlich schleudert er es gegen die Wand. Das Spielzeug bricht entzwei und das Kind heult vor Bestürzung. Was geschieht nun nach dem jeweiligen Erziehungsstil und was lernt das Kind daraus?

- **Kontrollierend/autoritär = hohe Erwartungen und niedrige Unterstützung:** *»Du bist selbst schuld! Schöne Sachen verdienst du nicht! Ab mit dir auf die stille Treppe! Und hör mit dem Geheule auf! Sonst gebe ich dir Grund dazu!«* Das Kind lernt, dass es bestraft wird, wenn es ärgerlich oder emotional reagiert. Daraufhin versucht es seine Gefühle zu unterdrücken und verstaut sie in seinem emotionalen Rucksack. Aber weil sie sich nun außerhalb seiner bewussten Kontrolle befinden, fällt es dem Kind immer schwerer, seinen Ärger in den Griff zu bekommen.

- **Permissiv = niedrige Erwartungen und viel Unterstützung:** *»Weine doch nicht, weine nicht! Du bekommst ein anderes.«* Das Kind lernt, dass Emotionen erschreckend sind und dass es in seinem Leben durch Wutanfälle erreichen kann, was es will. Es entwickelt wenig Selbstdisziplin, weil keiner es darum gebeten hat.

- **Unbeteiligt = niedrige Erwartungen und wenig Unterstützung:** *»Du hast doch viele Spielsachen. In einer Stunde hätte es dich sowieso nicht mehr interessiert. Hör auf mich zu nerven und geh Fernsehen.«* Emotionen werden abgewiesen. Das Kind lernt, dass die Erwachsene es weder versteht noch erfahren will, was ihm wichtig ist.
- **Coaching, empathisches Grenzen-Setzen = hohe Erwartungen und viel Unterstützung:** *»Du bist wirklich traurig. Du hast so gern damit gespielt. Aber dann ging es nicht mehr … da hast du nicht gewusst, was du machen sollst, oder? Also hast du es hingeschmissen. Da ist es kaputtgegangen. Kein Wunder, dass du so traurig bist. Nein, mein Schatz. Wir besorgen kein anderes Spielzeug. Ich sehe, wie traurig dich das macht. Ich kann dich knuddeln, sobald du bereit bist.«* Dieser Elternteil coacht Emotionen. Das Kind erhält Unterstützung, um das, was es erlebt hat im Zusammenhang zu verstehen. Es sieht – ohne Beschämung oder Tadel – wie es die Situation selbst herbeigeführt hat und wie ihm gelingen kann, so etwas in Zukunft zu vermeiden. Es lernt, dass es zwar nicht immer das bekommt, was es will, dafür aber etwas Besseres: nämlich Eltern, die sich um ihr Kind kümmern und es verstehen, egal was los ist.

In meinem Buch *Gelassene Eltern – zufriedene Kinder* gibt es noch mehr Beispiele für jeden Erziehungsstil, aber Sie sehen hier die Grundprinzipien.[126] Eltern, die »empathisch Grenzen setzen«, respektieren das Kind, akzeptieren seine Emotionen, setzen aber dennoch Grenzen und unterweisen das Kind. Die autoritären Eltern lassen keinen Raum für Emotionen oder Unterstützung. Die permissiven Eltern halten nicht an vernünftigen Erwartungen fest. Und die unbeteiligten Eltern halten weder an Erwartungen fest, noch geben sie Unterstützung.

Weshalb gelassene Elternschaft nicht permissiv ist

Sie sehen, dass die permissiven Eltern auf den Wunsch des Kindes eingehen. Aber weshalb kaufen sie tatsächlich das neue Spielzeug? Weil sie mit der Traurigkeit des Kindes nicht umgehen können. Und welche Botschaft vermitteln sie dem Kind damit? Zwei mögliche Botschaften lauten: *»Geld wächst auf Bäumen«* und: *»Du musst das, was du hast, nicht wertschätzen, denn es gibt immer einen Ersatz dafür.«* Aber es steckt eine vielleicht noch schlimmere Botschaft darin: *»Deine Gefühle sind gefährlich. Ich kann damit nicht umgehen. Sieh bloß zu, dass du sie irgendwie loswirst.«* Als Folge kann ein Kind ängstlich werden, andere mit seinen emotionalen Ausbrüchen manipulieren oder sich selbst betäuben, um mit den eigenen Gefühlen klarzukommen.

Was geschieht, wenn Eltern keine Grenzen setzen:

- **Eltern erlauben Wünsche mit schädlichen Folgen,** wie regelmäßiges langes Aufbleiben, was zu mürrischen und erschöpften Kindern führt, die keine normalen altersentsprechenden Entwicklungsaufgaben bewältigen können.
- **Die Wünsche des Kindes werden auf Kosten anderer erfüllt:** eines Geschwisterkindes, der Eltern, des Restaurants, das die Familie aufgesucht hat, usw. Abgesehen von der Auswirkung auf die Geschwister, Eltern oder Menschen im Restaurant lernt das Kind, die eigenen Bedürfnisse höher zu schätzen als die seiner Mitmenschen.
- **Das Kind lernt, dass Enttäuschung und Traurigkeit unerträglich sind,** wenn es merkt, dass die Eltern beinahe alles tun, damit es keine Enttäuschungen erlebt. Dann versucht das Kind den Rest seines Lebens Gefühle zu vermeiden, von denen es fürchtet, dass sie nicht auszuhalten sind, geht möglicherweise keinerlei Risiko ein, besteht darauf, dass alles nach den eigenen Wünschen laufen muss oder schummelt, um zu gewinnen.

- **Das Kind lernt nie, dass man auch angesichts einer Enttäuschung zufrieden bleiben kann,** sondern wird eher darauf konditioniert, Glück nach der Erfüllung seiner Wünsche zu bemessen und ob ein Verlangen nach dem anderen zufriedengestellt wird. Wahrscheinlich wird das Kind sein Leben damit zubringen, einer Sache nach der anderen nachzujagen, von der es glaubt, dass sein Glück davon abhängt.
- **Das Kind bekommt Angst, weil es denkt, dass die Eltern nichts zu sagen haben und es selbst für seine Sicherheit sorgen muss.** Mit der Aussage: *»Kinder treiben es bis zum Äußersten«* meint man genau das. Für ein Kind ist der Gedanke, dass niemand zuständig ist und sie vor der manchmal erschreckenden Welt beschützt, ziemlich furchterregend. Diese Kinder werden fordernd und quengelig.
- **Das Kind lernt nie, sich selbst liebevoll Grenzen zu setzen,** Frustration auszuhalten oder über Selbstregulation die Fassung bewahren, um eigene Ziele zu erreichen.

Natürlich werden sich Kinder nicht immer über elterliche Grenzen und Erwartungen freuen, aber zu unseren Aufgaben gehört es immer noch, die Erwachsenen zu sein und angemessene Grenzen durchzusetzen. Diese sollen nicht unvernünftig sein und sollen gewiss empathisch und im Rahmen einer starken Eltern-Kind-Verbindung gesetzt werden. Das Gehirn der Kinder ist eben noch nicht ausgereift und ihre Wünsche stehen oft im direkten Widerspruch zu ihren langfristigen Entwicklungsbedürfnissen und ihrer Sicherheit. Angemessene Grenzen sorgen für Sicherheit und Gesundheit unserer Kinder und unterstützen sie beim Lernen gesellschaftlicher Normen, damit sie zu zufriedenen Mitgliedern der Gesellschaft werden.

Welche Kinder bringt der jeweilige Erziehungsstil hervor?

Forscherinnen haben verfolgt, wie sich der jeweilige Erziehungsstil auf Kinder auswirkt.[127] Nachdem, was Sie bisher über kontrollierenden und permissiven Erziehungsstil gelernt haben, werden Sie von den Ergebnissen nicht überrascht sein.

- **Kontrollierend/Autoritär = hohe Erwartungen und wenig Unter**stützung:
  - als kleine Kinder oft gehorsamer, weil Angst vor den Eltern;
  - als Teenager oft rebellisch oder versuchen, die Erwachsenen heimlich zu hintergehen;
  - Emotionen sind ihnen unbehaglich;
  - weil sie Emotionen unterdrücken, sind sie weniger emotional reguliert und weniger resilient;
  - neigen zu Problemen im Umgang mit Wut und/oder neigen zu Depression;
  - haben oft Probleme mit Scham und Selbstwert;
  - entwickeln wenig Selbstdisziplin, weil ihnen Disziplin von außen auferlegt wird;
  - beeinträchtigte Schulleistungen;
  - herausfordernde Beziehungen zu Gleichaltrigen.
- **Permissiv = niedrige Erwartungen und viel Unterstützung:**
  - Emotionen sind ihnen unbehaglich, sie regulieren sie über kontrollierendes Verhalten oder manipulieren andere, oder reagieren mit Gefühlsausbrüchen und Aggression;
  - weil sie Emotionen unterdrücken, sind sie weniger emotional reguliert und resilient;
  - können impulsiv, aggressiv, dominierend sein;
  - werden von anderen oft als selbstbezogen oder »verzogen« wahrgenommen;

  - haben oft Probleme mit Schuld, Angst, und/oder die Tendenz, sich selbst zu betäuben;
  - entwickeln keine Selbstdisziplin, weil sie nie dazu aufgefordert wurden.
- **Unbeteiligt = niedrige Erwartungen und wenig Unterstützung:**
  - Probleme mit Selbstwert und Ängsten;
  - oft Probleme mit Selbstdisziplin;
  - reagieren oft mit Selbstbetäubung.
- **Coaching, empathisches Grenzen-Setzen** = hohe Erwartungen und viel Unterstützung:
  - verantwortungsbewusst, kompetent, erbringen höhere Leistungen;
  - emotional intelligent, empathisch, selbstreguliert;
  - denken für sich selbst;
  - weil sie ihre Eltern respektieren, verinnerlichen sie die Grenzen der Eltern und entwickeln Selbstdisziplin;
  - weil sie ihre Emotionen akzeptieren, können sie damit umgehen und sind resilienter und fröhlicher;
  - Beziehungen zu Gleichaltrigen sind positiver.

Gelassene Elternschaft bringt Kinder mit höherer Selbstdisziplin hervor

Gemeinsam mit Intelligenz ist Selbstregulation
der beste Indikator für ein erfolgreiches und befriedigendes Leben.

STEVEN PINKER, [128]
Kognitionswissenschaftler

Selbstdisziplin ist eine unverzichtbare Lebenskompetenz, weil uns damit ermöglicht wird, Hindernisse zu überwinden, die der Verwirklichung unserer Träume im Weg stehen. Ich habe mich mehrmals auf die Tatsache bezogen, dass von außen auferlegte Disziplin verhindert, dass das Kind Selbstdisziplin entwickelt. Dagegen wollen wir jetzt betrachten, **was** Kindern beim Erlernen von Selbstdisziplin hilft.

Wir können Selbstdisziplin als Regulierung unserer Impulse zur Erreichung unserer Ziele verstehen. Insbesondere bei der Selbstdisziplin geben wir etwas, das wir wollen, zugunsten von etwas anderem auf, das wir mehr wollen.

Also praktiziert Ihr Kind jedes Mal, wenn es von dem, was es will, ablässt und Ihrer Führung folgt, die Regulation seiner Impulse. Es baut seinen Selbstdisziplinmuskel auf oder genauer gesagt, Nervenbahnen. Aber Nervenbahnen werden wie Muskeln dann gestärkt, wenn sie häufig benutzt werden, somit können Sie sich vorstellen, dass auf diese Weise ein Gehirn aufgebaut wird, das zu besserer Selbstdisziplin in der Lage ist.

Wie Sie gesehen haben, unterstützt der permissive Erziehungsstil die Kinder nicht bei der Entwicklung von Selbstdisziplin, weil er keine Selbstkontrolle zur Erreichung ihres übergeordneten Zieles verlangt, und ihnen auch nicht dabei hilft, Unbehagen zu ertragen. Aber strafende Grenzen – einschließlich »Konsequenzen« – helfen Kindern ebenfalls nicht, sich selbst zu regulieren, weil hier die Motivation von außen kommt. Das Kind entscheidet nicht selbst, die eigenen Impulse zu zügeln. Selbst wenn es tut, was Sie von ihm wollen, »praktiziert« es dabei nicht wirklich Selbstdisziplin und baut diesen mentalen Muskel nicht auf.

Stellen Sie sich vor, wie Ihr Sohn immer wieder seinen Abwurf übt. Vielleicht möchte er sich ausruhen, aber es gibt etwas, das er mehr will – der Basketball soll in den Korb! Kinder entwickeln Selbstdisziplin hauptsächlich dann, wenn sie von einem selbst gesetzten Ziel motiviert werden (nicht von einem Ziel, das wir ihnen vorsetzen!).

Aber Kinder lernen Selbstdisziplin auch durch die Grenzen, die Sie ihnen im Alltag setzen, vorausgesetzt, Sie tun das mit Empathie. Weshalb ist Empathie für diesen Prozess so wesentlich? Weil sich Ihr Kind dann sehr wahrscheinlich weniger gegen die Grenze wehren wird. Zwar behagt sie ihm vielleicht nicht, es spürt aber Ihr Verständnis und Mitgefühl. Es weiß Sie auf seiner Seite. Also beschließt Ihr Kind nicht länger für das zu kämpfen, was es will, damit es etwas bekommen kann, was ihm noch wichtiger ist – nämlich mit Ihnen in liebevoller Verbindung zu bleiben. Es entscheidet sich dafür, die eigenen Impulse zu regulieren. Es akzeptiert Ihre Grenze und macht sie sich mit der Zeit zu eigen.

So verinnerlicht Ihr Kind Ihre Regeln und Werte. Es beginnt mit der Verbindung – Ihr Kind will Ihnen gefallen, vorausgesetzt, es muss dafür nicht seine Integrität opfern. Indem es Ihrer Führung folgt, wird es allmählich die Vorteile seiner positiven Entscheidungen genießen und betrachtet sich selbst als jemanden, die ihre Zähne putzt, die Hausaufgaben erledigt, die Wahrheit sagt und helfend mit anpackt. Er oder sie sieht sich als Mensch, der sich selbst um Disziplin bemüht, damit er seine Ziele erreicht. So wächst ein selbstsicheres, glückliches und kooperatives Kind heran.

Da die herzliche Verbindung zu Ihrem Kind der Grund dafür ist, dass es schließlich Ihre Grenzen akzeptiert und verinnerlicht, ist entscheidend, dass Sie mit ihm in Verbindung bleiben, während Sie Grenzen setzen. Und Sie wissen auch schon, wie das funktioniert – Empathie! Wenn Sie empathisch Grenzen setzen, bleiben Sie auch dann in Verbindung, wenn Sie »Nein« sagen. (Im Abschnitt über liebevolle Begleitung beschäftigen wir uns ausführlicher mit empathischen Grenzen.)

»ICH WILL NICHT, DASS MEIN KIND ES IMMER ALLEN RECHT MACHT«

»Laura, Sie erwähnen immer, dass das Kind die herzliche Beziehung mit dem Elternteil dem vorzieht, was es will, z. B. auf den Fernsehschrank klettern, oder ein Geschwisterkind schlagen. Natürlich will ich, dass mein Kind tut, was ich sage. Und ich hätte es natürlich auch lieber, wenn es das freiwillig wählt, als dass ich es zwingen muss. Aber ich will nicht, dass es als Erwachsener immer macht, was ihm andere sagen!«

BONI,
Mutter eines zehnjährigen und eines sechsjährigen Kindes

Viele Eltern sorgen sich, dass Kinder, wenn sie durch die Liebe zu uns motiviert sind, schließlich immer tun, was andere von ihnen wollen. Tatsächlich stimmt aber das genaue Gegenteil. Wenn Kinder wissen, dass wir all ihre Emotionen akzeptieren und sie bedingungslos lieben, dann müssen sie nicht ihre Integrität opfern, um uns zu folgen. Sie haben erlebt, dass man ihnen wirklich zugehört hat, also lernen auch sie auf ihre innere Stimme zu hören – sie entwickeln ihren eigenen inneren Kompass. Wenn wir im Gegensatz dazu Kinder über Ärger, Schuld und Scham kontrollieren, werden sie normalerweise versuchen zu tun, was wir wollen, weil sonst der Schmerz für sie unerträglich ist. Aber sie sind nicht unbedingt dazu fähig, auch in unserer Abwesenheit das gewünschte Verhalten aufrechtzuerhalten. Sie wählen es nicht aus ihrer Integrität heraus, sondern aus Furcht, also entwickeln sie auch nicht den inneren Kompass, den sie brauchen, um auf Kurs zu bleiben.

Vorbeugende Maßnahmen

Eine Routine, mit deren Hilfe die Bedürfnisse Ihres Kindes bereits beim Entstehen erfüllt werden, hilft ihm, einen Zustand optimalen Wohlbefindens aufrechtzuerhalten. Dadurch wird es befähigt, mit dem umzugehen, was das Leben (und Sie) von ihm verlangen, und es bleibt nicht so oft auf dem sprichwörtlichen Pannenstreifen liegen. Zusätzlich zur körperlichen Vorsorge (wie Schlaf, Essen und körperliche Aktivität) braucht Ihr Kind täglich emotionale Pflege, einschließlich:

- Empathie rund um die Uhr, damit die Bedürfnisse des Kindes, gesehen und gehört zu werden, erfüllt sind (siehe Seite 257),
- Tägliches spielerisches Raufen, damit es sich durch aufgestaute Emotionen hindurcharbeiten kann (Siehe Seite 282),
- Verbindung, inklusive täglicher Wunschzeit (siehe Seite 302),
- Regelmäßige Abläufe, die dem Kind helfen, zu wissen, was auf es zukommt und sich sicher zu fühlen (siehe Seite 314).
- Emotionen willkommen heißen (wir gehen darauf stärker im Abschnitt über Emotions-Coaching ein).

Wenn Sie also Probleme mit Ihrem Kind haben, beginnen Sie immer mit dem Grundlegenden: Verbindung und Bedürfniserfüllung. Bekommt Ihr Kind beispielsweise genügend Schlaf? Erneuern Sie Ihre Verbindung täglich, sodass Ihnen das Kind vertraut, dass Sie seine Bedürfnisse erfüllen und es Ihrer Führung folgen will? Hat Ihr Kind täglich etwas zu lachen? Dann können Sie auf dieser Grundlage aufbauen, um dem Kind im Umgang mit seinen Gefühlen zu helfen und/oder es in seinem Verhalten zu führen (liebevolle Begleitung).

Erinnern Sie sich nur daran, dass die übrigen Werkzeuge in diesem Buch (Emotions-Coaching und liebevolle Begleitung) den Mangel an regelmäßigen vorbeugenden Maßnahmen nicht ausgleichen können. Ebenso wie Ihr Auto auf dem Pannenstreifen landen wird, wenn Sie es nicht regelmäßig betanken und in der Werkstatt warten lassen, müssen Sie mit Fehlverhalten rechnen, wenn Sie Ihrem Kind nicht täglich vorbeugende Pflege angedeihen lassen.

Helfen Sie Ihrem Kind im Umgang mit Emotionen

Eines Nachmittags, als meine Tochter aus dem Kindergarten kam, merkte ich, dass etwas an ihr nagte. Sie spielte mit Knetmasse, während ihr Papa der Cousine bei den Mathehausaufgaben half. Er bat um etwas Schmierpapier für die Rechnungen und ich gab ihm ein paar Blätter von dem Stapel, den meine Tochter beim Schule-Spielen benutzte. Diese drei fehlenden Blätter Schmierpapier veranlassten meine Tochter in Tränen auszubrechen. Da wurde mir klar, dass Sie weinte, weil sie verzweifelt eine Möglichkeit suchte, all ihre aufgestauten Emotionen loszuwerden. Ich nahm sie in die Arme und setzte mich mit ihr auf dem Schoß in ihrem Zimmer auf den Teppich und sprach ihr zu, sie könne so viel weinen, wie nötig. Ich fragte, ob ich Papa bitten sollte, das Papier zurückzugeben, doch sie schüttelte den Kopf. Sie zerquetschte den Knetball, während sie auf meinem Schoß schluchzte und schrie. Dann fing sie zu gähnen an (ich musste mir das Lächeln verbeißen) und eine Viertelstunde später hüpfte sie herum und half mir fröhlich singend mit der Wäsche. Da war ich wirklich baff!

MARI,
Mutter eines vierjährigen und eines acht Wochen alten Kindes

Emotions-Coaching nennt man den Prozess, Kinder durch Emotionen zu begleiten, die eigenen und die der anderen Menschen. Die meisten Eltern investieren einiges für die intellektuelle Entwicklung ihres Kindes und verwenden viel Zeit darauf, ihm Dinge beizubringen: Farben,

Namen von Gegenständen, endloses Beantworten von »Warum«-Fragen. Aber vielleicht bemerken wir nicht einmal die parallelen Lektionen über Emotionen, die wir dem Kind ebenso kontinuierlich vermitteln. Was tun wir, wenn es weint? Wenn es Ärger ausdrückt, was schwingt dann implizit in unserer Antwort mit? Was für ein Vorbild geben wir ab, wenn wir selbst frustriert sind? Wie sprechen wir mit unserem Kind, wenn es eine Interaktion beobachtet, die es aufwühlt – wenn beispielsweise ein Kind auf dem Spielplatz weint?

Wie wir auf die Emotionen unseres Kindes antworten und mit unseren eigenen umgehen, prägt die emotionale Entwicklung unseres Kindes und schafft die Grundlage seiner emotionalen Intelligenz oder seines »EQ«, der, wie bereits erwähnt, heute unter den meisten Expertinnen für Kindesentwicklung als entscheidender für den Lebenserfolg eines Kindes gilt als der IQ. Jeder Vater und jede Mutter, die bereit sind, an ihrer eigenen emotionalen Intelligenz zu arbeiten, werden zu einem versierten Emotions-Coach, womit sie wiederum die emotionale Intelligenz ihres Kindes fördern.

Emotions-Coaching hilft Kindern Selbstregulation zu lernen, aber nicht, weil wir den Kindern beibringen, ihre Emotionen zu kontrollieren. Die meisten Menschen, Kinder eingeschlossen, versuchen automatisch, Emotionen zu kontrollieren, indem sie diese abtun oder herunterschlucken, was die Selbstregulation sabotiert. Der Zauber des Emotions-Coachings besteht nun darin, dass es den Kindern hilft, sich ihrer Emotionen bewusster zu werden. Dieses bewusste Gewahrsein erlaubt uns, das, was wir fühlen, zur Kenntnis zu nehmen, es zu akzeptieren, es mit anderen Bedürfnissen und Gefühlen zu integrieren und uns daraufhin für eine weise Antwort zu entscheiden.

Wenn ein Kind zum Beispiel durch das laute Singen eines Geschwisterkindes zunehmend gereizt wird, jedoch »lieb« sein soll und nicht weiß, wie es dieses Problem lösen kann, wird es früher oder später ausrasten. Falls es andererseits fähig ist, seine wachsende Verärgerung wahrzunehmen, kann es wählen, wie es seine Bedürfnisse ausdrückt, ohne das

Geschwisterkind anzugreifen, was die Wahrscheinlichkeit für eine einvernehmliche Lösung zwischen den beiden erhöht. Emotions-Coaching hilft also dem Kind, sich mit seinen Emotionen anzufreunden, damit es sie zu bewältigen lernt. Dann werden dem Kind durch liebevolle Unterweisung Problemlösungskompetenzen vermittelt, wie es seine Bedürfnisse ausdrückt, ohne den andern anzugreifen und Win-win-Lösungen findet, wovon alle Beteiligten profitieren.

FORSCHUNG ÜBER EMOTIONS-COACHING

Viele durch Fachleute geprüfte Studien zeigen, dass Emotions-Coaching für Sie als Eltern eine der wichtigsten Kompetenzen ist. Im Folgenden lesen Sie nur einige Ergebnisse:

- Emotional kompetente Kinder erzielen bessere Schulleistungen, können ihre Aufmerksamkeit fokussieren und sich selbst motivieren, sind weniger anfällig für Verhaltensschwierigkeiten und ansteckende Krankheiten; sie sind emotional stabiler und resilienter.[129]
- Studien über den Vagusnerv haben wiederholt gezeigt, dass emotional kompetente Kinder sich besser selbst regulieren und beruhigen können, wenn sie sich aufregen, als Kinder, die kein Emotions-Coaching erfahren haben.[130, 131]
- Emotions-Coaching hilft den Kindern zwischen dem präfrontalen Kortex und dem limbischen System mehr Nervenverbindungen aufzubauen, die ihnen wiederum helfen, ihre Emotionen – und damit ihr Verhalten – früher zu regulieren als andere Kinder.[132]
- Wenn Eltern ihre Kinder als Emotionscoach durch negative Gefühle begleiten, entwickeln Kinder mehr soziale Kompetenz.[133]
- Wenn die Eltern von Kindergartenkindern darin geschult werden, bei ihren Kindern emotionale Kompetenz zu fördern, anstatt Gefühle

einfach abzutun, verbessert sich das Verhalten ihrer Kinder enorm. In einer Studie über Kinder mit extrem herausforderndem Benehmen verhielten sich nach dem Trainingsprogramm mehr als die Hälfte nicht mehr herausfordernd.[134] (Auch die Kinder mit einem eher normalen Anteil an Verhaltensschwierigkeiten zeigten dramatische Verbesserungen.)

- Die mütterliche Ansprechbarkeit auf Traurigkeit, Ärger, Furcht und neutralem Ausdruck des Kindes ist eine Vorhersagevariable für die spätere sozial-emotionale Kompetenz des Kindes.[135]
- Wenn Eltern die ganze Bandbreite der kindlichen Gefühle anerkennen, sind Kinder besser dazu in der Lage, Emotionen zu ertragen, ohne ärgerlich auszurasten. Tun die Eltern das jedoch nicht, sind ihre Kinder weniger dazu in der Lage, die eigenen Emotionen zu regulieren, was sie wiederum mit größerer Wahrscheinlichkeit aggressiv reagieren lässt.[136]
- Wie ansprechbar (anerkennend/bestätigend, akzeptierend, warm verstehend) ein Elternteil für die Emotionen des Babys ist, spielt eine entscheidende Rolle bei der Bindungssicherheit, und die Bindungssicherheit ist wiederum ein entscheidender Faktor für die Fähigkeit des Kindes zur Selbstregulation.[137]

Zählt man die zahlreichen Studien hinzu, die die negative Beeinflussung des kindlichen Verhaltens durch Bestrafung zeigen,[138] wird deutlich, wie viel wirksamer das kindliche Verhalten durch Emotions-Coaching verbessert wird.

Durch Emotions-Coaching wird das Gehirn Ihres Kindes entwickelt

Das menschliche Gehirn wird unreif geboren und entwickelt sich in Interaktion mit der Umwelt, was die Chance erhöht, unter unterschiedlichen Umweltbedingungen zu überleben. Also entwickelt sich das Gehirn Ihres Kindes, bis es Mitte zwanzig ist (und sogar darüber hinaus, wenn man einbezieht, dass sich das Gehirn an jede wiederholte Erfahrung anpasst, was im ersten Teil des Buches erörtert wurde).

Konkret bedeutet das zwei Dinge:

- **Das kindliche Gehirn funktioniert anders als das Ihre.** Kinder bis zum Alter von sieben Jahren besitzen ein völlig anderes Zeitgefühl als wir; sie leben im Augenblick. Bis in die Pubertät hinein denken Kinder eher konkret, mit weniger begrifflichen und logischen Fähigkeiten. Sogar bis in die frühen Zwanziger sind sie noch nicht optimal in der Lage, die Zukunft vorherzusehen und damit die Folgen ihrer Handlungen. Stabile innere Zufriedenheit oder die resiliente Fähigkeit unabhängig von äußeren Umständen das innere Gleichgewicht wiederherzustellen, festigt sich in den Jugendjahren oder später. Da sich der präfrontale Kortex noch in der Entwicklung befindet und weil Kindern der Lebenszusammenhang fehlt, sind die kindlichen Emotionen mächtiger und die Impulskontrolle ist schwächer. Fügen Sie hinzu, dass Ihr Kind weniger Weltwissen hat als Sie, und Sie beginnen zu begreifen, dass es die Dinge sehr anders versteht als Sie und emotionaler und impulsiver reagiert. Wenn Sie also ein Kind unter 25 Jahren haben, dann können Sie sich auf »kindliches« Verhalten gefasst machen.
- **Da Sie in der Umwelt Ihres Kindes der wichtigste Faktor sind, haben Sie großen Einfluss darauf, wie sich sein Gehirn ausbildet.** Ihr Vorbild und das Emotions-Coaching **lehrt** nicht nur verstandesmäßig angemessenes Verhalten, sondern ermöglicht dem Gehirn des Kindes **die Erfahrung** einer sicheren Verbindung und emotionaler Regulation. Sie können sogar beeinflussen, wie sich die Gene Ihres Kindes

manifestieren. Wenn Ihr Kind beispielsweise mit einem überaktiven Alarmsystem geboren wurde (was sich in Angst, Trotz oder Aggression manifestieren kann), können Sie ihm dabei helfen, seine Angstkreisläufe durch ihre Besänftigung, Verbindung, feste Tagesabläufe und tägliches Lachen auszugleichen.

Das Fazit? Emotions-Coaching hilft Ihrem Kind, mit seiner Emotion im Augenblick umzugehen und lehrt es wesentliche emotionale Kompetenzen. – Aber es formt auch sein Gehirn für den Rest seines Lebens.

Wie reagieren Sie auf Emotionen?

John Gottman, der Begründer des Begriffs »Emotions-Coaching« beobachtete, dass Eltern, die Emotionen coachen, fünf bestimmte Dinge tun:[139]

1. Der Elternteil nimmt die Emotion des Kindes bewusst wahr.
2. Der Elternteil betrachtet die Emotionen des Kindes als Gelegenheit für Nähe und Begleitung.
3. Der Elternteil beschreibt die Emotion des Kindes. Das bedeutet vielleicht, die Gefühle des Kindes verbal zu benennen oder einfach die Erfahrung des Kindes zu beschreiben: »Das hört sich an, als fandest du den Lehrer ungerecht.«
4. Der Elternteil fühlt sich in die Emotion des Kindes ein oder erkennt sie an. Das wird bei einem Kleinkind anders aussehen als bei einem Teenager.
5. Der Elternteil unterstützt das Kind beim Lösen des aktuellen Problems.

Beachten Sie, dass wir uns mit den Emotionen unseres Kindes wohlfühlen müssen, damit wir diese fünf Dinge tun können. So oft verpassen wir als Eltern Gelegenheiten, unseren Kindern mit ihren Emotionen zu helfen, weil wir sie aus einem Impuls heraus schnell loszuwerden suchen. Wenn Kinder aufgebracht sind, reagieren die meisten Erwachsenen besorgt. Nicht nur wollen wir unser Kind vor Schmerz bewahren, sondern die heftigen Emotionen unseres Kindes triggern auch sämtliche ungeheilten Emotionen aus unserer eigenen Kindheit. Ehe wir uns versehen, eilen wir also herzu, um die Gefahr zu bannen – die Emotionen nämlich – indem wir schnell alles in Ordnung bringen, drohen, schmeicheln und herunterspielen. Gottman beobachtete mit seinem Team, dass die meisten Eltern die Emotionen ihres Kindes so verstörend finden, dass sie mit Ablenkung, Herunterspielen oder sogar Bestrafung reagieren.[140] Gottman beschrieb vier Arten, wie Eltern auf die Emotionen ihrer Kinder reagieren, die, wenn auch nicht deckungsgleich, doch an die vier bereits erörterten Erziehungsstile von Baumrind erinnern. Unterschiedliche Forscherinnen, unterschiedliche Zeiten, sogar etwas unterschiedliche Begriffe – aber Emotionen stehen immer noch im Zentrum der Beziehung zu unseren Kindern. Erkennen Sie sich in einem der folgenden vier Elterntypen wieder?

1. **Missbilligend.** Diese Eltern betrachten den Ausdruck von Emotionen als Zeichen von Schwäche und Kontrollverlust. Oft glauben sie, ihr Kind versuche, sie durch Emotionen zu manipulieren. Vielleicht bestrafen diese Eltern emotionales Verhalten, indem sie sich darüber lustig machen oder das Kind wegschicken, damit es sich »beruhigt«. Das Kind lernt, dass seine Gefühle beschämend sind und es sie unterdrücken muss, um angenommen zu werden. Also verdrängt das Kind die Emotionen aus seinem Bewusstsein, womit sie nicht mehr unter seiner bewussten Kontrolle sind, was zu Problemen beim Umgang mit Ärger oder zu Depressionen führt. (Merken Sie, wie sehr dies dem kontrollierend/autoritärem Ansatz ähnelt?) Häufige Strategien, die alle das Kind wegen seiner Emotionen als schlechten Menschen dastehen lassen, sind unter anderem:

- **Bestrafung:** *»Ich werde dir Grund zum Heulen geben!»*
- **Beschämung:** *»So ein kleiner Kratzer tut doch nicht weh!« … »Nimm dir ein Beispiel an deinem Bruder; ihm macht das kein Problem.»*
- **Spott:** *»Mach doch kein solches Theater.« … »Große Jungs weinen nicht.«*
- **Vorwürfe:** *»Du musst doch irgendetwas angestellt haben, dass sie so wütend auf dich ist!« … »Das ist alles deine Schuld, also was soll das Geheule!«*
- **Isolation:** *»Beruhig dich oder geh auf dein Zimmer!«*

2. **Nichtbeachtung.** Diese Eltern fühlen sich mit den eigenen Emotionen und denen des Kindes unwohl und versuchen, die Emotionen so rasch wie möglich zum Verschwinden zu bringen. Oft nehmen sie die Erregung des Kindes als Aufruf an sie – die Eltern – wahr, die Situation in Ordnung zu bringen. Beachten Sie, dass die Eltern mit einigen Emotionen klarkommen, aber mit anderen nicht – zum Beispiel verhält sich der Elternteil vielleicht fürsorglich, wenn das Kind eine körperliche Verletzung hat, reagiert aber ungeduldig auf seelische Bedürftigkeit. Werden Emotionen auf diese Weise entwertet, lernt das Kind daraus, seinem inneren Kompass nicht zu trauen. Auch beschädigt es das Vertrauen zwischen Eltern und Kind, denn das Kind fühlt sich weder gesehen, gehört noch verstanden. (Sowohl permissive als auch unbeteiligte Eltern wenden diese Herangehensweise an, wie auch autoritäre Eltern, wenn sie einen guten Tag haben.) Häufige Strategien, die allesamt die Emotion abschalten, sind unter anderem:

- **Kitten:** *»Reg dich nicht auf, ich kann das für dich machen.«*
- **Ablenken:** *»Willst du deine Sendung anschauen? Dann wirst du dich besser fühlen.«*

- **Bagatellisieren:** *»Du übertreibst. Es gibt keinen Grund, sich aufzuregen.«*
- **Fragen stellen:** *»Warum bist du so aufgebracht?«*
- **Belehrung:** *»Folgendes musst du machen.«*
- **Ignorieren:** *»Fang nicht damit an. Das wird sie nur daran erinnern und traurig machen.«*

3. **Laisser-faire.** Diese Eltern akzeptieren den Ausdruck von Emotionen. Sie trösten das Kind sogar und lassen es wissen, dass es geliebt ist. So weit, so gut, oder? Aber Laisser-faire-Eltern sind selbst so stark von Emotionen überwältigt, dass sie besorgt reagieren, wenn ihr Kind emotional erregt ist, und nicht wissen, wie sie ihm bei der Bewältigung seiner Emotionen helfen können. Tatsächlich lassen sie sich vielleicht von dem Kind anstecken, egal welche Emotion es gerade ausdrückt. Anstatt die Emotionen des Kindes als Coaching-Gelegenheit oder nützliche Handlungsaufforderungen zu betrachten, sehen sie Emotionen als unvermeidlichen negativen Bestandteil des Lebens, der durchlitten werden muss. Sie neigen dazu, dem Kind die eigenen Sorgen mitzuteilen, sogar dann, während sie es zu beruhigen suchen.[141] Diese Eltern wollen nicht tiefer forschen, um herauszufinden, weshalb sich ihr Kind schlecht fühlt; sie hoffen lediglich, dass das Gefühl bald verschwindet. Ist das Kind wütend, lassen sie es eher allein, damit »sein Zorn verraucht«, als dass sie der emotionalen Erregung des Kindes zuhören. Somit lernt das Kind, dass es mit seinen Emotionen allein klarkommen muss, was wiederum Angst erzeugt. Häufige Reaktionen auf ein aufgewühltes Kind sind unter anderem:

- **Philosophieren:** *»Du kannst nicht immer Glück haben.«* (Beachten Sie, dass damit bei akuter Erregung Gefühle abgewürgt werden. Lebensweisheiten weiterzugeben, ist nicht verkehrt, warten Sie damit aber bis später. In diesem Moment braucht Ihr Kind nur Empathie, damit es seine Emotionen vollständig fühlen kann.)

- **Ausharren:** »Wenn man sich schlecht fühlt, ist es das Beste, das einfach auszusitzen.« (Das verstärkt ein Gefühl der Hilflosigkeit angesichts der Emotion.)
- **Distanzierung:** »Lass ihn gehen. Ihm wird es besser gehen, sobald er sich beruhigt hat, wenn du ihn nur einfach in Ruhe lässt.« (Das vermittelt dem Kind die Botschaft, dass es mit heftigen Emotionen ganz allein ist.)

4. **Emotions-Coaching.** Diese Eltern akzeptieren die Emotionen ihres Kindes und erlauben ihm, diese auszudrücken. Aber anders als die Laisser-faire-Eltern betrachten diese Eltern Emotionen als ein Geschenk, als Bestandteil des inneren Kompasses, auf den wir hören müssen, damit wir ganz und gesund sind. Weil sie sich mit ihren eigenen Emotionen wohlfühlen, betrachten sie die unglücklichen Gefühle ihres Kindes als Gelegenheit, ihm etwas über Emotionen zu vermitteln und zum Kind größere Nähe herzustellen, indem sie ihm durch die Emotion hindurch helfen. Sie sind durch die Emotionen ihres Kindes nicht erregt, daher kommunizieren sie eine eher sachliche Haltung und können so ihr Kind beim Nachdenken über seine Emotion und die Situation aktiv unterstützen, was schließlich zum Lösen des aktuellen Problems führt. Diese Eltern wollen, dass sich ihr Kind bei ihnen sicher fühlt, wenn es mit seiner emotionalen Erregung kommt. Typisches Eingehen auf ein aufgebrachtes Kind sind unter anderem:

   - **Beachtung:** *»Du siehst traurig aus.«*
   - **Zuhören:** *»Hmmm …«*
   - **Einfühlung:** *»Deine Freundin so etwas sagen zu hören, hat dich wirklich verletzt.«*

- **Validierung (Anerkennung):** *»Kein Wunder, dass du aufgewühlt bist!«*
- **Wenn nötig Grenzen setzen, auch wenn die Emotion erlaubt wird:** *»Ich sehe, wie wütend du auf deinen Bruder bist. Sag es ihm in Worten! Kein Hauen.«*
- **Selbstberuhigung lehren, während Emotionen anerkannt werden:** *»Sich traurig zu fühlen, ist in Ordnung. Wie könntest du gut für dich sorgen, wenn du dich so fühlst?«*
- **Problemlösen: Nachdem sich das Kind beruhigt hat, coacht es der Elternteil vielleicht, um das Problem zu lösen.** *»Du und dein Bruder, ihr habt dazu widersprüchliche Meinungen. Wie könntet ihr euch vielleicht einigen?« »Das hört sich so an, als tut dir leid, was du gesagt hast. Was könntest du vielleicht tun, um dich wieder mit ihr zu versöhnen?* »Denken Sie daran, dass derselbe Elternteil mit dem Ausdruck verschiedener Emotionen auch verschieden umgeht. Manche Eltern können beispielsweise ein verängstigtes oder besorgtes Kind großartig trösten, regieren aber mit Bestrafung, wenn das Kind wütend wird. Praktisch alle Eltern reagieren manchmal überwältigt oder ängstlich besorgt auf die Emotionen ihres Kindes und wollen das Gefühl oder die Situation »kitten.« Machen Sie sich also keine Sorgen, wenn Sie auf diesen Listen Ihre Reaktionsweisen finden. Das ist Ihre Ausgangsbasis. Ihr Ziel besteht hier darin, es zu bemerken, wenn Sie dabei sind, die Emotionen Ihres Kindes abzuwürgen und sich dann selbst die Möglichkeit zu gestatten, eine gesündere Antwort zu wählen. Das braucht Zeit, aber es ist absolut möglich, dass Sie Ihre Reaktion verändern. Es beginnt mit Ihrem eigenen Gewahrsein.

ÜBUNG

Die eigenen Reaktionen auf die Emotionen Ihres Kindes erfassen

Achten Sie in dieser Woche darauf, wenn Ihr Kind eine heftige Emotion ausdrückt, die Sie normalerweise als negativ betrachten: Wut, Furcht, Traurigkeit, Enttäuschung, Verärgerung oder Frustration. Beachten Sie, was Sie selbst fühlen, was Sie sagen und tun. Beantworten Sie dann die untenstehenden Fragen über ihre Reaktionen.

1. Worüber hat sich Ihr Kind aufgeregt?

____

2. Welche automatische Reaktionstendenz auf die Emotion Ihres Kindes haben Sie bei sich bemerkt?

____

3. Wie fühlen Sie sich, wenn Ihr Kind emotional reagiert?

____

4. Können Sie die Emotionen Ihres Kindes einfach anerkennen?

____

5. Gibt es bestimmte Emotionen, in die Sie sich besser einfühlen können als in andere?

---

6 Können Sie sich auch dann einfühlen, wenn Sie einem Verhalten Grenzen setzen?

---

7 Gelingt es Ihnen, ein wenig von dem zu fühlen, was Ihr Kind fühlt?

---

8 Wenn Sie anders als gewöhnlich auf die Emotion Ihres Kindes reagieren, wie antwortet dann Ihr Kind darauf?

Der innere Kompass Ihres Kindes

Da Emotionen uns Botschaften darüber vermitteln, was wir wollen und brauchen, besteht eines der Ziele des Emotions-Coachings darin, den Kindern dabei zu helfen, ihren eigenen inneren Kompass zu entwickeln, um sich in ihren inneren und äußeren Landschaften zurechtzufinden. Wenn wir wollen, dass Kinder die kleinen Gefahrensignale eines Raubtiers erkennen, brauchen sie einen inneren Kompass, dem sie vertrauen können. Wenn wir wollen, dass Kinder auch dann das Richtige tun, wenn es schwierig wird, benötigen sie einen inneren Kompass, der verfolgt, wie weit sie sich bei einer bestimmten Handlung von ihrer Integrität entfernen. Wenn wir wollen, dass sie ein glückliches Leben haben, dann müssen sie sich dem zuwenden, was ihnen Freude macht, egal was andere tun. Sie können sich das als den Peilsender Ihres Kindes vorstellen oder ein Integritäts-Barometer, ein emotionales GPS. Es macht die Kinder darauf aufmerksam, sich darauf auszurichten, womit sie im Einklang sind, und sich von Situationen zu entfernen, die sich nicht sicher anfühlen, oder von Handlungen, die nicht im Einklang mit ihren Werten sind.

Wie entwickeln Kinder diesen inneren Kompass? Aus der Art und Weise, wie wir ihr Erleben respektieren und anerkennen. Haim Ginott, der Pionier der positiven Erziehung, sagte, wenn wir Eltern den Kindern vorschreiben, was sie zu fühlen haben, misstrauen sie dem, was sie **wirklich** fühlen.[142]

Die Entwicklung des inneren Kompasses untergraben	Die Entwicklung des inneren Kompasses fördern
»Du hasst das Baby nicht, du liebst es doch!«	»Du bist gerade richtig wütend auf das Baby!«
»Natürlich mögen dich die anderen Kinder.«	»Das klingt so, als machst du dir Sorgen, dass die anderen Kinder nicht mit dir spielen wollen.«
»Umarme deinen Onkel!«	»Du entscheidest, wer dich berühren darf und du sollst deinem Onkel bitte Hallo sagen. Wie wär's mit Händeschütteln?«
»Klar magst du Softball. Deine drei Brüder spielen es und ich hab es auch gespielt!«	»Das klingt so, als magst du wirklich nicht Softball spielen.«
»Du wirst doch nicht wirklich in einem anderen Land studieren wollen. Da bekäme ich ja einen Herzinfarkt.«	»Das hört sich so an, als willst du im Sommer wirklich an dem Highschoolkurs für Spanisch teilnehmen. Ich gebe zu, die Vorstellung, dass du so weit weggehen willst, macht mich nervös, aber mir gefällt es, dass du so abenteuerlustig bist. Lass uns darüber reden.«

Mit Kindern im Alltag über Emotionen reden

Anthropologinnen behaupten, dass die Inuit, deren Umwelt aus viel Schnee besteht, mindestens 50 Wörter für verschiedene Schneevariationen kennen. Die Kinder der Inuit lernen jene Worte und verbinden sie einfach über das Hören der korrekten Verwendung mit den Schneevariationen. Kinder, deren Eltern Emotionen coachen, lernen eine große Bandbreite an Emotionen kennen, während sie einfach ihren Eltern zuhören, wie diese darüber reden. So erfahren sie etwas darüber, wie diese Emotionen bei anderen aussehen, wie sie sich anfühlen und welche Botschaft jede Emotion vermittelt.

Indem Sie einfach beobachten, was Ihr Kind und andere Menschen fühlen und dies auf nicht wertende, akzeptierende Weise kommentieren, lernt das Kind, Emotionen bei sich selbst und anderen zu identifizieren. Suchen Sie über den Tag nach Möglichkeiten, die Gefühle Ihres Kindes anzuerkennen:

- *»Du willst das selber machen.«*
- *»Ich hab dich (schon) verstanden! Du magst wirklich keinen Spinat und wünschst dir, nie mehr welchen sehen zu müssen!«*
- *»Du siehst frustriert aus!«*
- *»Du hüpfst auf und ab. Da musst du ja aufgeregt sein!«*
- *»Ich verstehe. Du fühlst dich sicher, wenn du genau weißt, was als Nächstes kommt.«*

Falls Sie gemeinsam mit Ihrem Kind ein weinendes Kind beobachten, möchten Sie vielleicht Folgendes fragen:

- *»Der Junge sieht so unglücklich aus. Weshalb er wohl verstimmt ist?«*
- *»Was glaubst du, was er will, braucht?«*
- *»Können wir ihm irgendwie helfen?«*

Mit Kindern über Emotionen zu sprechen, hilft ihnen auch bei der Entwicklung von Empathie. Wenn die Eltern beispielsweise mit kleinen Kindern darüber sprechen (ohne zu belehren, aber staunend und erforschend), was ihr Geschwisterchen denkt, fühlt und will, dann entwickelt das Kind mehr Empathie für das Baby, und die Beziehung zwischen beiden ist positiver.[143] Wenn Erwachsene vorlesen und mit Kleinkindern und Vorschulkindern darüber reden, wie sich andere Kinder fühlen, nehmen die prosozialen Handlungen ihrer Kinder zu und die Aggressionen gegenüber Gleichaltrigen ab.[144]

Kindern etwas über Emotionen beizubringen, beinhaltet, ihnen jene grundlegenden Einsichten zu ermöglichen, die wir im ersten Teil des Buches erörtert haben:

- Alle Emotionen sind akzeptabel. Während Gedanken zwar Emotionen erzeugen können, können wir uns unsere Gefühle nicht aussuchen.
- Wir sind für unsere Handlungen verantwortlich. Wir können immer wählen, wie wir handeln.
- Emotionen entstehen als Antwort auf unsere Wahrnehmung. Sie enthalten wertvolle Botschaften darüber, was uns wichtig ist. Aber während wir die Emotion spüren, kann es schwierig sein, diese Botschaften zu verstehen. Dann ist es gut, erst zu warten, bis wir uns beruhigt haben, bevor wir auf die Emotion hin handeln.
- Während wir eine Emotion erleben, fühlt sich das oft so an, als würde das Gefühl nie aufhören, und es fällt die Vorstellung schwer, man könnte jemals wieder etwas anderes fühlen.
- Vielleicht sagen wir *»Ich bin wütend«*, aber wir sind nie diese vorübergehende Emotion – wir sind immer mehr. Viel präziser müsste es heißen: *»Ich fühle mich wütend.«*
- Sobald wir uns erlauben, eine Emotion zu fühlen, beginnt sie sich aufzulösen.

Natürlich lernen Kinder diese Ideen nicht aus einem Vortrag, sondern von den Bemerkungen, die Sie im gemeinsamen Alltag darüber machen.

Kindern dabei zu helfen, im Umgang mit Emotionen Selbstvertrauen zu entwickeln, beinhaltet auch, Ihnen zu vermitteln, dass uns jedes Gefühl eine andere Botschaft übermittelt. Zum Beispiel:

- **Wenn ein Kind Schmerz fühlt,** lautet die Botschaft, sich von der Schmerzquelle zu entfernen, sich zu beruhigen und zu schützen.
- **Wenn sich ein Kind fürchtet,** lautet die Botschaft, bei einem vertrauten Erwachsenen Schutz zu suchen und sich so zu beruhigen.
- **Wenn ein Kind traurig ist,** lautet die Botschaft, diese Traurigkeit mit jemandem zu teilen, der sich kümmert und das Kind tröstet: was das Kind wiederum lehrt, sich selbst zu trösten.
- **Wenn ein Kind wütend ist,** lautet die Botschaft, dass sich etwas ändern muss. Wahrscheinlich denkt Ihr Kind, dass sich die Situation oder der andere Mensch ändern muss. Aber natürlich kann das Kind nur sich selbst regulieren und weder den anderen noch die äußeren Ereignisse kontrollieren. Also fragen Sie, nachdem sich das Kind beruhigt hat am besten: *»Was kannst du hier verändern? Was würde geschehen, wenn du so und so handelst?«*

Wenn Sie mit Ihrem Kind über Emotionen sprechen, stellen Sie ihm Fragen, um ihm zu helfen, durch Nachdenken zu lernen. Zum Beispiel können Sie Folgendes fragen:

- *»Wenn du auf einen Freund wütend bist, was könntest du tun?«*
- *»Wenn du auf mich wütend bist, was könntest du tun?«*
- *»Wenn du auf deinen Turm aus Bausteinen wütend bist, weil er eingestürzt ist, was könntest du tun?«*

- *»Triffst du bessere Entscheidungen, wenn du dich wütend, oder wenn du dich ruhig fühlst?«*
- *»Was hilft dir dich zu beruhigen, wenn du wütend bist?«*

Kindern Selbstregulation vermitteln

Es gibt ganze Bücher darüber, wie man Kindern Achtsamkeitsstrategien vermittelt, und viele davon sind wunderbar. In einer ruhigen Stimmung macht es Kindern oft Spaß, diese Strategien zu lernen, und wenn sie regelmäßig in der Familie praktiziert werden, dann erinnert sich Ihr Kind vielleicht sogar daran, sie anzuwenden, wenn es wütend ist. Allerdings wirkt es wie Öl ins Feuer gießen, wenn man einem wütenden Menschen vorschlägt, sich zu beruhigen. (Erinnern Sie sich an das letzte Mal, als Sie über etwas empört waren, das Ihnen wichtig war? Was wäre nun, wenn Ihre Partnerin oder Ihr Partner anstatt zuzuhören, vorgeschlagen hätte, Sie sollten ein paar tiefe Atemzüge nehmen, um sich zu beruhigen?)

Ihr Kind wird sich also normalerweise dagegen wehren, wenn Sie an Achtsamkeitsübungen mit der Einstellung herangehen, dass Sie die Neigung Ihres Kindes zu unangemessenen emotionalen Reaktionen »korrigieren« müssen. Machen Sie jedoch stattdessen ein Gemeinschaftsprojekt daraus und nennen es vielleicht *»Wir lernen, wie wir unsere Gefühle bewusst spüren, damit wir freundlich miteinander umgehen und uns aussuchen können, wie wir handeln«*, wird sich Ihr Kind eher für die Idee öffnen. Wenn Sie mit Ihrem Kind Achtsamkeitsspiele üben und darüber sprechen, welche große Freude Ihnen das macht und wie viel Sie daraus lernen, wird Ihr Kind diese ebenfalls genießen und lernen.

Und natürlich müssen Sie zuerst sicher sein, dass Ihr Kind sich wirklich beruhigen will, bevor Sie ihm in diesem Moment der emotionalen Erregung eine Achtsamkeitsstrategie vorschlagen. Das bedeutet, Sie müssen zuerst dafür sorgen, dass Ihr Kind spürt, dass Sie gehört haben, worüber es sich ärgert, dass Sie es verstehen und ihm ganz bestimmt bei der Lösung seines Problems helfen werden.

Helfen Sie Ihrem Kind, sich seiner »Warnsignale« bewusst zu werden

Sobald Kinder von der Adrenalinwelle und den anderen »Kampf-oder-Flucht«-Neurotransmittern überströmt werden, glauben sie an einen Notfall und kämpfen um ihr Leben. Ab diesem Zeitpunkt ist es fast unmöglich, die Wutimpulse in den Griff zu bekommen und alles, was wir Kindern anbieten können, während der Sturm über sie hereinbricht, ist ein sicherer Hafen. Aber wenn Sie Ihrem Kind dabei helfen können, den allmählich in ihm aufsteigenden Ärger rechtzeitig zu spüren, und es dann lernt, sich noch vor dem Ausrasten selbst zu beruhigen, werden seine Wutanfälle seltener.

Wenn Ihr Kind klein ist, müssen Sie seine Signale kennen und vorbeugende Maßnahmen treffen – ihm Zeit zum Kuscheln anbieten oder gemeinsam den Supermarkt verlassen. Erkennen Sie auf jeden Fall durch Ihre Worte an, wie es sich fühlt und lassen es wissen, dass es in Sicherheit ist und Sie es unterstützen: *»Du magst das nicht. Ich bin hier bei dir. Wir schaffen das.«*

Wird Ihr Kind älter, dann merken Sie, wenn es allmählich frustriert wird, und lassen es in nicht wertendem Tonfall wissen, dass Sie ihm beistehen: *»Liebes, ich sehe, dass du dich darüber ärgerst. Das kriegen wir besser hin. Komm, lass uns zusammen tief durchatmen und herausfinden, wie ich dir helfen kann.«*

Verschaffen Sie Ihrem Kind Möglichkeiten, seine ärgerlichen Impulse im Entstehungsmoment zu regulieren

Sobald sich Ihr Kind gehört fühlt, braucht es sich nicht weiter in die Erregung hineinsteigern. Wenn es also ärgerlich ist, muss es wissen, dass Sie verstehen, wie wütend es ist und weshalb. Das bedeutet, dass die erste Antwort auf die Wut Ihres Kindes Empathie sein muss, um anzuerkennen, weshalb es so ärgerlich ist. Viele Eltern bestrafen ihr Kind dafür, dass es seinen Ärger verbal ausdrückt. Aber das zwingt die Kinder dann dazu, körperlich ausfällig zu werden. Wenn Sie tief durchatmen können und sich daran erinnern, dass Ärger etwas Normales ist und auf gesunde Weise bewältigt werden kann, wird Ihre ruhige Haltung auf Ihr Kind abfärben. Also fangen Sie mit Zuhören an.

Weil in Wut so viel Körperenergie steckt, müssen Kinder manchmal ihren Ärger körperlich ausdrücken, um sich hindurcharbeiten zu können. Dabei geht es nicht in erster Linie darum, der Wut Luft zu machen; wesentlich ist, dass Sie für das Kind »Zeuge« der Intensität seines inneren Aufruhrs sind. Selbstverständlich lassen Sie nicht zu, dass Ihr Kind seinen Bruder zusammenschlägt, egal wie übel ihm der Bruder mitgespielt hat. Aber Sie können ihm dabei helfen, die körperliche Wut auf das Bearbeiten eines Boxsacks umzulenken, sie herauszutanzen oder ein Wutbild zu malen und es hinterher zu zerfetzen. Denken Sie jedoch daran, dass nicht das Ausleben der Aggression zur Heilung führt. Tatsächlich kann uns das Ausagieren von Wut noch aggressiver machen, weil dem Körper dadurch signalisiert wird, dass Gefahr besteht, selbst wenn sie nur an Gegenständen ausgelebt wird.[145] Ihrem Kind hilft hier, dass es Ihnen deutlich zeigen kann, wie stark seine Erregung ist, denn dadurch fühlt es sich verstanden.

ÜBUNG

Mit Ihrem Kind an einer Liste von Strategien zur Selbstberuhigung arbeiten

Wenn Ihr Kind gerade ausgeglichen ist, machen Sie ein gemeinsames Brainstorming zu Möglichkeiten, wie Ihre Familienmitglieder mit Wut und Verstimmungen umgehen können, und heften diese Liste an den Kühlschrank. Untenstehend habe ich für Sie den Anfang gemacht. **Die Vorschläge mit Sternchen haben sich in Studien als wirksam erwiesen, aber laut elterlichen Rückmeldungen sind alle diese Ideen wirksam.** Setzen Sie sich gemeinsam mit Ihrem Kind hin, bedenken Sie abwechselnd jede dieser Ideen und probieren Sie sie aus. Ergänzen Sie die Liste mit den Ideen Ihres Kindes. Überlassen Sie ihm das Aufschreiben oder das Hinzufügen von Bildern, damit es sich mit der Liste identifizieren kann.

Praktizieren Sie anschließend jeden Vorschlag, damit er auch in einem Moment der Aufregung vertraut und beruhigend wirkt. Seien Sie Vorbild, indem Sie die Übungen der Liste selbst anwenden, wenn Sie wütend sind: *»Ich werde ärgerlich, also schau ich auf unsere ›Wutliste‹. Oh, ich glaube, ich lege Musik auf und tanze mir den Frust aus der Seele!«*

- Fünf tiefe Atemzüge nehmen und sie herauspusten.
- Wenn du am liebsten hauen willst, lege die Arme um den eigenen Körper und umarme dich. »Stopp« schreien oder gleichzeitig Papa oder Mama herbeirufen.
- Fische in einem Aquarium beobachten.
- Seifenblasen pusten.
- Eine Schneekugel aus Kunststoff schütteln und beobachten, wie sich die Glitzerteilchen am Boden der Kugel absetzen.
- Beruhigende Musik hören.
- Musik auflegen und einen »Wuttanz« aufführen.
- Um eine Umarmung bitten.
- Mit dem Lieblingsstofftier kuscheln.
- Auf einen Boxsack oder ein Kissen einschlagen. (Viele Kinder wehren sich dagegen, auf Sofakissen einzuschlagen, weil es ihnen künstlich vorkommt, toben sich aber gern an einem Boxsack für Kinder aus.)
- Mit den Füßen aufstampfen. (Kleine Kinder finden es in der Wut oft hilfreich, mit den Füßen zu stampfen. Keine Sorge, das ist besser, als auf die Schwester oder die Wand einzuschlagen und mit der Zeit werden die Kinder ihre Wut verbal ausdrücken.)

- Auf ein Blatt Papier zeichnen oder schreiben, worüber man ärgerlich ist und das Papier in winzige Fetzen reißen.
- Die Pausentaste anwenden: still bis vier Zählen und durch die Nase einatmen und dann bis acht zählen und dabei durch den Mund ausatmen.
- Den Ärger an einem Knautschball auslassen.

ÜBUNG

Sich in emotionsgeladene Situationen einfühlen

Lesen Sie die untenstehenden Situationen. Schreiben Sie jeweils darunter, was Sie sagen könnten und was Ihrem Kind bei seinen Emotionen helfen könnte – ohne unbedingt zu tun, worum Ihr Kind Sie bittet.

1 In einem Geschäft bittet Ihr Kind um ein Spielzeug.

Was Sie sagen:

____

____

____

Was Sie tun:

____

____

____

(2) Ihr Kind schreit Sie wütend an.

Was Sie sagen:

Was Sie tun:

(3) Ihr Kind will morgens nicht zur Schule gehen.

Was Sie sagen:

Was Sie tun:

4 Ihr Kind ist neidisch, weil der Bruder lang aufbleiben darf.

Was Sie sagen:

Was Sie tun:

5 Ihrem Kind schmeckt Ihr Essen nicht.

Was Sie sagen:

Was Sie tun:

ÜBUNG

für konstruktive Methoden im Umgang mit Emotionen Vorbild sein

Können Sie in emotionsgeladenen Diskussionen gelassen bleiben? Zeigen Sie Empathie, wenn Emotionen ausgedrückt werden? Dann wird Ihr Kind das schließlich übernehmen. Schnauzen Sie Ihre Mitmenschen an, wenn Sie unter Stress stehen? Fluchen Sie über andere Autofahrer (-innen)? Haben Sie kleine Wutanfälle, wenn etwas missglückt? Ihr Kind wird es sich abschauen.

Keine Sorge. Sie dürfen ab und an kleine Wutanfälle haben und Ihr Kind wird trotzdem emotionale Intelligenz entwickeln! Aber je öfter Sie so reagieren, umso mehr behindern Sie damit das emotionale Wachstum Ihres Kindes und sogar seine Gehirnentwicklung. Also ist es nach einem Ausraster Ihrerseits besonders wichtig, dem Kind zu erklären, was geschehen ist, sich wieder mit ihm zu verbinden und ihm zu versprechen, dass Sie sich das nächste Mal besser regulieren.

Babys und Kleinkinder stimmen sich auf das limbische (emotionale) System ihrer Eltern ein, es wird zum Vorbild ihres eigenen Systems. Ältere Kinder erspüren die Emotionen ihrer Eltern und antworten selbst dann darauf, wenn es ihnen nicht bewusst ist. Vielleicht merken wir nicht, dass wir ihnen etwas beibringen, und sie merken nicht, dass sie etwas lernen, aber unser Umgang mit Emotionen ist eine der wichtigsten Quellen, aus denen unsere Kinder etwas über Emotionen lernen.

Sie können Ihren Kindern bei der Integration dieses Lernens helfen, indem Sie es zu einer regelmäßigen Praxis machen, dem Kind Ihren Gefühlszustand so sachlich mitzuteilen, dass deutlich wird: Sie sind für die eigenen Emotionen verantwortlich und können sie auch regulieren: *»Ich bin frustriert, weil ich keinen Parkplatz finde. Ach, na ja. Wir müssen einfach Geduld haben. Wir schaffen das.«*

Was glauben Sie, was für ein Vorbild Sie für Ihre Kinder im Umgang mit diesen Emotionen darstellen?

- Furcht und Angst:

- Traurigkeit und Trauer:

- Ärger und Frustration

- Gibt es etwas, das Sie gerne ändern möchten?

ÜBUNG

Positive Emotionen

Weil sich dieses Buch mit der Emotionsregulation bei Eltern und Kindern befasst, konzentrieren wir uns auf diejenigen Emotionen, die Menschen schwer zu akzeptieren und zu regulieren finden. Das betrifft meist jene, die wir als negativ oder herausfordernd erleben: Ärger, Traurigkeit, Furcht, Scham in allen ihren Variationen. Die Emotionen, die wir meist als positiv erleben, stellen normalerweise kein Problem für die Selbstregulation dar, weil wir sie akzeptieren. Daher kommen sie in diesem Buch kaum zur Sprache.

Dennoch ist es bedenkenswert, dass Eltern ihren Kindern ebenso kontinuierlich Botschaften über »positive« Emotionen vermitteln wie über herausfordernde. Diese Botschaften prägen bei den Kindern die Erfahrung dieser Emotionen. Beispielsweise verzweifeln viele Eltern an albernen Verhaltensweisen ihres Kindes, was dieses vielleicht als Kritik an seiner aus ganzem Herzen kommenden freudigen Erregung versteht. Wenn eine Mutter mit Wochenbettdepression nicht dazu fähig ist, auf den Ausdruck der Freude ihres Kindes mit Bestätigung zu reagieren, dann erhält es vielleicht die Botschaft, dass Freude verboten ist. Wenn ein introvertierter oder lärmempfindlicher Elternteil das ausgelassene Juchzen seines Kindes abwürgt, lernt es womöglich, dass Glück und Feiern unterdrückt werden müssen. Und beschäftigte Eltern ignorieren vielleicht die aufgeregte Lebensfreude ihres Kindes, um mit ihm das Tagesprogramm abzuhaken, was dem Kind eine unabsichtliche aber deutliche Botschaft darüber vermittelt, was Wert hat.

Angesichts des auf Eltern lastenden Drucks ist es verständlich, dass die meisten von uns ihre Lebendigkeit manchmal etwas beschneiden, indem sie Freude, Glück und andere ständig verfügbaren, positiven Emotionen, nicht vollständig zulassen. Aber es ist bedenkenswert, welchen Einfluss diese Wahl auf unsere Kinder hat.

Was glauben sie welche Botschaften Sie als Kind über Freude, Glück, Albernheit und Begeisterung erhalten haben?

Welche Botschaften übermitteln Sie Ihrem Kind über Freude, Glück, Albernheit und Begeisterung?

Gibt es etwas hinsichtlich der Botschaften an Ihr Kind, das Sie gern ändern würden? Wie könnten Sie damit beginnen?

Der Sechs-Schritte-Prozess des Emotions-Coachings, wenn Ihr Kind emotional erregt ist

Wenn Ihr Kind erregt ist, können Sie es unter Anwendung dieser sechs Schritte dabei unterstützen, sich konstruktiv durch seine Emotionen hindurchzuarbeiten:

1. Beruhigen Sie sich selbst.
2. Verbinden Sie sich mit dem Kind und schaffen eine sichere Atmosphäre.
3. Fühlen Sie sich ein.
4. Prüfen Sie genau nach, ob sich Ihr Kind verstanden fühlt.
5. Vertiefen Sie das Gespräch, indem Sie Unterstützung oder Bestätigung anbieten.
6. Unterstützen Sie Ihr Kind bei der Problemlösung.

Im Folgenden werden wir jeden Einzelschritt erörtern, damit Sie seine Anwendung verinnerlichen. Mit etwas Übung werden Sie entdecken, dass Ihnen die Schritte zur Gewohnheit werden.

1. Beruhigen Sie sich zuerst selbst.

- Wenden Sie Ihre Pausentaste an: Stopp, lassen Sie Ihre Agenda los (nur für diesen Moment) und nehmen einen tiefen Atemzug, bevor Sie sich mit Ihrem Kind befassen.
- Erinnern Sie sich daran: Ihr Ziel besteht darin, den Sturm für Ihr Kind zu stillen und ihn nicht etwa zu verstärken.
- Nehmen Sie die Emotionen Ihres Kindes nicht persönlich. Es geht hier nicht um Sie, selbst wenn Ihr Kind schreit: »Ich hasse dich!« Es geht um das Kind: seine verwirrten Gefühle und das sich noch entwickelnde Gehirn.
- Beruhigen Sie sich mit einem Mantra: *»Das ist kein Notfall«*, oder: *»Das ist eine Gelegenheit bei meinem Sohn zu sein, wenn er emotional erregt ist.«*
- Achten Sie auf Ihre Körperempfindungen.

- Beobachten Sie, ob Sie Ärger fühlen oder den Drang, die Gefühle Ihres Kindes zum Verschwinden zu bringen. Treffen Sie die Entscheidung, dass Sie diese Gelegenheit nützen werden, um zu Ihrem Kind eine engere Beziehung aufzubauen und ihm Hilfreiches darüber zu vermitteln, wie man Emotionen akzeptiert und sie reguliert.

2. **Verbinden Sie sich mit dem Kind und schaffen Sie eine sichere Atmosphäre.**

- Gehen Sie mit Ihrem Kind in Kontakt, um sich emotional und wenn möglich auch körperlich mit ihm zu verbinden.
- Wenn Sie langsam und tief atmen, wird Ihr Kind normalerweise auch allmählich langsamer atmen.
- Schaffen Sie Sicherheit durch Ihre Berührung, Herzlichkeit, Ihren Tonfall und Ihre Haltung.
- Vermitteln Sie Ihrem Kind verbal und/oder nonverbal folgende Botschaft: *»Ich werde dir helfen.«* … *»Du bist sicher.«* … *»Du schaffst das.«*

3. **Fühlen Sie sich ein.**

- Passen Sie Ihren Tonfall dem Ihres Kindes an. Wenn Kinder fühlen, dass Sie wirklich verstehen, wie aufgebracht sie sind, müssen sie sich nicht noch weiter hineinsteigern.
- Heißen Sie die Emotionen willkommen, geben Sie sie wieder, indem Sie den Tonfall Ihres Kindes spiegeln: *»Du siehst so ärgerlich aus!« oder »Du bist ein wenig besorgt wegen dieser Übernachtung.«*
- Wenn Ihr Kind ein Problem beschreibt, wiederholen Sie, was Sie gehört haben: *»Ich höre dich laut und deutlich. Du hast es satt, dass dein Bruder in dein Zimmer geht und sich deinen Kleber holt.«* Wenn Ihr Kind Ihnen gegenüber Ärger ausdrückt, widerstehen Sie dem Drang, es zu ermahnen sich »angemessen« zu verhalten. Erkennen

Sie stattdessen die Gefühle an und laden Ihr Kind ein, Ihnen zu erzählen, was es so ärgerlich macht: *»Du musst ja wirklich ärgerlich sein, dass du so mit mir redest, Karla. Was ist los?«* Wenn Sie nicht wissen, was Ihr Kind fühlt, oder Ihr Kind ärgerlich wird, wenn Sie seine Emotionen »benennen«, dann ist »verstimmt« ein gutes Wort, das für alles passt.: *»Ich höre, wie sehr dich das verstimmt.* »Zu beschreiben, was Ihr Kind auf der Körperebene ausdrückt, hilft ihm dabei, sich gesehen und gehört zu fühlen und kann Ihnen wiederum helfen, Emotionen zu benennen: *»Ich sehe, dass du dir auf die Lippen beißt – du siehst besorgt aus« oder: »Du hast die Arme so über der Brust verschränkt und ziehst die Augenbrauen so zusammen. Was ist denn los?«* Erkennen Sie die Perspektive Ihres Kindes an: *»Du wünschst dir, dass …«* oder: *»Das ist nicht das, was du willst …«* oder *»Heute klappt irgendwie gar nichts, stimmt's?«*

- Wenn Ihr Kind weint, können Worte ablenkend wirken. Gehen Sie sparsam damit um, vermitteln Sie vor allem Sicherheit und begrüßen Sie die Emotionen: *»Jeder muss mal weinen. Es tut gut, diese Tränen zu fühlen und sie loszulassen. Ich bin bei dir. Du bist in Sicherheit.«*

4. **Prüfen Sie genau nach,** ob sich Ihr Kind durch Ihre Worte verstanden fühlt. Dann müssen Sie sich keine Sorgen machen, ob Sie die Gefühle Ihres Kindes genau gespiegelt haben. Fragen Sie einfach:

- *»Stimmt das so?«* oder *»Wolltest du mir das sagen?«* oder *»Verstehe ich dich richtig?«* Vielleicht wird Ihr Kind dem zustimmen: *»Klar bin ich sauer!«* – und dann ausführlicher erzählen.

- Oder Ihr Kind wird Sie vielleicht korrigieren: *»Ich bin gar nicht enttäuscht! Ich bin sauer!«* In diesem Fall versuchen Sie es noch einmal. Wenn möglich, verwenden Sie die exakten Worte Ihres Kindes, damit es weiß, Sie hören ihm zu: *»Karl, das tut mir leid. Ich sehe jetzt, wie sauer du bist. Erzähl mir mehr darüber, weshalb.* »Oder Ihr

Kind verbessert Sie vielleicht – *»Ich bin nicht sauer!«* – obwohl sehr klar ist, dass Ihre Wahrnehmung gestimmt hat. Dieses Signal weist daraufhin, dass sich Ihr Kind eher beurteilt oder analysiert, als verstanden fühlt. Erkennen Sie seine Berichtigung an und beginnen von Neuem. Verbinden Sie sich stärker mit Ihrem Kind, während Sie seine Perspektive beschreiben: *»Ich höre dich Lukas. Du bist nicht sauer. Zeig mir, ob ich verstehe. Du wolltest X. Stimmt das?«*

- Streiten Sie nicht darüber, was das Kind wirklich fühlt. Die Hauptsache ist, dass es sich verstanden fühlt. Während es sich durch die Emotionen hindurcharbeitet, wird sich sein Bewusstsein darüber, was es fühlt, verändern.

5. **Vertiefen Sie die Unterhaltung.** Sie können das tun, indem Sie Unterstützung anbieten, die Emotion Ihres Kindes anerkennen, oder Ihr Kind einfach dazu einladen, Ihnen mehr zu erzählen. Anerkennung bedeutet nicht unbedingt, dass Sie zustimmen, sondern nur, dass Sie verstehen, weshalb sich Ihr Kind so fühlt. Fühlen Sie selbst ein wenig von dem, was Ihr Kind fühlt, während Sie zentriert bleiben. Wenn Sie die Emotion wirklich mitfühlen, dann steigen Ihnen angesichts des Kummers, den Ihr Kind fühlt vielleicht Tränen in die Augen.

   - *»Autsch, das muss wehgetan haben! Willst du mir zeigen, was passiert ist?«*
   - *»Oh, Sofia, kein Wunder, dass du ganz aufgewühlt bist!«*
   - *»Das kann wirklich peinlich sein, deinen Lehrer so was sagen zu hören.«*
   - *»Du sagst, ich hätte deine Schwester lieber … Erik, das muss ja ein schreckliches Gefühl sein.«*
   - *»Ich habe nicht verstanden, wie wichtig das für dich war. Erzähl mir mehr darüber.«*
   - *»Ich höre, wie wütend du darüber bist. Wie kann ich helfen, es besser zu machen? »»Ich höre, dass du wegen X und auch wegen Y aufgebracht*

bist! Gibt es noch etwas?« Die Frage, ob es noch etwas gibt, öffnet häufig die Schleusentore und erlaubt Ihnen, zum Kern dessen vorzudringen, worüber sich Ihr Kind aufregt. Vielleicht beklagt sich Ihr Kind zuerst darüber, was Sie doch für miserable Eltern sind, weil Sie schon wieder Haferbrei gekocht haben, und endet schließlich damit, dass es glaubt, Sie liebten seinen Bruder mehr oder erzählt, dass es in der Schule gemobbt wird.

- *»Danke, dass du mir das erzählt hast. Mir tut leid, dass dich mein Tun so aufgeregt hat. Bitte erzähl mir mehr.«* Lassen Sie Ihr Kind wissen, dass Sie ihm zuhören, wenn es auf Sie wütend ist. Vielleicht werden Sie dabei etwas herausfinden, das Ihre Beziehung verbessert. Oder Sie entdecken, dass sein Ärger gar nichts mit Ihnen zu tun hat.
- Beschreiben Sie den Vorfall ohne Wertung, sodass sich Ihr Kind verstanden fühlt. *»Lena wollte mit deiner Puppe spielen und du hast dir deswegen Sorgen gemacht. Du sagtest ›Nein!‹ und hast Lina gehauen und dann habt ihr beide geweint. Ja?«* Das Erzählen – am besten noch, das eigene – hilft dem Kind, sich zu beruhigen, nachzudenken und die Emotionen zu integrieren, da nun die emotionale Erfahrung des rechten Frontallappens mit dem verbalen, eher rationalen Verständnis des linken Frontallappens in Worte gefasst wird.[146]

6. **Problemlösung.** Wenn Kinder (und Erwachsene) spüren, dass ihre Emotionen verstanden und angenommen werden, verlieren diese meistens ihre Ladung und lösen sich auf. Dann kann mit der Lösung des Problems begonnen werden. Falls Ihr Kind noch immer erregt und belastet wirkt und nicht offen für eine Problemlösung ist, signalisiert das, dass es sich noch nicht durch die Emotion hindurchgearbeitet hat und zu einem früheren Schritt zurückkehren muss. Sobald Ihr Kind zur Problemlösung bereit ist, widerstehen Sie dem Drang, das Problem für ihn oder sie zu lösen, es sei denn, Sie werden darum gebeten. Wenn Sie von sich aus Lösungen vorschlagen, vermitteln Sie

Ihrem Kind die Botschaft, dass Sie kein Vertrauen in seine Fähigkeit haben, mit der Situation umzugehen. Wenn es sich festgefahren fühlt, helfen Sie ihm beim Überlegen und Erforschen von Möglichkeiten: *»Hmmm ... Du denkst also, du könntest X tun. Was dann wohl passiert?*

Emotions-Coaching bei einem jüngeren Kind

Kinder unter fünf Jahren werden stärker von Emotionen überwältigt als ältere Kinder, weil sich ihr Gehirn noch in der Entwicklung befindet. Daher fällt es dem »Denkhirn« noch schwerer, die hereinströmende Information zu integrieren und das »Fühlhirn« zu beruhigen. Aus diesem Grund weinen sie bei emotionaler Erregung schneller, besonders dann, wenn sie sich sicher fühlen. Das ist eine gute Sache, da es ihnen hilft, ihren emotionalen Rucksack zu entleeren und das emotionale Gleichgewicht wiederherzustellen, anstatt wochenlang in reizbarer Stimmung zu schmollen, wie es bei älteren Kindern vorkommt. Aber jüngere Kinder werden auch leichter von ihren eigenen heftigen Emotionen erschreckt, weshalb sie eher ausrasten, vor allem in Anbetracht ihrer mangelnden Impulskontrolle. Ihr Vierjähriger kann im ruhigem Zustand vielleicht wie ein angehender Rechtsanwalt argumentieren, aber sein Gehirn ist noch nicht reif genug, dass er auch im aufgeregten Zustand den Zugang zu Worten und Logik findet.

Unter all diesen Voraussetzungen muss das Emotions-Coaching mit kleinen Kindern zuallererst für ein ruhiges Gefühl von Sicherheit sorgen. Oft brauchen die Kinder dann Hilfe, um herauszufinden, was sie eigentlich fühlen. Ich mag den Ansatz von Becky Bailey, die viele wunderbare Bücher über *conscious discipline* (ein von Becky Baily entwickeltes sozial-emotionales Programm zur Selbstregulation) geschrieben und sich auf emotionales Coaching im Klassenzimmer spezialisiert hat. Bailey schlägt vor, dass die Erwachsene zunächst mit dem Kind in Augenkontakt geht und langsame, tiefe Atemzüge nimmt. Automatisch reagiert das Kind darauf ebenfalls mit langsamen, tiefen Atemzügen, was ihm hilft, sich zu beruhigen.[147]

Danach soll der Erwachsene laut Bailey versuchen, den Gesichtsausdruck und die Gesten des Kindes zu spiegeln, während er sie beschreibt. Der Erwachsene sagt vielleicht: *»Du machst so ein Gesicht«* (vorführen) *»anscheinend bist du wütend.«* Das hilft dem Kind, sich anhand seiner Körpersignale bewusst zu machen, was es fühlt. Das Bewusstsein dafür, dass es ein bestimmtes Gefühl hat, hilft dem Kind den Wechsel von »Ich bin« zu »Ich fühle« zu vollziehen. (Siehe: »Sie sind nicht Ihre Emotionen« in Teil 1 für mehr Einzelheiten darüber, wie verwandelnd das sein kann.) Wenn die Erwachsene sieht, dass das Kind noch immer ängstlich ist, sagt sie vielleicht: *»atme mit mir zusammen«* und versichert dem Kind: *»du schaffst das.«* Schließlich steckt hinter der Furcht die Sorge, dass wir etwas nicht bewältigen können.

Becky Bailey zeigt hervorragend auf, dass das Spiegeln auch den Erwachsenen hilft, sich auf das Kind einzustimmen. Das mag Ihnen beim Lesen des Buches sekundär erscheinen – natürlich sind wir auf unser Kind eingestimmt – doch mit am häufigsten schildern Eltern beim Geben von Empathie das Problem, dass sich das Kind nicht verstanden fühlt und deshalb nicht kooperiert. Durch das Spiegeln wird es Ihnen zur Gewohnheit, sich während des Emotions-Coachings wirklich mit Ihrem Kind zu verbinden, wodurch es wirksamer wird.

Müssen Sie es benennen, um es zu zähmen?

Wenn ich sage: »Du musst wirklich stinkwütend sein«,
schreit er: »ich bin nicht wütend!«

Wenn ich sage: »Du musst so traurig sein«, schreit er: »Sei still!«

DAVID,
Vater eines sechsjährigen und eines vierjährigen Kindes

Eltern werden oft dazu gedrängt: »Benenne es, um es zu zähmen«, was bedeutet, die Emotion des Kindes zu benennen, damit das Kind versteht, was es fühlt und sich selbst regulieren lernt. Tatsächlich zeigen Studien, dass bei Erwachsenen die Not nachlässt, wenn sie der Emotion, von der sie gequält werden, einen Namen geben können.[148] Und wenn Kinder noch so jung sind, dass sie dagegen keine Abwehr spüren, schätzen sie oft ebenfalls das Benennen ihrer Emotionen. *»Wütend!«*, denkt das Kleinkind: *»Genau, das bin ich. Und Papa versteht mich.«* Aber viele Eltern berichten, dass es ihr Kind nicht mag, wenn sie seine Emotion etikettieren. Das geschieht, weil wir beim »Benennen« der kindlichen Emotion oft distanziert und analytisch statt empathisch wirken. Beachten Sie den Unterschied zwischen diesen beiden Kommentaren:

- *»Oh Mariana, unglaublich, dass deine beste Freundin umzieht. Das tut mir so leid!«*
- *»Dass deine Freundin umzieht, muss dich traurig machen.«*

Die erste Bemerkung ist ein empathisches »Fühlen mit« der anderen, selbst wenn die Emotion nicht genannt wird. Die zweite, gut gemeinte Bemerkung benennt zwar die Emotion, von der wir glauben, dass das Kind sie spürt, wirkt aber ein wenig distanziert. Dadurch fühlt sich das Kind vielleicht sogar in Verlegenheit gebracht und analysiert. Wir fühlen nicht mit dem Mädchen. Vielleicht machen wir damit sogar eine unbegründete Behauptung oder implizieren ein *»Du solltest«*.

Wenn also jemand anderes das Gefühl benennt, von dem er annimmt, dass Sie es fühlen, kann das in Ihnen Widerstand auslösen. Um Ihrem Kind zu helfen, sich verstanden zu fühlen, können Sie stattdessen so etwas sagen wie:

- *»Oh, Daniel … ich höre, wie sehr du das willst. Du wünschst dir wirklich, wir könnten das tun, oder?«*
- *»Grrr!« Das ist so frustrierend!«*

Beachten Sie, dass Sie hier das Verlangen des Kindes beschreiben und benennen, was in der Situation jeder oder jede fühlen könnte oder sogar eingestehen, was Sie dabei fühlen würden. Aber Sie drängen das Kind nicht in die Defensive, indem Sie behaupten, sie wüssten, was es fühlt.

Als allgemeine Faustregel gilt, im emotionsgeladenen Augenblick kommt es vor allem auf Empathie an – mit dem anderen Menschen mitfühlen – die Emotion zu benennen ist nur dann hilfreich, wenn es empathisch geschieht.

Später, wenn sich Ihr Kind beruhigt hat, ist es eine prima Idee, die Emotion zu »kennzeichnen«, während sie ihm das, was geschehen ist, als Geschichte erzählen, um ihm so dabei zu helfen, diese in seine Erfahrung zu integrieren: *»Ich sagte: ›Nein‹! Du warst so wütend und traurig. Du hast geschrien und geweint. Du sagtest mir, wie sehr du … gewollt hast. Dann haben wir uns umarmt und du weintest noch mehr. Danach hast du dich besser gefühlt.«* (Weitere Beispiele zu: »dem Kind, was passiert ist, als Geschichte erzählen«, finden Sie auf den Seiten 259, 329, 401 und 494). Und in Situationen, in denen Ihr Kind weniger erregt ist, wird ihm das Benennen der Emotionen helfen, diese Fähigkeit für sich selbst zu nützen, sogar dann, wenn es aufgebracht ist. (Siehe: »Mit Kindern im Alltag über Emotionen reden«, Seite 383.)

Wenn Sie schließlich spüren, dass Sie zwar wirklich Empathie geben, das Kind aber immer noch ärgerlich reagiert, dann kann es sein, dass es diese Emotionen nicht fühlen will. Wenn wir uns in jemanden einfühlen, der in Not ist, dann spürt derjenige die eigenen Emotionen noch deutlicher. (Überlegen Sie, wie Sie sich fühlen würden, wenn Sie nach einer Katastrophe versuchen, die Nerven zu behalten, und jemand, dem Sie vertrauen, betritt das Zimmer und umarmt Sie. Wahrscheinlich würden Sie in Tränen ausbrechen.) Wenn Sie also empathisch anerkennen, wie traurig Ihr Kind sein muss, dann fühlt sich Ihr Kind unter Umständen zunächst einmal noch trauriger. Das ist kein gutes Gefühl. Und es fühlt sich sogar noch schlimmer an, wenn sich das Kind sorgt, ob Sie in der Lage sein werden, ihm in dieser Traurigkeit beizustehen. Aber das heißt nicht, dass dem Kind in solchen Momenten Ihre Empathie nicht hilft, die Emotionen zu fühlen und sich hindurchzuarbeiten. Setzen Sie einfach Ihre Worte sparsam ein und sorgen auf jeden Fall mit Umarmungen und Empathie für Sicherheit.

SCHREIBEN ZUR ZÄHMUNG VON EMOTIONEN

Eine für Kinder oft hilfreiche Möglichkeit, Emotionen »zu benennen und zu zähmen«, ist das Niederschreiben. Wenn Ihr Kind beispielsweise den Papa vermisst, der verreist ist, schlagen Sie vor, gemeinsam einen Brief darüber zu schreiben, wie es sich gerade fühlt. Lassen Sie sich die Worte diktieren, unterschreiben dann und heften den Brief dort an, wo ihn Papa später sehen wird.

Sie können dies sogar dazu einsetzen, Ihrem Kind den Umgang mit Frustration zu erleichtern, wenn Sie beispielsweise ohne das Spielzeugauto aus dem Haus eilen müssen, das ihr Sohn in den Kindergarten mitnehmen wollte, aber nicht gefunden hat. Schreiben Sie ein an sich selbst gerichtetes Versprechen: *»Sobald wir wieder zu Hause sind, werden Tim und Mama das grünes Auto suchen!«* Dann unterschreiben Sie und heften das Versprechen so an die Wand, dass Sie es sehen, wenn Sie wieder zur Tür hereinkommen. Sie werden erstaunt sein, wie sehr ein schriftliches Versprechen Ihrem Kind hilft, seine Erregung zu regulieren. Sogar für Kinder, die nicht schreiben können, hat Schreiben etwas Magisches.

Aber was ist mit ...?

Wir haben uns eher darauf konzentriert, wie Sie auf die Emotionen Ihres Kindes antworten als auf sein Verhalten. Wir kommen im nächsten Abschnitt über liebevolle Begleitung auf Verhalten zu sprechen. – aber bestimmt haben Sie einige Fragen, die mit *»Aber was ist mit ...?«* beginnen. Im Folgenden wollen wir einige dieser Fragen beantworten.

»Was aber, wenn mein Kind alles dramatisiert?!« Vielleicht können Sie Emotions-Coaching anwenden, so lange Sie glauben, Ihr Kind fühlt sich zu recht verletzt, aber es frustriert Sie, wenn es Ihnen so vorkommt, als würde es bei jeder Kleinigkeit überreagieren. Denken Sie daran, jeder Schmerz ist berechtigt. Kinder fühlen Emotionen sehr tief und Enttäuschungen, die uns klein erscheinen, können sich für ein Kind wie das Ende der Welt anfühlen. Wir definieren getriggert zu werden so, dass aktuelle Ereignisse alte Verstimmungen triggern, die dann aus dem emotionalen Rucksack herausquellen. Vielleicht ist das aktuelle Problem klein, aber die vielen Tränen werden von altem Frust verursacht. Wenn Sie also denken, Ihr Kind reagiert übertrieben, dann leert es damit seinen emotionalen Rucksack.

»Aber was ist mit vorgetäuschtem Weinen?« »Täuscht« Ihr Kind Weinen vor, dann braucht es Ihren Trost, ist sich dabei aber nicht sicher, ob es gefahrlos loslassen und Ihnen die Tiefe seiner Emotionen zeigen kann. Und falls Sie sich sorgen, Ihr Kind könnte Sie mit seinen Tränen manipulieren, dann erinnern Sie sich daran, dass Sie in Ihren Grenzen klar bleiben. Sie erkennen seine Erregung lediglich mit so viel Mitgefühl wie möglich an.

»Aber was ist mit schlechtem Benehmen? Ich werde nicht zulassen, dass mein Sohn mit dem Regelbruch davonkommt, nur weil er verstimmt ist!« Natürlich nicht! Aber ich glaube nicht, dass Sie Regeln gegen Emotionen aufgestellt haben. Emotionen anzunehmen, ist nicht damit gleichbedeutend, entgleistes Verhalten zu dulden. Und den Ärger Ihres Kindes über das Zubettgehen zu akzeptieren, bedeutet nicht, dass es länger spielen darf, egal wie sehr es weint. Verhalten muss vielleicht begrenzt werden, Gefühle sind jedoch immer erlaubt.

»Was ist, wenn mein Kind auf etwas unangemessen emotional reagiert, obwohl es doch fähig sein sollte, sich selbst zu kontrollieren? Als ich letzte Woche sagte: ›Keine Kekse vor dem Essen‹, fand er sich damit ab, aber heute ist er explodiert.« Ihr Kind trifft nicht die Wahl »ungezogen« zu sein, es ist einfach fehlreguliert. Die meisten Kinder haben nicht die Fähigkeit **ständig** reguliert zu bleiben, um sich angemessen verhalten zu können. Sogar wir Eltern mit unserem viel weiter entwickelten Erwachsenengehirn sind von Zeit zu Zeit fehlreguliert und verhalten uns auf »ungute« Weise, was durch Stressreduktion vermieden werden könnte.

»Aber belohnen wir nicht schlechtes Benehmen, indem wir unser Kind bei einem Tobsuchtsanfall hätscheln?« Emotionen sind nicht schlecht. Sie gehören zu unserem inneren Kompass, machen uns darauf aufmerksam, was wir brauchen und wollen. Sie »geben nicht nach«, oder »lassen Ihr Kind gewinnen«, wenn Sie seine Emotionen akzeptieren. Vielmehr helfen Sie ihm dadurch, sich diese bewusst zu machen und daraufhin Selbstregulation lernen zu können.

»Wenn Kinder nicht die Folgen ihres schlechten Benehmens erfahren, wie sollen sie dann lernen?« Sie haben recht, Ihr Kind soll etwas lernen, doch was es hier lernt, das sind neue Kompetenzen, beispielsweise die Regulation seiner Emotionen, wie man mit Konflikten umgeht oder sich an seine Aufgaben im Haushalt erinnert. Wenn wir gründlich darüber nachdenken, wie wir den Kindern beim Erlernen dieser Kompetenzen helfen können, merken wir, dass man aus Überlegen, Diskussion und Übung lernt, nicht aus Bestrafung. Schließlich provoziert Bestrafung Ärger und nicht Motivation. Und wenn Menschen emotional stark erregt sind, schalten sich die Lernzentren des Gehirns ab.

»Aber für unangemessenes Verhalten müssen Kinder doch bestraft werden, wenn sie tatsächlich die Grenze überschreiten?« Es ist verlockend zu glauben, dass ein Kind durch das Zufügen von körperlichem oder seelischem Schmerz lernt, den Bruder nicht mehr zu verletzten, nicht zu stehlen, zu lügen, oder mit anderem »inakzeptablem« Verhalten aufzuhören. Aber wenn ein Kind die Grenze überschreitet, ist das ein Hilfeschrei. Können wir dem Kind dann helfen, sich wieder mit uns zu verbinden und sich zu regulieren, wird es zum Lernen und Wiedergutmachen bereit sein. Bei unbedingter Liebe gibt es keine Grenze. Da gibt es nur Liebe.

BEISPIEL

Emotions-Coaching bei einem wütenden Kind

Wir wollen uns ein Beispiel anschauen, wie Sie vielleicht Emotionen coachen, wenn Ihr Kind wütend ist. Angenommen, Sie kochen gerade, als Sie aus dem Garten die lauten Stimmen Ihrer spielenden Kinder hören. Plötzlich stürmt Ihr Achtjähriger in die Küche und knallt die Türe hinter sich zu. Sie beschließen Stopp-lass-los-atme. Also drehen Sie die Hitze der Herdplatte zurück, atmen ein paar Mal tief durch und geben sich mit Blick auf die Uhr zehn Minuten Zeit, um die Beziehung zu Ihrem Sohn zu vertiefen, indem Sie ihm jetzt beistehen.

Zuerst verbinden Sie sich mit Ihrem Kind, indem Sie Augenkontakt aufnehmen und ihm sanft eine Hand auf den Arm legen, dann fühlen **Sie sich in ihn ein:** *»Wow, anscheinend bist du richtig sauer.«* In diesem Fall glauben Sie, dass Ihr Kind mit einer unmittelbaren **Grenze** klarkommt, während Sie ihm erneut Empathie geben: *»Kein Türenschlagen, Matthis; sie geht sonst kaputt … ich sehe, wie zornig du bist.« Natürlich bin ich zornig!«* Er schimpft darüber, wie gemein sein Bruder ist und was für schreckliche Dinge er zu ihm gesagt hat. Während er spricht, widerstehen Sie dem Blick zum Herd oder auf die Uhr. Ihr Gesichtsausdruck und leise gemurmelte Laute übermitteln Ihre Anteilnahme. Als Ihr Sohn schließlich innehält und Sie antwortheischend ansieht, vertiefen Sie das Gespräch durch Anerkennung seiner Gefühle: *»Das muss dich wirklich verletzt haben, dass dein Bruder solche Sachen gesagt hat. Kein Wunder, dass du so wütend bist.«* Sie umarmen ihn und seine Augen werden feucht. Dann reißt er sich zusammen, um wieder über seinen Bruder zu schimpfen, dass dieser noch nicht einmal die Regeln kennt. Als er Sie erwartungsvoll anschaut, bieten Sie ihm eine nicht beurteilende Beobachtung an: *»Also du wolltest das Spiel wie immer spielen, aber dein Bruder hatte für die Regeln andere Ideen? Hmmmm … Wie doof für euch beide!«*

Weil Sie Ärger coachen, helfen Sie Ihrem Sohn herauszufinden, dass sich unter diesem Ärger Verletzung verbirgt: *»Also hast du versucht, deinem Bruder X zu sagen? Und daraufhin wurde dein Bruder so wütend, dass er zu dir Dinge sagte, die dich wirklich verletzt haben, was?«*

Schließlich wirkt er ruhiger. Sich Ihres Bedürfnisses bewusst, fertigzukochen, versuchen Sie zu erspüren, ob er jetzt zum Abschluss bereit ist: *»Was könntest du denn jetzt machen, um eine Lösung zu finden? Soll ich mit dir gehen, wenn du deinem Bruder sagst, wie du dich fühlst?«*

Er antwortet trotzig: *»Ich rede nicht mit ihm! Ich mag nicht mit ihm spielen. Nie wieder spiele ich mit ihm!«*

Sie merken, dass er noch mehr Verletzung ausdrücken muss, bevor er die Sache abschließen kann, also gehen Sie einen Schritt zurück und fühlen sich in ihn ein: *»Wow! So arg wütend und verletzt bist du sogar!«* Ihm steigen wieder Tränen in die Augen. Dann sagt er weniger trotzig und verwundbarer: *»Ich werde nie mehr: Ich werde niemals wieder mit ihm spielen.«* Sie umarmen ihn. Er schnäuzt sich die Nase. Bemerken Sie, er hat wenig gesagt, aber viel Gefühl ausgedrückt. Sie spüren, wie sich die Energie verändert und sehen, wie er sich kaum davon abhalten kann, aus dem Fenster zu schauen, um zu beobachten, wie das Spiel ohne ihn läuft. Sie merken, dass er sich allmählich regulierter fühlt und überlegt, ob er wieder nach draußen geht. Sie helfen ihm, seine Möglichkeiten abzuschätzen: *»Wenn du dich dazu bereit fühlst, mit deinem Bruder zu reden,* *begleite ich dich gern. Ich merke, dass du dazu vielleicht noch zu zornig bist. Es klingt, als bist du so wütend, dass du meinst, du kannst solche Probleme vielleicht vermeiden, indem du am besten nie wieder mit deinem Bruder spielst. Was könnte dann wohl passieren?«*

»Dann wird er mich vermissen. Er wird mich anbetteln, mit ihm zu spielen!«, sagt Ihr Sohn trotzig.

Sie lächeln liebevoll: *»Er soll merken, wie gern er mit dir spielt und dich so sehr vermissen, dass er dich anbetteln würde, wieder mit ihm zu spielen?«* So sehr freut sich Ihr Sohn an dieser Vorstellung, dass er lächelt: *»Na ja, … vielleicht bettelt er auch nicht. Aber bestimmt wird er mich vermissen.«* Da er sich jetzt besser fühlt, denkt er klarer und fühlt sich mental gestärkt: *»Ich weiß was, ich werde ihm sagen, unsere Familienregel heißt nett sein! ›Und wenn du nicht nett zu mir bist, will ich nicht mit dir spielen‹?«*

Sie lächeln zurück und zausen ihm das Haar: *»Das hört sich so an, als wüsstest du jetzt, was du sagen willst. Und du willst, dass man dich gut behandelt oder du spielst nicht mit. Das klingt gut. Was wird wohl passieren, wenn du ihm das sagst?«*

»Das ist egal. Wenn er nett zu mir ist, werde ich mitspielen. Wenn nicht, dann spiele ich eben nicht mit ihm. Ich lasse mir bis zum Essen etwas anderes einfallen. Er wird neidisch werden, wenn ich beim Kochen helfen darf.«

Ist es immer so einfach? Natürlich nicht. Manchmal müssen Sie Ihr Kind begleiten und coachen, wenn es seinen Ärger gegenüber dem Geschwisterkind ausdrückt. (Skriptbeispiele wie diese gibt es in meinem Buch: *Gelassene Eltern – glückliche Geschwister.*[150] Aber Sie beginnen immer damit, indem Sie auf die gezeigte Weise Empathie geben. Wenn Sie dem Impuls widerstehen, die Gefühle Ihres Kindes zu leugnen und das Problem selbst zu lösen, werden Sie merken, dass ihm das Emotions-Coaching beim Durcharbeiten der Emotionen zunehmend helfen wird, damit es bis zur Lösung des Problems kommt. Und je mehr Sie üben, umso leichter wird das – für Sie beide!

ÜBUNG

Emotions-Coaching

Irgendwann in den nächsten Tagen wird sich Ihr Kind über etwas aufregen. Anstatt ärgerlich zu werden oder sich selbst aufzuregen, nützen Sie die Gelegenheit, um Emotions-Coaching zu üben. Nachdem sich Ihr Kind beruhigt hat, beantworten Sie diese Fragen.
Worüber war Ihr Kind aufgebracht?

Waren Sie selbst in der Lage ruhig zu bleiben? Was war hilfreich und was nicht?

Glauben Sie, Sie waren in der Lage »Sicherheit zu schaffen«? Was war hilfreich und was nicht?

Waren Sie in der Lage, Worte zu finden, um die Perspektive Ihres Kindes anzuerkennen und sich in Ihr Kind einzufühlen?

____

____

____

Was haben Sie gesagt?

____

____

____

Wie fühlten Sie sich während dieser Interaktion?

____

____

____

Womit waren Sie in dieser Interaktion bei sich zufrieden?

____

____

____

Was würden Sie bei Ihrer nächsten Emotions-Coaching-Interaktion mit Ihrem Kind gerne anders machen?

____

____

____

Der emotionale Rucksack Ihres Kindes

Kinder, die sich über eine kleine Enttäuschung oder Verletzung aufregen, entladen damit Schmerz aus früheren Erfahrungen. Zwar wissen sie es nicht, aber sie leeren so ihren emotionalen Rucksack. Wie funktioniert das?

Stellen Sie sich vor, Ihre Tochter kommt aus dem Kindergarten heim. Sogar normale Tage sind mit Erfahrungen gespickt, die für ein Kind allein, ohne Unterstützung von Mama oder Papa, schwierig zu bewältigen sind. Vielleicht hat ein anderes Kind sie gestoßen oder ihr ein Spielzeug weggenommen. Vielleicht musste sich Ihre Tochter zusammenreißen, um nicht zu weinen, als Sie sie vor Ort abgesetzt hatten. Vielleicht waren Kinder in der Mittagspause gemein zu ihr. Im Lauf des ganzen Tages wanderten Gefühle, die ihr zum sofortigen Durcharbeiten nicht sicher genug erschienen, in ihren emotionalen Rucksack.

Wenn Sie dann am Ende des Tages Ihre Tochter abholen, ist sie wegen des vollen Rucksacks angespannt und gereizt. Da sie sich in Ihrer Gegenwart wieder sicher fühlt, meldet sich Ihr Körper: *»Wir wollen jetzt diese Gefühle verarbeiten und heilen, damit wir uns anderem zuwenden können.«* Aber sie hat diese Emotionen anfangs deswegen verdrängt, weil sie sich nicht gut anfühlten. Während sie jetzt emporsteigen, um geheilt zu werden, fühlt sich Ihre Tochter überwältigt und verängstigt. Und was macht sie dann? Das, was wir alle tun, wenn wir uns bedroht fühlen: kämpfen, fliehen oder erstarren. Vielleicht bittet Sie um Zeit mit dem Computer oder Handy, damit sie den Emotionen entkommen kann (Flucht), oder sie möchte zur Betäubung ihrer Gefühle eine Nascherei. Vielleicht rastet sie auch aus und geht entweder auf Sie oder ein Geschwisterkind los (Kampf). Erinnern Sie sich an die Erörterung des emotionalen Rucksacks im ersten Teil des Buches? **Ärger ist im emotionalen Rucksack nicht enthalten. Ärger ist die »Kampf«-Verteidigung, eine Antwort auf wahrgenommene Gefahren von außen oder innen.** Die Gefahren von innen sind die weggepackten verwundbareren Emotionen – Variationen von Furcht und Trauer. Wut fühlt sich für uns so viel sicherer an als Angst oder Trauer.

Also geschieht etwas Kleines, das diese weggepackten Gefühle triggert. Manchmal brechen die Kinder dann in Tränen aus. Öfter reagieren sie jedoch mit Wut. Aber wenn Sie ruhig bleiben können, Sicherheit schaffen und sich in Ihr Kind einfühlen, kann es die Wutspannung meist loslassen und Ihnen den darunterliegenden Schmerz zeigen. Reagiert Ihre Tochter übertrieben auf die Situation? Absolut. Aber Emotionen sind immer berechtigt. Sie muss weinen oder ihre Aufgebrachtheit ausdrücken. Ihre liebevolle Aufmerksamkeit verschafft ihr einen sicheren Ort, um den alten Schmerz zu heilen, damit sie ihn hinter sich lassen kann. Zeit für eine »Inzeit«!

Verwandeln Sie Ihre Auszeit in eine Inzeit

William weigerte sich, im Auto auf seine Seite zu rutschen und sich anzuschnallen.

Als Antwort auf unsere ungeduldigen Forderungen kam es zu viel Geschrei, Weinen und Schuhewerfen.

Einige Tage später, nachdem wir Ihr Buch gelesen hatten, ergab sich die Gelegenheit für ein neues Experiment. Ich sorge mich immer, was mein Mann tun wird, also versicherte ich ihm, dass wir genügend Zeit dafür hatten. Dann suchte ich Williams Nähe und verhielt mich sehr empathisch, bestätigte sein Bedürfnis, näher bei seinem Bruder sein zu wollen, und wie enttäuscht er darüber war, dass er auf der anderen Seite des Autos sitze musste. Schließlich setzte er sich selbst um und schnallte den Sicherheitsgurt an. Später überlegten William und ich, wie viel besser es doch war, wenn ich cool blieb und wie viel näher wir uns einander fühlten, wenn wir gemeinsam an dem Problem arbeiteten.

MARGARET,
Mutter eines Achtjährigen und eines Sechsjährigen

Manchmal ist unser Kind trotz unserer besten Bemühungen, unser Verständnis auszudrücken, fehlreguliert. Wenn Sie merken, dass sich Ihr Kind allmählich der Schwelle gefährlicher Überreizung nähert, machen Sie ihm den Vorschlag, es sich eine Weile gemeinsam gemütlich zu machen – kuscheln und zusammen ein Buch lesen. Oft wird ihm dann die Verbindung mit Ihnen und der Wechsel zu seinem »Denkhirn« helfen, sich wieder zu regulieren.

Doch manchmal lässt sich Ihr Kind durch ein Buch nicht mehr erreichen. Es rastet aus und schlägt jemanden, oder wirft sich heulend auf den Boden. Dann ist Zeit für eine »Inzeit«. Jedes Zuhause (sowie jeder Kindergarten und jedes Klassenzimmer) braucht eine »Kuschelecke«, wohin sich die Kinder zum Beruhigen zurückziehen können. Aber statt Ihr Kind allein dorthin zu schicken – das würde sich wie Verbannung anfühlen – begleiten Sie es dorthin.

Sobald ein Trotzanfall beginnt und Ihr Kind von Emotionen überschwemmt wird, besteht Ihr Ziel nicht darin, ihm dabei zu helfen, ruhig zu werden, sondern sein Zeuge für alle Gefühle zu sein, damit Ihr Kind diese zulassen kann. Dazu braucht es Sie als seinen sicheren Ort, seinen Anker. Sie haben die Aufgabe, dem Kind durch Ihr gelassenes Verhalten zu übermitteln, dass seine aus der Kontrolle geratenen Gefühle nicht gefährlich sind und vorübergehen werden. Währenddessen können Sie Ihr Kind halten oder einfach in der Nähe bleiben. Ihre ruhige, liebevolle Anwesenheit hilft ihm, sich wieder zu regulieren. Wenn Ihr Kind keine Berührung zulässt, bleiben Sie einfach bei ihm, damit es nicht in Verlassenheitspanik gerät. Geben Sie der Ursache des Ausrastens nicht nach, sondern bieten stattdessen Ihre ganze Empathie auf und sobald sich Ihr Kind beruhigt, versichern Sie ihm Ihre Liebe. Sagen Sie nur wenige beruhigende Worte. Erinnern Sie sich daran, dass Ihr Kind in diesem Zustand weder zuhören noch lernen und erst recht nicht sein Verhalten regulieren kann. (Denken Sie an Ihren letzten elterlichen Wutanfall und vervielfachen hinsichtlich der mangelnden Hirnreife des Kindes den Grad des Überwältigtseins um den Faktor tausend.) Später werden Sie über die Aufregung sprechen können und darüber, was jede von Ihnen hätte anders machen können, um auf die gegenseitigen Bedürfnisse einzugehen. Während sich Ihr Kind jedoch beruhigt, liegt Ihr Fokus nur darauf, das Sicherheitsgefühl wiederherzustellen. Beachten Sie, dass Ihnen das nur gelingt, wenn Sie für sich die Beruhigungspraktiken aus dem ersten Teil des Buches einsetzen. Rennt Ihr Kind davon, bleiben Sie in seiner Nähe. Wenn es schreit, Sie sollen weggehen, sagen Sie: *»Ich höre dich, … bis hierher werde ich zurückgehen … aber mit diesen heftigen Gefühlen werde ich dich nicht allein lassen.«* (Später sagen die Kinder normalerweise, dass sie nicht wollen, dass wir sie verlassen, sogar dann, wenn sie gerade gebrüllt haben, dass sie uns hassen. Wenn Ihr Kind schon älter ist und darauf besteht, dass Sie gehen, würde ich das respektieren, aber so weit wie möglich in seiner Nähe bleiben und daran arbeiten, dass es Ihnen mehr vertraut.) Wenn Ihr Kind versucht, sich abzulenken (gestillt werden will, Papa suchen, oder Fernsehen) sagen Sie einfach: *»Das können wir bald machen, aber nicht jetzt. Wir setzen uns hier ein Weilchen hin … mir tut leid, dass es so schwer ist. Bald wird es sich besser anfühlen, das verspreche ich dir. Du bist in Sicherheit … ich bin hier.«*

Es ist wichtig, dass Sie nicht zu früh versuchen, Ihrem Kind eine Lehre aus der Situation zu vermitteln. Wenn der Ausraster vorbei ist, sind die Kinder wieder bereit, sich mit Ihnen zu verbinden. Unmittelbar danach, wenn Ihr Kind noch verwundbar ist, ist das jedoch nicht der richtige Zeitpunkt, um über seine Grenzüberschreitung zu diskutieren oder über den emotionalen Ausbruch selbst. Wahrscheinlich weiß Ihr Kind nicht, weshalb es so aufgebracht war, und wenn es sich analysiert fühlt, wird es Ihnen sein Innenleben eher nicht anvertrauen. Nehmen Sie Ihr Kind einfach in die Arme, sagen, dass es schwere Arbeit geleistet hat, und versichern ihm, dass manchmal jeder und jede weinen muss und Sie es lieben, egal was geschieht.

Wenn Sie den Eindruck haben, Ihrem Kind etwas klar machen zu müssen, dann warten Sie, bis es in ruhiger Stimmung ist, bevor Sie es an angemessenes Verhalten erinnern, vorzugsweise mit einer gewissen Leichtigkeit, die anerkennt, dass Ihr Kind eigentlich die Regel bereits kennt: *»Überlegen wir mal, welche drei Dinge sich gut werfen lassen. … du denkst Baseball, Stofftier, Schneeball? Eine prima Liste! Ich sehe, dass das iPad nicht auf der Liste steht. Es ist nicht zum Werfen? Richtig! Schlag ein!«* Wenn Ihr Kind das iPad wirklich kaputtgemacht oder ein Geschwisterkind verletzt hat, dann ist eine ernste Unterhaltung nötig, einschließlich Erwartung zur Wiedergutmachung, aber auch damit müssen Sie warten, bis sich Ihr Kind beruhigt hat und selbst den Wunsch spürt, etwas in Ordnung zu bringen.

RICHTEN SIE IHRE GEMÜTLICHE SITZECKE EIN

Jedes Zuhause (sowie jeder Kindergarten und jedes Klassenzimmer) braucht einen beruhigenden Rückzugsort. Darunter versteht man einfach einen behaglichen Platz, wohin sich jede im Haus zurückziehen kann, um zur Ruhe zu kommen. Dort können Sie einen bequemen Sessel oder Sitzsack hinstellen, oder einfach einen kleinen flauschigen

Teppich auslegen, alles in sanften Farben. Außerdem empfehle ich als Ausstattung Stofftiere, Bücher über Emotionen und einen kleinen Becher Seifenblasen (weil uns das Pusten in tieferes, langsameres Atmen bringt). Auch eine geführte Meditation anzuhören, kann für Kinder hilfreich sein. Das Beobachten von Fischen im Aquarium hat erwiesenermaßen beruhigende Wirkung, aber Sie können bestimmt auch die einfachere Alternative eines Schüttelglases (einer Schneekugel) wählen.

Vergessen Sie nur nicht, dass Sie gemeinsam mit Ihrem Kind in die Kuschelecke gehen, mindestens die ersten zehn Mal. Kein Kind möchte zum Beruhigen weggeschickt werden. Aber sobald Ihr Kind sich daran gewöhnt hat, zusammen mit Ihnen die Kuschelecke aufzusuchen und sich dort behaglich gefühlt hat, werden Sie feststellen, dass es sich bei emotionaler Erregung von alleine dorthin begibt.

Können Sie auch zwei Kinder auf einmal in die Kuschelecke mitnehmen? Sicher. Sorgen Sie dort einfach für zwei einzelne Sitzsäcke oder andere behagliche Sitzgelegenheiten, damit sich die Kinder nicht ins Gehege kommen. Dann bestehen Sie darauf, dass in der Kuschelecke nur leise geredet wird.

Jenseits von Disziplin: Liebevolle Begleitung

Disziplin läuft auf eine einfache Formel hinaus: verbinden und Umlenken. Als Erstes sollten wir stets beruhigende Verbindung anbieten, danach können wir Verhaltensweisen umlenken. Selbst wenn wir zu dem Verhalten der Kinder »Nein« sagen, wollen wir zu ihren Emotionen und der Art und Weise, wie sie etwas erleben immer »Ja« sagen.

DANIEL J. SIEGEL und TINA PAYNE BRYSON[151]

Welche Art der Disziplin ist für Kinder am besten? Hoffentlich würden Sie einen Weg vorschlagen, der dem Kind dabei hilft, seinen eigenen inneren Kompass zu entwickeln, damit es die Probleme des Lebens mit Integrität, Mitgefühl und Verantwortungsbewusstsein bewältigt. Es ist aber auch wirklich eine etwas verzwickte Frage, denn während das Wort »Disziplin« – ursprünglich »lehren« bedeutete – wird es heute synonym mit »Strafe« verwendet, sodass Sie sich vielleicht dabei ertappt haben, über Konsequenzen, Auszeiten oder andere Strafen nachzudenken. Deshalb schlage ich vor, den uns nicht länger dienlichen Begriff »Disziplin« fallen zu lassen und stattdessen unseren Kindern durch liebevolle Begleitung zu vermitteln, was uns wichtig ist. Liebevolle Begleitung bedeutet einfach, unser Kind dahingehend zu coachen, dass es sich zu seinem besten Selbst entwickelt und dies auf positive, respektvolle Weise zu tun, die jeglicher Versuchung zu strafen widersteht. Liebevolle Begleitung setzt angemessene Grenzen, während Sie mit dem Kind über Empathie und Emotions-Coaching verbunden bleiben.

Wenn wir statt Bestrafung oder Disziplin liebevolle Begleitung anwenden,

- fühlt sich das Kind verstanden, sodass es der Korrektur weniger Widerstand entgegensetzt und wahrscheinlicher kooperiert. Es stärkt die Eltern-Kind-Beziehung, sodass das Kind in diesem Moment und auch sonst der Führung seiner Eltern folgen will.
- hilft das, Kinder davon abzuhalten, sich daneben zu benehmen, wenn sie schlechte Gefühle über sich selbst haben, von Emotionen überwältigt werden oder sich von uns getrennt fühlen. Liebevolle Begleitung geht auf diese Bedürfnisse und Gefühle ein und das Kind entwickelt so die zur Kooperation nötigen emotionalen Fähigkeiten.
- hilft das dem Kind, ein Gehirn zu entwickeln, das zur Selbstregulation fähig ist.

- hilft das dem Kind, einen inneren Kompass zu entwickeln, um so den Herausforderungen des Lebens zu begegnen.

In anderen Worten fördert liebevolle Begleitung Motivation, Selbstregulierung, Gehirnentwicklung und den inneren Kompass, was uns bei konstruktivem Problemlösen unterstützt. Was sonst ist Disziplin, als die Art und Weise, wie wir mit unserem Kind eine Lösung finden, wenn wir mit unseren Bedürfnissen, Wünschen und Werten im Widerstreit stehen? Wie Sie diese unvermeidlichen Probleme mit Ihrem Kind lösen, wird zu seinem Vorbild für jede zukünftige Beziehung.

ÜBUNG

Das Verhalten Ihres Kindes verstehen

Natürlich haben Sie immer die Absicht, Ihr Kind respektvoll anzuleiten, aber es wird wahrscheinlich Zeiten geben, in denen Sie sich dabei ertappen, auf Bestechung oder Drohungen zurückzugreifen. Stattdessen wollen wir Ihnen Kompetenzen zur liebevollen Begleitung vermitteln. Wir werfen zunächst einen näheren Blick auf das, was das Verhalten Ihres Kindes vielleicht antreibt.

Welches Verhalten Ihres Kindes würden Sie am liebsten verändern?

____

____

____

Was haben Sie bisher versucht, um sein Verhalten zu verändern, und hat es funktioniert?

Was glauben Sie, weshalb Ihr Kind dieses Verhalten zeigt? Von welchen unerfüllten Bedürfnissen und aufwühlenden Emotionen wird es angetrieben?

KANN DAS IGNORIEREN VON FEHLVERHALTEN MANCHMAL EINE GUTE STRATEGIE SEIN?

Eine gängige Vorstellung besagt, dass Kinder dann mit unerwünschtem Verhalten aufhören, wenn wir es ignorieren. Wahrscheinlich klappt das manchmal mit manchen Kindern. Zum Beispiel sagt Ihr Vierjähriger vielleicht verbotene Wörter zu Ihnen, um Sie zu schockieren. Wenn Sie so tun, als bemerkten Sie das nicht und zeigen auf den coolen Abschleppwagen vor Ihnen, wird Ihr Vierjähriger vielleicht sein Ziel, Sie zu schockieren, fallen lassen und sich von Ihnen in eine liebevolle Interaktion über Abschleppwagen verwickeln lassen. Aber beachten Sie, dass Sie ihn nicht einfach ignoriert haben – Sie haben seine Bemühung, sich mit Ihnen zu verbinden, umgelenkt. Und, wenn Sie jemals ein vierjähriges Kind hatten, wissen Sie, dass er die verbotenen Worte ganz sicher später wieder ausprobieren wird, möglicherweise an der Oma.

Das Problem beim Ignorieren von Fehlverhalten besteht darin, dass sich Kinder nicht ohne Grund danebenbenehmen und das Ignorieren des Verhaltens nicht dessen Ursache beseitigt. Wenn Ihr Vierzehnjähriger die Türe zuknallt und Sie ignorieren das, wird er wahrscheinlich als Nächstes gegen die Wand treten. Das heißt nicht, dass Sie Ihn für das Türenschlagen bestrafen, genauso wenig, wie Sie Ihren Vierjährigen für das Austesten von Schimpfwörtern bestrafen. Aber wollen Sie denn nicht wissen, was hinter seinem Verhalten steckt? Wenn Sie es ignorieren, werden Sie das nicht herausfinden. Inzwischen wird Ihr Kind sein Verhalten entweder eskalieren lassen, damit Sie ihm Beachtung schenken oder für die Erfüllung seiner Bedürfnisse eine andere Möglichkeit suchen. So oder so, werden Sie sich fast sicher wünschen, dass Sie früher auf Ihr Kind eingegangen wären.

Empathische Grenzen setzen

Elterliche Schranken sind die Grenzen an denen die Wünsche Ihres Kindes und das, was Sie von ihm erwarten, aufeinanderprallen. Da Ihr Kind glaubt, die Erfüllung dieser Wünsche würde es glücklich machen, wird es sie nicht so einfach aufgeben. Deshalb testet es sicherheitshalber jede Grenze. Aber wenn wir Menschen auf eine unnachgiebige Grenze stoßen, geben wie schließlich nach – die menschliche Rasse ist deswegen noch nicht ausgestorben, weil wir irgendwann aufhören, mit dem Kopf gegen unbewegliche Wände zu rennen. Wenn wir den Kampf aufgeben, schaltet der Körper von der Steuerung durch das sympathische Nervensystem (Kampf oder Flucht) zur Steuerung durch das parasympathische Nervensystem (Neuformation und Regeneration) um. Daraufhin wird ein Signal zu den Tränendrüsen der Augen, in denen die Tränen gebildet werden, gesendet. Wir weinen also, wenn wir kapitulieren. Wir betrauern das, was wir aufgeben. Über unsere Tränen werden wir die Stresshormone los, wir fühlen uns besser und können zum Nächstem übergehen.

Solche Tränen werden manchmal »Tränen der Vergeblichkeit« genannt.[152] Dieser Begriff illustriert, weshalb Ihre Grenzen klar und fest sein müssen. Sind sie es nicht, dann wird Ihr Kind – besonders, wenn es durchsetzungsstark ist – nicht an den Punkt kommen einzusehen, dass die Situation vergeblich ist. Vielleicht kann es Sie ja dazu bringen, dass Sie noch einmal umdenken? **Also, wenn Sie wollen, dass Ihr Kind Ihre Grenzen akzeptiert, müssen Sie selbst an diese Grenzen glauben und ihm deutlich machen, dass Widerstand zwecklos ist!**

Und das ist der Haken. Ihr Kind muss wissen, dass es alles versucht hat. Wenn es sich nicht verstanden fühlt, wird dies seinen Ärger steigern, um Ihnen seine Perspektive deutlich zu machen (nur falls Sie es irgendwie übersehen haben sollten, wie abscheulich ungerecht es ist, dass ihm nicht erlaubt wird, was immer es gerade will). Und wirklich, wenn Ihr Kind nicht glaubt, dass Sie es verstehen und auf seiner Seite stehen, weshalb soll es dann tun, was Sie wollen?

Deshalb ist Empathie ein unerlässlicher Teil des Grenzen-Setzens. Sie vermittelt, dass Sie die Perspektive Ihres Kindes verstehen und auf seiner Seite sind, aber Ihre Grenze bleibt dennoch stabil. Daher ist es wesentlich, dass Sie den emotionalen Tonfall Ihres Kindes treffen. Wie wir im Abschnitt über Empathie erörtert haben, wird das mechanische Nachplappern der Worte Ihres Kindes ihm nicht das Gefühl vermitteln, verstanden zu werden. Aber wenn Sie die Stärke seiner Leidenschaft treffen, wird es wissen, dass Sie wirklich kapiert haben, worum es ihm geht:

- *»Du rennst soo gern, nicht wahr?! Auf der Wiese kannst du so viel rennen, wie du willst. Straßen sind nicht zum Rennen; Straßen sind für Autos. Du darfst meine Hand nehmen, während wir über die Straße gehen oder ich kann dich tragen. Auf der anderen Seite der Straße kannst du wieder allein rennen.«*

- *»Wow, Sara hat die Fotos vom Samstag hochgeladen?! Wirklich toll! Und in unserer Familie gilt immer noch die Regel, die Hausaufgaben zuerst. Du kannst online gehen, sobald du die Hausaufgaben erledigt hast. Ich weiß, das abzuwarten ist schwer. Aber es ist immer gut, wenn es nach den Hausaufgaben etwas gibt, worauf man sich freuen kann. Ein guter Trick für die Selbstorganisation.«*

· DURCH DAS ERFÜLLEN TIEFERER BEDÜRFNISSE ZUR KOOPERATION EINLADEN ·

Erinnern Sie sich an unsere Diskussion über Selbstdisziplin? Um sich Ihren Grenzen anzupassen, muss Ihr Kind in einen anderen Gang schalten und das, was es will, für etwas aufgeben, das ihm noch wichtiger ist. Was es vor allem anderen will, ist eine herzliche Beziehung zu Ihnen. Aber während Sie Grenzen setzen, können Sie Ihrem Kind auch noch etwas anderes anbieten, das es will und braucht, und ihm das Umschalten erleichtern wird. Hier sind einige Beispiele dafür, was Sie ihm anbieten können:

- **Autonomie:** *»Du kannst wählen. Du kannst die Medizin vom Löffel nehmen, oder wir mischen sie in einen Smoothie, damit du sie nicht schmecken musst. Du kannst es dir aussuchen.«*
- **Probleme mit Ihnen partnerschaftlich lösen:** *»Ihr beiden spielt das wirklich gern! Und wir haben dabei ein Problem zu lösen. Das Baby schläft und so laute Stimmen werden es wecken. Was sollen wir machen?«*
- **Etwas meistern:** *»Mich freut, wie selbstverantwortlich du dein Wasser holst. Damit unser kostbares Wasser nicht in den Abfluss läuft, drehst du den Wasserhahn ganz fest zu. Meinst du, du kannst mir zeigen, wie man das macht?«*
- **Mitwirkung:** *»Das Baby fühlt sich in seinem Autositz viel wohler, wenn du für es Grimassen schneidest. Siehst du, wie sehr ihm das gefällt? Herzlichen Dank, dass du ihm hilfst, sich besser zu fühlen!«*

- **Spielerische Verbindung mit Ihnen:** (Legen Sie sich eine Socke ans Ohr und sagen mit verstellter Stimme): *»Ist das Bens Fuß? Wo ist Bens Fuß? Ich bin seine Socke und ich brauche unbedingt seine Zehen und zwar schnell!«*
- **Wunscherfüllung in der Fantasie:** *»Das hört sich so an, als hättest du jetzt gern Eiscreme! Was wäre, wenn da ein riesiger Becher Eiscreme wäre, so groß wie das Auto dort? Was für Eiscreme würdest du in deinen riesigen Autobecher füllen?«*

All das sind Beispiele dafür, wie Sie die tiefergehenden Bedürfnisse Ihres Kindes nach Autonomie, Spiel, Mitwirkung und so weiter erfüllen. Beginnen Sie mit einer klaren Grenze, fügen Ihr Verständnis hinzu und versüßen das Abkommen, indem Sie Ihrem Kind ein tieferes Bedürfnis erfüllen.

BEISPIELE VON BEDÜRFNISSEN

Kinder, die müde oder hungrig sind, sich den ganzen Tag kaum bewegen konnten, oder sich nicht sicher fühlen, haben einfach nicht die inneren Ressourcen zur Selbstregulation, ganz egal wie bravourös Ihr Emotions-Coaching ist, oder wie empathisch Sie Ihre Grenzen setzen. Beachten Sie, dass die Erfüllung emotionaler, geistiger und spiritueller Bedürfnisse ebenso wesentlich für die gesunde Entwicklung ist, wie die Erfüllung körperlicher Bedürfnisse.

Körperliche Bedürfnisse wie Sicherheit, Nahrung, Schlaf, Aktivität, Berührung und Förderung körperlicher Gesundheit.

Emotionale Bedürfnisse wie Annahme, Geborgenheit, Intimität, Verständnis, Zuneigung, Respekt, Anerkennung, Vertrauen und

Zugehörigkeit. Alle Menschen brauchen es, um ihrer selbst willen gesehen, gehört und wertgeschätzt zu werden.

Geistige Bedürfnisse wie Autonomie, Erkundungsdrang, Lernen, Selbstausdruck, Integrität, Meistern einer Sache, Begeisterung, Mitwirkung, Macht, Kompetenz, Wichtigkeit und unstrukturierte Zeit.

Spirituelle Bedürfnisse wie Liebe, Spiel, Kreativität, Schönheit, (innere) Weite, Frieden, Feier und Verbindung mit unserem tieferen Selbst und dem Göttlichen.

Beachten Sie: Die Aufteilung von Bedürfnissen in körperlich, emotional, mental und spirituell ist begrifflich nützlich, aber auch ein wenig künstlich, da den Menschen in Wirklichkeit eine ganzheitliche Integration all dieser Aspekte ausmacht.

· EMPATHISCHE GRENZEN SETZEN, WENN IHR KIND NOCH NICHT SPRICHT ·

Rezeptives Sprachverständnis entwickelt sich viel schneller als expressive Sprache, sodass sogar ein Kind, das noch wenig spricht, viel von dem versteht, was Sie sagen. Und da es beim Kommunizieren so sehr auf den Tonfall ankommt, verstehen auch Kinder, die nicht sprechen oft, was wir kommunizieren.

Es ist erstaunlich, wie die Anerkennung des Ärgers Ihres Kindes einen sich zusammenbrauenden Wutanfall im Keim ersticken kann.

- **Bevor Sie eine Grenze setzen, erkennen Sie die Perspektive des Kindes an:** *»Du hättest gern noch mehr Schokolade; du magst Schokolade, nicht wahr?«* (Sehen Sie, Ihr Kind nickt schon.)

- **Dann setzen Sie die Grenze:** *»Ich möchte, dass wir erst einmal das Ei essen. Später bekommst du noch ein Stück.«* (Mit diesen Worten stellen Sie Ihren Becher außer Sichtweite.)
- **Wenn Ihr Kind mit Ärger reagiert, erkennen Sie ihn an:** *»Das macht dich so richtig wütend. Du willst wirklich mehr Schokolade. Nicht wahr?«*

Damit das funktioniert, sind drei Dinge unerlässlich:

- **Sprechen Sie so einfach wie möglich:** *»Schokolade, später. Zuerst, gesundes Essen.«*
- **Benennen der Emotion:** *»Du bist wütend.«*
- **Passen Sie sich der Emotionsebene des Kindes an:** *»Du magst Schokolade sooo gern!«*

Normalerweise hilft es dem Kind schon, wenn seine Gefühle anerkannt werden, um mit Ihrer Grenze zu kooperieren. Wenn Ihr Kind trotz Ihrer Empathie ausflippt, erinnern Sie sich daran, dass es vielleicht einfach weinen muss. Oder Ihre Grenze ist vielleicht wirklich zu schwer zu akzeptieren. Reagieren Sie auf sein Weinen auf jeden Fall mitfühlend. Allmählich wird es seine Impulsregulation so weit entwickeln, dass es Ihre Grenzen akzeptieren kann. Jetzt besteht Ihre Aufgabe darin, beim Setzen der Grenze mit ihm verbunden zu bleiben, damit Ihr Kind kooperieren **will,** sobald es dazu die Fähigkeit gewinnt.

· EMPATHISCHE GRENZEN SETZEN, WENN SIE WOLLEN, DASS IHR KIND MIT SEINEM TUN AUFHÖRT ·

Wenn Sie wollen, dass Ihr Kind mit einem bestimmten Tun aufhören soll, spüren Sie zuerst kurz nach, wie es Ihnen gerade geht. Denn wenn in Ihrem Tonfall ein Anflug von Besorgnis mitschwingt, wird Ihr Kind darauf regieren, egal was Sie inhaltlich sagen. Als Nächstes stellen Sie, wenn möglich, Blickkontakt her. Dann:

1. **Vermitteln Sie Ihr Verständnis, indem Sie die Perspektive Ihres Kindes anerkennen:** *»Dir macht das Herumgehüpfe auf dem Sofa Spaß, nicht wahr?«*
2. **Setzen Sie die Grenze:** *»Schuhe machen das Sofa schmutzig. Du kannst hüpfen, sobald du die Schuhe ausgezogen hast!«*
3. **Umlenken** (sagen Sie dem Kind, was es stattdessen tun kann, um sein Bedürfnis zu erfüllen): *»Spring in meine Arme und ich helfe dir mit diesen Schuhen.«*

Das ist Ihr grundlegender 3-Schritte-Prozess. Wenn Sie mit Ihrem Kind täglich vorbeugende Maßnahmen üben und es Ihnen gelingt, selbst emotional reguliert zu bleiben, während Sie die Grenze setzen, dann wird dieser 3-Schritte-Prozess des Grenzen-Setzens meistens zur Kooperation führen. Klingt das wie Magie? Es ist die Magie, die geschieht, wenn sich Ihr Kind verstanden fühlt, die Festigkeit Ihrer Grenze sieht und versteht, was es stattdessen tun kann, um zu bekommen, was es will.

Aber nicht immer funktioniert die Magie. Einige durchsetzungsstarke, aus Erfahrung lernende Kinder müssen jede Grenze austesten. Andere werden nur dann Ihre Grenzen testen, wenn Sie einen schwierigen Tag haben. Aber letztendlich gehört es zu den Aufgaben Ihres Kindes, Ihre Grenzen zu testen, und Ihre Aufgabe ist es, diese fest aber freundlich aufrechtzuerhalten.

Rechnen Sie damit, dass Ihr Kind die Grenzen testet. Erinnern Sie sich daran, ihm das Umschalten einfacher zu machen, indem Sie seine Bedürfnisse erfüllen:

- **Fühlen Sie sich wieder ins Kind ein:** *»Es fällt dir gerade schwer mit dem Hüpfen aufzuhören, oder?«*
- **Autonomie (ermöglichen Sie eine Wahl):** *»Du hast eine Wahl. Du kannst ohne Schuhe auf dem Sofa hüpfen oder du kannst im Garten auf dem Trampolin hüpfen. Ganz wie du willst.«*

- **Beschreiben Sie das »Problem« und laden Sie dazu ein, es partnerschaftlich zu lösen:** *»Du hüpfst wirklich gern! Das Problem sind deine dreckigen Schuhe; davon wird das Sofa schmutzig. Was können wir da machen?«*

- **Laden Sie ein, eine Sache zu meistern:** *»Wow! Schau, wie du hüpfen kannst! Meinst du, du kannst vom Sofa hüpfen und den ganzen Weg bis zum Trampolin weiterhüpfen?«*

- **Verbinden Sie sich spielerisch:** *»Zeit für den Hüpfzoll. Bitte her mit Küssen und Schuhen!«* (Während Sie nach Ihrem Kind greifen, küssen Sie es auf den Bauch und ziehen ihm zwischen den Hüpfern die Schuhe aus.)

- **Erfüllen Sie den Wunsch Ihres Kindes in der Fantasie:** *»Du meinst, du wirst so hoch hüpfen, bis du fliegst?«* (Fangen Sie Ihr Kind mitten im Sprung ab und schwingen es durchs Zimmer.) *»Wow! Du fliegst ja wirklich. Hui!«*

- **Formulieren Sie über eine Ich-Aussage, was Sie brauchen,** damit Ihr Kind zum Wohlbefinden der Familie beitragen kann (oder bei diesem Beispiel des Sofas): *»Ich sehe ein Sofa in riesiger Gefahr! Ich brauche deine Hilfe, um es zu retten, schnell!«*

- **Bei kleinen Kindern müssen Sie vielleicht physisch eingreifen:** *»Jetzt hab ich dich, du Springbohnenmädchen. Mal sehen, wie weit du im Garten hüpfen kannst.«*

Meine zweijährigen Zwillinge schlafen noch in angrenzenden Gitterbetten. In den letzten Monaten haben sie es sich angewöhnt, die Matratzen hochzuwuchten, alle ihre Stofftiere darunter zu schieben, damit sie oben bleiben und dann auf dem Lattenrost herumzuspringen. Aus Sicherheitsgründen jagt mir das natürlich Angst ein. Ich ging dann immer ins Kinderzimmer, rief, sie sollten aufhören, zerrte die Matratzen an ihren Platz und so weiter – und es funktionierte nicht. Also ging ich viele Male hin und her, weil sie den Machtkampf genossen und es für ein richtig lustiges Spiel hielten. Nach der Beschäftigung mit der gelassenen Elternschaft habe ich jetzt meine Vorgehensweise geändert. Wenn ich sehe, was sie mit den Matratzen gemacht haben, dann merke ich, dass mein Ärger noch durch die Angst verstärkt wird, also fasse ich meine Gefühle ruhig in Worte. Ich fing so an: »Ich sehe, dass ihr unter der Matratze spielen wollt. Das ist gefährlich. Deshalb erlaube ich es nicht. Bitte legt eure Spielsachen wieder oben auf die Matratzen und bleibt auch selber obendrauf. Wir gehen nicht unter die Matratze, wir gehen auf die Matratze.« Den letzten Satz wiederholte ich dann immer wieder, teils weil er mir half, ruhig zu bleiben, und teils, weil er eine kurze erklärende Aussage war, die sie sich merken und vor mir wiederholen konnten. Wenn ich jetzt zu ihnen hineingehe und sie unter den Matratzen sehe, fangen sie von selbst damit an, ihre Stofftiere wieder obendrauf zu legen und sagen zu mir: »Nicht unter der Matratze, müssen auf die Matratze. Mama, bitte hilf.« Es gibt keine Auseinandersetzung, kein Geschrei und auch keinen langwierigen Machtkampf. Sie gehen unter die Matratze, weil sie erst zwei Jahre alt sind und die Grenzen testen. Aber es eskaliert nie und wird schnell und ruhig in Ordnung gebracht und hinterher können wir uns umarmen und einander »Danke« sagen. Ich mag das.

LEA,
alleinerziehende Mutter von zweijährigen Zwillingen

· EMPATHISCHE GRENZEN SETZEN, WENN IHR KIND ETWAS BESTIMMTES TUN SOLL ·

Wenn Sie wollen, dass Ihr Kind etwas Bestimmtes tun soll, dann beginnen Sie, indem

- **Sie zuerst kurz nachspüren, wie es Ihnen gerade geht.** Denn wenn in Ihrem Tonfall ein Anflug von Besorgnis mitschwingt, wird Ihr Kind darauf regieren, egal was Sie inhaltlich sagen.
- **Sie sich mit Ihrem Kind verbinden.** Nehmen Sie Blickkontakt auf und »gesellen« sich gefühlsmäßig zu ihm: *»Wow, baust du ein Raumschiff?«*

Dann:

- **Erkennen Sie die Perspektive Ihres Kindes an:** *»Das macht dir gerade großen Spaß!«*
- **Erklären Sie, was das Kind tun soll:** *»Jetzt ist es gleich Zeit zum Schlafengehen für dich.«*
- **Sagen Sie dem Kind, was es stattdessen tun kann, um seine Bedürfnisse zu erfüllen:** *»Soll ich dir helfen, dein Kunstwerk an einen sicheren Ort zu räumen, damit du es morgen fertigbauen kannst?* »Wenn Sie sich nicht sicher sind, ob Ihr Kind zuhört, nehmen Sie mit einer sanften Berührung seines Armes Körperkontakt auf und suchen seinen Blick. Dann fragen Sie nach: *»Was habe ich gesagt? Was sollst du machen?«* Achten Sie auf einen leichten und respektvollen Tonfall. Wieder wird Ihr Kind leicht zur Kooperation zu bewegen sein, wenn es sich mit Ihnen verbunden fühlt und Sie sich selbst gut regulieren. Rechnen Sie damit, dass Ihr Kind die Grenze testet. Erleichtern Sie ihm das Umschalten, indem Sie seine Bedürfnisse erfüllen.
- **Autonomie (ermöglichen Sie eine Wahl):** *»Es ist jetzt beinahe Zeit fürs Bett. Du kannst entweder sofort baden oder in fünf Minuten. Deine Entscheidung.*

- **Beschreiben Sie das »Problem« und laden dazu ein, es partnerschaftlich zu lösen:** *»Du wünschst dir, daran weiterzuarbeiten, das sehe ich. Das Problem ist nur, dass wir um acht Uhr das Licht ausmachen, damit du morgen ausgeschlafen bist, und du noch ein Bad brauchst, außerdem müssen wir herausfinden, was in unserem Lesebuch passiert! Erinnerst du dich, wie die Autos zu fliegen anfingen? Wie können wir zusammenarbeiten, damit wir alles schaffen?«*
- **Laden Sie zum Meistern einer Sache ein:** *»Kannst du mir den Ablauf des Countdown für den Start deines Raumschiffs zeigen, damit es ins Bad fliegen kann?«*
- **Verbinden Sie sich spielerisch:** *»Nimm dein Raumschiff, Captain, weil wir jetzt ins Bad abdüsen!«*
- **Erfüllen Sie den Wunsch Ihres Kindes in der Fantasie:** *»Ich wette, wenn du erwachsen bist, bleibst du jede Nacht auf und spielst, und gehst dann nie ins Bett, stimmt's?!«*
- **Beschreiben Sie die Situation in einer Ich-Aussage und laden Ihr Kind zur Kooperation ein:** *»Ich brauche deine Hilfe! Ich sehe einen Jungen, der noch nicht gebadet hat und eine schnell tickende Uhr. Ich brauche einen sauberen Jungen, der um halb acht für unser Lesebuch bereit ist. Eine Idee?«*
- **Bei kleinen Kindern müssen Sie vielleicht physisch ansetzen:** *»Schnapp dein Raumschiff, Käpt'n, denn wir sausen los direkt in die Badewanne.«*

Als meine Tochter heute ihre Spielsachen nicht aufräumen wollte, frustrierte mich das allmählich, wie immer. Zum Glück erinnerte ich mich daran, mich auf ihre Ebene zu begeben und zu fragen, ob sie eine Idee hätte, wie wir die Spielsachen gemeinsam aufräumen könnten. Ihr fiel auch wirklich eine Möglichkeit ein, die funktionierte! Und ich konnte meine Wahrnehmungen neu ausrichten. Sie wollte nicht bloß einfach ihren Willen haben – sie brauchte das Gefühl, eine Wahl zu haben.

DEVON,
Vater von einem dreijährigen und einem fünfjährigen Kind

BEISPIEL

Ihre Grenzen aufrecht erhalten, wenn sich Ihr Kind dagegen sträubt

Wir betrachten ein Beispiel, das alle Eltern kennen. Das Einzige, was noch schwieriger ist, als ein Kind dazu zu bringen, in die Badewanne zu steigen, ist, es wieder zum Heraussteigen zu bewegen.

Papa (mit ruhiger Stimme, um Sicherheit zu schaffen, da er weiß, dass seine Grenze unerwünscht ist): *»Linus, unsere extra fünf Minuten sind um. Es ist Zeit aus der Badewanne zu steigen.«*

Linus (schlägt mit heftigem Platschen ärgerlich ins Wasser) *»Nein!«*

Papa (nass, nimmt es aber nicht persönlich, versucht Verbindung aufzunehmen): *»Du machst gerade so ein Gesicht«,* (Papa zieht ein ärgerliches Gesicht, das aussieht wie kurz vor dem Weinen.) *»Und du schlägst so mit den Händen aufs Wasser«* (Papa haut in Nachahmung von Linus mit den Fäusten in die Luft.) *»Du siehst traurig und wütend aus. Du willst bestimmt noch nicht aus der Badewanne aussteigen.«*

Linus (Kummertränen in den Augen, aber nicht länger aggressiv, weil er sich verstanden fühlt): *»Ich spiele mit meinem neuen Boot!«*

Papa *»Du würdest wirklich gern länger in der Badewanne sitzen und mit dem neuen Boot spielen.«*

Linus (fühlt sich verstanden, testet die Grenze): *»Ja! Bitte? Noch fünf Minuten?«*

Papa (ruhig, liebevoll, setzt entschiedene Grenze): *»Wir hatten schon fünf Minuten länger, Linus. Jetzt ist Zeit zum Aussteigen. Ich weiß, das fühlt sich für dich traurig an. Du kannst morgen mit dem Boot in der Badewanne spielen.«*

Linus (ein letzter Versuch): *»Ich will aber jetzt spielen.«*

Papa (ruhig, entschieden, liebevoll): *»Es ist schwer mit dem Spielen aufzuhören und aus der Badewanne zu steigen, Linus. Und du schaffst das. Ich helfe dir. Komm.«*

Linus (noch immer schniefend, merkt aber, dass die Grenze nicht weicht, stellt sich allmählich darauf ein und sucht nach einer Lösung mit Vorteilen für beide): *»Können wir mein Boot abtrocknen, damit es mit mir zusammen die Gute-Nacht-Geschichte anhören kann?«*

Papa (partnerschaftlich): *»Na klar! Lass das Wasser ablaufen, so. Und jetzt raus mit dir!«*

Weinen ist kein Testen der Grenze; es ist ein Zeichen dafür, dass Ihr Kind erkennt, dass die Grenze fest ist und darüber trauert. Aber bedenken Sie, dass Ihr Kind die Grenze auch dann testet, wenn es sich verstanden fühlt. Das ist seine Aufgabe. Wenn die Eltern an diesem Punkt die Geduld verlieren, geht alles den Bach hinunter. Versteht der Elternteil jedoch die Perspektive seines Kindes, kann er ruhig bleiben und seine Grenze aufrechterhalten.

ÜBUNG

Was könnten Sie sagen, um diese empathische Grenze zu setzen?

Lesen Sie die folgenden Situationen. Schreiben Sie unter jedes Szenario, was Sie sagen und tun könnten, damit sich Ihr Kind verstanden fühlt und Sie gleichzeitig die nötige Grenze setzen. Wenn Sie spielerisch vorgehen können, ist das stets hilfreich, aber wenn Ihr Kind zu schwer zu erreichen ist, oder Sie selbst zu müde sind, dann bleiben Sie bei empathischen Grenzen und Coaching. Zur ersten Situation gibt es zur Gedankenanregung ein Beispiel.

1 Ihr Kind steht im Bus auf, um aus dem Fenster zu schauen.

Was Sie sagen:

- Zuerst würde ich alle um mich herum ignorieren, die vielleicht zuschauen. Ich bin nur meinem Kind gegenüber verpflichtet.
- Dann erkenne ich mit liebevoller Stimme an, was mein Kind sieht und woran es sich freut. Dabei passe ich mich im Tonfall seiner Begeisterung an: »Du schaust so gern aus dem Fenster! Da kannst du alles sehen. Wie aufregend!«
- Daraufhin setze ich empathisch meine Grenze: »Im Bus gilt die Regel, dass sich alle hinsetzen, damit wir sicher sind. Der Bus wackelt. Du könntest hinfallen.«
- Dann sage ich ihm, was es tun kann: »Du kannst hier neben mir oder auf meinem Schoß sitzen und hinausschauen.«

Was Sie tun:

- Ich suche die Nähe meines Kindes und lege ihm die Arme um den Leib, um es zu stabilisieren, während der Bus fährt. Ich halte es so, während ich mich mit ihm verbinde und die Aussicht mit ihm teile. Dann hole ich es zurück auf meinen Schoß.
- Falls es protestiert, würde ich mich stärker in mein Kind einfühlen: »Du schaust so gern aus dem Fenster!« Ich würde eine Win-win-Lösung suchen, von der beide profitieren: »Willst du dich auf meinen Schoß stellen und ich halte dich so lang du hinausschaust?«

2 Ihr Kind will kurz vor dem Essen einen Keks.

Was Sie sagen:

Was Sie tun:

3 Ihr Kind ignoriert Sie, wenn Sie es bitten, sich für die Schule zurechtzumachen.

Was Sie sagen:

Was Sie tun:

4 Ihr Kind vergisst, seine Aufgabe im Haushalt zu erledigen.

Was Sie sagen:

Was Sie tun:

5 Ihr Kind wirft wütend seine Tasse hin.

Was Sie sagen:

Was Sie tun:

6 Ihr Kind hänselt seine Geschwister.

Was Sie sagen:

Was Sie tun:

7 Ihr Kind weigert sich, beim Verlassen des Hauses seinen Mantel anzuziehen.

Was Sie sagen:

Was Sie tun:

8 **Nachdem Sie Ihr Kind ins Bett gebracht haben, steigt es immer wieder heraus.**

Was Sie sagen:

Was Sie tun:

9 **Ihr Kind sagt, dass es Ihr Essen eklig findet.**

Was Sie sagen:

Was Sie tun:

(10) Ihr Kind schlägt ein Geschwisterkind.

Was Sie sagen:

____

____

____

Was Sie tun:

____

____

____

Für diese Situationen gibt es keine korrekte Antwort. Aber auf *https://www.arbor-online-center.de/zw2xxe* gibt es einige Bespielantworten. Allerdings haben Sie mehr davon, wenn Sie die Fragen zuerst für sich selbst beantworten, bevor Sie sich die Beispiele ansehen.

ÜBUNG

Umlenken

Ihr Kind versucht nicht, Ihnen Probleme zu machen. Es versucht nur, so gut es das in diesem Moment kann, etwas zu tun, damit es sich besser fühlt. Können Sie Ihr Kind so umlenken, dass sein ausgedrücktes Bedürfnis, was immer es ist, auf konstruktive Weise erfüllt wird? Betrachten Sie die folgenden Beispiele und denken Sie sich dann Ihr eigenes aus.

Anstatt ihm zu sagen, was es nicht tun kann …	… sagen Sie ihm, was es stattdessen tun kann
»Kein Spielzeug werfen!«	»Dir ist nach Werfen zumute, nicht wahr? Kein Ballwerfen im Haus. Du kannst dafür Stofftiere werfen. Oder du nimmst den Ball nach draußen.«
»Hör auf zu grapschen!«	»Du kannst deiner Schwester sagen: ›ich bin jetzt an der Reihe‹.«
»Hör auf zu spritzen!«	»Das Wasser bleibt in der Wanne. Du kannst darin rühren, damit es sich bewegt.«
»Du schmierst Filzstift auf den Boden!«	»Filzstifte sind fürs Papier. Hier hast du deine Unterlage und noch mehr Malpapier.«

Was Sie normalerweise sagen, wenn Sie Ihrem Kind sagen, was es nicht tun kann	Was Sie Ihrem Kind sagen können, das es stattdessen tun kann

· EMPATHISCHE GRENZEN SETZEN, WENN IHR KIND AUSTESTET UND PROVOZIERT ·

Mein Sohn war ungewöhnlich ärgerlich und ich war zunächst ratlos, wie ich damit umgehen sollte. Diese liebevolle, akzeptierende Strategie einzuführen, hat wirklich wunderbar geklappt! Als ich es das erste Mal ausprobierte (indem ich Ihre Worte verwendete – es tut so gut, eine Vorlage zu haben), löste sich der Ärger meines kleinen Jungen innerhalb von fünf Minuten auf. Mir ist aufgefallen, dass er sich seither besonders liebevoll und anschmiegsam verhält. Ich glaube, er muss sich angenommen, geliebt und sicher fühlen.

REBECCA,
Mutter eines Vierjährigen

Wenn Ihnen Ihr Kind in die Augen schaut und dabei die Regeln bricht, oder Sie trotzig anschreit, dann wollen Sie ihm vielleicht eine runterhauen. Aber Ihr Kind signalisiert so, dass es Ihre Hilfe braucht. Einige heftige Emotionen steigen in ihm auf. Vielleicht hat ihn etwas richtig wütend gemacht und er muss sich gehört wissen. Oder vielleicht muss es dringend weinen, aber weil sich das wie ein Notfall anfühlt, gerät Ihr Kind in den Kampf-Flucht-Starre-Modus. Vielleicht hat es um Süßigkeiten gebeten (um sich zu betäuben – das ist Erstarren), oder will Zeit am Bildschirm verbringen (das ist Flucht). Momentan ist es im Kampf-Modus und Sie sehen aus wie sein Feind. Was können Sie da tun?

Wenn sich Ihr Kind innerlich nicht schon zu weit entfernt hat, versuchen Sie die Situation durch Humor zu wenden. *»Was meinst du damit, dass du nicht baden willst? Na komm, du Bademuffel, komm!«* Wenn Ihr Kind dann lächelt, können Sie ein wenig spielerisches Raufen anregen, um es zum Lachen zu bringen. Erinnern Sie sich daran, dass Lachen Ihrem Kind beim Entladen aufgestauter Emotionen ebenso hilft wie Tränen, somit könnte Ihnen das den gesamten Abend retten. (Was, wenn sich Ihr Kind in den aufgewühlten Zustand schon zu sehr hineingesteigert hat? Lesen Sie ein paar Seiten weiter das Szenario: »Empathische Grenzen setzen, wenn Ihr Kind wütend wird.«)

Nachdem Sie miteinander gelacht und sich wieder verbunden haben, können Sie seine Badeunlust anerkennen, während Sie auf Ihrer Grenze bestehen und das Gute daran betonen: *»Du wolltest nicht baden, nicht wahr? Es ist schwer mit dem Spielen aufzuhören und sich fürs Bett zu richten. obwohl du ja weißt, dass wir im neuen Buch beim Kapitel drei sind und unbedingt herauskriegen müssen, was passiert ist!«*

Später, wenn Sie sich zum gemeinsamen Lesen niederlassen, sagen Sie vielleicht: *»Weißt du noch, wie du mich eben angeschrien hast, als du nicht baden wolltest? Wenn du schreist, fühle ich mich angegriffen. Du musst nie schreien, damit ich dich höre und dir Aufmerksamkeit schenke. Ich werde dir nicht immer geben können, was du willst, aber ich werde immer zuhören, okay?* »In zwei Wochen sollte mein Sohn in die Vorschule kommen und so war es an der Zeit, dass er sich selbst den Po abwischte. Zum Glück hatte ich gerade erst etwas über empathisches Grenzen-Setzen gelernt und beschloss, dass da eine Grenze nötig war. Ich hätte mich sonst nicht als verantwortungsvolle Mutter gefühlt, wenn ich ihn in die Vorschulklasse geschickt hätte, ohne zu wissen, ob er sich selbst um seinen Körper kümmern kann. Zuerst hatten wir ein Problemlösegespräch über das Abwischen. Dabei notierten wir alle Ideen, angefangen von: »Mama und Papa wischen weiter ab«, oder: »Ich wische mich selbst ab« bis zu: »Ruf Oma an, damit sie jedes Mal rüberkommt und abwischt.« Schließlich einigten wir uns darauf, dass Mama und Papa ins WC zu Besuch kommen und alberne Lieder singen, während unser Sohn sein Geschäft selbst erledigt.

> *Am folgenden Morgen rief er mich zum Abputzen. Als ich mit der neuen Strategie begann (im WC besuchen und alberne Lieder singen), sträubte er sich gegen das Selber-Abputzen. Dabei wechselte er ziemlich schnell von strikter Ablehnung zu*

Ärger. Mir gelang es, ruhig zu bleiben, und ich versuchte ihm zurückzuspiegeln, was ich sah: einen Jungen, der sich nicht den Po abwischen wollte, einen ärgerlicher Jungen und so weiter. Ich versuchte aus ihm herauszubekommen, was ihn am Abwischen so sehr störte. War es eklig? Machte er sich Sorgen, schmutzige Finger zu bekommen? War es zu schwierig? Irgendwann sperrte er mir die Badezimmertür vor der Nase zu, währenddessen er mich anschrie.

Dann dämmerte mir etwas. Ich sagte: »Meinst du, wenn ich dir nicht mehr den Po abwische, hab' ich dich nicht mehr lieb?« Jetzt drang eine andere Emotionswelle zu mir durch. Mit erstickter Stimme antwortete mein Sohn mit »Ja« und fing an zu weinen. Er öffnete die Tür, krabbelte mir halb auf den Schoß (nicht ganz, denn er hatte ja immer noch den kotverschmierten Po) und weinte in meinen Armen weiter. Mir stiegen dabei selbst die Tränen in die Augen. Jetzt konnte er all seine Sorgen abladen, er könne ungeliebt sein, und war am Ende ganz bereit, sich selbst den Po abzuwischen.

CARRIE,
Mutter eines Fünfjährigen

· EMPATHISCHE GRENZEN SETZEN, WENN IHR KIND WÜTEND WIRD ·

Angenommen, Sie haben es mit Humor oder spielerischem Raufen versucht, um Ihr Kind zur Kooperation zu bewegen, aber Ihr Kind wurde noch zorniger?

Betrachten Sie zuerst die Situation. Oft geschieht so etwas, wenn Kinder Medienzeit beenden sollen. Da Medienkonsum leicht abhängig macht, insbesondere Kinder, können einige Kinder einfach nicht damit umgehen und flippen aus, wenn Sie Ihre Grenze durchsetzen wollen.

Vielleicht hatte Ihr Kind aber auch nur einen schweren Tag, zu wenig Schlaf oder zu viel Stimulation und kann sich einfach nicht länger beherrschen. Aus welchem Grund auch immer reagiert es auf Ihre Grenze mit Wut.

Das nenne ich den »Pannenstreifen«. Hätten Sie das kommen sehen, hätten Sie an vielen Stellen regulierend wirken können, um diesen Augenblick zu verhindern. Vielleicht benötigt Ihr Kind mehr Verbindung oder Schlaf, oder es sollte nicht so viel Zeit am Bildschirm verbringen. (Wenn ja, behalten Sie das im Kopf, um nach dem Zubettgehen der Kinder ernsthaft an einer Problemlösung zu arbeiten, damit Ähnliches zukünftig vermieden werden kann.)

Aber einstweilen haben Sie ein tretendes, schreiendes Kind. Was können Sie da tun? Sie können sich daran erinnern, dass sich unter Wut häufig Furcht und/oder Verletzung verbergen. Ihr Kind setzt die Wut als Verteidigung gegen jene so aufwühlenden Gefühle ein. Wenn wir mitfühlend auf die Kinder eingehen und sie sich gehört fühlen, hören sie meistens mit dem Schlagen auf und beginnen zu weinen. Sobald die darunterliegenden Gefühle ausgedrückt werden, lösen sie sich allmählich auf. Die Abwehr aus Wut wird nicht mehr benötigt und schwindet dahin.

Also ist jetzt Ihr Ziel das Schaffen von Sicherheit, damit Ihnen Ihr Kind die Tränen und Ängste unter seiner Wut zeigen kann.

- **Halten Sie sich davon ab, in den »Kampf-oder-Fluchtmodus« zu geraten,** indem Sie einige tiefe Atemzüge nehmen und sich daran erinnern, dass es hier um keinen Notfall geht. Ihre Ruhe wird auch dem Kind helfen, sich sicher zu fühlen, sodass es den »Kampf-oder-Fluchtmodus« selbst verlassen kann.

- **Hören Sie zu.** Carl Rogers, einer der Gründer der humanistischen Psychologie sagte: *»Die Wahrheit über Wut besteht darin, dass sie sich nur dann auflöst, wenn sie ohne Vorbehalte gehört und verstanden wird.«*[153] Wenn sich Kinder nicht gehört fühlen, lassen sie ihr Verhalten oft eskalieren. Im Gegensatz dazu wird das Kind allmählich ruhiger, sobald es sich von Ihnen verstanden fühlt – und das gilt sogar dann, wenn es seinen Willen nicht bekommt.

- **Versuchen Sie die Situation aus der Perspektive Ihres Kindes zu betrachten und erkennen Sie an, weshalb es aufgebracht ist.** Je mitfühlender Sie sein können, umso wahrscheinlicher wird Ihr Kind den Weg zu seinen Tränen und Ängsten unter dem Ärger finden: *»Oh Joseph, mir tut leid, dass es so schlimm ist, … du sagst, ich würde dich nie verstehen … das muss sich wirklich schrecklich und einsam anfühlen.«* Sie müssen weder zustimmen noch widersprechen. Erkennen Sie nur seine Wahrheit des Augenblicks an.
- **Springen Sie nicht auf ungehobeltes Benehmen oder persönliche Angriffe an.** Oft sind Eltern verletzt, wenn sie von Kindern angeschrien werden. Aber Ihr Kind hasst Sie nicht wirklich, will auch keine neue Mama oder keinen neuen Papa, oder was auch immer es schreit. Es fühlt sich verletzt, verängstigt und hilflos, also stößt es das Verstörenste aus, das ihm einfällt, damit Sie wissen, wie aufgewühlt es ist. Sagen Sie darauf einfach: *»Autsch! Du musst wirklich sehr aufgewühlt sein, um so etwas zu sagen. Erzähl mir, was dich so aufgebracht hat. Ich höre zu.«*
- **Ihr Kind benimmt sich nicht »schlecht«, oder »weinerlich«.** Es zeigt Ihnen nur, so gut es das gerade kann, wie aufgebracht es ist. Sobald es merkt, dass es weder seine Stimme erheben noch zum Angriff übergehen muss, um gehört zu werden, und dass es ungefährlich ist, Ihnen seine verwundbaren Emotionen zu zeigen, wird es die Kompetenz entwickeln, seine Emotionen angemessener auszudrücken.
- **Setzen Sie die nötigen Grenzen, damit alle sicher sind, währenddessen Sie die Wut anerkennen und mitfühlend bleiben.** *»Du bist wirklich wütend! Du kannst so wütend sein, wie du willst, und Hauen ist trotzdem nicht okay, ganz egal wie aufgebracht du bist. Du kannst mit dem Fuß aufstampfen, um mir deine Wut zu zeigen, nicht hauen.«*

- **Wenn Ihr Kind bereits mitten in einem Tobsuchtsanfall steckt, sagen Sie nichts, außer sich einzufühlen und beruhigend darauf hinzuweisen, dass es in Sicherheit ist.** Versuchen Sie nicht zu lehren, logisch zu argumentieren oder zur erklären. Wenn Ihr Kind von Adrenalin überflutet ist und in Kampf- oder Fluchtmechanismen steckt, passt es nicht, zu erklären, weshalb Ihr Kind nicht haben kann, was es nicht haben darf, oder das Kind dazu zu bringen, doch zuzugeben, dass es seine kleine Schwester tatsächlich liebt. Erkennen Sie einfach seine Aufgebrachtheit an: *»Du bist darüber sehr aufgebracht, … es tut mir leid, dass es so schwer ist.«*

- **Erinnern Sie sich daran, dass Wutanfälle der Weg der Natur sind, einem unreifen Gehirn beim Dampfablassen zu helfen.** Kinder haben im präfrontalen Kortex noch nicht die Nervenbahnen entwickelt, um sich so zu regulieren wie Erwachsene. (Und beachten Sie bitte, dass selbst wir Erwachsene unsere Wut nicht immer sehr gut regulieren.) Am ehesten helfen Sie Ihren Kindern bei der Entwicklung dieser Nervenbahnen, indem Sie ihnen, wenn sie wütend sind, wie auch zu anderen Gelegenheiten Empathie geben. Es ist in Ordnung, sogar gut für Ihr Kind, wenn es diese verwickelten, ärgerlichen und verletzten Gefühle ausdrückt. Nachdem wir Kinder durch einen Wutanfall begleitet haben, fühlen sie sich uns näher und vertrauen uns mehr. Sie fühlen sich innerlich weniger aufgewühlt und können somit emotional großzügiger sein. Dann sind sie nicht mehr so unnachgiebig und fordernd.

- **Erinnern Sie sich daran, dass Wut eine Verteidigung gegen Bedrohung ist.** Dies entstammt unserer »Kampf-Flucht-Starre-Reaktion«. Manchmal liegt die Bedrohung außerhalb von uns, oft aber auch nicht. Wir sehen draußen Bedrohungen, weil wir alte, aufgestaute Emotionen mit uns herumtragen, wie Schmerz, Angst oder Trauer. Was gerade im Augenblick geschieht, triggert diese alten Gefühle, und wir schalten in den Kampfmodus, um sie wieder wegzudrücken. Während also unser Kind über etwas Aktuelles emotional erregt ist, kann es auch sein, dass es einen vollen emotionalen Rucksack mit sich herumschleppt und einfach jene alten Tränen und Ängste ausdrücken muss. Für ein Kind kann sich eine neue Enttäuschung wie das Ende der Welt anfühlen, weil dabei gleichzeitig all jene alten Gefühle hochsteigen. Kinder werden alles tun, um diese unerträglichen Gefühle abzuwehren, deshalb toben sie und schlagen um sich.

- **Sorgen Sie dafür, dass Ihr Kind seine Wut sicher überwindet, denn nicht die Wut selbst heilt.** Eher spülen die hinter der Wut liegenden Tränen Ängste, Schmerz und Traurigkeit heraus und machen die Wut überflüssig, woraufhin sie verschwindet. Wir ermöglichen es dem Kind seine Verletzungen sicher auszudrücken, indem wir seiner Wut mit Mitgefühl begegnen.

- Bleiben Sie so dicht bei ihm, wie Sie können. Ihr Kind braucht eine akzeptierende Zeugin, die es auch dann liebt, wenn es wütend ist. Wenn Sie zurückweichen müssen, um in Sicherheit zu bleiben, sagen Sie ihrem Kind: *»Ich lass mir von dir nicht wehtun, deswegen rutsche ich zurück, aber ich bleibe ganz in der Nähe. Sobald du für eine Umarmung bereit bist, bin ich bei dir.«* Wenn Ihr Kind schreit, dass Sie weggehen sollen, sagen Sie: *»Ich höre dich und gehe zurück.«*

- **Halten Sie sich selbst in Sicherheit.** Kinder profitieren oft davon, wenn sie während ihrer Erregung gegen uns stoßen dürfen. Wenn Sie das also aushalten und dabei mitfühlend bleiben können, wunderbar. Aber wenn Sie von Ihrem Kind geschlagen werden, entfernen Sie sich. Wenn es Ihnen nachläuft, halten Sie es am Handgelenk fest und sagen: *»Ich glaube nicht, dass ich die ärgerliche Faust so nah bei mir haben will. Ich sehe, wie wütend du bist. Du kannst gegen das Kissen schlagen, das ich halte, oder fest gegen meine Hand drücken, aber tu mir nicht weh.«* Kinder wollen uns nicht wirklich verletzen – das macht ihnen Angst und sie fühlen sich schuldig. Wenn wir uns mitfühlend verhalten und sie sich gehört fühlen, hören die Kinder meistens mit dem Hauen auf und fangen zu weinen an (wenn das bei Ihrem Kind nicht der Fall ist, dann lesen Sie bitte den nächsten Abschnitt: »Empathische Grenzen setzen, wenn Ihr Kind sich provokativ oder ärgerlich verhält, aber nicht weint«).

- **Versuchen Sie nicht einzuschätzen, ob Ihr Kind überreagiert.** Natürlich reagiert es zu heftig. Aber denken Sie daran, dass Kinder täglich an Verletzungen und Ängsten leiden, die sie nicht in Worte fassen können und die wir noch nicht einmal bemerken. Sie häufen diese an und suchen dann nach einer Gelegenheit zum »Entladen«. Wenn also Ihr Kind in einen Wutausbruch über die blaue Tasse gerät und Sie die blaue Tasse jetzt gerade nicht aus dem Auto holen können, ist es in Ordnung, einfach diesen Wutanfall liebevoll willkommen zu heißen. Vermutlich ging es im Wesentlichen gar nicht um die Tasse oder was es auch immer verlangt. Wenn Kinder unmöglich zufriedenzustellen sind, müssen sie für gewöhnlich einfach weinen.
- **Werden Sie milder.** Wenn Sie für diese kämpfende kleine Person wirklich Mitgefühl empfinden, wird sie dies spüren und darauf antworten. Analysieren Sie dann nicht, fühlen Sie sich nur ein: *»Du wolltest das wirklich; mir tut das so leid, Schätzchen.«* Sobald Sie die Gefühle unter dem Ärger erkannt haben, wird Ihr Kind vermutlich innehalten und mit dem Um-sich-schlagen aufhören. Sie werden etwas von seiner Verletzlichkeit sehen oder sogar Tränen. Sie können es dabei unterstützen, diese Gefühle an die Oberfläche zu bringen, indem Sie es an den ursprünglichen Auslöser erinnern: *»Mir tut es sehr leid, dass du nicht das(...) haben kannst, was du magst. Mir tut leid, dass das so schwer ist.«*
- **Unterbrechen Sie nicht den Tränenfluss.** Wenn unser liebevolles Mitgefühl die Wunde des Kindes anrührt, dann wird es uns zum Ausweinen in die Arme fallen. Und all jene aufgebrachten Gefühle werden sich auflösen.
- **Erst *nachdem* sich Ihr Kind beruhigt hat, können Sie reden.** Widerstehen Sie dann dem Drang, zu belehren. Erzählen Sie ihm das Ganze

als eine Geschichte, um die große Gefühlswelle in einen Gesamtzusammenhang zu bringen: *»Das waren ein paar große Gefühle … jeder muss manchmal weinen … du wolltest … ich sagte Nein … du warst sehr enttäuscht … du wurdest so wütend … du warst traurig und enttäuscht … danke, dass du mir gezeigt hast, wie du dich gefühlt hast.«* Wenn Ihr Kind einfach nur das Thema ändern will, lassen Sie es zu. Sie können im Lauf des Tages darauf zurückkommen, oder zur Schlafenszeit, wenn Sie gemeinsam kuscheln. Aber die meisten Kinder wollen die Geschichte hören, wie sie wütend wurden und geweint haben, so lange es eine Geschichte von ihrem Standpunkt aus und keine Lektion darüber ist, was sie falsch gemacht haben. Es hilft ihnen, sich selbst zu verstehen und gibt ihnen das Gefühl, gehört zu werden.

- **Wie sieht es mit einer Lektion aus?** Sie müssen gar nicht so viel tun, wie Sie vielleicht denken. Ihr Kind weiß, dass man die Beziehung zu Ihnen und andere verletzt, wenn man ausrastet. Es waren jene großen Emotionen, die in ihm den Notfall-Impuls auslösten, weswegen die Regel der Freundlichkeit gebrochen wurde. Indem Sie Ihrem Kind bei seinen Emotionen helfen, machen Sie eine wiederholte Regelübertretung weniger wahrscheinlich. Warten Sie, bis sich die Gefühle bei Ihrem Kind beruhigt haben und bleiben dann bei einfachen Worten. Erkennen Sie an, dass ein Teil von ihm nächstes Mal eine bessere Wahl treffen will und verbünden Sie sich mit diesem Anteil. Sorgen Sie dafür, dass Ihr Kind eine Chance bekommt, eine bessere Lösung für sein Problem auszuprobieren. *»Wenn wir wirklich wütend werden, so wütend, wie du auf deine Schwester warst, dann vergessen wir, wie sehr wir die anderen liebhaben. Sie sehen wie unsere Feinde aus. Stimmt's? Du warst wirklich wütend auf sie. Wir werden alle mal so wütend und dann möchten wir am liebsten jemanden hauen. Wenn wir das tun, dann tut uns das Hauen später leid. Wir wünschten, dass wir Worte verwendet hätten. Ich frage mich, was du anstatt zu hauen, hättest sagen oder tun können?«*

Auf diese Weise die Emotionen unseres Kindes zu akzeptieren, hilft bei der Entwicklung von Resilienz. Allmählich wird Ihr Kind die Fähigkeit, Enttäuschung zu überstehen, verinnerlichen und lernen, dass, während es zwar nicht immer das bekommt, was es will, es dafür doch immer etwas Besseres bekommt – jemanden, der es liebt und alles an ihm akzeptiert, einschließlich der unangenehmen Anteile wie Enttäuschung und Wut. Es wird lernen, dass Emotionen nicht gefährlich sind – man kann sie aushalten, ohne daraufhin handeln zu müssen, und sie vergehen wieder. Allmählich lernt es seine Gefühle und Bedürfnisse zu verbalisieren, ohne die anderer anzugreifen, selbst dann nicht, wenn es zornig ist.

Sie werden ihm vermittelt haben, wie es seine Emotionen regulieren kann. Und somit werden Sie das Band zwischen Ihnen eher gestärkt als geschwächt haben. Und das alles, weil Sie einen tiefen Atemzug genommen haben und angesichts der Wut mitfühlend geblieben sind. Das hört sich nach der Tat einer Heiligen an, ich weiß, und Sie werden das nicht immer fertigbringen. Aber jedes Mal, wenn es Ihnen gelingt, werden Sie Ihrem Kind dabei helfen, die Nervenbahnen zu entwickeln, die es für ein Gehirn mit mehr emotionaler Intelligenz benötigt. Und sich selbst und Ihre Familie beschenken Sie damit, dass es weniger Drama gibt – und dafür viel, viel mehr Liebe.

· EMPATHISCHE GRENZEN SETZEN, WENN IHR KIND SICH PROVOKATIV ODER ÄRGERLICH VERHÄLT, ABER NICHT WEINT ·

Im vorherigen Abschnitt (»Empathische Grenzen setzen, wenn Ihr Kind wütend wird«) schafft der Elternteil Sicherheit und dem wütenden Kind gelingt es, seine Tränen fließen zu lassen. Aber viele Eltern sagen mir, dass ihr Kind einfach im Ärger steckenbleibt und sie anbrüllt. Was dann?

Wir wissen, was da geschieht. Ihr Kind schleppt einen dicken Rucksack voll Tränen und Ängste, die es nicht spüren will, und wehrt sie um jeden Preis ab. Ihr Kind will heilen und sein Körper weiß wie. Aber es hat schreckliche Angst davor.

Zum Glück haben wir Ideen, wie wir das lösen können. Unterstützen Sie Ihr Kind auf drei entscheidende Weisen:

- **Lachen.** Nicht in dem Augenblick, da Ihr Kind vor Wut tobt, aber als eine Art vorbeugende Strategie (die ich für jedes Kind empfehle). Verwenden Sie die folgenden beiden Wochen dazu, den Druck im emotionalen Rucksack Ihres Kindes dadurch zu reduzieren, dass Sie die oberste Schicht an Angst oder Furcht abschöpfen. Woraus besteht Ihr Schöpflöffel? Aus Lachen! Wenn Ihr Kind lacht, entlädt es einiges von der Angst, die es mit sich herumschleppt und muss sich dann nicht mehr so stark verteidigen, um all diese Gefühle unten zu halten. Ihr Kind ist weicher. Der Zugang zu den tieferliegenden Tränen und Gefühlen wird erleichtert. Biologisch betrachtet, verändert Lachen die Körperchemie so, dass man sich weniger angespannt fühlt. Das erleichtert Ihrem Kind das Weinen.
- **Setzen Sie eine deutliche, freundliche Grenze** in dem Moment, da Ihr Kind Sie herausfordert. Erinnern Sie sich an die Tränen der Vergeblichkeit (siehe Seite 424)?
- **Verstärken Sie das Sicherheitsgefühl des Kindes.** Das bedeutet täglich vorbeugende Maßnahmen. Wunschzeit ist nicht verhandelbar. Setzen Sie auf Empathie rund um die Uhr. Dann, wenn es darauf ankommt, steigern Sie außerdem Ihr Mitgefühl. Wenn Sie Tränen in den Augen haben, wird Ihr Kind ganz und gar spüren, dass Sie vollkommen verstehen und keine Bedrohung sind.

Wenn sich Ihr Kind provokativ verhält, dann denken Sie daran, dass es das Weinen braucht und hofft, dass Sie ihm helfend zur Seite stehen. Viele Eltern beschreiben, wie ihr Kind sein Verhalten immer weiter eskalieren lässt, bis sie selbst die Beherrschung verlieren und brüllen. Dann weint das Kind, aber auch das Vertrauen zwischen Eltern und Kind ist verletzt und alle fühlen sich schrecklich hinterher.

Setzen Sie Ihre Grenzen stattdessen spielerisch: »*Du machst weiter Lärm, obwohl ich dich gebeten habe, damit aufzuhören. Wir haben das Problem, dass dadurch das Baby aufgeweckt wird.*« Sagen Sie als Nächstes spielerisch: »*Vielleicht weißt du das ja sogar und willst das Baby wecken, stimmt das?*« Schnappen Sie sich Ihr Kind und bedecken es über und über mit Küssen, während Sie sagen: »Komm her du Frechdachs. Ich glaube du brauchst wieder mal ein paar Knuddler!«

Wirbeln Sie Ihr Kind herum, bis es hysterisch lacht, dann lassen Sie sich mit ihm auf dem Schoß aufs Sofa sinken, schauen ihm in die Augen und setzen eine klare, empathische Grenze: »*Du wünschst dir, du könntest das Baby wecken, weil du manchmal wütend auf sie wirst, oder? Auf sie wütend zu sein, ist okay. Erzähl mir davon. Aber es ist nicht okay, sie mit Krach aufzuwecken.*«

Entweder fühlt sich Ihr Kind jetzt mit Ihnen glücklich verbunden und ist fähig, die Grenze einzuhalten, oder es setzt den provokativen Krach fort. In diesem Fall wiederholen Sie die spielerische, körperliche Verbindung erneut.

Irgendwann sind entweder Sie zum Weitermachen zu müde oder Ihr Kind wird zu ungestüm und lässt den Lärm weiter eskalieren. Dann nehmen Sie einen tiefen Atemzug und versuchen so viel Mitgefühl wie möglich zu empfinden. Setzen Sie wieder Ihre Grenze und erkennen zur gleichen Zeit die Ängste und Tränen an, die das Verhalten Ihres Kindes antreiben: »*OK mein Schatz, kein Spiel mehr. Ich kann dich das Baby nicht aufwecken lassen. Du willst nicht, dass das Baby hier ist, was? Immer musst du leise sein, wenn es schläft. Sie nimmt viel von meiner Zeit für sich und manchmal fragst du dich vielleicht, ob ich sie lieber habe als dich, ja?*«

Zu diesem Zeitpunkt werden sie genug Sicherheit aufgebaut haben, dass Ihr Kind wahrscheinlich über seinen Groll auf das Baby sprechen wird. Vielleicht fängt es sogar zu weinen an. Und wenn nicht? Kehren Sie zu den Vorbeugemaßnahmen zurück. Bald werden Sie feststellen, dass Ihnen Ihr Kind von Herzen traut und Ihnen diese Tränen zeigt. Und schließlich wird sich das Verhalten gegenüber seinem Geschwisterkind verändern.

ÜBUNG

Wie Sie bei Ihrem Kind eine empathische Grenze setzen

Irgendwann in den nächsten Tagen wird Ihr Kind etwas tun, was Sie nicht wollen, (zum Beispiel einfach eine Schachtel Kekse aus dem Supermarktregal zerren,) oder es wird etwas **nicht** tun, was Sie von ihm wollen (zum Beispiel die Hände vor dem Essen waschen). Können Sie, anstatt wütend zu werden, nun die Gelegenheit beim Schopf packen und das Setzen empathischer Grenzen praktizieren? Hier ist Ihre Strategie – heften Sie den Plan gut sichtbar an Ihren Kühlschrank.

1. **Beruhigen Sie sich selbst.** Nehmen Sie einige tiefe Atemzüge. Denken Sie daran, die Situation aus der Perspektive Ihres Kindes zu betrachten. Sagen Sie sich ein Mantra vor, das sich für Sie bewährt hat.
2. **Schaffen Sie Sicherheit** durch Ihre ruhige, warme Haltung. Wenn Ihr Kind es zulässt, beruhigen Sie es durch Berührung.
3. **Erkennen Sie seine Perspektive an und geben Sie Empathie.** »Schließen« Sie sich gefühlsmäßig Ihrem Kind an, indem Ihr Tonfall etwas von dem widerspiegelt, was Ihr Kind fühlt, etwa Aufregung oder Traurigkeit.
4. **Setzen Sie die Grenze entschieden und liebevoll.**
5. **Wenn möglich, lenken Sie den Impuls Ihres Kindes um,** sodass es eine Alternative dafür hört, wie es diesen ausleben kann, anstatt nur zu hören, was es nicht tun soll.
6. **Rechnen Sie damit, dass Ihr Kind die Grenze testet.** Das ist seine Aufgabe. Wie will es sonst wissen, ob Sie es ernst gemeint haben? Bleiben Sie beim Halten der Grenze humorvoll. Wenn zur Abwendung einer Gefahr nötig, greifen Sie auch auf Körperebene ein – ruhig und schonend – um die Grenze aufrechtzuerhalten.

7. **Erlauben Sie Gefühle.** Wenn Ihr Kind sich widersetzt, bestehen Sie auf Ihrer Grenze, erlauben dem Kind aber, seine Empörung auszudrücken. Es hat das Recht, etwas anderes zu wollen als Sie. Wenn es weinen muss, ist das in Ordnung. Seien Sie freundlich und verständnisvoll: *»Mir tut es leid, dass es gerade so schwer ist.«* Wenn Ihr Kind überreagiert, dann entlädt es seinen emotionalen Rucksack, was eine gute Sache ist. Sobald es damit fertig ist, wird es entweder einschlafen oder sich zärtlich und kooperativ zeigen.

Wenn Sie sich Sorgen machen, dass Ihr Kind durch den Ausdruck seiner Empörung »quengelt«, dann konzentrieren Sie sich auf das Falsche. Sie müssen dem Verhalten Grenzen setzen, nicht den Emotionen. So lange Sie sich über Ihre Grenze im Klaren sind, hat Ihr Kind das Recht auf seine Gefühle dazu.

REFLEXION NACH DER ÜBUNG

Wirksam Grenzen-Setzen lernen

Was geschah, als Sie Ihrem Kind eine Grenze gesetzt haben?

____

____

____

Was hat Ihr Kind getan oder nicht getan, um diese Grenze zu rechtfertigen?

____

____

Konnten Sie sich zuerst selbst beruhigen? Was war hilfreich und was nicht?

___

___

___

Was sagten Sie, um die Grenze empathisch zu setzen?

___

___

___

Was taten Sie, entweder um die Grenze aufrechtzuerhalten oder um sich mit Ihrem Kind zu verbinden?

___

___

___

Wie reagierte Ihr Kind?

___

___

___

Wie fühlten Sie sich während der ganzen Interaktion?

____

____

____

Worüber hatten Sie in dieser Interaktion gute Gefühle?

____

____

____

Was würden Sie in der nächsten Interaktion zum Thema Grenzen-Setzen mit Ihrem Kind anders machen?

____

____

____

· BEI EINEM WILLENSSTARKEN ODER WIDERSTÄNDIGEN KIND EMPATHISCHE GRENZEN SETZEN ·

»Willensstarke« Menschen werden durch ihren eigenen inneren Kompass gesteuert und akzeptieren es nicht, zum Gehorsam »genötigt« zu werden. Kein Mensch will gerne gesagt bekommen, was er zu tun hat, aber diese Kinder können es einfach nicht ertragen, weil es ihr Integritätsgefühl verletzt. Egal, was sie tun, es muss immer die eigene Idee sein. Willensstarke Kinder sind temperamentvoll und mutig, lassen sich von anderen nicht leicht umstimmen. Unbedingt wollen sie selbst für sich

»bestimmen« und werden das Verlangen, »recht« zu haben, manchmal über alles andere stellen. Willensstarke Kinder haben große, leidenschaftliche Gefühle und laufen ständig auf Hochtouren.

Da sie gegen Druck der Gleichaltrigen oder sogar der Eltern unempfindlich sind, kann man ein willensstarkes Kind nur über die Verbindung mit ihm beeinflussen. Ihm gefallen Win-win-Lösungen, die die Bedürfnisse aller erfüllen, es verachtet aber Bestechungsversuche. Diese Kinder wollen alles selbst herausfinden, anstatt das zu akzeptieren, was andere sagen, daher akzeptieren sie auch kein »Nein« und glauben, für sie gälten keine Grenzen.

Das bedeutet nicht, dass Ihr willensstarkes Kind seinen Willen nicht auch mal hintanstellen kann, um Ihrem Wunsch zu folgen. Aber diese Kinder müssen **die Wahl selbst treffen,** und zwar aus Vertrauen und Liebe zu Ihnen. Wenn Sie es mit Zwang versuchen, müssen Sie mit allem möglichen Widerstand rechnen.

Sie sehen, wie zentral der »empathische« Teil des empathischen Setzens von Grenzen bei willensstarken Kindern ist. Sie müssen spüren, dass Sie auf ihrer Seite sind, sogar wenn Sie Grenzen setzen. Tun Sie das nicht, provozieren Sie einen Kampf.

Aber auch der »Grenzen«-Teil ist bei diesen Kindern wesentlich. Erinnern Sie sich an die »Tränen der Vergeblichkeit«? (siehe Seite 424) Willensstarken Kindern muss klar sein, dass die elterliche Grenze nicht wankt (außer Sie merken, dass die Grenze zu eng oder vorschnell gesetzt wurde. Dann ist es an Ihnen loszulassen.) Gleichzeitig müssen sie ihr Gesicht wahren. Wenn sie das Gefühl haben, sie verlieren, wenn sie tun, was die Eltern wollen, dann werden sie es nicht tun.

Bei extrem trotzigen Kindern wird manchmal die Diagnose »Störung mit oppositionellem Trotzverhalten« gestellt. (*ODD – oppositional defiant disorder*). Eltern beschreiben das oft so, als habe die Störung ihr freundliches Kind in einen rasenden Fremden verwandelt, der verletzende Obszönitäten brüllt und oft schon die kleinsten Enttäuschungen körperlich ausagiert. Oft wird diese Störung auch im Zusammenhang mit Hyperaktivität und

Aufmerksamkeitsproblemen gestellt. Oder die Kinder haben mit Ängsten zu kämpfen. Früher ging man davon aus, dass solche Kinder übermäßig strafende Eltern hatten, was ihren Trotz tatsächlich verschärfte. Aber seit einigen Jahren fällt Klinikern allmählich auf, dass es diesen Kinder von Geburt an schwer fällt, Grenzen zu akzeptieren. Wenden ihre Eltern konventionelle Erziehungsmethoden an, wird sich das Kind einfach dagegen auflehnen. Weil bei konventionellen Erziehungsmethoden auf Trotz mit vermehrter Bestrafung reagiert wird, bekommen die Eltern den Rat, öfter zu strafen. Das Kind weigert sich jedoch, zu etwas gezwungen zu werden und antwortet mit Aggression, sodass diese Familien schnell in einen eskalierenden Kreislauf von Wut und Aggression geraten.

> *Kinder mit ODD beugen sich nicht dem Willen anderer, also kann man sie weder bestechen noch für Grenzübertretungen bestrafen. Vielmehr kämpfen Kinder mit ODD umso härter, je mehr man versucht, auf sie Druck auszuüben oder sie zu strafen.*
>
> *Stattdessen wird ein völlig anderer Ansatz benötigt, bei dem Sie mit Ihrem Kind zusammenarbeiten, um für jedes Problem eine beidseitig annehmbare Lösung zu finden.*
>
> LAURA WRIGHT,
> ODD-Bloggerin und Mutter von zwei Kindern[154]

Einige Fachleute halten bei trotzig oppositionellen Kindern eine verzögerte Gehirnentwicklung dafür verantwortlich, dass sie bei Frustration überreagieren. Andere glauben, dass die Kinder ein überaktives Alarmsystem haben – eine Form von Angst – sodass bereits kleinste Enttäuschungen lebensbedrohlich erscheinen und die Kinder in extremen »Kampf-oder-Fluchtmodus« versetzen. Ich selbst bin aufgrund der Erfahrungen mit Familien und meiner Studienrecherchen der Meinung, dass zwar beide Faktoren eine Rolle spielen können, es jedoch auch noch einen dritten gibt. Bei diesen Kindern treffen niedrige Frustrationstoleranz und große Angstbereitschaft auf »Willensstärke«. Natürlich sind nicht alle willensstarken Kinder ängstlich oder haben eine niedrige Frustrationstoleranz. Aber vermutlich sind praktisch alle Kinder mit der Diagnose »oppositionelles Trotzverhalten« sowohl willensstark als auch ängstlich und kämpfen mit niedriger Frustrationstoleranz.

Da dieses Problem die Gehirnentwicklung betrifft, können Sie bei der Veränderung des Gehirns Ihres Kindes mithelfen, indem Sie ihm die wiederholte Erfahrung vermitteln sich sicher, geliebt und verbunden zu fühlen, insbesondere dann, wenn es emotional erregt ist. Stellen Sie sich Ihr Kind als ein hochsensibles Verbindungsbarometer vor. Fühlt sich Ihr Kind nur das kleinste bisschen isoliert, dann fühlt es sich nicht sicher.

Was können Sie also tun, um Kooperation bei einem willensstarken oder oppositionell trotzigen Kind wahrscheinlicher zu machen? Es folgen einige Ideen:

- **Konzentrieren Sie sich auf die Verbindung, sodass das Kind wahrscheinlicher Ihrer Führung folgt.** Dabei sind Empathie rund um die Uhr und tägliche Wunschzeit wesentlich.
- **Widerstehen Sie allen Ratschlägen, Ihr Kind zu bestrafen.** Das wird das Verhalten Ihres Kindes nur verschlimmern.
- **Sie können und sollten es auch erwarten, dass Ihr Kind Wiedergutmachung leistet, nachdem es sich beruhigt hat und sich besser fühlt.** Sie werden merken, dass es sich wegen der Dinge, die es gesagt und getan hat, schrecklich fühlt und sie bereitwillig in Ordnung bringt, es sei denn, Sie bestrafen oder beschämen Ihr Kind.
- **Gehen Sie davon aus, dass Ihr Kind sein Bestes tut.** Wenn es nicht kooperiert, überlegen Sie, was es braucht, um wieder ins Gleichgewicht zu kommen und sich sicher zu fühlen. (Vielleicht muss es nur seine Erregung ausdrücken und sich damit gehört erleben.)

- Ihr Kind fühlt sich sicherer, wenn es die Kontrolle hat. Überlassen Sie dem Kind innerhalb der Ihnen möglichen Rahmenbedingungen so viel Kontrolle, wie annehmbar für Sie.
- **Üben Sie sich darin, das herausfordernde Verhalten Ihres Kindes als Botschaft dafür zu betrachten, dass es Ihre Hilfe braucht, um eine Win-Win-Lösung zu finden.** Was können Sie tun, ihm dabei zu helfen, nicht das Gesicht zu verlieren und ein wenig von dem zu bekommen, was es in diesem Augenblick braucht?
- **Wenn Ihr Kind schnell frustriert ist, lassen Sie nicht zu, dass sich Spannung aufstaut.** Also sind feste Zeiten für tägliches spielerisches Raufen und Lachen wesentlich.
- **Wenn Ihr Kind leicht ängstlich reagiert, sind tägliches spielerisches Raufen und Lachen ebenfalls wesentlich.** Erinnern Sie sich in diesen Trotzmomenten daran, dass es eigentlich Angst hat. Was können Sie tun, damit es sich in diesem Augenblick sicherer fühlt?
- **Wenn Ihr Kind emotional schnell überwältigt wird, erwarten Sie von Ihrer Familie nicht das, was andere Familien tun.** Nehmen Sie nur solche Einladungen an, von denen Sie glauben, dass Ihr Kind damit umgehen kann. Bereiten Sie Ihr Kind auf jede neue Erfahrung vor.

> *Nach einem Fantasiespiel über einen menschenfressenden Wal war es an der Zeit, den Spielplatz zu verlassen. Als mich mein Sohn wissen ließ, dass er »nicht gehen« würde, wurde mir wie auf ein Stichwort eng um die Brust. Irgendwie fiel mir in meinem Frust dennoch ein, dass er vielleicht Wahlmöglichkeiten brauchte, auf welche Weise er den Spielplatz verlassen wollte. Nachdem ich mir etwas Zeit genommen hatte, um unsere Sachen einzupacken, näherte ich mich ihm und sagte: »Wir müssen jetzt gehen. Wie würdest du gern das Spiel beenden und heimgehen?« Er überlegte einen Moment, dann beschloss er, wir sollten die Geschichte mit*

dem menschenfressenden Wal so abschließen, dass dieser einen Tintenfisch verschlang, der im Bauch des Wals schwarze Tinte verspritzen würde, sodass es dort zu dunkel wurde und der Junge herauskommen musste. Nicht mal eine ganze Minute später verließen wir den Spielplatz friedlich Hand in Hand.

CARRIE,
Mutter eines Fünfjährigen

BEISPIEL

Was ist der Unterschied zwischen Bestrafung und dem Aufrechterhalten Ihrer Grenze?

Ihr Sohn Hannes sitzt im Sandkasten. Er wirft mit einer Handvoll Sand. Eines der anderen Kinder schreit: *»Hey, hör auf!«* Die anderen Eltern schauen Sie vorwurfsvoll an. Was sagen Sie?

- **Permissiv:** »Hannes, hörst du bitte damit auf?«
- **Autoritär:** »Okay, das war's dann! Raus aus der Sandkiste! Du brauchst eine Auszeit!« Sie aber wissen, wie man eine empathische Grenze setzt! Sie sagen: *»Hannes, hast du gehört, wie er dich gebeten hat aufzuhören? Sand ist nicht zum Werfen da. Das kann jemanden am Auge wehtun.«* Aber Hannes sagt das nichts. Er blickt Sie direkt an, hebt noch eine Handvoll Sand auf und wirft ihn. Was jetzt?

Sie springen in den Sandkasten und holen Hannes heraus. Da beginnt er natürlich zu heulen. Daraufhin bringen Sie ihn so weit wie möglich außer Sichtweite, damit Sie sich mit ihm befassen können, ohne sich darum zu sorgen, was andere denken könnten. Sie sagen: *»Hannes, im Sandkasten gilt die Regel, dass nicht mit Sand geworfen wird. Sand tut weh. Kannst du mit dem Werfen aufhören?«*

Hannes schaut Sie verärgert an. Er sagt nicht »Ja«, er sagt aber auch nicht »Nein«. Also setzen Sie eine entschiedenere Grenze: *»Hannes, wenn du wieder in den Sandkasten willst, dann brauchen wir eine Abmachung, dass du dich an die Regel halten wirst. Kannst du dich an die Regel halten und mit dem Sandwerfen aufhören? Kannst du mir die Hand darauf geben?«* Wenn Hannes zustimmt, wird er vermutlich die Abmachung einhalten, weil er sich tatsächlich dazu verpflichtet. Wenn er Ihnen nicht die Hand darauf gibt, kann er nicht wieder in den Sandkasten, egal, wie sehr er weint und bettelt, woraufhin Sie sagen: *»Weißt du was? Das ist für dich heute einfach zu schwierig. Komm, wir gehen dafür an die Schaukel. Das mit dem Sandkasten probieren wir morgen wieder.«* Vielleicht bekommt Hannes einen ausgewachsenen Wutanfall. Das ist in Ordnung. Bis er Ihre Grenze mit dem Werfen akzeptieren kann, kann er nicht in den Sandkasten. Das ist die Regel, die für alle im Sandkasten gilt.

Was ist, wenn er sagt: *»Okay, ich werfe keinen Sand mehr, bestimmt«*, daraufhin in den Sandkasten darf, ein wenig spielt und wieder mit dem Werfen anfängt? Das ist ein Sicherheitsproblem, daher gibt es nun keine Verwarnung mehr. Sie holen ihn aus dem Sandkasten und sagen: *»Hannes, das war heute einfach zu schwierig für dich. Wir versuchen es morgen wieder. Jetzt müssen wir heimgehen. Die Regel heißt, keinen Sand werfen.«* Das war's. Das ist Ihre Grenze.

Ist das eine Grenze oder eine Konsequenz? Es stimmt, dass die Konsequenz oder das Ergebnis des Sandwerfens darin besteht, dass man nicht mehr im Sandkasten bleiben kann. Aber »Konsequenz« ist inzwischen etwas Strafendes, Unangenehmes geworden, das wir einem Kind auferlegen, wenn es eine Regel bricht. Hier setzen Sie aber stattdessen einfach Ihre Grenze durch. Sie sind nicht gemein oder strafend. Sie sind verständnisvoll, also handelt es sich nicht um eine Strafe. Es ist so ähnlich wie beim Lichtausschalten. Die Konsequenz davon ist Dunkelheit, aber daran ist nichts Strafendes, es ist nur ein Ergebnis. Wer sich nicht an die Regeln im Sandkasten halten kann, bleibt draußen. Das ist das Ergebnis. Kein Beschämen, kein Vorwurf und morgen versuchen wir es erneut. Da Sie sich eher für eine Grenze als eine Konsequenz entschieden haben, entgeht Ihr Kind der Last von Scham und Schuld und ist motiviert, das nächste Mal die Sandkastenregel freiwillig einzuhalten. Es bleibt nicht in einem Machtkampf gefangen.

· EMPATHISCHE GRENZEN OHNE BESCHÄMUNG SETZEN ·

Weil frühere Generationen Scham für eine gute Lehrmethode hielten, sind wir es oft gewohnt, Grenzen auf eine Weise zu setzen, die Scham hervorruft. Das beinhaltet Spott oder negative Urteile darüber:

- **was das Kind braucht:** *»Was? Bist du etwa ein Baby? Siehst du nicht, dass ich schon genug damit zu tun habe, mich um deine Schwester zu kümmern?«*
- **was das Kind will:** *»Du willst immer nur mehr, mehr, mehr! Dein Zimmer ist vollgestopft mit Spielsachen. Reicht dir das denn nicht?«*
- **was das Kind fühlt:** *»Du hasst deinen Bruder doch gar nicht. Sag nicht so schlimme Sachen.«*
- **wer das das Kind ist:** *»Du würdest sogar den Kopf verlieren, wenn er nicht festgewachsen wäre!«*

Scham ist dieses schwere, herabsinkende Gefühl, das uns signalisiert, unsere Impulse zu zügeln und eine andere Richtung einzuschlagen. Leichte Scham scheint eine universelle biologische Reaktion zu sein, die uns hilft zu lernen, wie man mit anderen Menschen zusammenlebt, obgleich das, was gesellschaftlich akzeptiert und somit auch, was schändlich ist, sich von Kultur zu Kultur unterscheidet. Es geht darum, wie wir solche gesellschaftlichen Regeln lernen, wie, nicht auf den Fußboden zu pinkeln. Wenn Eltern ihre Kinder dabei unterstützen, kann die Lernerfahrung alle negativen Schlüsse über das eigene Selbst aufheben. Erinnern Sie sich an das Kind aus dem ersten Teil des Buches (siehe Seite 155), das den Stammeshäuptling unterbrochen hatte, und dessen Eltern ihm halfen, sich wieder von dieser Erfahrung zu erholen?

Denken Sie im Gegensatz dazu an die Eltern im Supermarkt (derselbe Abschnitt, siehe Seite 159). Sie schämten sich dafür, als sich ihr Kind in der Öffentlichkeit danebenbenahm und gaben somit die Scham an ihr Kind weiter, das sich plötzlich öffentlich beschämt fühlte. Wenn wir Kinder beschämen, geben wir ihnen zu verstehen, dass mit ihnen etwas nicht stimmt. Das Kind schließt daraus, dass es noch nicht einmal durch anderes Verhalten versuchen kann, etwas in Ordnung zu bringen, denn der Fehler liegt in seinem Sosein.

Die vier obigen Beispiele rufen deshalb Scham hervor, weil sie dem Kind nicht erlauben, seine Bedürfnisse, Gefühle und Wünsche davon zu trennen, **wer** es als Mensch ist. Zum Glück können wir die Scham vollkommen umgehen, indem wir uns in das Kind einfühlen und ohne Urteilen und Kritisieren eine Grenze setzen. Wir wollen die obigen Beispiele umformulieren:

- *»Jeder will manchmal wie ein Baby behandelt werden. Du wirst immer mein Baby bleiben, egal wie groß du wirst. Jetzt kann ich dich gerade nicht tragen, aber komm her und lass dich ordentlich knuddeln.«*
- *»Das Spielzeug sieht ziemlich cool aus. Du würdest es wirklich gern haben. Heute kaufen wir aber keine Spielsachen, Malia. Wir können es auf deinen Geburtstagswunschzettel setzen und vielleicht kannst du es bekommen, wenn es dir dann immer noch so wichtig ist.«*
- *»Klingt, als sei etwas passiert, weswegen du auf deinen Bruder wütend bist.«*
- *»Du hast deine Jacke verloren? Oh nein. Komm, wir überlegen, wo du sie vergessen haben könntest. Und wir lassen uns etwas einfallen, wie du nachsehen kannst, ob du alle deine Sachen hast, bevor du irgendwo hingehst.«*

BEISPIEL

Empathische Grenzen anstatt mit Scham zu arbeiten

Wir betrachten ein Sicherheitsproblem mit einem Kleinkind. Das empathische Setzen von Grenzen umgeht jegliches Urteil darüber, wer das Kind ist und was es braucht, will oder fühlt. Sie sagen einfach: *»Du kletterst so gern! Und der Fernsehschrank ist zum Klettern zu gefährlich. Komm wir gehen raus, dahin, wo du sicher klettern kannst.«* Das Kind will nicht aufhören zu klettern, aber die Eltern, denen es vertraut, bestehen darauf. Es wird gebeten, die Kletterimpulse zu zügeln, also soll es quasi am aktivierten inneren »Kletterantrieb« Bremsen anbringen. Die innere Bremse verursacht dieses schwere, herabsinkende Gefühl, das Erwachsene als leichte Scham identifizieren. Das Kind sieht aber, wie beruhigend sich die Eltern verhalten. Seine Eltern denken von ihm nicht, dass es schlecht ist, oder noch nicht einmal, dass Klettern schlecht ist. Sie werden dem Kind helfen, dort zu klettern, wo es sicher ist. Das Kind dreht sich um und sucht in den Armen des Elternteils Zuflucht. Bei einem Kleinkind werden die Eltern diese Grenze wiederholt ansagen und setzen müssen. Aber früher oder später wird es ihre Stimme im Kopf hören, wenn es mit dem Klettern beginnt und damit aufhören. Sie können das als den Beginn des Gewissens und der Selbstdisziplin betrachten.

Was aber, wenn der Elternteil stattdessen sagt: *»Du solltest es besser wissen, als da rauf zu klettern! Du ungezogener Bengel! Kannst du nicht mal für einen Augenblick aufhören, mir Ärger zu machen!«* Spürt das Kind nun die milde Scham, die biologische Folge des Zügelns seiner Impulse, werden diese Gefühle mit der Vorstellung verwechselt, dass es ein böser Junge sei, der seinen Eltern Ärger macht. Er ist einfach nur er selbst, aber irgendetwas muss mit ihm nicht stimmen. Dieses Gefühl ist unerträglich, also klettert er weiter von den Eltern weg, höher.

Will er umschalten, auf die Eltern »hören«? Nicht wirklich. Er hat es bereits aufgegeben, seinen Eltern irgendetwas recht machen zu wollen. Natürlich können sie ihn vom Fernsehschrank herunterzerren, aber dann entscheidet er sich nicht freiwillig, ihrer Führung zu folgen. So baut er nicht die Nervenbahnen auf, die er zum Umschalten braucht. Jetzt schicken ihn seine schwer geprüften Eltern in eine Auszeit, damit er »hören« lernt. Schwört er, während er in der Auszeit sitzt, das nächste Mal den Eltern zu gehorchen? Unwahrscheinlich. Er ist von Scham überwältigt. Aber die Scham fühlt sich so unerträglich an, dass er alles tut, um sie nicht zu spüren. Anstatt Reue zu zeigen, schlägt er wütend um sich. Er macht anderen Schuldvorwürfe. Er rebelliert gegen die sich allmählich entwickelnde Stimme des Gewissens in seinem Kopf. Er wird trotzig. Aber tief darunter entwickelt er das Gefühl, fehlerbehaftet zu sein, was ihn – wenn er diese Erfahrung oft genug macht – vielleicht noch jahrelang verfolgen wird.

ÜBUNG

Überarbeiten Sie Ihr gewöhnliches Setzen von Grenzen

Zählen Sie die Grenzen auf, die Ihnen und Ihren Kindern am meisten zu schaffen machen. Zuerst schreiben Sie auf, was Sie beim Setzen dieser Grenze am wahrscheinlichsten sagen. Danach überlegen Sie, wie Sie dieselbe Grenze vielleicht mit mehr Empathie setzen können, sodass sich Ihr Kind gehört fühlt, aber ohne, dass dabei Ihre Grenze ins Wanken kommt.

Beim Formulieren Ihrer Grenze versuchen Sie das Gefühl und/oder den Wunsch Ihres Kindes anzuerkennen. Vielleicht können Sie ihm den Wunsch in der Fantasie erfüllen. Zum Beispiel: *»Rebecca, ich verstehe dich, dir wäre es am liebsten, wenn du nicht in die Schule gehen müsstest. Es würde viel mehr Spaß machen, wenn wir heute einfach zu Hause bleiben und spielen könnten, oder? Was können wir machen, damit heute ein guter Tag wird?«*

1 Wie ich es jetzt sage:

____

____

Wie ich es noch empathischer ausdrücken kann:

____

____

____

____

2 Wie ich es jetzt sage:

____

____

Wie ich es noch empathischer ausdrücken kann:

____

____

____

____

3 Wie ich es jetzt sage:

____

____

Wie ich es noch empathischer ausdrücken kann:

---

4 Wie ich es jetzt sage:

Wie ich es noch empathischer ausdrücken kann:

Wenn meine Kinder der Widerstandsgeist packt, dann umgehe ich die Machtkämpfe und ändere den Umgangston, indem ich für alles zwei Wahlmöglichkeiten anbiete: »Möchtest du die Hosen mit oder ohne Taschen anziehen. Möchtest du Toast mit Schoko oder Käse? Willst du deine Sportschuhe oder die Sandalen anziehen?« Dann sind sie so begeistert über das Auswählen, dass sie den Widerstand dabei vergessen!

CARMEN,
Mutter eines dreijährigen und eines fünfjährigen Kindes

ÜBUNG

Machtkämpfe umgehen

Bei einem Machtkampf gewinnt keine. Wenn Sie sich oft bei Machtkämpfen mit Ihrem Kind ertappen, erinnern Sie sich, dass es dafür zwei Menschen braucht. Sie müssen sich nicht auf jeden Machtkampf einlassen, zu dem Sie provoziert werden – letztlich sind Kinder nicht an Macht interessiert.

Wenn Ihnen auffällt, dass Sie häufig in Machtkämpfe mit Ihrem Kind geraten, dann bemühen Sie sich darum, Ihrem Kind möglichst oft Wahlmöglichkeiten anbieten zu können. Natürlich gibt es Entscheidungen, die Ihr Kind noch nicht treffen kann. Doch jedes Mal, wenn Sie ihm das Recht zur Wahl überlassen, fühlt es sich ein bisschen selbstständiger, weniger herumgeschubst. Weil dieses Bedürfnis erfüllt ist, kann Ihr Kind Entscheidungen, die es nicht mitbestimmen kann, leichter akzeptieren. Auch geben Sie damit ein Vorbild für Win-win-Lösungen, die die Bedürfnisse beider berücksichtigen. Außerdem gibt es einen weiteren riesigen Vorteil: Jedes Mal, wenn Ihr Kind eine Wahl trifft, entwickelt es seinen inneren Kompass weiter.

Welches sind die wiederkehrenden Machtkämpfe mit Ihrem Kind? Jeder repräsentiert einen Streitpunkt, bei dem Ihnen etwas anderes wichtig ist als Ihrem Kind. Gibt es einen Teil der Streitfrage, bei dem Sie Ihr Kind eine Wahl treffen lassen können?

Beispiel:

Wir streiten uns über:	Was mir wirklich wichtig ist:	Was kann ich ihn/sie wählen lassen:	Ich kann damit leben, weil:
allmorgendlich über ihre Kleidung	mit dem Streit aufhören und sie anziehen, damit wir das Haus verlassen können.	Sie kann ihre Kleidung jeden Morgen selbst aus ihren Schubladen aussuchen, auch wenn die Einzelstücke nicht zusammenpassen.	ich alle inakzeptablen Kleidungsstücke (schicke Kleidung oder solche, die nicht zur Jahreszeit passt) aus den Schubladen entferne, die sie erreichen kann.
Er kommt nicht zum Essen, wenn ich ihn rufe.	Ich will mich hinsetzen und essen können, bevor das Essen kalt wird. Außerdem will ich, dass er zur Hauptmahlzeit isst, damit er später keinen Hunger hat.	Auf mein Rufen kann er entweder sofort kommen oder in fünf Minuten (und ich gebe ihm jedes Mal fünf Minuten vorher ein Signal) / Er kann ein Stofftier zu sich auf den Stuhl setzen.	Es ist kein großer Aufwand, »einen Freund« von ihm bei Tisch zu haben, und mir fällt es leicht, das Essen fünf Minuten vorher anzukündigen, wenn er dafür ohne Streit zu Tisch kommt.

Jetzt sind Sie dran:

Wir streiten uns über:	Was mir wirklich wichtig ist:	Was kann ich ihn/sie wählen lassen:	Ich kann damit leben, weil:

ÜBUNG

Machtkämpfe mithilfe von Ritualen vermeiden

Welche Tagesabschnitte machen Ihnen wiederkehrende Probleme? Zu dieser Zeit eine feste Routine zu verabreden, hilft Ihnen, Machtkämpfe zu umgehen. Erarbeiten Sie mit Ihrem Kind eine Tabelle mit Ihren Morgen- und Abendritualen (falls Ihr Kind nicht lesen kann mit Fotos) wie Zähneputzen, Baden und Vorlesezeit inklusive Zeitangabe. Heften Sie Ihren neuen Ablauf an eine Stelle, die die Kinder gut sehen können, und betonen Sie, dass so etwas Spaß macht, indem Sie zur feierlichen Einweihung der neuen Rituale einen besonderen Leckerbissen ausgeben. Zeigen Sie jeden Tag, wenn Sie nacheinander die Aufgaben abhaken, auf die Tabelle und fragen Ihr Kind: *»Was tun wir als Nächstes?«* Innerhalb eines Monats oder schneller wird der neue Ablauf für alle zur Gewohnheit werden und Sie erleben viel weniger Machtkämpfe.

(1) Tageszeit: ______________________________

Vorgeschlagene Routine – wer tut was und wann:

____

____

____

(2) Tageszeit: ______________________________

Vorgeschlagene Routine – wer tut was und wann:

____

____

____

(3) Tageszeit: ______________________________

Vorgeschlagene Routine – wer tut was und wann:

____

____

____

Mit Win-win-Lösungen wiederkehrende Probleme lösen

Ich habe Mühe damit, Grenzen wie »keine respektlose Sprache« durchzusetzen. Meine Kinder beleidigen sich einfach weiter, bis ich ihnen drohe, was ich hasse.

MAKAYLA,
Mutter eines vierjährigen und eines sechsjährigen Kindes

Es wird Zeiten geben, in denen Sie das Gefühl haben, absolut auf der Stelle zu treten und auch mit einer empathischen Grenze kein wiederkehrendes Problem lösen. Dann erinnern Sie sich daran, dass sich Ihr Kind die Methode, mit der Sie dieses Problem lösen werden, zum Vorbild dafür nehmen wird, wie es selbst zwischenmenschliche Probleme löst, also lohnt es sich, dabei besondere Sorgfalt walten zu lassen.

Gehen Sie auf jeden Fall zuerst alle in der Familienstruktur begründeten Probleme an. Im vorhergehenden Beispiel legt die offensichtliche Geschwisterrivalität nahe, dass bei diesen Kindern mehr vorbeugende Strategien notwendig sind: für jedes Kind Zeit allein mit dem jeweiligen Elternteil, Gelegenheiten, in denen die Kinder ausdrücken dürfen, welche Gefühle sie über ihre Geschwister haben, und bei akutem Streit besondere Interventionen der Eltern, um den Kindern Möglichkeiten für eine friedliche Konfliktlösung zu vermitteln. (Sie finden diese Strategien in meinem Buch *Gelassene Eltern – glückliche Geschwister).*[144]

Aber laden Sie Ihre Kinder zusätzlich (nicht stattdessen) dazu ein, mit Ihnen an einer Win-win-Lösung zu arbeiten.

1. **Fangen Sie mit einer Einladung an,** wenn Ihre Kinder gerade nicht streiten: »Wir haben ein Problem, bei dessen Lösung ich eure Hilfe brauche.« Legen Sie einen Notizblock bereit.
2. **Fangen Sie an, indem Sie die Gefühle Ihrer Kinder anerkennen.** Damit werden sie in den Prozess eingeladen: *»Mir fällt auf, dass ihr beide manchmal so ärgerlich aufeinander werdet, dass ihr anfangt, euch gegenseitig zu beleidigen. Das fühlt sich bestimmt für keine von euch gut an.«* Hören Sie ihren Antworten zu und vermitteln Empathie. Wenn die Kinder dabei in Streit geraten, bleiben Sie ruhig und erkennen an, dass all dieses Streiten unglückliche Gefühle zurücklässt und Sie genau dieses Problem lösen wollen.
3. **Dann drücken Sie Ihre Anliegen aus:** *»Die allerwichtigste Regel in diesem Haus heißt, dass wir uns gegenseitig freundlich und respektvoll behandeln. Richtig? Wenn ihr beide so ärgerlich aufeinander werdet, dann fange ich am Ende auch noch an zu drohen. Das ist genauso wenig respektvoll – ich bin dann einfach so frustriert und weiß nicht, wie ich helfen kann.«*
4. **Laden Sie Ihre Kinder zu einem gemeinsamen Brainstorming ein:** *»Ich verstehe, dass es Zeiten gibt, in denen ihr aufeinander wütend seid. Welche Ideen habt ihr, euch bei Ärger ohne Beleidigungen zu einigen? Und wie kann ich in dieser Situation helfen, ohne alles noch zu verschlimmern? Ich werde alle eure Ideen aufschreiben. Alle Einfälle sind willkommen. Nach dem Brainstorming werden wir die Ideen durchstreichen, die nicht für uns alle passen.«* Kinder mögen es – besonders, wenn sie noch nicht lesen können – wenn Sie ihre Lösungsvorschläge möglichst wortgetreu aufschreiben. Die Eltern können das Ganze locker gestalten und eine große Bandbreite an Ideen zulassen, indem Sie witzige Vorschläge beisteuern, die am Schluss wieder durchgestrichen werden.

Ihre Liste könnte folgendermaßen aussehen:

- Michelle könnte aufhören, wenn Jakob *»Stopp«* sagt, anstatt weiter gemeine Sachen zu sagen.
- Jakob könnte verschwinden.
- Mama könnte jedes Mal, wenn Michelle und Jakob streiten, Kopfhörer aufsetzen.
- Mama könnte jedes Mal, wenn Michelle und Jakob streiten, eine kostenlose Reise nach Hawaii gewinnen.
- Wenn Mama unser Umgangston nicht gefällt, kann sie einfach sagen: »Ton« und das ist unser Signal, so lange in getrennte Zimmer zu gehen, bis wir ruhig und ohne Beleidigungen miteinander reden können.
- Mama könnte einen Zauberstab besorgen, der alles, was Michelle und Jakob zueinander sagen in etwas total Liebevolles verwandelt.
- Mama könnte **nicht schreien** und uns stattdessen daran erinnern, unsere Gefühle auszudrücken, ohne uns dabei gegenseitig anzugreifen.
- Wir könnten uns ein besonderes Geheimwort aussuchen, und sobald es jemand benutzt, müssen wir alle still sein und uns so lange anschauen, bis wir zu lachen anfangen.
- Michelle und Jakob – und Mama – könnten jeder für sich ein besonderes Mantra aussuchen, dass sie immer dann zur Beruhigung sagen, wenn sie aufgebracht sind.
- Nachdem jemand während eines Streits das Geheimwort gesagt hat, muss jeder, der etwas Gemeines sagt, an dem Abend den Abwasch erledigen.
- Wir könnten Streit stoppen, bevor er ausufert, indem wir ein besonderes Geheimwort verwenden.
- Michelle kann Jakob immer zum Lachen bringen.

Überprüfen Sie dann die Liste und streichen alle Vorschläge, die abgelehnt werden. Dieser Prozess verdeutlicht, was jedem von Ihnen wirklich wichtig ist und wo Sie sich auf Kompromisse einlassen. Vielleicht verbinden Sie am Ende einige Ideen. Tippen Sie anschließend die Liste als Vereinbarung ab und lassen alle unterschreiben und das Ganze mit einem Handschlag bekräftigen. Wenn Sie die Vereinbarung so besiegeln, lächeln Sie und bekräftigen, dass *»wir immer unsere Versprechen halten.«* (Natürlich gilt das auch für Eltern.) Dann hängen Sie Ihre Vereinbarung auf. Zum Beispiel:

Wir vereinbaren gemeinsam, dass:

- wir versuchen werden, Streit zu beenden, bevor wir zu wütend werden, indem wir unser Geheimwort benutzen, das uns beide zum Lachen bringt.
- Mama **nicht schreien** wird und uns stattdessen daran erinnert, unsere Gefühle auszudrücken, ohne einander anzugreifen.
- wenn wir uns nicht beruhigen, Mama einfach sagen wird: *»Ton bitte«,* was dann unser Signal ist, um in getrennte Zimmer zu gehen, bis wir beim Reden ruhig bleiben können und uns nicht beleidigen.
- falls einer oder wir beide nicht in getrennte Zimmer gehen, wir den Abwasch machen müssen.
- wenn Mama brüllt, sie so viele Liegestütz machen wird, wie sie schafft.
- sich Michelle, Jakob und Mama je ein bestimmtes Mantra aussuchen werden, das wir uns zur Beruhigung bei Ärger selbst vorsagen.

Beachten Sie, dass die Kinder die Idee mit dem Abwasch hatten und Mama den Vorschlag mit den Liegestützen einbrachte.

Es ist in Ordnung, wenn Sie in die Vereinbarung Konsequenzen für ihre Nichteinhaltung einbinden, fragen Sie aber im Vorfeld alle, wie sie sich fühlen, wenn sie tatsächlich das tun müssen, wozu sie sich verpflichtet haben. Sie wollen nicht den Boden für einen Machtkampf bereiten.

Wenn Ihre Kinder das nächste Mal streiten, bringen Sie ihnen die unterschriebene Vereinbarung und sagen: *»Ich weiß, ihr seid jetzt gerade sehr ärgerlich. Wir wollen alle einmal tief durchatmen und das gemeinsam lösen. Ich habe eingewilligt, nicht zu schreien und euch stattdessen daran zu erinnern, eure Gefühle auszudrücken, ohne einander anzugreifen. Ich bin hier, um euch dabei zu helfen. Wenn ihr dafür zu ärgerlich seid, können wir auch in getrennte Zimmer gehen und das Problem lösen, sobald wir uns beruhigt haben.«*

Was ist, wenn Ihre Kinder Sie ignorieren und sich gegenseitig weiter anschreien? Tun Sie mithilfe von Empathie Ihr Bestes, um die Wogen zu glätten und helfen Sie den Kindern, einander zuzuhören, um das Problem zu lösen. Wiederholen Sie dann das Brainstorming später noch einmal. Was hat funktioniert, was nicht? Was könnte sonst noch helfen? Überarbeiten Sie die Vereinbarung.

Natürlich hätten Sie die Vereinbarung auch selbst vorschlagen können, aber dann hätten sich Ihre Kinder nicht einbezogen gefühlt. Wenn Kinder diesen Prozess oft genug miterleben, werden sie davon überzeugt, dass ihre Anliegen zur Sprache kommen und sind dann auch eher zu Kompromissen bereit, damit auch Ihre Bedürfnisse erfüllt werden.

Erscheint Ihnen das eine Menge Arbeit? Das ist es auch! Aber mit der Zeit lernen Ihre Kinder, das für sich selbst zu regeln. Und im Gegensatz zu Schreien und Strafe wirkt es. Und zwar deshalb, weil es den Kindern bei der Lösung ihrer Probleme hilft. Sie vermitteln Ihren Kindern also auch konstruktive Problemlösefähigkeiten fürs ganze Leben. Auf diesem Weg wachsen letztlich Jugendliche heran, für die es selbstverständlich geworden ist, auch Ihre Bedürfnisse zu erfüllen – bevor Sie noch darum bitten!

Disziplin hilft einem Kind ein Problem zu lösen. Bestrafung lässt ein Kind dafür Vergeltung erleiden, dass es ein Problem hat. Um Problemlöser heranwachsen zu sehen, konzentrieren Sie sich auf Lösungen, nicht auf Vergeltung.

L.R. KNOST[145]

ÜBUNG

Win-win-Lösungen, bei denen alle gewinnen

Denken Sie an Lebensbereiche, in denen Sie und Ihr Kind die meisten Konflikte erleben. Schreiben Sie Ihr Anliegen und das Ihres Kindes zusammen mit möglichen Win-win-Lösungen auf. Dann besprechen Sie das Problem mit Ihrem Kind und entwickeln gemeinsam eine für beide Seiten akzeptable Lösung. Probieren Sie aus, ob die Lösung praktikabel ist. Wenn nötig, besprechen Sie das Problem erneut und überarbeiten die Vereinbarung. (Denken Sie daran, es muss eine Win-win-Lösung sein. Es geht nicht darum, dass Sie oder Ihr Kind etwas aufgeben sollen, das Ihnen wirklich wichtig ist.)

Problem Nr. 1:

____

____

____

Anliegen des Elternteils:

____

____

Anliegen des Kindes:

Mögliche Win-win-Lösung:

Vereinbarte Win-win-Lösung:

Überarbeitete Lösung (wenn nach Ausprobieren nötig):

Problem Nr. 2:

Anliegen des Elternteils:

Anliegen des Kindes:

Mögliche Win-win-Lösung:

Vereinbarte Win-win-Lösung:

Überarbeitete Lösung ((wenn nach Ausprobieren nötig)):

ÜBUNG

Alternativen zu Drohungen und Bestrafung

Heften Sie das an Ihren Kühlschrank.

Wenn Sie auf Ihr Kind wütend sind, was könnten Sie abgesehen von Bestrafung tun? Zählen Sie im Folgenden so viele Dinge wie möglich auf. Für den Anfang habe ich Ihnen einige Beispiele aufgeschrieben, die wir bereits besprochen haben.

1. Stopp, loslassen (Ihre Agenda, nur zeitweise) und atmen!
2. Geben Sie Empathie beim Setzen der Grenze.
3. Lenken Sie um.
4. Sagen Sie dem Kind, was es tun *kann,* anstatt, was es *nicht tun soll.*
5. Bieten Sie ihm Wahlmöglichkeiten.
6. Sagen Sie: *»Wenn, … dann …« (»Wenn wir dein Zimmer aufgeräumt haben, dann können wir auf den Spielplatz gehen.«)*
7. Sagen Sie: *»Sobald du bereit bist …« (»Sobald du bereit bist, wird dir bestimmt die beste Möglichkeit einfallen, um es mit deinem Bruder wieder gut zu machen.«)*
8. Drücken Sie Ihre Gefühle aus und bitten Sie Ihr Kind um Hilfe. *(»Ich fürchte, wir müssen jetzt gehen, sonst kommen wir zu spät. Tu mir jetzt bitte den Gefallen und zieh deine neuen Schuhe an.«)*
9. Erfüllen Sie das Bedürfnis Ihres Kindes nach Wertschätzung. *(»Mich freut, wenn du mir so hilfst, … ohne dich hätte ich es nicht geschafft!«)*

10 Erfüllen Sie das Bedürfnis, von dem das Verhalten angetrieben wird.

11 Suchen Sie eine Lösung, bei der beide gewinnen.

12 Bringen Sie Spaß ins Ganze.

13 Holen Sie sich Ihr Kind für eine Umarmung und sagen: *»Sind dir wieder mal die Knuddler ausgegangen? Schauen wir mal, was sich da machen lässt!«*

14 Sagen Sie: *»Ich frage mich, was jede von uns dafür tun könnte.«*

15 ______________________________

16 ______________________________

17 ______________________________

18 ______________________________

19 ______________________________

20 ______________________________

21 ______________________________

22 ______________________________

23 ______________________________

24 ______________________________

25 ______________________________

26 ______________________________

27 ______________________________

28 ______________________________

29 ______________________________

30 ______________________________

REFLEXION NACH DER ÜBUNG

Bestandsaufnahme

Viele Eltern befürchten, sie würden ihr Kind *»mit etwas davonkommen lassen«,* wenn sie Fehlverhalten nicht bestrafen. Aber Strafe beseitigt das Fehlverhalten nicht. Da sie den Kindern ein schlechtes Gefühl über sich selbst vermittelt, ihnen im Umgang mit Emotionen nicht weiterhilft und die Verbindung zwischen Eltern und Kind aushöhlt, erzeugt Strafe sogar noch mehr Fehlverhalten. Wenn Kinder sich aufführen, sind sie fehlreguliert und das Gehirn kann nicht lernen. Wenn wir den Kindern helfen, sich sicher und verbunden zu fühlen, können sie anfangen, ihre Emotionen zu regulieren, was sie wiederum bei der Wahl günstigeren Verhaltens unterstützt.

1 Welche positiven Dinge bemerken Sie an Ihrem Kind, nachdem Sie jetzt Möglichkeiten entdecken, um Schreien zu stoppen, anfangen, sich mit Ihrem Kind zu verbinden und Ihr Kind für die Entwicklung emotionaler Intelligenz und günstigerer Verhaltensweisen zu coachen?

2 Ist es Ihnen bei der Suche nach Alternativen gelungen, über Disziplin hinauszugehen, wenn sich Ihr Kind aufführt? Was haben Sie ausprobiert?

3 Wie beruhigen Sie sich ausreichend, um diese Alternativen auszuprobieren?

4 Wie hat Ihr Kind reagiert, als Sie eine Alternative zu Bestrafung eingesetzt haben?

5 War es Ihnen möglich, Wiedergutmachung ohne Beschämen und Beschuldigen Ihres Kindes vorzuschlagen? Wie hat Ihr Kind darauf reagiert?

___

___

___

6 Geraten Sie immer noch in Machtkämpfe? Was könnten Sie stattdessen tun?

___

___

___

7 Welche Alternativen zu Bestrafung würden Sie gern öfter ausprobieren?

___

___

___

8 Haben Sie die Verbindung zu Ihrem Kind gestärkt? Das ist der einzig gute Weg, um Fehlverhalten vorzubeugen.

___

___

___

Kinder ohne Strafe begleiten

Eltern sorgen sich oft, dass Kinder ohne Strafe (Leiden) nicht die Lektion »lernen«, die ihnen die Eltern erteilen wollen. Aber wir wollen einander gegenüberstellen, was Kinder durch herkömmliche »Disziplin« und durch empathische Grenzen lernen.

· GRENZEN SETZEN ·

Herkömmliche Disziplin: *»Hör auf damit. Du weißt das besser!«*

Was Ihr Kind daraus lernt: Sie verstehen nicht, was es will, und es ist Ihnen auch egal, also muss Ihr Kind selbst versuchen, seine Bedürfnisse zu erfüllen, selbst wenn es dazu die Regeln brechen muss.

Empathische Grenze: Nehmen Sie einen tiefen Atemzug, erkennen die Sichtweise Ihres Kindes an, setzen Ihre Grenze und versuchen den Impuls Ihres Kindes in annehmbares Verhalten umzulenken:

- *»Ava, du liebst deine Schwester, und sie liebt dich. Und sie darf selbst entscheiden, ob sie umarmt werden will. Kannst du sie fragen, bevor du sie knuddelst?«*
- *»Es gilt die Regel, dass im Auto nicht geschrien wird, damit ich sicher fahren kann. Ich höre, dass du richtig wütend bist, und ich will wissen, was los ist – in einer Lautstärke, der ich gefahrlos zuhören kann. Kannst du also mit dem Geschrei aufhören, oder muss ich das Auto anhalten?«*

Was Ihr Kind daraus lernt:

- *»Wenn mir Mama und Papa sagen, ich soll mit etwas aufhören, dann meinen sie das auch. Aber sie verstehen trotzdem immer, weshalb ich das gemacht habe, so fühle ich mich nicht wie ein schlechter Mensch.«*
- *»Ich brauche nicht zu schreien, meine Eltern hören mir auch so zu.«*

· WENN IHR KIND IHRE GRENZE TESTET ·

Herkömmliche Disziplin: *»Ich hab dir gesagt, du sollst dein Zimmer aufräumen! Wie oft muss ich dir das noch sagen? Willst du etwa eine Konsequenz?!«*

Was Ihr Kind daraus lernt: Sie meinen es eigentlich erst ernst, wenn Sie die Stimme erheben. So wird **keine** Selbstdisziplin gelehrt, weil Ihr Kind nicht selbst **wählt**, mit dem aufzuhören, was es tut (es wurde ihm von außen aufgezwungen), um Ihrer Forderung nachzukommen.

Empathische Grenze: Erkennen Sie die Sichtweise Ihres Kindes an und erlauben ihm seinen Wunsch in der Fantasie: *»Oh ja, Zimmer aufräumen kann langweilig sein. Hättest du nicht gern einen Putzroboter, der blitzschnell alles wieder an seinen Platz stellt? Ich auch! Bis das so weit ist, musst du selbst die Spielsachen zurück ins Regal legen und die schmutzige Wäsche in den Korb tun. Willst du mit den Spielsachen oder mit der Wäsche anfangen?«*

Was Ihr Kind daraus lernt:

- *»Zwar bekomme ich nicht immer, was ich will, aber dafür bekomme ich etwas Besseres – Eltern, die mich verstehen, egal was los ist.«*
- *»Es lohnt sich, das aufzugeben, was ich will (länger spielen), für das, was ich lieber will – diese herzliche Beziehung mit meinen Eltern.«*

· UMGANG MIT EMOTIONEN ·

Herkömmliche Disziplin: *»Geh in dein Zimmer, bis du mit mir in einem angemessenen Ton sprechen kannst, junge Dame!«*

Was Ihr Kind daraus lernt: Es muss versuchen ganz allein mit diesen großen Emotionen klarzukommen. Ihnen ist es egal, wie aufgewühlt es ist, also schreit es am besten noch lauter.

Empathische Grenze: *»Autsch! Du weißt, dass wir in unserer Familie respektvoll miteinander reden. Du musst ja sehr aufgebracht sein, dass du so mit mir sprichst. Was ist los, mein Schatz?«*

Was Ihr Kind daraus lernt:

- *»Ich kann es meinen Eltern gefahrlos zeigen, wenn ich aufgebracht bin. Sie verstehen mich und helfen mir.«*
- *»Gefühle sind nicht gefährlich, und wir haben immer eine Wahl, wie wir darauf reagieren.«*
- *»Meine Worte haben die Macht zu verletzen, und das will ich nicht. Ich bin Mama dankbar, dass sie nicht aus der Haut gefahren ist, als ich so ärgerlich war. Sie hat mir geholfen, mich zu beruhigen.«*

Etwas wiedergutmachen: Reflexion, Reparatur und Verantwortung

Vielleicht fragen Sie sich jedoch, wie man ohne herkömmliche Disziplin Kindern dabei helfen kann, Verantwortung für ihre Fehler zu übernehmen und die Sache wieder in Ordnung zu bringen. Das gelingt Ihnen wahrscheinlicher, wenn Sie auf das Erteilen von Lektionen und Bestrafung verzichten und Ihrem Kind stattdessen Folgendes vermitteln: Reflexion, Reparatur und Verantwortung.

Reflektieren:

- Stellen Sie offene Fragen, die Ihrem Kind helfen zu reflektieren und gutes Urteilsvermögen zu entwickeln.
- Helfen Sie ihm zu »erzählen«, was geschehen ist, damit seine rationale Hirnregion an Verständnis gewinnt. Das verleiht Ihrem Kind zukünftig zu einer besseren Emotionsregulation und einem besseren Verhalten: *»Da haben wir eine schwierige Zeit erlebt, oder? Du warst so enttäuscht, als ich sagte, dass wir heute keine Zeit für den Spielplatz hätten … du warst traurig und wütend. Du hast mich angeschrien … dann hast du geweint. Ich habe dich umarmt und dir gesagt, dass ich dich ver-*

stehe … dann ging es dir ein wenig besser … es ist schwer auszuhalten, wenn du etwas sehr gern willst und das dann nicht passiert … mir geht das manchmal auch so … Es hilft, jemandem zu erzählen, wie du dich fühlst … Komm, lass dich noch mal drücken, und später können wir darüber reden, was wir nächstes Mal machen, wenn du dich so wütend fühlst, dass du jemanden anschreien willst.« (Für weitere Beispiele, wie Sie »Ihrem Kind die Geschichte von dem, was passiert ist, erzählen«, siehe Seiten 262, 331 und 410 f.)

Reparieren:

- Befähigen Sie Ihr Kind dazu, das, was es beschädigt hat, wieder zu reparieren, besonders in Beziehungen. Kann es für seinen Bruder einen Eisbeutel holen? Seinen Turm wiederaufbauen? Seine Haushaltspflicht für ihn erledigen?
- Lassen Sie Ihr Kind die Art der Reparatur auswählen, damit sie sich nicht wie eine Bestrafung anfühlt.
- Wenn Sie ihm im Entschuldigen Vorbild sind, wird es Ihnen darin folgen. Zwingen Sie es jedoch nicht. Praktizieren Sie es selbst, seien Sie Vorbild und ermutigen Sie zur Reparatur: »Was du gesagt hast, hat deine Schwester verletzt. Was könntest du tun, damit sie sich besser fühlt? Prima! Meinst du, sie freut sich auch über eine Umarmung?«

Verantwortung:

- Vermitteln Sie Ihrem Kind, dass es immer eine Wahl hat, wie es auf eine gegebenen Situation antwortet: Das ist »Ver-**antwort**-ung«.
- Bieten Sie dem Kind über den Tag hinweg Ihre Beobachtungen an, um ihm zu helfen, jede Wahl, die es trifft, und deren Auswirkungen zu bemerken: *»Lukas sah richtig glücklich aus, als er auch einmal machen durfte.«*

Anders als bei Bestrafung oder bei erzwungener Entschuldigung vermitteln diese drei Bestandteile der Wiedergutmachung Ihrem Kind die Grundlage dafür, sowohl seine Emotionen als auch sein Verhalten zu regulieren. Nun wollen wir weiter vergleichen, was Kinder durch herkömmliche Disziplin und durch empathische Grenzen lernen.

· BEFÄHIGUNG ZUR REPARATUR ·

Kinder wollen wissen, wie sie etwas wieder in Ordnung bringen können, wenn sie es verpatzt haben. Natürlich nicht, so lange sie vor Wut kochen. Dann will das keiner. Aber wenn der Ärger verflogen ist, wollen die Kinder eine Chance, um sich zu rehabilitieren, um die guten Gefühle über sich selbst wiederherstellen zu können und ihre Beziehungen zu reparieren. Geht uns das nicht allen so?

Herkömmliche Disziplin: *»Du entschuldigst dich sofort bei deinem Bruder!«*

Was Ihr Kind daraus lernt: *»Meine Eltern mögen meinen Bruder lieber und demütigen mich, indem sie mich zu einer Entschuldigung zwingen. Nie werde ich nett zu ihm sein.«*

Empathische Grenze: Stehen Sie Ihrem Kind bei den Emotionen bei, die es zum Ausflippen gebracht haben. Sobald Ihr Kind wieder im Gleichgewicht ist, befähigen Sie es, die Sache wieder in Ordnung zu bringen:

- *»Dein Bruder war ziemlich aufgebracht, als du in sein Zimmer gegangen bist und sein Bauprojekt kaputtgemacht hast. Was könntest du wohl tun, um das wieder in Ordnung zu bringen? Hmmm … Du denkst, dann würde es ihm besser gehen? Klasse Idee!«*
- Wenn Ihr Kind sagt: *»Ich will's nie mehr mit ihm in Ordnung bringen! Ich hasse ihn!«*, dann ist es noch zu wütend und braucht im Umgang mit seinen Emotionen Ihre Hilfe. Erkennen Sie noch einmal seine Gefühle an und helfen ihm, sich durch den Ärger hindurchzuarbei-

ten: *»Du bist immer noch ziemlich sauer auf deinen Bruder. Im Moment ist es richtig schwierig, sich daran zu erinnern, dass du manchmal gute Gefühle für ihn hast und dass du auch wieder dahin zurückfinden kannst. Es klingt so, als ob du vielleicht deinem Bruder etwas darüber sagen musst, wie verletzt du dich fühlst … willst du dabei meine Hilfe?«*

- Sobald sich Ihr Kind allmählich beruhigt, versuchen Sie es noch einmal. Wehrt es sich noch immer, dann überlassen Sie ihm die Reparatur: *»Ich weiß, du bist immer noch ärgerlich auf deinen Bruder, und ich verstehe weshalb. … Ich bin mir sicher, wenn es dir besser geht, wird dir die beste Möglichkeit einfallen, dich wieder mit ihm zu verbinden und dich wieder mit ihm zu versöhnen.«*
- Sie werden erstaunt sein, dass Ihr Kind tatsächlich versuchen wird, Wiedergutmachung zu leisten, sobald das in Ihrer Familie für alle als selbstverständlich gilt – und Ihr Kind sich nicht dazu gedrängt fühlt.

Was Ihr Kind daraus lernt:

- *»Wenn wir eine Beziehung beschädigen, hat das einen Preis – und ich kann die Verantwortung dafür übernehmen, das was ich vermasselt habe, wieder in Ordnung zu bringen.«*
- *»Sobald ich mich beruhigt habe, macht mir das Entschuldigen nichts aus.«*

· HELFEN SIE IHREM KIND BEI DER REFLEXION ·

Ihrem Kind die wichtigen Lektionen des Lebens zu vermitteln, erfordert sehr viel Zuhören wie auch sehr viel Begleitung. Aber lehrreiche Augenblicke sind nur dann lehrreich, wenn die Schülerinnen und Schüler lernbereit sind.

Herkömmliche Disziplin: *»Du weißt doch besser, als so … dozieren … dozieren … blah … blah.«*

Was Ihr Kind daraus lernt: »*Meine Eltern hören nicht zu. Sie verstehen nicht. Ich wünschte, ich könnte es besser machen, aber ich weiß noch nicht mal, weshalb ich immer alles verpatze.*«

Empathische Grenze: Teilen Sie Ihrem Kind Ihre Beobachtung wertfrei mit und »fragen sich laut«, weshalb es so handelt, wie es handelt, und sprechen über die Folgen seiner Handlungen, um ihm bei der Reflexion darüber zu helfen:

- *»Ich weiß, dass du in diesem Tonfall gesprochen hast, weil du besorgt warst, dass wir zu spät zur Geburtstagsfeier kommen würden, Amber. Wenn ich dich so schreien höre, werde ich ängstlich und kann dann nicht sicher fahren. Ich frage mich, ob es einen anderen Weg gibt, wie du mir mitteilen kannst, wenn du so super-besorgt wirst?«*
- *»Mir fällt auf, dass dein Bruder zurzeit keinen Ringkampf mit dir machen will … ich frage mich, ob du etwas tun kannst, damit er sich sicher fühlt und Spaß hat?«*
- *»Ich weiß, wie enttäuschend das ist, bei einem Rechtschreibtest Wörter zu vergessen. Aber es gibt die gute Nachricht, dass dein Gehirn wie ein Muskel ist, den man trainieren kann. Und wenn du es trainierst, kannst du alles lernen und wirst immer klüger. Soll ich dir beim Lernen der Wörter für die nächste Woche helfen?«*

Was Ihr Kind daraus lernt:

- *»Es ist möglich, ruhig zu bleiben und Lösungen zu entwickeln.«*
- *»Meine Eltern helfen mir beim Lösen meiner Probleme.«*
- *»Sogar, wenn ich ärgerlich werde, verstehen meine Eltern, dass ich grundsätzlich gut bin und mir Mühe gebe; ich hatte nur gerade eine schwierige Zeit. Sie sind da, um mir zu helfen.«*
- *»Ich vertraue meinen Eltern.«*

Schauen Sie sich an, was Ihr Kind alles gelernt hat! Sind das nicht Lektionen, die Sie ihm wirklich vermitteln wollen?

Ermutigen

Kinder zu ermutigen ist ein wesentlicher Teil der liebevollen Begleitung. Alle Menschen, ganz sicher alle Kinder, brauchen kontinuierlich Ermutigung. Aber Ermutigung bedeutet nicht einfach Lob, und gesundes Lob bedeutet nicht unbedingt das, was wir vielleicht dafür halten. Es gibt den berühmten Ausspruch von Haim Ginott: *»Lobe nur die Bemühungen und erworbenen Fertigkeiten des Kindes, nie seinen Charakter.«*

Da Kinder auf ihr Aussehen und ihre Intelligenz keinen Einfluss haben, würde ich noch hinzufügen, dass beides nicht als Leistung gilt, und Kinder dafür zu loben, hilft ihnen weder, mehr zustande zu bringen noch sich besser zu fühlen.

Hier sind einige Tipps für gesunde Ermutigung:

- Fühlen Sie sich ein, anstatt zu bewerten: *»Du hast es geschafft!«*
- Seien Sie begeistert und echt.
- Seien Sie präzise. *»Gut gemacht!«* sagt dem Kind nicht, was es richtig gemacht hat.
- Anstatt zu bewerten, lassen Sie Ihr Kind wissen, dass Sie es sehen. Anstatt also zu sagen: *»Gut gemacht!«*, können Sie vielleicht sagen: *»Ich seh dich ganz da oben!«*
- Anstatt selbst zu bewerten *(»Ich bin stolz auf dich!«)*, überlassen Sie die Bewertung Ihrem Kind. *(»Du bist vermutlich wirklich stolz auf dich!«)*
- Anstatt Verhalten zu bewerten *(»Prima geteilt!«)*, beschreiben Sie den Grund, weshalb das Verhalten wertvoll ist: *(»Bert hat über das ganze Gesicht gestrahlt, als er auch mit deinem Laster spielen durfte!«)*

- Und hier sind einige Ideen für weitere ermutigende Worte:
- *»Mir ist aufgefallen, dass du …«*
- *»Danke für …«*
- *»Mir hat wirklich gefallen, dass du …«*
- *»Gerne schaue ich dir beim … zu«*

Du kannst das Schwierige schaffen

Sorgen Sie schließlich noch dafür, dass Ihr Kind weiß, wenn etwas für es schwierig ist, bedeutet das nicht automatisch, dass mit ihm etwas nicht stimmt. Es folgen einige ermutigende Worte für solche Zeiten, in denen sich Ihr Kind mit etwas schwer tut:

- *»Du musst das nicht perfekt machen. Gib einfach nur dein Bestes.«*
- *»Du kannst das Schwierige schaffen.«*
- *»Was sich zu tun lohnt, ist meistens schwierig.«*
- *»Du hast schon viele schwierige Sachen gemacht. Zum Beispiel hast du ABC gemacht und auch XYZ. Du hast dich einfach dafür entschieden und immer wieder probiert und dann hast du sie geschafft.«*
- *»Indem wir schwierige Dinge tun, wachsen wir.«*
- *»Das ist schwer. Lass dir Zeit.«*
- *»Ich weiß, es ist schwer. Und ich weiß, dass du es schaffen kannst, wenn du weiter übst.«*
- *»Das ist schwer. Es ist okay, jetzt eine Pause zu machen und es noch einmal zu versuchen, wenn du dich ausgeruht hast.«*
- *»Du kannst das schaffen! Ich bin hier, um dich zu unterstützen und anzufeuern!«*

Ermutigung, wenn Ihr Kind verängstigt ist

Mit meiner Tochter besuchte ich einen Abenteuerpark, in dem sie sehr viele Kletterpartien unternahm, während ich sie von unten ermutigte. An einer Stelle war die Strecke schwierig. Da begann sie zu weinen und hatte offensichtlich Angst. Um herunterzusteigen, hätte sie einige Streckenabschnitte zurückklettern müssen, was ihre Not noch vergrößerte, da sie einfach auf den Boden und in meine Arme wollte. Eine Parkangestellte bemerkte unsere Situation, gesellte sich zu uns und versuchte meine Tochter zum Weiterklettern zu überreden. Sie beschrieb die dazu benötigte Technik und forderte meine Tochter auf, sie solle nicht weinen. Nicht hilfreich. Ich bat die Dame, uns einen Moment Zeit zu geben, lenkte dann die Aufmerksamkeit wieder auf meine Tochter, bat sie, ein paar tiefe Atemzüge zu nehmen und ein wenig auszuruhen. So ließ ich sie wissen, dass sie sich nicht zu beeilen brauchte. Dann sprach ich mit ihr die Möglichkeiten durch: Wenn sie sich nach einer kurzen Rast dazu bereit fühlte, konnte sie den Weg bis zum Ende fortsetzen, wo sie sicher auf den Boden kommen würde, oder sie würde einige Streckenabschnitte bis zu einer Leiter zurückgehen und die Parkangestellte würde ihr beim Heruntersteigen helfen.
Sie entschied sich für das Zurückklettern und die Leiter. Alles klappte, und sie war erleichtert, wieder sicher auf dem Erdboden zu stehen. Ich konnte sie trösten und zeigte Anerkennung für ihre großen Anstrengungen im Kletterpark.

Das hätte das Ende der Geschichte sein können, aber dann fiel mir auf, wie sehr meine Tochter darauf bestand, dass sie jetzt mit allem fertig wäre und wir sofort gehen sollten. Ich spürte, würde ich ihr darin nachgeben, würde sie den Park mit dem Gefühl verlassen, versagt zu haben, trotz all meiner Versuche ihr beizustehen. Also sagte ich ihr, wir würden noch einen kleinen Spaziergang machen, um ein wenig frische Luft zu schnappen und wieder zur Ruhe zu kommen. Wir hielten an einem kleinen Bach an, und das tat sehr gut. Als ich das Gefühl hatte, dass Maria ruhig genug war, sagte ich ihr, was für Erstaunliches sie an dem Tag geleistet hatte: Sie hatte etwas über ihre Sicherheitsgrenzen gelernt. Sie hatte die für sie risikoreichste Aufgabe im Abenteuerpark ausfindig gemacht, die sie noch bewältigen konnte, hatte sie gewagt und sich für den Rückzug entschieden, als ihr innerer Sicherheitskompass dies geraten hatte. Ich sagte ihr, dass es ihr im Leben sehr helfen würde, wenn sie auf ihren Sicherheitskompass hörte und dass es absolut in Ordnung sei, aufzuhören, wenn man spürt, dass eine Grenze erreicht ist. Dass es dann das Klügste sei, ein paar Schritte zurückzugehen und sich zu sammeln, eine Weile nachzudenken und eine andere Lösung zu finden (wie zum Beispiel mehr zu trainieren, oder einige einfachere Strecken zu klettern, um Kompetenz aufzubauen) oder sogar etwas Zeit verstreichen zu lassen und sich weitere Fertigkeiten anzueignen, bis man sich dem Thema erneut zuwendet.

Eine halbe Stunde später fragte ich vorsichtig, ob sie die schwierige Route mit ein wenig zusätzlichem Training noch einmal versuchen wollte. Sie äußerte ein paar Bedenken, wurde aber dadurch ermutigt, dass sie erneut so sicher wie eben heruntersteigen konnte, wenn sie sich das knifflige Stück immer noch nicht zutraute. Und außerdem wollten wir, ganz egal, wie es ausgehen würde, die großen Anstrengungen des Tages mit Eiscreme feiern!

Nachdem meine Tochter eine einfachere Strecke geschafft und Zutrauen in ihre Fähigkeiten gewonnen hatte, versuchte sie erneut die Strecke, die sie beim ersten Mal abgebrochen hatte. Als sie den kniffligen Teil erreichte, redete sie sich kurz gut zu und kletterte weiter. Natürlich schaffte sie es diesmal! Ihr freudestrahlendes Gesicht sprach mehr als jedes Wort. Mir stiegen die Tränen in die Augen!

CORINA,
Mutter einer Siebenjährigen

ALLES ZUSAMMENSETZEN

Nehmen Sie sich jetzt einen Moment Zeit, daran zurückzudenken, wie Ihr Familienleben ausgesehen hatte, bevor Sie mit diesem Buch zu arbeiten begannen. Was hat sich seither verändert?

Gehen Ihre Kinder offener mit ihren Emotionen um? Vielleicht weinen sie mehr, aber Ihnen fällt auch auf, dass sie zwischendrin glücklicher und kooperativer sind. Gibt es mehr Augenblicke von warmer Zuneigung und Nähe? Gibt es mehr Lachen? Mehr Verspieltheit?

Fällt Ihnen auf, dass Sie geduldiger sind, sich öfters gerade noch fangen können, bevor Sie explodieren? Sind Sie empathischer, besser in der Lage, die Dinge aus der Sicht Ihres Kindes zu betrachten? Können Sie besser empathisch Grenzen setzen, **bevor** Sie wütend werden, und erhalten Sie sich einen Sinn für Humor und bleiben zumindest ein bisschen spielerisch?

Und wie steht es mit Ihrer Beziehung zu sich selbst? Gehen Sie liebevoller, versöhnlicher mit sich um? Spüren Sie öfter am Tag kurz nach, wie es Ihnen gerade geht? Finden Sie auch in der Geschäftigkeit des Familienalltags Möglichkeiten, Ihre Bedürfnisse zu erfüllen und für sich selbst zu sorgen?

Vielleicht merken Sie sogar, dass sich Ihre Beziehungen mit anderen verbessert haben – mit Ihrem Partner, Familienmitgliedern oder Kolleginnen.

Sie mögen denken, dass Sie immer noch nicht perfekt sind. Da Sie ein Mensch sind, ist Perfektion einfach nicht möglich. Nicht für Sie, nicht für mich, nicht für unsere Kinder. Aber es ist möglich, einen Schritt nach dem anderen hin zu mehr emotionaler Intelligenz und Ganzheit zu gehen. Schließlich werden diese Schritte Sie sogar trotz einiger Rückschläge in eine ganz neue Landschaft führen.

In diesen letzten vier Übungen bekommen Sie eine Möglichkeit, sich von Ihrem Leben ein neues Bild zu machen.

ÜBUNG

Sich selbst etwas anrechnen

Wie gut ist es Ihnen kürzlich auf einer Skala von 1 bis 10 gelungen, Ihre Emotionen zu regulieren?

1 2 3 4 5 6 7 8 9 10

Jetzt kehren Sie an den Anfang des Buchs, auf Seite 43 zurück, auf der ich Ihnen dieselbe Frage gestellt habe. Hat sich Ihre Einschätzung verbessert? Falls nicht, wo liegt der Grund dafür? Wie können Sie sich unterstützen, um Ihre Selbstregulation zu verbessern?

____

____

____

Falls die Antwort ja lautet, was denken Sie hat die Veränderung bewirkt? Rechnen Sie es sich hoch an!

____

____

____

ÜBUNG

Schreiben Sie diejenigen Situationen um, auf die Sie als Eltern am wenigsten stolz sind

Beschreiben Sie unten einige kürzliche Situationen mit Ihrem Kind, auf die Sie am wenigsten stolz sind. Achten Sie dabei auf jegliches aufsteigende Gefühl der Scham. Wenden Sie an, was Sie im ersten Teil des Buchs gelernt haben, um sich selbst zu vergeben, und lassen Sie diese Gefühle los. Sie sind nicht hier, um sich zu geißeln. Sie unterstützen sich selbst für die Zukunft. Sie haben das Beste getan, was Ihnen zu diesem Zeitpunkt möglich war. Jetzt wissen Sie mehr und Ihnen stehen mehr innere und äußere Ressourcen zur Verfügung. Sie können das heute besser!

Das ist Ihre Gelegenheit, einen Plan zu erstellen, wie Sie zukünftig mit ähnlichen Situationen so umgehen, wie Sie es gern möchten. Was könnten Sie in dieser Situation tun, um mit Ihren Kindern in Verbindung zu bleiben und sie zur Kooperation zu bewegen, **bevor** Sie die Kontrolle verlieren?

1. Da war diese Situation, in der ich:

____

____

Um so etwas das nächstes Mal zu verhindern, könnte ich:

(2) Da war diese Situation, in der ich:

Um so etwas das nächstes Mal zu verhindern, könnte ich:

(3) Da war diese Situation, in der ich:

Um so etwas das nächstes Mal zu verhindern, könnte ich:

ÜBUNG

Fehlersuche

Wir alle sind Kunstwerke in Arbeit und jeder Fortschritt funktioniert zwei Schritte vor und einen zurück. Machen Sie sich also keine Sorgen, wenn Sie rückfällig werden. Planen Sie es lieber gleich mit ein. Beschließen Sie, sich genau jetzt zu vergeben und nützen es als Gelegenheit, sich selbst noch stärker zu unterstützen. Verwenden Sie diese Reflexion, wann immer Sie es nötig haben, sich wieder auf Kurs zu bringen. Erinnern Sie sich: keine Vorwürfe. Wir suchen gangbare Wege!

Was funktioniert nicht so gut, wie Sie es sich wünschen?

____

____

____

Wenn Sie wissen, weshalb das so ist, und wie ein möglicher Weg aussieht, beschreiben Sie diesen hier. (Wenn Sie es nicht wissen, ist das in Ordnung. Sie brauchen das nicht, um wieder auf Kurs zu kommen. Sie müssen nur die Werkzeuge einsetzen.

____

____

____

Welche Unterstützung können Sie sich geben, um zentriert zu bleiben. Beziehen Sie sowohl Selbstfürsorge als auch Unterstützung von außerhalb mit ein. Blättern Sie zur Inspiration durch den ersten Teil des Buches und achten dabei auf die Abschnitte über Achtsamkeit, Stress und Selbstfürsorge.

Setzen Sie täglich die grundlegenden Vorbeugestrategien ein, um Ihrem Kind im Umgang mit seinen Emotionen zu helfen und Ihre gemeinsame Beziehung zu stärken? Schätzen Sie Ihren Fortschritt mithilfe der folgenden Tabelle ein. (Seien Sie dabei ehrlich – es ist kein Test) Es ist eine Gelegenheit, sich selbst ein Geschenk zu machen, das Sie verwandelt!

Werkzeug	Ja, ich verwende dieses Werkzeug	Ich könnte den Einsatz dieses Werkzeugs verbessern	Nein, ich setze dieses Werkzeug noch nicht ein
Empathie			
Rituale			
Wunschzeit			
Lachen und spielerisches Raufen			
Emotionen willkommen heißen			

Bitte unterschätzen Sie diese Werkzeuge nicht. Oft höre ich von Eltern, dass sie das Gefühl haben, mit ihrem Kind auf der Stelle zu treten. Aber sobald sie diese Werkzeuge konsequent einsetzen, ändert sich alles. Herausfordernde Kinder werden immer herausfordernd sein, aber diese Werkzeuge helfen sogar den herausforderndsten Kindern, ihr bestes Selbst zu sein. Tatsächlich habe ich es noch nie erlebt, dass diese Mittel bei der Verwandlung der Eltern-Kind-Beziehung versagt haben. Machen Sie anhand der nächsten Übung einen Plan für Ihre Vorbeugestrategien.

ÜBUNG

Ihre nächsten Schritte zur Vorsorge

Jetzt bekommen Sie die Werkzeuge, um in Zukunft auf Kurs zu bleiben. Ich betrachte die fünf grundlegenden Vorbeugestrategien (in der Tabelle am Ende der vorigen Übung) als unerlässlich, um eine starke Verbindung zu Ihrem Kind aufrecht zu erhalten und ihm bei der Emotionsregulierung zu helfen. Welcher weitere Schritt wird Ihnen helfen, die Wirksamkeit dieser Werkzeuge in Ihrem Familienleben zu erhöhen? Im Folgenden finden Sie das Beispiel einer ausgefüllten Tabelle der nächsten Schritte sowie eine leere Tabelle zur eigenen Verwendung. (Wenn Sie sich überfordert fühlen, nehmen Sie sich zunächst bescheidene Schritte vor). Jeder einzelne Schritt in die richtige Richtung hilft. Hängen Sie die ausgefüllte Tabelle dort auf, wo Sie sie jeden Tag sehen.

Beispiel

Vorbeuge-strategie	Worin besteht der nächste Schritt, mehr von dieser Praxis anzuwenden?
Empathie	Wenn ich ärgerlich werde, erinnere ich mich an Stopp-lass-los-atme und formuliere, was ich sie sagen hörte, mit anderen Worten
Rituale	Anstatt wütend zu werden, wenn die Spielsachen überall verstreut liegen, will ich mit den Kindern ab jetzt daran arbeiten, jeden Abend nach dem Essen und vor dem Baden aufzuräumen. Außerdem brauchen wir ein besseres Abendritual, damit sie zur Ruhe kommen. Vielleicht eine kurze Massage?
Wunschzeit	Ein Hörbuch bestellen, das den Kleinen beschäftigt, während ich mit seiner Schwester in der Wunschzeit bin. Am Wochenende wechseln wir uns mit den Kindern ab, damit wir beide mit jedem Kind eine Stunde haben.
Lachen und spielerisches Raufen	Wir setzen das ganz gut um, aber es wäre hilfreich, sich eine Liste von Spielen auszudenken und aufzuhängen für den Fall, dass mir die Ideen ausgehen. Dies unbedingt jeden Tag nach der Schule und dem Imbiss und vor den Hausaufgaben machen.
Emotionen willkommen heißen	Wenn sie bockt, bring sie zum Lachen. Klappt das nicht, dann beschäftige den Kleinen mit einer Fühlbox. Dann innehalten und mich ganz ruhig und empathisch auf sie einlassen, damit sie die Verbindung zu mir spürt. Dann so liebevoll wie möglich eine Grenze setzen und ihr helfen, sich sicher zu fühlen, damit sie, wenn nötig, weinen kann.

Jetzt sind Sie dran

Vorbeuge- strategie	
Empathie	
Rituale	
Wunschzeit	
Lachen und spielerisches Raufen	
Emotionen willkommen heißen	

NACHWORT

Sie haben das Endes dieses Übungsbuches erreicht! Vielen Dank für Ihren Einsatz! Sie haben eine wahre Meisterleistung vollbracht. Sie sollen wissen, dass Sie ein ganzes Lebenswerk erledigt haben, in ein einziges Übungsbuch gepackt. Natürlich werden Sie mit dieser Arbeit niemals fertig. Sie arbeiten sich nur auf die nächste Ebene hoch.

Ich hoffe, Sie werden diese Werkzeuge weiterhin einsetzen, das Buch immer wieder aufschlagen und immer wieder das arbor-online-center.de besuchen, wann immer Sie Erinnerungen und Inspiration benötigen. Bitte vergessen Sie auch nicht, dass ich einen 12-wöchigen (englischsprachigen) Onlinekurs anbiete, den Sie in Ihrem eigenen Tempo durchlaufen können *(www.AhaParenting.com/peaceful-parenting-course)* und der die Themen dieses Buches vertieft. Einen vergleichbaren deutschen online-Kurs von Lienhard Valentin finden Sie unter: *www.gluecksknirpse.de/onlinekurse/mit-kindern-wachsen.* Und bitte zögern Sie nicht, sich Beratung oder Coaching zu suchen, falls Sie noch mehr Hilfe benötigen, um diese Ideen praktisch umzusetzen.

Wie Sie gelernt haben, ist es nicht möglich, die ganze Zeit über friedlich zu sein. Aber Folgendes *ist* möglich. Sie können sich zu gelassener Elternschaft verpflichten:

- Ihre eigenen Emotionen regulieren
- Sich mit Ihrem Kind verbinden
- Ihr Kind coachen

Das war's schon. Sie haben sich zu dieser Absicht verpflichtet. Dann setzen Sie einen Fuß vor den anderen. Sie wählen Liebe. Sie vermasseln es. Daraufhin halten Sie sich selbst in Mitgefühl. Sie entschuldigen sich. Sie beginnen von Neuem. Sie zeigen sich und handeln wie eine Erwachsene / ein Erwachsener. Sie lieben Ihr Kind durch schwierige Zeiten hindurch. Sie lieben sich selbst durch schwierige Zeiten hindurch.

Sie wählen immer und immer wieder Liebe. Und letztendlich wird es viel weniger Dramen und viel mehr Liebe in Ihrem Leben geben.

Harte Arbeit, ich weiß. Aber Sie können schwierige Dinge tun. Sie haben bereits die harte Arbeit geleistet, um bis hierher zu gelangen. Sie schaffen das. Jetzt müssen Sie nur einfach weitergehen. Ich werde da sein, um Sie anzufeuern, Schritt für Schritt.

DANKSAGUNGEN

Ich möchte gern die Gelegenheit ergreifen, mich bei den Tausenden von Eltern zu bedanken, die mich im Laufe der Jahre auf so verschiedene Art und Weise an ihrem Familienleben teilhaben ließen. So vieles haben Sie mich gelehrt, und ich habe Ihren Kindern gern beim Aufwachsen zugesehen. Es ehrt mich, Sie zu unterstützen.

Mein besonderer öffentlicher Dank gilt allen Eltern, die eine frühe Fassung des Buches gelesen haben und kostbare Zeit für ihre hilfreichen Rückmeldungen geopfert haben. Durch Ihre Unterstützung ist das Buch so viel besser geworden – Vielen Dank!

Haim Ginotts Werk, noch immer die Basis für verständnisvolle Erziehung, verdient besondere Erwähnung. Aber ich will auch all jenen engagierten Forscherinnen, Autoren und Klinikerinnen meine Anerkennung aussprechen, die sich heute für Kinder und Eltern einsetzen. Gemeinsam transformieren wir das Wachsen mit Kindern und damit die Menschheit. Wir alle bauen auf den Erkenntnissen so vieler brillanter Denkerinnen und Denker dieses Fachgebiets auf. Ohne sie wäre mein kleiner Beitrag nie möglich gewesen.

Für dieses Buch gilt mein besonderer Dank John Gottmann und seiner grundlegenden Arbeit zur emotionalen Intelligenz, Linda Graham für Recherche und Übungen in ihrem Buch *Der achtsame Weg zu Resilienz und Wohlbefinden*, und Lawrence Cohen und Patty Wipfler, die mich zu vielen der Spiele inspirierten, die ich im Lauf der Jahre bearbeitet habe und nun in diesem Buch vorstelle.

Ich bedanke mich bei meinen Kolleginnen Alyson Shumays, Beth Peterson, Devon Reehl und Aisha Reehl – ich könnte mir zur Unterstützung kein besseres Team wünschen. Danke für eure unerschütterliche Aufmerksamkeit fürs Detail und eure Kreativität beim Voranbringen unserer Arbeit. Ihr seid klasse!

Es war in jeder Hinsicht ein Vergnügen, mit Linda Jackson, Karsyn Morse und den Übrigen aus ihrem Team bei PESI zu arbeiten. Ich weiß es sehr zu schätzen, was jede von euch zur Veröffentlichung dieses Buches beigetragen hat.

Ich will Marian Lizzi, meiner Herausgeberin bei Perigee, dafür danken, dass sie mir half *Gelassene Eltern – zufriedene Kinder* auf den Markt zu bringen und für die Kooperation von Perigee Books bei der Veröffentlichung dieses Übungsbuches.

Wie immer danke ich meiner Agentin Rebecca Friedman, die unerschütterlich an die Macht eines positiven Miteinanders von Eltern und Kindern glaubt.

An meine Kinder Eli und Alice, die mich weiterhin lehren und jeden Tag stolz machen: Ich bin für das Geschenk, eure Mutter sein zu dürfen auf ewig dankbar. Danke für das Licht, das ihr in mein Leben bringt.

Und an meinen Ehemann Daniel Cantor: Eine öffentliche Danksagung würde niemals ausreichen, um meine Dankbarkeit für unser gemeinsames Leben auszudrücken und meine Liebe für dein Sosein. Danke, dass du immer an mich glaubst, mich unterstützt und liebst.

LITERATURHINWEISE

1 Karen, Robert, *Becoming attached: First Relationships and how they Shape our Capacity to Love.* Oxford: Oxford University Press, 1998.

2 Schore, Allan, *Affect regulation and the origin of the self.* New York, NY: Psychology Press, 1994, neu aufgel. 2012.

3 Neufeld, Gordon, *Unsere Kinder brauchen uns! Die entscheidende Bedeutung der Kind-Eltern-Bindung.* Bremen: Genius Verlag, 2006 (orig. ders., *Hold on to your kids.* New York, NY: Ballantine Books, 2006).

4 *Kohn, Alfie, Liebe und Eigenständigkeit. Die Kunst bedingungsloser Elternschaft, jenseits von Belohnung und Bestrafung.* Freiburg, Arbor Verlag, 2010 (orig. ders., *Unconditional Parenting.* New York, NY: Atria Books, 2005).

5 Gottman, John, *Kinder brauchen emotionale Intelligenz: Ein Praxisbuch für Eltern.* München: Heyne Verlag, 1998 (orig. ders., *Raising an emotionally intelligent child.* New York, NY: Simon & Schuster, 1997).

6 *Kohn, Alfie, Liebe und Eigenständigkeit. Die Kunst bedingungsloser Elternschaft, jenseits von Belohnung und Bestrafung.* Freiburg, Arbor Verlag, 2010 (orig. ders., *Unconditional Parenting.* New York, NY: Atria Books, 2005).

7 Ebd.

8 Markham, Laura, *Gelassene Eltern – zufriedene Kinder: Wie Sie liebevoll bleiben, statt zu schreien, zu schimpfen oder zu drohen.* Freiburg: Arbor Verlag, 2019 (orig. dies., *Peaceful parent, happy kids: How to Stop Yelling and Start Connecting.* New York, NY: Penguin, 2012).

9 Siehe: *AhaParenting.com/audiotapes/how-to-partner-coparenting-team*

10 Ginott, Haim, *Takt und Taktik im Klassenzimmer. Ein psychologischer Leitfaden für Eltern und Erzieher.* Göttingen: Vandenhoek und Ruprecht, 1972, neu: Freiburg: Herder Verlag, 1980 (orig. ders., *Teacher and child: A book for parents and teachers.* New York, NY: Simon & Schuster, Macmillan, 1972).

11 Zelano, C. et al. *Nasal respiration entrains human limbic oscillations and modulates cognitive function.* In: Journal of Neuroscience, 36 (49), 2016, S. 12448–12467 (doi: 10.1523/JNEUROSCI. 2586–16.2016).

12 Barrett, Lisa, *How emotions are made: The secret Life of the brain.* Boston, MA & New York, NY: Houghton Mifflin Harcourt, 2017. S. 2–3.

13 Ebd.

14 Bushman, Brad, *Does venting anger feed or extinguishes the flame? Catharsis, rumination, distraction, anger, and aggressive responding.* In: Personality and Social Psychology Bulletin, 28 (6), 2002, S. 724 -731.

15 Dalai Lama: Rede auf dem Capitol Hill, Washington, D.C. am 7. März, 2014.

16 Ueshiba, Morihei und Stevens, John, *The essence of Aikido: Spiritual teachings of Morihei Ueshiba.* Tokyo: Kodansha International, 1993, neu: 2013, S. 19.

17 Graham, Linda, *Der achtsame Weg zu Resilienz und Wohlbefinden.* Freiburg, Arbor Verlag, 2014 (orig. dies., *Bouncing back.* Novato, CA, New World Library, 2013).

18 Ebd.

19 Ebd.

20 Doidge, Norman, *Neustart im Kopf: Wie sich unser Gehirn selbst repariert.* Frankfurt a. M.: Campus Verlag, 2017 (orig. ders., *The brain that changes itself.* New York, NY: Penguin Books, 2007).

21 Graham, Linda, *Der achtsame Weg zu Resilienz und Wohlbefinden.* Freiburg: Arbor Verlag, 2014 (orig. dies., *bouncing back.* Novato, CA, New World Library, 2013).

22 Siegel, Daniel, *Mindsight. Die neue Wissenschaft der persönlichen Transformation.* München, Goldmann Verlag, 2012 (Orig. Ders., Mindsight. New York, Bantam Books, 2010).

23 Wilson, Angela, *4 Ways to Strengthen Your Stress Resilience.* Kripalu: 2017, auf: https://kripalu.org/resources/4-ways-strengthen-your-stress-resilience (Stand: 26. 3. 2020).

24 Ecker, Bruce, *Der Schlüssel zum emotionalen Gehirn. Mit Gedächtniskonsolidierung die Ursachen von Symptomen beseitigen.* Paderborn: Junfermann Verlag, 2016 (orig. ders., *Unlocking the emotional brain. Eliminating symptoms at their roots using memory consolidation.* Abingdon: Routledge, 2012).

25 Hanson, Rick, *Das Gehirn eines Buddha: Die angewandte Neurowissenschaft von Glück, Liebe und Weisheit.* Freiburg: Arbor Verlag, 2010 (orig. ders., *Buddha's brain: The practical neuroscience of happiness, love and wisdom.* Oakland, CA: New Harbinger, 2009).

26 Walton, Alice, *7 ways meditation can actually change the brain.* Forbes: 9. Februar 2015, auf: www.forbes.com (Stand: 6. Oktober 2017).

27 Lutz, Antoine et al., *Regulation of the neural circuitry of emotion by compassion meditation: Effects of meditative expertise.* In: PLOS One, 3 (3), 2008, e1897 (doi: 10.1371/journal.pone.0001897).

28 Taren, Adrienne; Creswell, David und Gianaros Peter, *Dispositional mindfulness co-varies with smaller amygdala and caudate volumes in community adults.* In: PLOS One, 8 (5), 2013, e64574 (doi: 10.1371/journal.pone.0064574).

29 Lazar, Sara et al., *Mindfulness practice leads to increases in regional brain gray matter densitiy.* In: Psychiatry Research: Neuroimagining, 191(1), 30, 2011, S. 36–43 (doi:10.1016/j.pscychresns.210. 8. 006).

30 Hanson, Rick, *Das Gehirn eines Buddha: Die angewandte Neurowissenschaft von Glück, Liebe und Weisheit.* Freiburg: Arbor Verlag, 2010 (orig. ders., *Buddha's brain: The practical neuroscience of happiness, love and wisdom.* Oakland, CA: New Harbinger, 2009).

31 Frankl, Viktor, *Der Mensch vor der Frage nach dem Sinn.* München: Piper Verlag, 1978 (28. Aufl. 2015) (orig. ders., *Man's Search for Meaning.* Boston, MA: Beacon Press, 2006).

32 Zelano, C. et al. *Nasal respiration entrains human limbic oscillations and modulates cognitive function.* In: Journal of Neuroscience, 36 (49), 2016, S. 12448–12467 (doi: 10.1523/JNEUROSCI. 2586–16.2016).

33 Graham, Linda, *Der achtsame Weg zu Resilienz und Wohlbefinden.* Freiburg, Arbor Verlag, 2014 (orig. dies., *Bouncing back.* Novato, CA: New World Library, 2013).

34 Markham, Laura, *Gelassene Eltern, glückliche Geschwister: Wie man das Streiten beendet und Kinder Freunde für's Leben werden.* Freiburg: Arbor Verlag, 2021 (orig. dies., *Peaceful parent, happy sibling: How to stop the fighting and raise friends for life.* New York, NY: Penguin 2015).

35 Gershoff, Elizabeth, *Corporal punishment by parents and associated child behaviors and experiences: A meta-analytic and theoretical review.* In: Psychological Bulletin, 128 (4), 2002, S. 539–579 (doi: 10.1037//0033–2909.128.4.539).

36 Brody, Gene, *Sibling relationship quality: Its causes and consequences.* In: Annual Review of Psychology, 49 (2), 1998, S. 1–24.

37 Holden, George; Williamson, Paul und Holland, Grant, *Eavesdropping on the family: A pilot investigation of corporal punishment in the home.* In: Journal of Family Psychology, 28 (3), 2014, S. 401–406.

38 Finley, Guy, *The essential laws of fearless living. Find the power to never feel powerless again.* Newburyport, MA: Red Wheel Weiser, 2008.

39 Wilson, Reid und Lyons, Lynn, *Anxious children, anxious parents: 7 ways to stop the worry cycle and raise couragous and independent children.* Deerfield Beach, FL: Health Communication Inc., 2013.

40 Jeffers, Susan, *Selbstvertrauen gewinnen: Die Angst vor der Angst verlieren.* München: Kösel Verlag, 2017 (orig. dies., *Feel the Fear … and Do It Anyway.* London: Century Books, 1987. Neu: New York, NY: Ballantine Books, 2007).

41 Brown, Brené, *I thought it was just me (but it isn't): Making the journey from »What will people think?« to »I am enough«.* New York, NY: Avery-Penguin Random House, 2007.

42 Siegel, Daniel und Hartzell, Mary, *Gemeinsam leben, gemeinsam wachsen: Wie wir uns selbst besser verstehen und unsere Kinder einfühlsam ins Leben begleiten können.* Freiburg: Arbor Verlag, 2009, (orig. dies., *Parenting from the Inside Out.* New York, NY: TarcherPerigee 2003).

43 Brown, Brené, *I thought it was just me (but it isn't): Making the journey from »What will people think?« to »I am enough«.* New York, Avery-Penguin Random House, 2007.

44 ebd.

45 Bradshaw, John, *Wenn Scham krank macht: ein Ratgeber zur Überwindung von Schamgefühlen.* München: Droemer-Knaur, 1993 (orig. ders., *Healing the shame that binds you.* Deerfield Beach, FL: Health Communications, 1988).

46 Saint-Exupéry, Antoine de, *Der kleine Prinz.* Aionas Verlag, 2016. Kapitel 21.

47 Brown, Brené, *Verletzlichkeit macht stark: wie wir unsere Schutzmechanismen aufgeben und innerlich reich werden.* München: Kailash Verlag, 2013. Neu: München: Goldmann Verlag, 2017 (orig. ders., *Daring Greatly: how the courage to be vulnerable transforms the way we live, love, parent, and lead.* New York, NY: Gotham Books, 2013).

48 Siegel, Daniel und Hartzell, Mary, *Gemeinsam leben, gemeinsam wachsen: Wie wir uns selbst besser verstehen und unsere Kinder einfühlsam ins Leben begleiten können.* Freiburg: Arbor Verlag, 2009, (orig. dies., *Parenting from the Inside Out.* New York, NY: TarcherPerigee 2003).

49 Hardy, Benjamin, *Why keeping a daily journal could change your life.* 26. Juli 2016. Auf: https://medium.com/the mission/why-keeping-a-daily-journal-could-change-your-life-b9421a69912a (Stand: 25. 3. 2020).

50 Graham, Linda, *Der achtsame Weg zu Resilienz und Wohlbefinden.* Freiburg: Arbor Verlag, 2014 (orig. dies., *Bouncing back.* Novato, CA, New World Library, 2013).

51 Helmstetter, Shad, *What you say when you talk to yourself.* Scottsdale, AZ: Grindle Press 1986. Neu: Wellingborough: Thorsons, 1991

52 Shapiro, Francine, *Expert answers on EMDR.* In: The New York Times, 16. März 2012. Auf: https://consults.blogs.nytimes.com/2012/03/16/expert-answers-on-e-m-d-r (Stand: 25. 3. 2020).

53 Kolk, Bessel van der, *Verkörperter Schrecken, Traumaspuren in Gehirn, Geist und Körper und wie wir sie heilen können.* Lichtenau: Probst-Verlag, 2015 (orig. ders., *The Body Keeps the Score. Brain, Mind, and Body in the Healing of Trauma.* New York, NY: Random House, 2014).

54 Emdria: *EMDR related research.* www.emdria.org.

55 ebd.

56 Ecker, Bruce; Ticic, Robin und Hulley, Laurel, *Der Schlüssel zum emotionalen Gehirn. Mit Gedächtniskonsolidierung die Ursachen von Symptomen beseitigen.* Paderborn: Junfermann Verlag, 2016 (orig. dies., *Unlocking the emotional brain. Eliminating symptoms at their roots using memory consolidation.* Abingdon: Routledge, 2012).

57 Graham, Linda, *Der achtsame Weg zu Resilienz und Wohlbefinden.* Freiburg: Arbor Verlag, 2014 (orig. dies., *Bouncing back.* Novato, CA, New World Library, 2013).

58 Ebd. Seite 163. Im Original S. 114.

59 Siegel, Daniel und Hartzell, Mary, *Gemeinsam leben, gemeinsam wachsen: Wie wir uns selbst besser verstehen und unsere Kinder einfühlsam ins Leben begleiten können.* Freiburg, Arbor Verlag, 2009, (orig. dies., *Parenting from the Inside Out.* New York, NY: TarcherPerigee 2013).

60 Hanson, Rick, *Denken wie ein Buddha: Gelassenheit und innere Stärke durch Achtsamkeit.* München, Irisiana, 2013 (orig. ders., *Hardwiring happiness: The new brain science of contentment, calm, and confidence.* New York, NY: Harmony Books, 2013).

61 Graham, Linda, *Der achtsame Weg zu Resilienz und Wohlbefinden.* Freiburg, Arbor Verlag, 2014, S. 103 (orig. dies., *Bouncing back.* Novato, CA: New World Library, 2013).

62 Dienstmann, Giovanni, *Scientific benefits of meditation: 76 things you might be missing out on.* 2015 Auf: http://liveanddare.com/benefits-of-meditation (Stand: 25. 3. 2020).

63 Walton, Alice, *7 ways meditation can actually change the brain.* A.a.O.

64 Taren, Adrienne; Creswell, David und Gianaros Peter, *Dispositional mindfulness co-varies with smaller amygdala and caudate volumes in community adults.* In: PLOS One, 8 (5), 2013, e64574 (doi: 10.1371/journal.pone.0064574).

65 Ireland, Tom, *What does mindfulness meditation do to your brain?* 12. Juni 2014. Auf: https://blogs.scientificamerican.com/guest-blog/what-does-mindfulness-meditation-do-to-your-brain (Stand: 25. 3. 2020).

66 Fredrickson, Barbara et al., *Open hearts build lives: positive emotions, induced through loving-kindness meditation, build consequential personal resources.* In: Journal of personality and social psychology, 96 (5), 2008, S. 1045–1062 (doi: 10.1037/a0013262).

67 Shook, Victoria, *Ho'oponopono: Contemporary uses of a Hawaiian problem-solving process.* Honolulu, HI: University of Hawaii Press, 1986.

68 Zeng, Xianglong et al., *The effect of Loving-Kindness meditation on positive emotions: A meta-analytic review.* In: Frontiers in Psychology, 6, 2015, S. 1693 (doi: 10.3389/fpsyg. 2015.01693).

69 Greater Good Science Centre, *Expanding the science and practices of gratitude.* 2017. Auf: https://ggsc.berkeley.edu/what_we_do/major_initiatives/expanding_gratitude (Stand: 26. 3. 2020).

70 Childre, Doc und Martin, Howard, *Die HerzIntelligenz®-Methode.* Kirchzarten: VAK Verlag, 2010 (orig. dies., *The HeartMath solution.* San Francisco, CA: Harper Collins, 2000).

71 Emmons, Robert und McCullough, Michael, *Counting blessings versus burdens: Experimental studies of gratitude and subjective well-being in daily life.* In: Journal of Personality and Social Psychology, 84 (2), 2003, S. 377–389 (doi: 10.1037/0022–3514.84. 2. 377).

72 Froh, Jeffrey und Bono, Giacomo, *Making grateful kids: the science of building character.* West Conshohocken, PA: Tempelton Press, 2014.

73 Keller, Abiola et al., *Does the perception that stress affects health matter? The association with health and mortality.* In: Health Psychology, 31 (5), 2012, S. 677–684 (doi: 10.1037/a0026743).

74 White, Carmel et al., *Does maternal fatigue influence maternal verbal control in a stressful parenting task with toddlers?* In: Journal of Child and Family Studies, 24 (2), 2015, S. 351–362 (doi: 10.1007/s10826–013–9843-x).

75 Stiffelman, Susan, *Kindererziehung im Jetzt: Klarheit, Verbundenheit und Präsenz.* Bielefeld: J., Kamphausen Mediengruppe GmbH, 2016 (orig. dies., *Parenting with presence.* Novato, CA, New World Press, 2015).

76 Gottman, John, *The relationship cure: A 5 Step Guide to Strenghening Your Marriage, Family, and Friendship.* New York, NY: Harmony-Crown, 2002.

77 Kohn, Alfie, *Liebe und Eigenständigkeit. Die Kunst bedingungsloser Elternschaft, jenseits von Belohnung und Bestrafung.* Freiburg, Arbor Verlag, 2010 (orig. ders., Unconditional Parenting. New York, NY: Atria Books, 2006).

78 Markham, Laura, *Mothers' mental representation of their relationships with their toddlers.* Dissertation Thesis, New York, NY: Columbia University, 1998.

79 Siegel, Daniel und Hartzell, Mary, *Gemeinsam leben, gemeinsam wachsen: Wie wir uns selbst besser verstehen und unsere Kinder einfühlsam ins Leben begleiten können.* Freiburg: Arbor Verlag, 2009 (orig. dies., *Parenting from the Inside Out.* New York, NY: TarcherPerigee, 2003).

80 Ciaramicoli, Arthur, *The stress solution: Using Empathy and Cognitive Behavioral Therapy to Reduce Anxiety and Develop Resilience.* Novato, CA: New World Library, 2016.

81 Gordon, Mary, *Roots of Empathy: Changing the world, Child by Child.* Toronto: Thomas Allen Publ., 2005.

82 Higgins, Heather, *Empathy training and stress: Their role in medical students' responses to emotional patients.* PhD diss., University of British Columbia: 1990. Auf: https://open.library.ubc.ca/cIRcle/collections/ubctheses/831/items/1.0076869 (Stand: 26. 3. 2020).

83 Pert, Candace, *Moleküle der Gefühle: Körper, Geist und Emotionen.* Reinbek bei Hamburg: Rowohlt Verlag, 1999 (orig. dies., *Molecules of emotion.* London: Pocket Books, 1999.

84 Blakeslee, Sandra, *A small part of the brain, and its profound effects.* The New York Times: 6. Februar 2007. Auf: www.nytimes.com/2007/02/06/health/psychology/06brain.html (Stand: 26. 3. 2020).

85 Bergland, Christopher, *The neuroscience of empathy.* In: Psychology Today, 10. Oktober 2013. Auf: www.psychologytoday.com/blog/the-athletes-way/201310/the-neuroscience-empathy (Stand: 27. 3. 2020).

86 Richardson, Cheryl, *The unmistakable touch of grace.* New York, NY: Free Press-Simon and Schuster, 2006.

87 Senge, Peter, *Das Fieldbook zur fünften Disziplin (Systemisches Management).* Stuttgart, Schäffer Pöschel Verlag, 2008 (orig. ders., *The fifth discipline field book: Strategies and tools for building a learning organization.* New York, NY: Crown Business, 1994).

88 Kiblinger, Kristin, *Buddhist inclusivism: Attitudes towards religious others.* Burlington, VT: Ashgate Books 2005, neu aufgel. Abingdon: Routledge, 2017.

89 Forbes, Heather, *Dare to love: The Art of Merging Science and Love into parenting children with difficult behaviors.* Boulder, CO: Beyond Consequences Institute, 2009.

90 Siegel, Daniel und Payne Bryson, Tina, *Achtsame Kommunikation mit Kindern: zwölf revolutionäre Strategien aus der Hirnforschung für die gesunde Entwicklung Ihres Kindes.* Freiburg: Arbor Verlag, 2013 (orig. dies., *The Whole-Brain Child.* New York (NY), Delacorte Press (Random House), 2011).

91 Silani, Giorgia et al., *Right Supramarginal Gyrus is Crucial to Overcome Emotional Egocentricity Bias in Social Judgments.* In: Journal of Neuroscience, 33 (39), 2013, S. 15466–15476 (doi: 10.1523/JNEUROSCI.1488–13.2013).

92 Kilmecki, Olga et al., *Functional neural plasticity and associated changes in positive affect after compassion training.* In: Cerebral Cortex, 23 (7), 2013, S. 1552–1561 (doi: 10.1093/cercor/bhs142).

93 Hofmann, Stefan; Grossman, Paul und Hinton, Devon, *Loving-Kindness and compassion meditation: Potential for psychological interventions.* In: Clinical Psychology Review, 31 (7), 2011, S. 1126–1132 (doi: 10.1016/j.cpr.211.7.003).

94 Hitzman, Sue, *The MELT method: Why vagal tone is so important.* Melt: 6. Oktober 2017, auf: www.meltmethod.com/blog/vagus-nerve (Stand: 27. 3. 2020).

95 Cohen, Lawrence, *Playful parenting: an exciting new approach to raising children that will help you nurture close connections, solve behavior problems, encourage confidence.* New York, NY: Balantine Books, 2001.

96 Cohen, Lawrence, Persönliche Mitteilung vom 20. November 2017.

97 Markham, Laura, auf: www.ahaparenting.com/blog/

98 Gottman, John und Levenson, Robert, *Marital processes predictive of later dissolution: Behavior, physiology, and health.* In: Journal of Personality and Social Psychology 63 (2), 1992, S. 221–233.

99 Pinquart, Martin, *Associations of parenting dimensions and styles with externalizing problems of children and adolescents: an updated meta-analysis.* In: Developmental Psychology, 53 (5), 2017, S. 873–932 (doi: 10.1037/dev0000295).

100 Joussement, Mireille; Landry, Renée und Koestner, Richard, *A self-determination theory perspective on parenting.* In: Canadian Psychology, 49, 2008, S. 194–200 (doi: 10.1037/a0012754).

101 Rose, Marion, *The heart of parenting.* Auf: www.nonviolentcommunication.com/pdf_files/parenting_communication_mrose.pdf (Stand: 27. 3. 2020).

102 Grolnick, Wendy und Pomerantz, Eva, *Issues and challenges in studying parental control: Toward a new conceptualization.* In: Child Development Perspectives, 3 (3), 2009, S. 165–170 (doi: 10.1111/j.1750–8606.2009.00099.x).

103 Stafford, Mai et al., *Parent-child relationships and offspring's positive mental wellbeing from adolescence to early older age.* In: Journal of Positive Psychology, 11 (3), 2016, S. 326–337 (doi:10.1080/17439760.2015.1081971).

104 Laurin, Julie et al., *Early forms of controlling parenting and the development of childhood anxiety.* In: Journal of Child and Family Studies, 24 (11), 2015, S. 3279–3292 (doi: 10.1007/s10826–015–0131–9).

105 Hong, Ryan et al., *Developmental trajectories of maladaptive perfectionism in middle childhood.* In: Journal of personality, 85 (3), 2016, S. 409–422 (doi: 10.1111/jopy.12249).

106 Strayer, Janet und Roberts, William, *Empathy and observed anger and aggression in five-year-olds.* In: Social Development, 13 (1), 2004, S. 1–13 (doi: 10.1111/j.1467–9507.2004.00254.x).

107 Wagner, Caitlin und Abaied, Jamie, *Skin conductance level reactivity moderates the association between parental psychological control and relational aggression in emerging adulthood.* In: Journal of Youth and Adolescence, 45 (4), 2016, S. 687–700 (doi: 10.1007/s10964–016–0422–5).

108 Rosenberg, Marshall, *Kinder einfühlend unterrichten: wie SchülerInnen und LehrerInnen durch gegenseitiges Verständnis Erfolg haben können.* Paderborn: Junfermann Verlag, 2005 (orig. ders., Teaching children compassionately. Encinitas, CA: PuddleDancer Press, 2004, neu aufgel. 2013).

109 Kohn, Alfie, *Liebe und Eigenständigkeit. Die Kunst bedingungsloser Elternschaft, jenseits von Belohnung und Bestrafung.* Freiburg: Arbor Verlag, 2010 (orig. ders., *Unconditional Parenting.* New York, NY: Atria Books, 2006).

110 Kakinami, Lisa et al., *Parenting style and obesity risk in children.* In: Preventive Medicine, 75, 2015, S. 18–22 (doi: 10.1016/j.ypmed.215.3.005).

111 Gershoff, Elizabeth, Corporal punishment by parents and associated child behaviors and experiences: a meta-analytic and theoretical review. In: Psychological Bulletin, 128 (4), 2002, S. 539–579 (doi: 10.1037//0033–2909.128.4.539).

112 Gershoff, Elizabeth, *Risks of harm from spanking confirmed by analysis of five decades of research.* Austin, TX: University of Texas, 25. April 2016. Auf: news.utexas.edu/2016/04/25/risks-of-harm-from-spanking-confirmed-by-researchers (Stand: 27. 3. 2020).

113 Berlin, Lisa et al., *Correlates and consequences of spanking and verbal punishment for low-income white, African-American and Mexican American toddlers.* In: Child Development, 80 (5), 2009, S. 1403–1420 (doi: 10.1111/j.1467–8624.2009.01341.x).

114 Straus, Murray und Paschall, Mallie, *Corporal punishment by mothers and development of children's cognitive ability: a longitudinal study of two nationally representative age cohorts.* In: Journal of Aggression, Maltreatment & Trauma, 18 (5), 2009, S. 459–483 (doi: 10.1080/10926770903035168).

115 Gershoff, Elizabeth und Grogan-Kaylor, Andrew, *Spanking and child outcomes: Old controversies and new meta-analyses.* In: Journal of Family Psychology, 30 (4), 2016, S. 453–469 (doi:10.1037/fam0000191).

116 Taylor, Catherine et al., *Mothers' spanking of 3-year-old children and subsequent risk of children's aggressive behavior.* In: Pediatrics, 125 (5), 2010, S. e1057-e1065 (doi: 10.1542/peds.2009–2678).

117 Bender, Heather et al., *Use of harsh physical discipline and developmental outcomes in adolescence.* In: Development and Psychopathology, 19 (1), 2007, S. 227–242 (doi: 10.1017/s0954579407070125).

118 Durant, Joan und Ensom, Ron, *Physical punishment of children: Lessons from 20 years of research.* In: Canadian Medical Association Journal, 184 (12), 2012, S. 1373–1377 (doi:10.1503/cmaj.101314).

119 McCrory, Eamon, *Heightened neural reactivity to threat in child victims of family violence.* In: Current Biology, 21 (23), 2011, S. 947–948 (doi: 10.1016/j.cub.211. 10. 015).

120 Tomoda, Akemi et al., *Reduced prefrontal cortical gray matter volume in young adults exposed to harsh corporal punishment.* In: NeuroImage, 47 (Suppl. 2), 2009, S. T66-T71 (doi:10.1016/j.neuroimage.209. 3. 005).

121 Ryan, Rebecca et al., *Socioeconomic gaps in parents' discipline strategies from 1988 to 2011.* In: Pediatrics, 138 (6), 2016, S. e2016–0-720 (doi: 10.1542/peds.2016–0720).

122 Institute for Health Metrics and Evaluation (IHME), *The health of young children in America.* Healthdata, 2016, auf: www.healthdata.org/policy-report/health-young-children-america (Stand: 27. 3. 2020).

123 Stevens, H., *New study says spanking doesn't work, makes children's behavior worse.* Chicago Tribune: 28. April 2016.

124 Baumrind, Diana, *Child practices anteceding three patterns of preschool behavior.* In: Genetic Psychology Monographs, 75 (1), 1967, S. 43–88.

125 Maccoby, E. und Martin, J., *Socialization in the context of the family: Parent-child interaction.* In: Mussen, P. (Hrsg.), *Handbook of child psychology.* New York, NY: John Wiley & Sons., 1983. S. 1–101.

126 Markham, Laura, *Gelassene Eltern – zufriedene Kinder: Wie Sie liebevoll bleiben, statt zu schreien, zu schimpfen oder zu drohen.* Freiburg: Arbor Verlag, 2019 (orig. dies., *Peaceful parent, happy kids: How to Stop Yelling and Start Connecting.* New York, NY: Penguin, 2012)

127 Mandara, J., *The typological approach in child and family psychology: A review of theory, methods, and research.* In: Clinical Child and Family Psychology Review, 6 (2), 2003, S. 129–146. (doi: 10.1023/a:1023734627624).

128 Pinker, S., *The sugary secret of self-control.* In: The New York Times, 2. September 2011.

129 Gottman, John, *Kinder brauchen emotionale Intelligenz. Ein Praxisbuch für Eltern.* München: Heyne Verlag, 1998 (orig. ders., *Raising an emotionally intelligent child.* New York, NY Simon & Schuster, 1997).

130 Calkins, Susan und Johnson, Mary, *Toddler regulation of distress to frustrating events: Temperamental and maternal correlates.* In: Infant Behavior and Development, 21 (3), 1998, S. 379–395 (doi:10.1016/s0163–6383(98)90015–7).

131 Kennedy, Amy et al., *Longitudinal relations between child vagal-tone and parenting behavior: 2 to 4 years.* In: Development Psychology, 45 (1), 2004, S. 10–21 (doi: 10.1002/dev.20013).

132 Siegel, Daniel und Payne Bryson, Tina, *Achtsame Kommunikation mit Kindern: zwölf revolutionäre Strategien aus der Hirnforschung für die gesunde Entwicklung Ihres Kindes.* Freiburg: Arbor Verlag, 2013 (orig. dies., *The Whole-Brain Child.* New York: Delacorte Press (Random House), 2011).

133 Fabes, Richard et al., *Parental coping with children's negative emotions: Relations with children's emotional and social responding.* In: Child Development, 72 (3), 2001, S. 907–920 (doi: 10.1111/1467–8624.00323).

134 Havighurst, Sophie et al., *Tuning in to kids: an emotion-focused parenting program-Initial findings from a community trial.* In: Journal of Community Psychology, 37 (8), 2009, S. 1008–1023 (doi: 10.1002/jcop.20345).

135 Denham, Susanne, *Maternal emotional responsiveness and toddlers' social-emotional competence.* In: Journal of Child Psychology and Psychiatry, 34 (5), 1993, S. 715–728 (doi: 101111/j.1469–7610.1993.tb01066.x).

136 Ramsden, Sally und Hubbard, Julie, *Family expressiveness and parental emotion coaching: Their role in children's emotional regulation and aggression.* In: Journal of Abnormal Child Psychology, 30 (6), 2002, S. 657–667 (doi: 10.1023/a:1020819915881).

137 Cassidy, J., *Emotion regulation: Influences of attachment relationships.* In: Fox, N. (Hrsg.), *Emotion regulation: Behavioral and biological considerations.* Chicago, IL: University of Chicago Press, 1994. S. 228–249.

138 Kohn, Alfie, *Liebe und Eigenständigkeit: Die Kunst bedingungsloser Elternschaft, jenseits von Belohnung und Bestrafung.* Freiburg: Arbor Verlag, 2010 (orig. ders., *Unconditional Parenting: moving from rewards and punishments to love and reason.* New York, NY: Atria Books, 2005).

139 Gottman, John; Katz, L. und Hooven, C., *Meta-emotion: How families communicate emotionally.* Mahwah, NJ: Lawrence Erlbaum Associates, 1997.

140 Gottman, John, *Kinder brauchen emotionale Intelligenz. Ein Praxisbuch für Eltern.* München: Heyne Verlag, 1998 (orig. ders., *Raising an emotionally intelligent child.* New York, NY: Simon & Schuster, 1997).

141 Crowell, J. und Feldman, S., *Mothers' internal working models of attachment relationships and mother and child behavior during separation and reunion.* In: Developmental Psychology, 27, 1991, S. 597–605.

142 Ginott, Haim, *Eltern und Kinder.* Reinbek bei Hamburg: Rowohlt Verlag, 1973 (orig. ders., *Between parent and child.* New York, NY: Harmony Books, 2003).

143 Dunn, Judy und Kendrick, Carol, *Siblings: love, envy and understanding.* Cambridge, MA: Harvard University Press, 1982.

144 Ornaghi, Veronica et al., *Does training toddlers in emotion knowledge lead to changes in their prosocial and aggressive behavior toward peers at nursery?* In: Early Education and Development, 28 (4), 2016, S. 396–414 (doi: 10.1080/10409289.2016.1238674).

145 Bushman, B., *Does venting anger feed or extinguish the flame? Catharsis, rumination, distraction, anger, and aggressive responding.* In: Personality and Social Psychology Bulletin, 28 (6), 2002, S. 724–731 (doi: 10.1177/0146167202289002).

146 Davidson, Richard und Fox, Nathan, *Asymmetrical brain activity discriminates between positive and negative affective stimuli in human infants.* In: Science, 218, 1982, S. 1235–1237 (doi: 10.1126/science.7146906).

147 Bailey, B., *Managing emotional mayhem: The five steps for self-regulation.* Oviedo, Fl.: Conscious Discipline Press. 2011.

148 Lieberman, Matthew et al., *Putting feelings into words: Affect labeling disrupts Amygdala activity in response to affective stimuli.* In: Psychological Science, 18 (5), 2007, S. 421–428 (doi: 10.1111/j.1467–9280.2007.01916.x)

149 Eanes, Rebecca, *Die fünf Schlüssel zum Herzen deines Kindes: wie Positive Parenting die Verbindung in der Familie stärkt.* München: Kösel Verlag, 2019 (orig. dies., *Positive Parenting: An essential guide.* New York, NY: TarcherPerigree, 2016).

150 Markham, Laura, *Gelassene Eltern – zufriedene Kinder: Wie Sie liebevoll bleiben, statt zu schreien, zu schimpfen oder zu drohen.* Freiburg: Arbor Verlag, 2019 (orig. dies., *Peaceful parent, happy kids: How to Stop Yelling and Start Connecting.* New York, NY: Penguin, 2012).

151 Siegel, Daniel und Payne Bryson, Tina, *Disziplin ohne Drama: achtsame Kommunikation mit Kindern.* Freiburg: Arbor Verlag, 2015 (orig. dies., *No-drama discipline: the whole-brain way to calm the chaos and nurture your child's developing mind.* New York, NY: Bantam Books/Random House, 2014).

152 Neufeld, Gordon, *A playful approach to discipline.* Neufeldinstitute, 2016. Auf: http://neufeldinstitute.org/a-playful-approach-to-discipline-part-ii (Stand: 27.3.2020).

153 Rogers, Carl, *Die Kraft des Guten.* München: Kindler Verlag, 1982 (orig., *Carl Rogers on personal power: Inner strength and its revolutionary impact.* Philadelphia, PA: Trans-Atlantic Publications, 1978).

154 Wright, Laura: *The ODD child.* The ODD Mom, 2011. Auf: http://theoddmom.blogspot.co.uk/p/odd-child.html (Stand: 27.3.2020).

155 Markham, Laura, *Gelassene Eltern – zufriedene Kinder: Wie Sie liebevoll bleiben, statt zu schreien, zu schimpfen oder zu drohen.* Freiburg: Arbor Verlag, 2019 (orig. dies., *Peaceful parent, happy kids: How to Stop Yelling and Start Connecting.* New York, NY: Penguin, 2012).

156 Knost, L.R., *Whispers through time: communication through the ages and stages of childhood.* Orlando, FL: Little Hearts Books, 2013.

ÜBER DIE AUTORIN

Laura Markham ist die Autorin von *Gelassene Eltern – zufriedene Kinder: Wie Sie liebevoll bleiben, statt zu schreien, zu schimpfen oder zu drohen* und *Gelassene Eltern – glückliche Geschwister: Wie man das Streiten beendet und Geschwister Freunde fürs Leben werden.* Sie erwarb ihren Doktor in Klinischer Psychologie an der Columbia-Universität, New York und hat weltweit als Elterncoach mit zahlreichen Familien gearbeitet. Ihre Bücher sind bisher in zwölf Sprachen erschienen.

Als maßgebliche Fürsprecherin für Eltern und Kinder wird Laura Markham häufig von der Presse interviewt, angefangen vom Parents Magazin bis hin zum Wall Street Journal. Auf Konferenzen ist sie wegen ihrer herzlichen Verbindung zum Publikum sowie ihren praxis- und forschungsorientierten Interventionen eine gefragte Hauptrednerin und Seminarleiterin.

Über 130 000 Eltern haben Laura Markhams wöchentlichen, kostenlosen Coaching-Newsletter abonniert. Auf ihrer englischsprachigen Internetpräsenz können Sie sich dafür anmelden. Auch finden Sie dort ihre beliebten Onlinekurse (*AhaParenting.com/peaceful-parenting-course*) zur Vertiefung und Individualisierung des Lehrstoffs aus diesem Buch.

Laura Markhams Bestreben ist es, die Welt nach und nach zu verändern, von einem Kind zum nächsten, indem sie deren Eltern unterstützt. Die stolze Mutter zweier erfolgreicher erwachsener Kinder, die sie selbst mit dem Ansatz der gelassenen Elternschaft ins Leben begleitet hat, lebt mit ihrem Mann in Brooklyn, New York.

WEITERE LITERATUR AUS DEM ARBOR VERLAG

ISBN 978-3-86781-241-2

LAURA MARKHAM

Gelassene Eltern – zufriedene Kinder

Wie Sie liebevoll bleiben, statt zu schreien, zu schimpfen oder zu drohen

Wer Machtkämpfe, Trotzanfälle und die Suche nach der passenden Konsequenz satthat, ist hier genau richtig. Laura Markham vermittelt auf einfühlsame Art die praktischen Werkzeuge, die wir benötigen, um unser Elternsein auf positive und erprobte Weise zu verändern.

Eine bahnbrechende Hilfestellung, um verantwortungsvolle, kompetente und zufriedene Kinder ins Leben zu begleiten.

> *Laura Markhams Buch ist ein Schatz an Ideen, Wissen und – was ich vor allem schätze – konkreten Ansagen. Laura hat nicht nur Ideen, was wir tun können, sie lehrt uns auch, wie wir sein müssen, damit es klappt.*
>
> Nicola Schmidt – artgerecht

Arbor Verlagsprogramm

Umfangreiche Informationen zu unseren Themen, ausführliche Leseproben aller unserer Bücher, einen versandkostenfreien Bestellservice und unseren kostenlosen Newsletter. All das und mehr finden Sie auf unserer Website.

www.arbor-verlag.de

Mehr von Laura Markham

www.arbor-verlag.de/laura-markham

Arbor Seminare

Die gemeinnützige *Arbor-Seminare gGmbH* organisiert regelmäßig Seminare und Weiterbildungen mit führenden VertreterInnen achtsamkeitsbasierter Verfahren. Zudem informiert sie über aktuelle Entwicklungen in diesem Bereich und trägt Achtsamkeit auf diese Weise nachhaltig in die Gesellschaft. Nähere Informationen finden Sie unter:

www.arbor-seminare.de

Arbor Online-Center

Mit dieser Plattform hat Arbor einen virtuellen Ort der Inspiration und des Lernens rund um das Thema Achtsamkeit geschaffen. Lernen Sie die AutorInnen unserer Bücher und die ReferentInnen unserer Veranstaltungen kennen: in Interviews, Vorträgen, Meditationsübungen, Webinaren, Podcasts sowie Online-Kursen und zahlreichen weiteren Ressourcen.

www.arbor-online-center.de